高速铁路复杂岩溶地质勘察与灾害防治

蒋良文　许佑顶　许　模　雷明堂　李光伟　杜宇本　等著

科学出版社
北　京

内 容 简 介

随着我国高速铁路建设由东部向西部延展，复杂岩溶区高速铁路工程遭遇的诸多岩溶地质问题逐渐显现，并成为勘察设计需要突破的技术难题。本书以理论和技术创新研究为主线，针对高速铁路建设中突出的岩溶地面塌陷、隧道涌水突泥、大型溶洞失稳、危岩落石等岩溶地质问题和勘察难、评估预测难、选线难、设计难等勘察设计技术难题，从铁路岩溶地质理论、减灾选线、风险评估、灾害防治技术等方面系统地阐述了复杂岩溶区高速铁路地质勘察与灾害防治的理论和实践，构建了高速铁路复杂岩溶地质勘察与灾害防治技术体系。

本书可供从事铁路、公路、地铁、市政工程地质与岩土工程勘察设计的工程技术人员和高等学校、科研院所的教学、研究人员参考。

审图号：GS(2020)7342 号

图书在版编目(CIP)数据

高速铁路复杂岩溶地质勘察与灾害防治 / 蒋良文等著. —北京:科学出版社，2021.1

ISBN 978-7-03-066329-0

Ⅰ. ①高… Ⅱ. ①蒋… Ⅲ. ①高速铁路-岩溶地貌-地质勘探②高速铁路-岩溶地貌-灾害防治 Ⅳ. ①U238

中国版本图书馆 CIP 数据核字（2020）第 197466 号

责任编辑：华宗琪　朱小刚 / 责任校对：彭　映

责任印制：罗　科 / 封面设计：陈　敬

科学出版社 出版

北京东黄城根北街16号

邮政编码：100717

http://www.sciencep.com

四川煤田地质制图印刷厂印刷

科学出版社发行　各地新华书店经销

*

2021 年 1 月第　一　版　　开本：787×1092　1/16

2021 年 1 月第一次印刷　　印张：20 1/4

字数：480 000

定价：249.00 元

（如有印装质量问题，我社负责调换）

《高速铁路复杂岩溶地质勘察与灾害防治》编委会

主　任：朱　颖

副主任：许佑顶　秦小林

委　员：蒋良文　王茂靖　魏永幸

屈　科　王　科　刘　洋

主　编：蒋良文　许佑顶　许　模

雷明堂　李光伟　杜宇本

各章编著人员：

第 1 章：宋　章　王　科　蒋良文

毛邦燕　杜宇本　雷明堂　曹化平　许　模　王子江

吴俊猛　付开隆　张广泽　赵　平　李　坚

第 2 章：杜宇本　王子江　付开隆

许　模　雷明堂　李光伟　蒋良文　毛邦燕　康小兵

胡清波　蒋小珍　张　强　杨艳娜　吴俊猛　崔建宏

王茂靖　王　科　张广泽　赵　平　杨　英　李建强

第 3 章：冯　涛　曹化平　蒋良文

李光伟　杜宇本　胡清波　王茂靖　王　科　王　栋

雷旭友　林之恒　张广泽　李　坚　吴俊猛　崔建宏

杨　英　赵　平　李建强　曹云勇　牟元存　陈明浩

第 4 章：毛邦燕　雷明堂　杨艳娜

杜宇本　蒋小珍　许　模　喻洪平　王子江　胡清波

蒋良文　许　胜　丁浩江　李嘉雨　刘伟鹏　张会刚

第 5 章：崔建宏　吴俊猛　王茂靖

张广泽　王子江　李光伟　付开隆　曹化平　杨　英

喻洪平　赵　平　何　平　李　坚　胡清波　牟元存

统　稿：蒋良文　杜宇本　吴俊猛　崔建宏　毛邦燕　曹化平

冯　涛　宋　章　付开隆　王子江

审　定：许佑顶　蒋良文　许　模　雷明堂　李光伟

序

中国可溶岩分布广阔，主要分布在我国西南地形地质复杂艰险山区，岩溶类型众多，岩溶水系统复杂，岩溶发育具高度不均一性、隐蔽性、复杂性。高速铁路能较好地满足人们对出行的要求，是交通强国的重要组成部分，具高安全性、高稳定性、高平顺性的特点和毫米级沉降控制要求。在岩溶广泛分布的西南地区修建较高的高速铁路，遭遇到更为复杂的岩溶地面塌陷、隧道涌水突泥、大型溶洞失稳、危岩落石等岩溶地质问题，同时也揭示了深部岩溶现象。高速铁路高标准要求加之岩溶复杂性，导致西南岩溶区修建高速铁路勘察、评估、选线、设计的难度。

中铁二院等单位依托武广、渝利、贵广、云桂等十余条复杂岩溶高铁建设，开展了高速铁路岩溶勘察的地质理论、地质综合选线、勘察技术、风险评估、防灾减灾等方面的系统研究和实践，揭示了现代深部岩溶发育宏观规律和厚覆盖型岩溶地下水动力致塌机理，创新了高速铁路岩溶勘察设计的岩溶地质理论，创建了高速铁路复杂岩溶“空天地”协同一体化综合勘察技术体系，研发了系列复杂岩溶勘察技术，构建了高原岩溶区、斜坡过渡带岩溶区、平原岩溶区各勘察阶段各类铁路工程综合勘察技术组合原则和组合模式；创立了复杂岩溶区高速铁路避灾选线理论与方法，构建了高速铁路岩溶风险评估方法体系，创新了高速铁路主要岩溶灾害防治技术，为高速铁路岩溶风险管控和防灾减灾提供了技术支撑，在实际工程中得到了成功验证和推广。项目成果堪称岩溶区高速铁路的勘察“手册”，对类似工程建设具有示范作用。

中国科学院院士：袁道先

2020 年 1 月 2 日

前　　言

我国岩溶面积约 344 万 km^2，约占我国土地面积的 1/3，主要分布于西南及其邻区，该区域地形地貌复杂，人口约 3.8 亿人；截至 2018 年底我国高速铁路运营里程约 29000 公里，主要集中在东中部地区，其中岩溶区高速铁路运营约 3600 公里，分布于西南及其邻区(全球岩溶高速铁路运营约 5000 公里，我国约占 72%)。高速铁路特别是西南高速铁路未成网，快速出行不便，严重制约着区域社会经济发展和人民生活水平提高。

我国西南多属地质复杂艰险山区，受构造强烈活动影响，地质环境复杂多变，岩溶强烈发育，铁路施工中遭遇众多岩溶工程地质问题；这些岩溶工程地质问题是铁路工程领域的世界级难题；普速铁路速度目标值低，曲线半径小，可采用增长线路绕避大量岩溶地质问题和其他较大的地质风险。高速铁路速度目标值高，曲线半径大，绕避困难。高速铁路建设中岩溶地面塌陷、岩溶隧道涌水突泥、大型溶洞失稳、洞口危岩落石四大灾害性岩溶地质问题尤为突出，同时，复杂岩溶区高速铁路施工过程中也揭示了罕遇的深部岩溶现象。在复杂岩溶区建造高速铁路是世界级难题。

西南地区岩溶发育具有高度不均一性、隐蔽性、复杂性等特点，导致勘察难；岩溶地面塌陷、岩溶隧道涌水突泥等灾害因素多，具有不可预测性和突发性，导致评估难；高速铁路线型直、半径大、速度快，绕避重大岩溶地质灾害问题困难，导致选线难；高速铁路具有高安全性、高稳定性、高平顺性的“三高”特性和毫米级沉降控制要求，导致设计难。现有铁路岩溶地灾勘察的地质理论、传统勘察设计技术难以满足高速铁路建造要求。

自 2001 年起，在国家自然科学基金委员会、铁道部等大力支持下，中铁二院工程集团有限责任公司、成都理工大学、中国地质科学院岩溶地质研究所、中国铁路经济规划研究院等单位依托武广、渝利、贵广、云桂等十余条复杂岩溶高速铁路建设，开展高速铁路岩溶地质灾害勘察的地质理论、地质综合减灾选线、勘察新技术、风险评估、防灾减灾五个方面的系统研究，破解了四大技术难题，取得诸多创新成果。创建了高速铁路岩溶地质勘察与灾害防治关键技术体系并应用于多项国家重点高速铁路工程，实现高速铁路复杂岩溶地质勘察与灾害防治技术突破。为促进复杂岩溶区高速铁路工程科学技术进步，提高中国高速铁路在全球高速铁路建设领域的竞争力，以及实施“交通强国、铁路先行”战略、推动西部大开发、响应“一带一路”倡议、促进中国高速铁路“走出去”，主要参研人员历时近两年进行总结提炼编写本书。

西南地区及其邻区规划和在建的岩溶高速铁路超过 3000 公里，未来随着高速铁路的迅速发展，面临的岩溶地质问题将更加复杂，希望本书能对岩溶区高速铁路建设提供相应指导和参考。

本书的出版得到了中铁二院工程集团有限责任公司科技图书出版基金的资助，在此表示感谢。

目　录

第1章 绪　　论

1.1 我国岩溶区高速铁路规划建设概况

根据《中长期铁路网规划》(发改基础〔2016〕1536号)，到2020年，铁路网规模达到15万公里，其中高速铁路3万公里，覆盖80%以上的大城市；到2025年，铁路网规模达到17.5万公里左右，其中高速铁路3.8万公里左右，更好地发挥铁路对经济社会发展的保障作用。为满足快速增长的客运需求，优化拓展区域发展空间，在“四纵四横”高速铁路的基础上，增加客流支撑、标准适宜、发展需要的高速铁路，部分利用时速200km的铁路，形成以“八纵八横”主通道为骨架、区域连接线衔接、城际铁路补充的高速铁路网，实现省会城市高速铁路通达、区际之间高效便捷相连的路网结构。到2030年，基本实现内外互联互通、区际多路畅通、省会高铁连通、地市快速通达、县域基本覆盖。

我国铁路从1997年至2004年经历了5次大提速，2007年4月18日开始的第6次大提速，最高速度达到250km/h，达到了既有线改造的最高速度。2008年8月1日我国第一条具有完全自主知识产权的世界一流水平的高速铁路——京津城际高速铁路通车运行，随之陆续又有武广客专、郑西客专等高速铁路开通运营，到2011年京沪高速铁路的开通运营，我国的高速铁路建设进入高速发展时期。

根据国际铁路联盟(UIC)2017年4月发布的*High Speed Lines In the World*报告，全球已投入运营和在建高速铁路总里程达5.32万公里，欧亚国家高速铁路里程占比超98.07%，其中通车运营里程3.73万公里，在建里程达1.59万公里。

截至2018年，我国铁路通车运营里程达12.6万公里，其中高速铁路通车运营里程2.5万公里左右。据估算统计，目前世界岩溶区高速铁路里程约5000公里，我国岩溶区高速铁路里程3600公里，约占世界岩溶区高速铁路里程的72%。

目前中铁二院工程集团有限责任公司(简称中铁二院，原铁道部第二勘测设计院，其前身为铁道部西南铁路工程局设计分局)完成了我国运营铁路勘察设计3万余公里，约占全国运营铁路里程的25%。承担高速铁路勘察设计约6500公里，其中岩溶区高速铁路约2600公里，约占全国岩溶区高速铁路的72%，约占世界岩溶区高速铁路的52%。岩溶工程地质问题较为突出的建成和在(待)建的高速铁路主要有武汉至广州客运专线韶关至花都段、贵阳至广州高速铁路贵阳至贺州段、上海至昆明高速铁路玉屏至昆明段、南宁至昆明高速铁路等，详见表 1-1。

表 1-1 岩溶区高速铁路主要项目概况

序号	项目名称	工程概况					主要岩溶地质问题	开工/开通时间
		正线长度/km	设计速度/(km/h)	桥隧比/%	岩溶长度/km	岩溶占比/%		
1	武汉至广州客运专线韶关至花都段	159.24	350	76.80	64.84	40.72	岩溶地面塌陷，桥基成桩困难，隧道涌水突泥	2005 年 5 月/2009 年 12 月
2	南宁至昆明高速铁路	722.66	200～250	81.40	227.68	31.51	隧道涌水突泥、大型溶洞；桥基成桩困难，岩溶地面塌陷	2009 年 12 月/2016 年 12 月
3	兰州至重庆铁路广元至重庆段	376.38	200	66.00	50.00	13.28	隧道涌水突泥，岩溶地面塌陷，桥基成桩困难	2008 年 9 月/2015 年 12 月
4	贵阳至广州高速铁路贵阳至贺州段	572.15	300	84.53	227.10	39.69	隧道涌水突泥、大型溶洞，桥基漏浆、成桩困难，岩溶地面塌陷	2008 年 10 月/2014 年 12 月
5	南宁至广州高速铁路黎塘至桂平段	115.84	250	45.20	104.96	90.61	桥基成桩困难，岩溶地面塌陷	2008 年 11 月/2014 年 4 月
6	重庆至利川铁路	262.28	200	81.00	31.71	12.09	隧道涌水突泥	2008 年 12 月/2013 年 12 月
7	衡阳至柳州铁路永州至柳州段	356.83	200	28.40	314.96	88.27	岩溶地面塌陷，桥基成桩困难，隧道涌水突泥	2008 年 12 月/2013 年 12 月
8	遂宁至重庆铁路(二线)	131.02	200	—	4.00	3.05	岩溶地面塌陷	2009 年 1 月/2013 年 1 月
9	上海至昆明高速铁路玉屏至昆明段	744.38	350	78.38	510.00	68.51	隧道涌水突泥、大型溶洞，桥基成桩困难	2009 年 4 月/2016 年 12 月
10	广西沿海城际铁路	98.81	200	38.6	9.20	9.31	桥基成桩困难，岩溶地面塌陷	2009 年 7 月/2013 年 12 月
11	柳州至南宁客运专线	225.61	250	37.7	107.87	47.81	桥基成桩困难，岩溶地面塌陷	2009 年 10 月/2013 年 12 月
12	成都至重庆客运专线	307.90	350	67.4	16.20	5.26	隧道涌水突泥、大型溶洞	2010 年 3 月/2015 年 12 月
13	西安至成都客运专线四川段	166.49	250	82.3	9.90	5.95	隧道涌水突泥，岩溶地面塌陷，桥基成桩困难	2012 年 10 月/2017 年 12 月
14	广通至大理铁路	174.63	200	62.92	7.46	4.27	隧道涌水突泥，岩溶地面塌陷，桥基漏浆、成桩困难	2013 年 1 月/2018 年 7 月

续表

序号	项目名称	工程概况					主要岩溶地质问题	开工/开通时间
		正线长度/km	设计速度/(km/h)	桥隧比/%	岩溶长度/km	岩溶占比/%		
15	成都至贵阳高速铁路	515.00	250	78.60	197.12	38.28	隧道涌水突泥、岩溶大厅，桥基成桩困难，岩溶地面塌陷	2013 年 12 月/2019 年 12 月
16	安顺至六盘水城际铁路	117.86	250	82.30	96.45	81.83	隧道涌水突泥、岩溶大厅，桥基成桩困难，岩溶地面塌陷	2015 年 11 月/2020 年 7 月
17	郑州至万州高速铁路湖北至重庆段	469.77	350	97.10	92.48	19.69	隧道涌水突泥、大型溶洞，桥基成桩困难	2016 年 12 月/ 预计 2021 年 12 月通车
18	贵阳至南宁高速铁路	482.65	350	87.60	357.74	74.12	隧道涌水突泥、大型溶洞，桥基成桩困难，岩溶地面塌陷	2017 年 12 月/ 预计 2022 年 12 月通车
19	弥勒至蒙自高速铁路	106.80	250	45.10	39.00	36.52	隧道涌水突泥，桥基成桩困难，岩溶地面塌陷	2018 年 12 月/预计 2022 年 12 月通车
20	重庆至昆明高速铁路	700.40	350	79.66	123.30	17.60	隧道涌水突泥，桥基成桩困难，岩溶地面塌陷	2019 年 12 月/预计 2027 年 12 月通车
21	盘县至兴义城际铁路	98.22	250	92.00	72.84	74.16	隧道涌水突泥，桥基成桩困难	2020 年 6 月/预计 2025 年 12 月

注：本表所列为中铁二院近年来承担的复杂岩溶区高速铁路勘察设计主要项目。

1.2 岩溶区高速铁路建设面临的新挑战

据中国岩溶地质馆资料，全球岩溶总面积约 2200 万 km^2，占全球陆地面积的 15%，主要分布在地中海、东欧、中东、中国西南部、东南亚、美国东南部和中美洲等地区。我国岩溶面积达 344 万 km^2，占全球岩溶总面积的 15.64%，约占我国土地面积的 1/3（图 1-1），其中裸露型岩溶 75.64 万 km^2，主要分布于西南地区的贵州、云南、广西、四川、重庆及中南地区的湖南、湖北和华南地区的广东等地，并构成了世界上最大的连片裸露型岩溶区之一，如图 1-2 及表 1-2 所示。

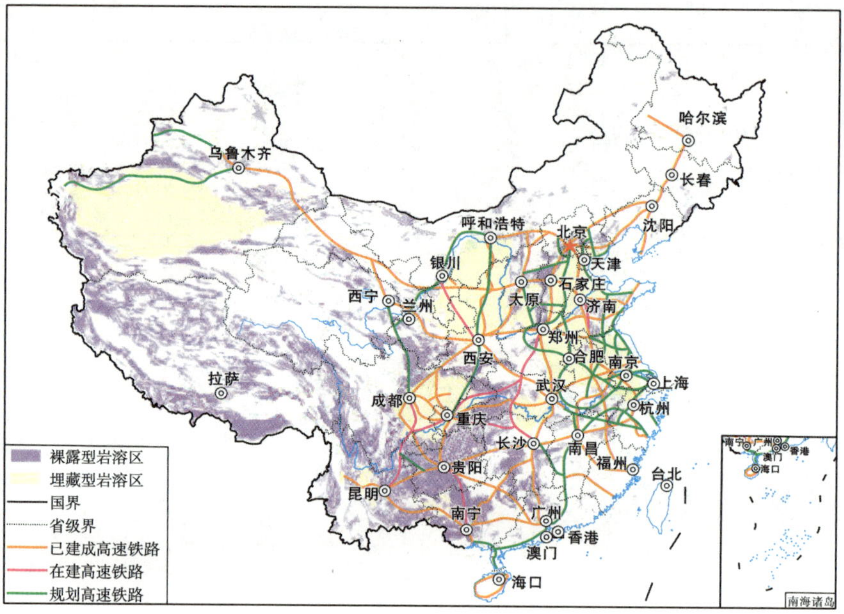

图 1-1　我国岩溶分布图(中国岩溶地质馆 2015 年资料)

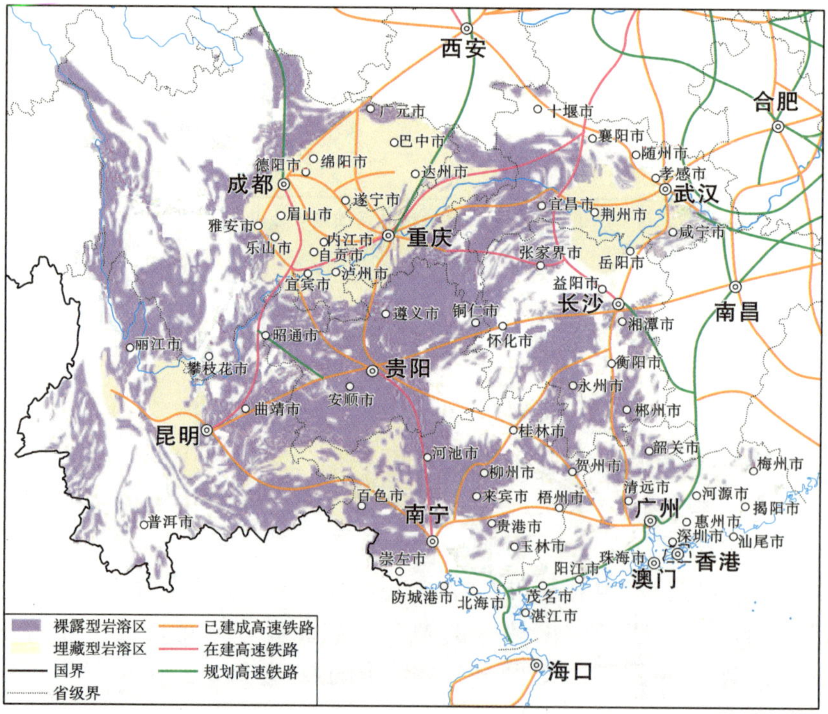

图 1-2　西南及邻区岩溶分布图(中国岩溶地质馆 2015 年资料)

表 1-2　西南及邻区岩溶分布统计一览表(中国岩溶地质馆 2015 年资料)

省(自治区、直辖市)	岩溶		裸露型岩溶	
	总面积/万 km^2	占全省面积百分比/%	总面积/万 km^2	占全省面积百分比/%
贵州	14.48	82.19	14.07	79.85
云南	21.20	55.19	17.22	44.83
广西	12.75	53.83	10.13	42.77
四川	27.38	56.53	14.25	29.42
重庆	7.84	94.95	3.48	42.10
湖南	9.55	44.96	8.36	39.35
湖北	10.03	53.85	5.64	30.29
广东	2.31	13.05	2.31	13.05
合计	105.54	—	75.46	—

近年来，中国铁路尤其是高速铁路有了长足的发展，东部发达地区已经形成了较为完善的高速铁路网，而西部地区铁路尤其是高速铁路的发展较为滞后。伴随着西部大开发战略的实施，铁路尤其是高速铁路的发展进入快车道；但由于岩溶发育的高度不均一性、随机性、隐蔽性、复杂性，岩溶区高速铁路建设岩溶工程地质问题尤为突出，加之受当前复杂岩溶区铁路勘察设计技术水平的限制，给西部铁路尤其是高速铁路选线、岩溶勘察设计、评估及防灾减灾带来极大的挑战。

1.2.1　我国岩溶区铁路建设历程

我国南方是裸露型碳酸盐岩的主要分布区，仅就滇、黔、桂三省区而言，碳酸盐岩出露面积就占三省区总面积的 1/2 左右；其境内气候湿润，雨水充沛，故岩溶极为发育，其类型之多，堪称世界之最。各种岩溶地貌齐全，主要有岩溶盆地、岩溶洼地、岩溶槽谷、岩溶丘陵、峰林、峰丛、盲谷、漏斗、落水洞、岩溶(准)平原、岩溶高原、溶沟、石芽等。岩溶地质问题已成为西南铁路建设中最突出的工程地质问题之一。

由中铁二院勘察设计，1952 年通车的成渝铁路是中华人民共和国成立后修建的第一条干线铁路，穿越了重庆中梁山脉岩溶区，也是我国穿越岩溶区的第一条铁路。随后的 1952～2017 年，中铁二院完成了通过岩溶区的黔桂、湘黔、川黔、贵昆、宝成、湘桂、成昆、焦柳、南昆、内昆等干线铁路的勘察设计，发现岩溶问题是西南铁路建设中普遍而突出的工程地质问题。针对岩溶问题，1970 年中铁二院成立了岩溶研究小组开展岩溶专题研究，1984 年出版了专著《岩溶工程地质》(当时的中铁二院为铁道部第二勘测设计院)，1986 年完成了“岩溶洞穴顶板安全厚度研究”课题，1994 年出版了专著《岩溶地面塌陷的成因与防治》。20 世纪 90 年代初，中铁二院在南昆铁路勘察中立项开展了“提高物探探测地下洞穴应用效果”和“高原溶洞的地质地貌预测方法与应用”等科研项目研究。

通过 1952～2017 年西南岩溶区十余条干线铁路和近年来武广、渝利、南广等岩溶高速铁路的勘察设计实践，人们逐步认识到岩溶问题对铁路工程的影响和危害，主要表现在以下方面：一是岩溶地面塌陷威胁建筑物安全；二是隐伏岩溶及其堆积物对构筑物基础稳定性的影响；三是岩溶隧道涌水突泥对地下工程的危害和环境的影响；四是岩溶洼地积水浸泡或淹没路基和其他地面工程；五是岩溶对桥基的影响和危害。

1. 岩溶地面塌陷

西南干线铁路为铁路岩溶地面塌陷多发区之一，1953年建成并于1985年改建的湘桂线(图1-3)、1959年通车的黔桂铁路、1965年通车的川黔铁路、1966年通车的贵昆铁路、1997年通车的南昆铁路以及2001年通车的内昆铁路和水柏铁路等都曾发生岩溶地面塌陷，例如，1976年7月7日贵昆线K606+475处路基大雨后出现直径8m的岩溶地面塌坑，造成中断行车62小时40分钟；1979年9月1日及1985年7月6日，贵昆线在K534+076格以头村附近发生路基岩溶塌陷，导致货物列车脱轨、颠覆；自1986年以来贵昆线六枝站11-12道先后发生5次塌陷、高峰车站发生16次塌陷、乌速龙车站发生6次塌陷等。

(a)岩溶地面塌陷及岩溶水　　(b)岩溶地面塌陷

图1-3　湘桂线二塘站路基岩溶地面塌陷

2. 溶洞及其堆积物对构筑物基础稳定性的影响

溶洞及其堆积物对工程的危害主要表现为：构筑物基础悬空；洞穴顶板过薄，不能承受荷载而发生突然坍塌，引起构筑物破坏；溶洞堆积物强度低、稳定性差，开挖易坍塌，不能直接作为构筑物基础。溶洞及其堆积物对路基、桥梁、隧道、房屋建筑等工程均有不同程度的危害(图1-4)，技术处理困难。

(a)大桥二号隧道溶洞　　(b)北涯隧道溶洞

(c)拉之洞隧道溶洞充填物

(d)北涯隧道溶洞充填物

图 1-4　黔桂线溶洞及溶洞充填物

3. 岩溶隧道涌水突泥

西南地区隧道岩溶段多次发生涌水突泥，如 1965 年通车的川黔线凉风垭、娄山关隧道，1966 年通车的贵昆线梅花山、梅子关、倮纳隧道，1970 年通车的成昆线沙马拉达隧道，1979 年通车的襄渝线中梁山、大巴山隧道，20 世纪 70 年代修建而成的盘西线胜境关隧道，1997 年通车的南昆线新桥、砂锅寨 2 号隧道，2001 年通车的株六复线大竹林、花苗隧道，2001 年通车的水柏线何家寨、红梁子、新寨 2 号隧道，2006 年通车的遂渝线荆竹岭、桐子林隧道，2007 年通车的渝怀线圆梁山、武隆、彭水隧道，施工中都曾发生过较大规模的涌水突泥(图 1-5)，造成较大损失。此外，隧道施工发生岩溶涌水突泥常伴随有地表水或地下水漏失影响环境，如襄渝线中梁山隧道，施工期间多次涌水突泥并伴随地表水及地下水的漏失，部分井泉干枯，导致当地农田灌溉、居民用水困难，且诱发多处地面塌陷。

图 1-5　圆梁山隧道正洞下导坑 DK354+879 掌子面涌水突泥

4. 岩溶洼地积水浸泡或淹没

岩溶地表洼地积水对工程的危害主要表现为雨季洼地排水不畅，洪水冲刷、淹没桥涵及路基，或洼地积水、冒水浸泡路堤，引起路堤下沉、坍塌和地面塌陷等(图 1-6)。例如，贵昆线平坝两所屯—羊昌河一带，1960 年通车后，雨季岩溶洼地大量积水、冒水，铁路路基及大量农田被淹没，造成严重损失；南昆线砂锅寨 2 号隧道出口段，因洞外洼地积水倒灌及洞内岩溶涌水，造成隧道及洞外路基淹没。

图 1-6　云桂线岩溶洼地积水

5. 桥基岩溶

岩溶主要造成桥基漏浆、成桩困难，基础下沉、倾斜，地面塌陷。例如，湘桂线在广西境内的桃花江双线特大桥桥基勘探过程中曾发生较大规模的地面塌陷现象，见图 1-7。

(a)塌陷初期　　(b)塌陷坑

图 1-7　广西境内湘桂线桃花江双线特大桥桥基岩溶地面塌陷

1.2.2　高速铁路的工程特点

1. 高速铁路线路特点

高速铁路线路是一条空间曲线，通常用线路平面图和剖面图来表示。高速铁路线路的高平顺性首先要求赖以存在的空间线路曲线尽可能平滑，即线路平面、剖面的变化尽可能平缓。对线路设计的要求如下。

1) 大幅度提高线路平面最小圆曲线半径和增大竖曲线半径

由于高速铁路速度目标值高、线路平曲线半径大(国内速度 200～250km/h 的平曲线半径不小于 2800m、300km/h 的平曲线半径不小于 4000m、350km/h 的平曲线半径不小于 5500m)，较普速铁路的平曲线半径 400～800m 大得多；高速铁路最大限制坡度为 20‰～30‰，也较普速铁路的 6‰～13‰大。高速铁路线路无论是平曲线还是竖曲线，曲率变化快的地段，轮轨间的相互作用力都会增加，线形也难以保持，往往是产生轨道不平顺的地方；同时，列车在曲线上运行，产生的离心加速度与列车速度的平方成正比，该值影响列车运行的舒适性、平稳性和安全性。因此，行车速度越高，平曲线和竖曲线的半径增幅越大。

2) 优先选用推荐曲线半径

线路平面设计中曲线半径的选用，并不是越大越好。曲线半径过大，曲率变化很小，曲线线形难以保持，反而成为线路不平顺的隐患。在一般情况下，选用的曲线半径应与列车运行速度有良好的匹配关系，既保证列车有良好的运行品质和旅客乘坐舒适性，又能达到“少维修”的目标。因此，根据速度目标值，提出推荐曲线半径的理念。

3) 平缓过渡的缓和曲线

实践证明，缓和曲线的线形不是影响行车的决定因素，关键是缓和曲线的长度。列车通过缓和曲线时产生的超高时变率和欠超高时变率，随列车速度成正比增加，影响乘车的舒适性。因此，直线与曲线间过渡的缓和曲线要有足够的长度，使线形过渡平缓，以保证列车运行平稳和旅客乘坐舒适。

4) 增长夹直线、圆曲线最小长度

缓和曲线间夹直线和圆曲线的最小长度同样受列车运行平稳和旅客乘坐舒适条件的控制，应有足够的长度，避免列车通过平面直缓、缓圆、圆缓、缓直各变化点产生的冲击振动发生叠加，影响列车运行的平稳性和舒适性。

5) 延长最小坡段长度

为保证高速铁路列车运行的高舒适性，高速线路最小坡段长度除应满足两竖曲线不重叠，同时还应考虑两竖曲线间有一定的夹坡段长度，以保证列车在前一个竖曲线终点产生的振动在夹坡段长度范围内完成衰减，不至于与下一个竖曲线起点产生的振动叠加，以保证舒适度。需要特别指出的是，为保证旅客良好的乘坐舒适性，特别是司机的视觉良好，纵断面不宜连续采用起伏的最小坡段长度。

6) 线路平面、纵断面协调配合

线路平面和纵断面设计应协调配合，当竖曲线与平面圆曲线重叠设置时，应对平曲线的最小半径进行约束，同时竖曲线不应与缓和曲线重叠设置，并且满足竖曲线(或变坡点)与缓和曲线间有一定的长度，从而降低对行车的安全、平稳和舒适的影响，以及减少线路测设、养护维修工作的难度和工作量。

2. 高速铁路工程特点

1)桥、隧长度比例高

高速铁路在平原和平坦地区以桥为主，在山区以隧道为主，且多为桥、隧工程相连，桥隧总长度占整个线路长度的比例高达 70%～95%；而普速铁路一般为 30%～60%。

2)隧道断面跨度大

为满足高速铁路运行时空气动力学特性的需要，高速铁路单线隧道净空有效面积不小于 $58m^2$(时速 250km)或 $70m^2$(时速 300km 及以上)；双线隧道净空有效面积不小于 $90m^2$(时速 250km)或 $100m^2$(时速 300km 及以上)；而普速铁路单线隧道净空有效面积一般为 30～$42m^2$。隧道开挖断面越大，对围岩稳定性越不利。

3)路、桥以桩基础为主

在平原地区，大多数高速铁路的桥梁、路基均采用桩基才能满足沉降要求，路基桩长一般为 15～50m，桥梁桩长多为 60～70m、特殊桥梁可达 90～120m。

4)沉降要求高

高速铁路对线下基础工程的沉降和线路的平顺性要求高。采用有砟轨道，时速 250km 的一般地段路基工后沉降不超过 100mm，过渡段不超过 50mm；时速 300km 及以上的一般地段路基工后沉降不超过 50mm，过渡段不超过 30mm。采用无砟轨道，工后沉降不宜超过 15mm，过渡段的工后差异沉降不应大于 5mm。而普速铁路采用有砟轨道工后沉降一般不超过 200mm，过渡段工后沉降(差异沉降)不大于 100mm。

1.2.3 高速铁路岩溶地质勘察面临的新挑战

高速铁路运行速度快、运营安全和舒适性要求高决定了其线路曲线半径大，绕避岩溶困难，线路对岩溶地质条件的适应性差，对场地的稳定性要求高；高速度依赖轨道的高平顺度，对桥、隧、路工程工后沉降控制要求严格，对岩溶地基岩土体适宜性要求高；从而，对地质选线和勘察提出了特殊要求。

高速铁路需规避岩溶系统性风险，对岩溶区选线提出了更高的要求。由于岩溶发育的高度不均一性、隐蔽性、随机性、复杂性，平面上完全绕避岩溶发育区、剖面上完全绕避深部岩溶发育带极其困难，对岩溶地质勘察与风险评估要求高，主要表现在地勘工作的深细度与精细度上，必须采用综合勘察方法，合理组合各种勘探手段，对各种勘察成果资料进行综合分析，相互印证。一般来说，岩溶区高速铁路地质钻探量较普速铁路大幅增加，其每公里达 1100～2000m，而普速铁路每公里一般在 200～300m 及以下范围。除了钻孔密度更大，还需采用多手段的原位测试方法进行岩土体多参数测试，岩溶地质条件复杂时还需开展专项和专题研究工作，以满足高速铁路设计和施工要求。

鉴于岩溶的复杂性、随机性、隐蔽性和既有岩溶勘察技术现状，完全查明岩溶的空间分布形态及发育规律，仍是高速铁路工程建设中的世界性难题。

1.3 岩溶问题研究现状

西南及邻区为我国岩溶强烈发育区，该地区铁路工程建设与运营中存在不同类型的岩溶工程地质问题(宋章等，2018)。本节根据岩溶地质问题的特征及对铁路工程的危害程度，从岩溶区地质选线、岩溶勘察技术、岩溶灾害风险评估及灾害防治等方面对其理论及工程实践的研究现状进行论述。

1.3.1 岩溶地质相关理论研究现状

1. 现代深部岩溶研究现状

深部岩溶作为一种特殊的岩溶现象，是岩溶发育在空间尺度上的一种表现形式。在人类工程活动相对较弱的时代，这一岩溶现象并未被人们所认识，直到 20 世纪 50 年代人类的工程活动到达了地下相对比较深的位置后，人们才慢慢地去认识这一岩溶现象，再到后来从本质上去深入研究这一现象形成的原因(许模等，2008)。利用“deep karst”这一关键词在 GeoRef 数据库中检索，其结果大致可以反映国内外学者、专家对这一问题的研究情况，如表 1-3 所示。

文献检索情况表明(表 1-3)，从时间上来看，深部岩溶的研究一直处于时断时续的过程。总的规律为：1984 年前研究相对较少，平均每年仅有 1 篇文章；1985～1989 年这段时间研究相对较多，共 8 篇文章；1990～1994 年这段时间研究比较少，共 4 篇文章，平均一年不到一篇文章；1995～2004 年研究又处于高峰时段，平均每年约 2 篇文章；从世界各国来看，中国、德国、美国、苏联的研究成果较为突出，其研究成果都在 8 篇及以上。纵观所有研究成果，前人对于深部岩溶的研究主要集中在水电工程中揭示的河谷深岩溶问题以及油气开发过程中的深埋地层古岩溶的油储问题。我国经过 20 多年的努力，对深部岩溶及其机理的研究经历了从现象认识到水动力条件、水化学条件分析再到深部岩溶形成机理研究这样一个发展历程，取得了一些可喜的成绩。

表 1-3 用“deep karst”在 GeoRef 数据库检索情况表

按时间检索	年份	1975 年以前	1975～1979 年	1980～1984 年	1985～1989 年	1990～1994 年	1995～1999 年	2000～2004 年	2005 年至 2018 年	论文总数/篇
	篇数	11	5	5	8	4	11	10	4	58
按国别检索	国家	中国	德国	美国	苏联	法国	意大利	英国	其他	论文总数/篇
	篇数	14	9	9	8	5	4	2	7	58

然而，随着人类工程活动的加剧，尤其是近年来高速铁路大规模建设，隧道穿越岩溶地区的埋藏深度越来越大，岩溶地质情况也变得越来越复杂，深埋长大越岭岩溶隧道修建中多次发生大规模岩溶涌水突泥现象(李光伟等，2015；王科等，2011；杜宇本等，2009；蒋良文等，2007)，表明存在深部岩溶问题，风险较高，制约了高速铁路的建设。

根据文献查阅，目前对现代深部岩溶(又称新生代深部岩溶)及工程适宜性的研究较少。

2. 岩溶地面塌陷形成机理研究现状

岩溶塌陷发育机理的揭示是有效防治的前提，一般的岩溶塌陷致塌机理主要有潜蚀论、真空吸蚀论、振动论、液化论等。大多数研究者都认为地质体结构为内因(戴建玲等，2012；唐万春等，2011；雷明堂和蒋小珍，1998)，是岩溶致塌的必要条件。对岩溶塌陷的形成，目前较为统一的认识是由上部覆盖层(可为一元结构、二元结构、三元结构)及下部岩溶发育的岩溶块体造成。

1)潜蚀成因

在覆盖型岩溶区，地下水通过潜蚀、冲蚀、掏空等作用，逐渐使上覆土体失去平衡，在水位波动过程中，加大了水力坡度从而加速了上述作用而致塌。众多研究者持有这种观点：郭强(1989)对贵州遵义岩溶塌陷的研究中用潜蚀的观点解释了塌陷的成因；田级生(1994)通过对秦皇岛市柳江水源地地面塌陷的研究，提出渗透潜蚀-软化增荷模型，认为是潜蚀原因致塌；从建筑物修建中遇到的大量土洞出发，彭涛等(2001)认为土洞的分布主要在水位波动带，由水的下渗潜蚀引起；通过对安徽铜官山的塌陷研究，丁有全(1997)提出了土洞在潜蚀作用下形成，同时物质被搬运，当潜蚀力大于搬运力时，土洞相对稳定，当潜蚀力小于搬运力时，将引起迅速塌陷。另外，一些研究者也认为塌陷的原因是水力坡度的增大，导致潜蚀、搬运能力增强，加快了潜蚀的速度，致使上部盖层重力大于抗力时致塌(邓学成，1996)。王学聚(1997) 用潜蚀观点对山东岩溶塌陷进行了解释，马金荣等(1996)用潜蚀观点对徐州市塌陷区塌陷进行了解释，他们都认为岩溶塌陷是由于渗流、潜流产生的潜蚀淘空，形成土洞，水位的下降增强了潜蚀能力，土洞变宽致塌。抽水致塌的问题在美国佛罗里达州被称为“塌陷落水洞”(collapse sinkhole)(Williams and Lyons，1986)，这类塌陷被认为是在构造带交汇处引起的塌陷，因为透过黏土层的渗水量增加，渗透水冲蚀土壤并将其带入地下空洞中，在旱季抽水引起地下水位下降时，土层中渗透水流速加快造成砂土流失，从而引发塌陷，这实际上也为潜蚀观点。

2) 真空吸蚀

在相对密闭承压岩溶网络地下水中，人为抽(排)地下水，水位降低至盖层底面以下，可在岩溶孔隙中形成真空吸盘吸蚀、真空腔吸蚀和旋吸漏斗吸蚀三种对盖层的破坏作用。徐卫国和赵桂荣(1986)曾用该观点解释了所研究的岩溶致塌现象，陈国亮等(1990)曾论述过模型试验中真空吸蚀力的大小。近年来有的学者有不同看法(王建秀等，2000)，认为盖层下大多数的溶洞是被充填物充填的，不存在足以产生很大压强差的空腔，从而提出“溶洞充填物潜蚀流动-压差场-盖层失托增荷效应”的观点。

3) 潜蚀-真空吸蚀

潜蚀-真空吸蚀是指潜蚀、真空吸蚀两种成因的共同作用。持有这种观点的研究者认为，自然界地下水对土层的潜蚀作用十分普遍，且几乎自始至终地存在于岩溶塌陷的整个过程中。同时，真空吸蚀作用在自然界也存在，但要在一定条件下才能致塌(张伟，1996)。武昌陆家街地面塌陷被认为是潜蚀和真空作用形成的塌陷(郭殿权和刘连喜，1990)。通过对贵州水城塌陷的研究，一些研究者(雷国良等，1996)认为抽水引发的塌陷经历了三个阶段，首先是潜蚀作用在土层中形成土洞(第一阶段)；然后，水位下降形成负压，使土洞垮塌，水力坡度的加大，使物质被搬运，从而使土洞扩大(第二阶段)；最后，当土洞扩大到塌陷力超过极限抗塌力时发生塌陷(第三阶段)。同时认为在第二阶段，由于水位的急剧下降，真空吸蚀可加速土洞向塌陷的演化(周济祚，1992；邓自民，1991)。曾昭华(1998)对江西地面塌陷进行研究后，也认为是潜蚀形成土洞，水位下降形成的负压及振动等(火车与汽车运行、地震等)诱发塌陷。还有研究者通过对山东枣庄地区岩溶塌陷的研究(曹峰和吴春寅，1998)提出潜蚀散解-真空吸蚀-失托增荷的观点，认为随地质条件、时间的不同，某种作用会上升为主导作用。王建秀等(1999)通过铁路岩溶塌陷的研究，提出了在导水盖层情况下岩溶塌陷为“渗流场与应力场耦合”的机制致塌机理。朱寿增和周健红(2000)通过对桂林西城区岩溶塌陷的研究，也提出潜蚀土洞→真空吸蚀致塌的观点。

4) 振动论与液化论

持有这一观点的研究者认为，对弹性介质的盖层，当地下水或气压波动与盖层固有频率一致时，将出现共振现象，这时可产生很大的破坏力。而对于松散盖层，地下水或气压的波动，可以通过“空隙内压力对盖层产生破坏”，其过程与液化论类似(代群力，1994)。在对桂林附近陷落地震的研究中，一些研究者曾提到在地下溶洞(或土洞)分布区发生地震时，地震波经过上覆软、硬不同性质界面多次反射，将产生卓越周期为 0.18～0.23s 的地震波，岩溶区地层的卓越周期为 0.15～0.4s，岩溶区民房多在

3 层以下，固有周期为 0.1～0.3s，这三者接近或相等时，共振会造成较高的震患(缪钟灵和宗凤书，1995)。冯佐海等(2001)在对桂林市柘木爆破引发的岩溶塌陷进行研究时提出振动致塌、冲爆致塌等观点。

岩溶塌陷发育过程的特殊性，使得模型试验成为主要的研究手段之一。1978 年 Bertin 针对佛罗里达州的土层情况，模拟了上覆砂层、粉砂层的塌陷问题(雷明堂等，2016)；Howell 和 Jenkins(1984)模拟研究了英国岩盐洞穴的上覆砂层塌陷；Sterling 和 Ronayne(1985)试验了洞穴上覆黏土层的沉陷，但没有测量黏土的强度，也没有把结果推广到其他土层条件；在 Sterling 和 Ronayne(1985)的基础上，Craig(1990)用离心模型研究了黏土直接覆盖洞穴或黏土-砂层-洞穴的条件，建立起无量纲的安全系数(VS)的极限值，认为塌陷与土层强度、土层厚度、其他上覆荷载以及洞穴开口直径有关，然后运用 Craig 的无量纲比率，可以推广到其他没有专门模拟的土层条件；以 Craig 的试验为基础，Abdulla 和 Goodings(1996)运用离心机研究了塌陷破坏机理和导致塌陷的临界组合条件，重点研究了洞穴上方的弱固结砂层的塌陷破坏与洞穴开口大小、洞穴自身强度、弱固结砂层强度厚度、上覆砂层的厚度及地表荷载的关系。

综上所述，目前国内外学者对岩溶塌陷机理的研究主要集中于一般覆盖层厚度的单一成因机理的研究，而对于铁路这种线性工程的岩溶区厚覆盖层地面塌陷的成因机制鲜有研究，且在实体模型试验中针对水动力条件的变化对塌陷形成机制影响的研究较少。

1.3.2 岩溶区地质选线研究现状

Wellington(1877)于 1877 年首次开启了铁路选线研究，其后中外研究者从工程经济学、解析几何、动力学等角度进行了较多的铁路选线研究工作，但对于岩溶区的专门地质选线研究工作起步较晚(王子江等，2018；高伟等，2016；李光伟，2016；曹化平和王科，2011；王茂靖和雷明堂，2010)。中铁二院自我国第一条干线铁路——成渝铁路勘察设计开始时就着手岩溶区铁路选线研究，随后岩溶区铁路选线有了长足的发展。

铁道部第二勘测设计院(中铁二院的前身)主编的《岩溶工程地质》(1984 年)系统性地总结了普速铁路岩溶区选线原则，是中国最早的岩溶地质选线专著，为中国岩溶地质选线奠定了基础。

蒋忠信(1988)从岩溶地貌的平面分布、空间展布及其与铁路工程的关系出发对南昆铁路穿越滇东南石林地区的线路方案进行了选线研究。王军伟(2011)在黔张常铁路岩溶地质选线的过程中针对湘西北地区岩溶发育情况总结了线路应尽量短距离通过可溶岩区，尤其是岩溶强烈发育区等 4 条岩溶选线原则。

陈成宗(1993)及李苍松等(2005)通过分析岩溶地区的普速铁路隧道选线地质问题，初步总结了在分水岭地区、坡岸地段和峰丛地区修建铁路隧道的选线原则和技术；汪继锋(2011)应用层次分析法(AHP)对十宜铁路房县至神农架段线路方案的岩溶隧道水文地质条件进行了评价，为线路方案比选提供了水文地质依据，但未形成系统的评价方法。

谢猛等(2012)利用 Landsat-7 ETM(增强型专题绘图仪)+影像对西南某复杂岩溶区铁路进行了遥感地质选线，此方法在全局上、宏观上和定性上有其优势，可以较好地指导铁路选线避开区域地质构造的薄弱环节，但对于高标准的高速铁路选线其存在诸多缺点。

孟庆文和徐永明(2012)在分析评价岩溶发育特征的基础上，结合自然保护区、煤矿采空区以及通航要求等研究了某客运专线的岩溶地质选线。

综上分析，目前国内外对岩溶区高速铁路选线还未形成系统的选线理论体系，也未从减灾选线的角度研究岩溶区高速铁路地质选线原则。

1.3.3 岩溶区综合勘察技术研究现状

国内外关于岩溶工程地质勘察技术的应用较为丰富，主要有地质调绘、遥感图像地质判释、工程地质钻探、工程地质物探等技术方法(冯涛等，2018；王波等，2016；王栋等，2016；Tolmachev，2010；屈科和文江泉，2009；ASTM，1999；BSS，1999)。

1. 地质调绘及遥感图像地质判释

工程地质调绘是岩溶勘察工作的基础和先导性工作，是后期各种勘察技术方法选择和勘探点布设的依据；目前地质调绘已经发展到地面调绘、遥感图像地质判释、无人机测绘等相结合。刘汉湖等(2014)采用高精度卫星遥感图像的图像预处理、图像融合、正射校正技术，实现了遥感影像三维可视化，并利用 ArcGIS(一种地理信息系统平台)对云南小哨机场岩溶区进行岩溶漏斗信息提取、漏斗形态显示、地下溶洞网分析等，为进一步勘察提供了准确可靠的地质灾害信息。利用遥感技术对岩溶形态的调查，是目前遥感在岩溶勘察中应用的主要方面，如利用遥感技术对岩溶地面塌陷的探测及监测(刘林清等，2008；茹锦文等，1997)，利用遥感技术对铁路沿线岩溶等灾害的发育进行调查和普查(李光伟和吴为禄，1996)；此外，遥感技术也常常被用于监测岩溶地区石漠化的普查和发展趋势分析(王连庆等，2003)；而在岩溶水勘察方面，Kazemi(2003)通过航空照片、卫星图像等结合地理信息系统(GIS)评价分析，对岩溶水的勘察方法进行了研究。

2. 工程地质物探

物探也是探测岩溶的主要手段之一，目前比较成熟的方法有地质雷达、高密度电法、浅层地震反射及弹性波法等。在总结 1971 年以来地球物理勘探经验的基础上，美国 Technos 公司(Benson and Yuhr，2004)出版了 *Surface Geophysical Exploration Methods*，分析了 14 种物理探测技术方法，认为首选方法为地震面波、地质雷达和微重力法。美国材料与试验协会(ASTM)颁布了《地面地球物理方法选择标准指南》(D6429-1999)(ASTM，1999)，该指南介绍了岩溶区探测中较为有效的地球物理方法，并对每一种方法的技术特点、用途、优缺点等进行了评述。近年来，随着计算机技术及数字化技术的发展，工程物探技术正朝着集成化、多功能化方向发展；同时，注重新型物探仪器的研发和应用，如用于天然场观测和人工源信号的加拿大凤凰地球物理有限公司(Phoenix)开发的V-5、V5-2000、V-6、V-8音频大地电磁系统及德国Metronix公司的MMS-04音频大地电磁系统，目前在我国主要用于深部研究；用于做天然场观测的美国EMI公司开发的MT-24、EH4系统，其中MT-24系统主要用于研究深部构造，EH4系统用于浅部研究(小于1km)。

2003年9月，由铁道部建设管理司主办，中铁二院、西南交通大学等单位承办的在成都召开的有关岩溶地区勘察设计国际研讨会，就岩溶探测技术和方法进行了经验交流。国内的铁路工程岩溶探测技术主要有遥感技术的应用、地球物理探测技术(电法、震法、测井法、20世纪80年代以后发展起来的地质雷达、微重力勘探、计算机轴向断层扫描(CT)技术、可控源音频大地电磁法、电磁测深及甚低频法)、环境同位素技术、岩溶地貌与水文网分析法、GIS等(屈科和文江泉，2009)。

黄威(2010)在宜万铁路隧底隐伏岩溶普查实践中采用了地质雷达法及地震单点反射波法，认为两种方法的综合应用具有优势互补性；基于陆地声呐法也在桥基岩溶探测中得到一定的应用(王法刚等，2005)；雷旭友(2009)在某铁路威舍车站研究深20m范围内的岩溶洞穴的位置、形态、充填情况及暗河走向探测方面采用了基于电磁波CT的方法并进行了实践，取得了较好的效果。

3. 工程地质钻探

目前，常用的钻探机具主要有回转式钻机、冲击式钻机、冲击回转式钻机等；取心钻机以回转式钻机为主。

在岩溶勘察过程中采用回转式钻机取心，可以较为准确地揭示岩溶现象的起讫深度、顶底板岩性、充填情况及充填物特性等，尤其是对岩溶见洞率的统计能较为准确地反映岩溶的发育程度；但钻探仅一孔之见，对区域地下空间岩溶的分布形态和发育程度的评价及分析有其局限性，需要结合其他勘探方法提高其勘测范围。

4. 综合勘察

在充分利用遥感技术及地面调绘的基础上，应该合理应用物探、钻探及原位测试等勘察方法，互相补充，互相验证，获取多性状地质信息，经过综合分析和利用，提高地质判释的准确性，达到提高地质勘探质量和效益的目的。例如，在麒麟观水库勘察中采用地面测绘、钻探、重力勘探、磁法勘探、硐探等勘探手段对岩溶进行了综合勘察(李峰等，2003)；在内昆线二道桥-昭通北段勘察实践中采用遥感技术、地质测绘、综合物探及地质钻探等方法进行了综合勘察(李彦军，2000)；在沪蓉国道主干线湖北省高坪—吉心段大水井隧道勘察中采用遥感技术、地质测绘、综合物探以及地质钻探等勘察手段，进行专题分析研究(颜廷舟和王红明，2006)；在某大型岩溶地面车站工程勘察中采用地质钻探与物探地震CT相结合的综合勘察方法(李红刚等，2011)；

在既有芜铜铁路狮子山站路基岩溶塌陷病害进行综合分析中采用现场踏勘、调绘、物探、钻探等综合勘察手段(华丽晶，2014)。

综上分析，国内外对岩溶区的岩溶勘察方法较多，但针对性不够强，特别是在高速铁路岩溶勘察中，满足高速铁路修建对勘察特殊需求而进行的有针对性的、高精细化的勘探手段较少，尤其是没有形成系统的、可行的适应于不同岩溶区域的综合地质勘察技术体系。

1.3.4 主要岩溶风险评估现状

1. 岩溶地面塌陷风险评估研究现状

运用计算机技术，结合灾害发生的危险性与社会经济易损性评估灾害风险，已成为近年来国外地质灾害研究工作的重要内容。例如，1986 年美国学者 Crawford(2000)对 Barren 河岩溶塌陷进行危险性评价，采用 1.25′×1.25′的网格，如果网格内塌陷个数占总数的 10%以上，则将其划为高危险区，1%～10%为中等危险区，小于 1%为低危险区，下伏地层为非碳酸盐岩的非塌陷危险区。1996 年，美国科罗拉多大学研制开发了基于 GIS 技术的计算机决策支持系统(DSS)，专门用于地质灾害的风险评估工作。美国的 Raghu (1984)采用泊松方程来模拟新泽西州 Warren 县在给定时间内、给定面积区域发生塌陷的概率。美国的 Upchurch 和 Little field(1988)提出了用于塌陷风险评估的数据评价方法。南非的 Calitz (2001)开展了南非 Lebowakgomo 白云岩地区潜在地面塌陷风险的评估工作。意大利的 Salvati 和美国的 Tharp (Salvati and Tharp，2001)基于岩溶水压力对塌陷的影响，建立了意大利中部 Latium 地区岩溶塌陷评估的概念模型，英国国家地质调查局用 ArcView 对英国岩溶地质灾害进行了风险评估。Gao 等(2002)运用 ArcView 对美国明尼苏达东南部岩溶塌陷的空间分布规律和潜在风险进行了系统分析。1984 年美国田纳西州交通局 Moore(1984)对在田纳西州 Knox-Blount 县岩溶区高速公路建设中面临的沉陷、塌陷、隐伏溶洞、洪水以及落水洞淤积进行了危险性评价。

国内岩溶地面塌陷风险评估研究的重点主要集中在评价指标选取和评价方法上。评价指标的选择基本上可分为地质环境因素、诱发因素和相关易损性指标。例如，曾玉莹和郑小战(2007)选择了岩溶条件、地下水条件、覆盖层条件、地形地貌等因子；王东和何宝夫(2012)选取了水动力条件、土的性质和土层结构、土层厚度、地形地貌、岩溶发育程度、厚跨比等因子；Gao 等(2002)选取基岩岩性、基岩覆盖层厚度、岩溶塌陷密度及邻域等因子；Gao 和 Alexander(2008)选取最近地面岩溶塌陷距离、岩溶地面塌陷密度、基岩地质和基岩埋深等因子。评价方法归纳起来主要有专家调查法(吴坚等，2009)、遥感法、人工神经网络法(成玉祥等，2008；金江军等，2006；陈静等，2005；朱庆杰等，2003；Steven et al，1989)、层次分析法(赵焕臣等，1986)、模糊综合评价法(邓启江，2010；胡焕校和张立明，2008；李公岩和李元伸，2008；黄秀凤，2004；杨伦标和高英仪，1995)、信息量法(刘洋等，2013；郑小战，2009)、敏感因子模型和蒙特卡罗模拟法(潘健等，2010；刘利艳，2007)。总体来说，各种方法均有各自的适用条件和优缺点。

2. 岩溶隧道涌水突泥风险评估研究现状

1) 岩溶隧道涌水突泥灾害危险性评估研究

20 世纪 70 年代后，中国在隧道及地下工程领域风险分析的应用研究方面取得了一定成果，但以定性研究和理念的建立为主。由于岩溶隧道涌水突泥灾害是在自然因素与人为因素共同作用下发生的，与自然灾害在诸多方面“形似”，近些年基于一般地质灾害风险评价理论和方法的快速发展，特别是煤矿系统矿井涌水突泥灾害危险性评价的理论发展与实践经验积累，铁路岩溶隧道涌水突泥灾害的危险性评价研究得到了一定程度的发展。

韩行瑞(2004)基于岩溶水文地质学的新理论和国内外工程实践，结合多年的经验，提出了“岩溶隧道涌水专家评判系统”。叶志华等(2006)通过朱家岩岩溶隧道涌水的预报及施工验证，证实该评判系统具有良好的实用价值，但提出对岩溶涌水的正确评判和岩溶隧道涌水专家评判系统的有效运用必须基于正确的专门的岩溶水文地质调查、勘察和地下水长期观测工作。

白明洲等(2006)以宜万铁路齐岳山隧道为例，提出：①岩溶山区越岭岩溶隧道突水地质灾害危险地段的分布是可以确定的；②灾害的主要控制因素是地质构造因素、地层岩性因素、地下水流动因素、地下水侵蚀性因素、岩溶地貌因素等；③在危险段判定的基础上，结合物探和钻探技术进行灾害预报，能够提高岩溶涌水突泥灾害预测预报的工作效率，降低灾害的危险性。

刘向远(2007)综合考虑自然地理、地质、水文地质和隧道工程等因素，建立了适用于岩溶隧道施工中地下水环境负效应评价的指标体系和评价系统。

朱超(2008)以宜万铁路齐岳山隧道、八字岭隧道为依托，在典型岩溶隧道灾害发生的地质特征指标(包括岩层厚度特征、岩性变化特征、断裂构造特征、褶皱构造特征、节理发育特征)和地下水涌水特征指标(包括涌水量和水压力)的研究基础上，选择了 6 个一级指标、49 个二级指标，完成岩溶灾害预警指标体系的建立，并开发了岩溶灾害预警专家系统辅助预警。

2) 现有的岩溶灾害危险性等级划分标准

苗德海(2007)根据岩溶灾害发生可能性的大小和产生后果的严重程度，将岩溶隧道灾害划分为严重危险地段、中等危险地段和轻度危险地段。

张民庆等(2006)、胡子平(2007)以保证施工人员安全和以灾害对施工影响程度等为划分的基本原则，将岩溶灾害类型和等级划分为 A、B、C、D 四级，见表 1-4，以此确定隧道可能发生涌水突泥地段、规模、危害程度。

表 1-4 岩溶涌水突泥灾害类型和等级划分(张民庆等，2006)

灾害分级	涌水突泥量分级/(m^3/h)	说明
A	$Q_{涌}$>10000	突水型，地下水瞬间以大于 0.5MPa 的水压射出，水量大于 10000m^3 / h，短时间淹没施工掌子面和坑道中施工设施，甚至危及施工人员生命安全，突水时间长达数小时，甚至数十小时后突水量才逐渐开始减小至稳定
B	$Q_{涌}$=1000～10000	涌-突水型，是突水与涌水间的过渡类型，可能突水，也可能涌水，涌水是指地下水压小于 0.5MPa 沿揭露溶洞口流出，由于水量较大，可迫使施工停止，一般不危及施工人员安全，在短时间内地下水量达到稳定
C	$Q_{涌}$=100～1000	涌水型，地下水压力很小，只靠动水压力流动，不影响施工进行，需加强排水
D	$Q_{涌}$=10～100	地下水缓慢流动，边沟排水就能满足施工要求，基本不影响施工

薛翊国等(2008)根据岩性、地质构造、岩溶发育、地下水位、预计涌水量等因素，将齐岳山隧道风险等级划分为四个等级，划分原则见表 1-5。

表 1-5 高风险岩溶隧道风险等级及分级依据(薛翊国等，2008)

风险等级	划分依据
Ⅰ	饱水带，岩溶强发育，存在断裂构造或暗河，可能发生涌水突泥等特大地质灾害
Ⅱ	饱水带或丰水期季节变化带，岩溶强发育或存在断裂构造，可能发生涌水突泥等重大地质灾害
Ⅲ	季节变化带，岩溶较发育或存在断裂构造，可能发生小规模的地质灾害
Ⅳ	枯水期季节变化带或包气带，岩溶中等发育或存在断裂构造，发生地质灾害的可能性较小

综上，国内外对岩溶隧道涌水突泥灾害危险性评估研究最早起源于矿井涌水突泥的评价，建立了专家系统等评估方法，但是对岩溶本身的研究不够具体，不能很好地表征岩溶发育的强度等，也就无法表达出岩溶、岩溶水致灾的主要控制因素；另外，对于风险等级的划分不规范，与目前铁路行业内规程、规范风险评估等级不匹配，适用性不强。

3. 溶洞风险评估研究现状

对于隧道穿越大型溶洞的研究目前主要集中在溶洞稳定性、溶洞处理两个方面。例如，廖如松(1987)采用逐步判别法对桂林岩溶区的塌陷失稳进行了预测；陈国亮等(1990)详细地分析了岩溶地面塌陷失稳的成因机制与防治；王建秀等(2000)提出了“盖层土体-薄顶板无充填溶洞力学系统”来分析评价无充填溶洞薄顶板的稳定性。另外，部分学者提出了将溶洞顶板视为梁板(悬臂梁、简支梁、两端固定梁)、塌落拱、压力拱等溶洞顶板安全厚度的计算方法，有的用平面问题的有限元法对溶洞进行应力分析，还有的采用有限元-无限元耦合分析的方法对岩溶临空面稳定性进行了研究(谭志宏，2008)。龚先兵等(2011)综合运用区间数学理论、岩体质量分类指标 RMR(岩体地质力学分类)以及 Hoek-Brown 经验强度准则建立了参数区间数确定方法，采用非概率可靠性理论建立了桩端下伏溶洞顶板稳定非概率可靠性分析方法。苗德海等(2009)采用三维快速拉格朗日法，对宜万铁路马鹿箐隧道Ⅰ线 DK255+925～DK255+976 段大型淤泥质充填溶洞隧道开挖与支护过程中的力学行为进行了研究，获得隧道在分步开挖、支护情况下围岩位移、初期支护内力及位移等的分布规律。

黎新亮(2014)在长沙地铁3号线阜埠河路站—书院路站区间工程实践中为确保盾构隧道安全穿越湘江溶洞区，提出合理的线路平面设计和溶洞江面处理方案。李鸣冲(2010)采用立柱支顶、锚喷网、复合地基+整体结构、单压式结构及框架结构、换填、钢管桩注浆加固等综合处理的方式成功处理了宜万铁路龙麟宫隧道DK231+700～DK231+800段大型半充填溶洞。孙正兵等(2015)在处理上郭关隧道大型溶洞时，根据溶洞大厅的大小与位置，设计了现浇套拱衬砌支顶、埋设钢筋混凝土管涵与施作护墙支挡三种处理方案。贾汝涛等(2012)在处理叙大铁路尹家岩隧道DK70+551附近大溶洞时，根据溶洞的形态特征、岩性、水文地质等情况，采用换填＋护墙处理方案进行整治，效果良好。

目前的研究主要集中在溶洞发育的影响因素、岩溶洞穴稳定性评价、大型溶洞的处治技术等方面，而对于隧道穿越溶洞风险评估研究鲜有报道。

4. *岩溶区危岩落石风险评估研究现状*

岩溶区多发育危岩落石，这主要是由于岩溶多为硬质岩，同时由于岩溶区易形成暗河和溶洞，在其坍塌后易形成高陡斜坡，这些高陡斜坡在后期风化和溶蚀作用下，其临坡部分岩体易发生崩塌落石。落石灾害风险评估就是量化测评危岩失稳造成受威胁对象损失的可能程度，并对后果严重程度划分评价等级和标准，落石灾害的防治需要根据不同的风险等级制定相应安全的、经济的对策。

胡厚田(1989a)基于调查资料的统计分析，对崩塌落石进行宏观的区段预测，在此基础上，采用模糊综合评价方法对工点崩塌落石强度等级进行了详细预测。郑黎明(1994)以宝成线洛广段为例，分析了雨季降雨量、运营时间等动态因素与落石灾害的关系，并对该段落石灾害的发展速度进行了预测。张路青等(2005)认为落石事件发生符合泊松分布，给出静止车辆、移动车辆以及行人遭遇落石的年平均概率计算公式，并通过现场调查对川藏公路八宿—林芝段落石灾害风险进行了分析。

叶四桥和陈洪凯(2010)通过对落石致灾可能性和致灾后果严重性的两个灾害危险性等级因子的量化建立了隧道洞口段落石灾害危险性评价系统。王玉锁和杨国柱(2010)依据铁路工程地质勘察规范中对崩塌落石地段的判断方法，提出了针对历史落石事件和落石潜能的初步定性的风险评估方法。相志强(2013)总结危岩体发育影响因素的评价标准，建立层次分析模型，对成兰线柿子园隧道洞口段落石灾害进行了风险评价。王广坤和叶四桥(2014)提出了落石致灾可能性和致灾严重性的概率计算公式，同时考虑防治措施对落石灾害风险评估公式进行了修正，并提出了依据风险水平进行防治决策的理念。

1.3.5 岩溶灾害防治技术研究现状

1. *岩溶地面塌陷防治技术研究现状*

1996年，美国学者George Sowers编写了《塌陷上的建筑物——岩溶区的基础设计与施工》(*Building on Sinkholes: Design and Construction of Foundations in Karst Terrain*)，介绍了岩溶塌陷防治问题(母进伟等，2005)；2004 年，英国学者 Tony Waltham 等组织来自各国的 20 多位专家编写了《坑洞与塌陷——岩溶与洞穴发育岩体中的工程与建设》(*Sinkholes and Subsidence: Karst and Cavernous Rocks in Engineering and Construction*)一书，介绍了工程活动中岩溶隐患的处置问题(母进伟等，2005)。

在岩溶塌陷的防治方面，综合防治技术已提到议程。普遍认为，要从根本上减少岩溶塌陷灾害，应结合地下水优化开采与工程处理措施，实现治根治本；在工程处理上，钻孔注浆技术是一个比较有效的手段，目前运用较多(邓启江，2010；Tolmachev，2010；光耀华，1998；铁道部第二勘测设计院，1984)。

国外岩溶塌陷的防治(邓启江，2010；Tolmachev，2010；Crawford，2000)措施主要可分为控制排水和特殊基础两种；而国内岩溶塌陷的防治(邓启江，2010；母进伟等，2005；彭涛等，2001；陈国亮，1990；康彦仁等，1990；铁道部第二勘测设计院，1984)措施可分为防渗措施和地下加固措施两大类。

2. 桥梁岩溶灾害防治技术研究现状

岩溶区典型桥梁岩溶工程地质问题主要有钻孔桩施工漏浆、成桩困难、基础下沉、倾斜及地面塌陷等，针对不同的岩溶工程地质问题其防治技术也有侧重。目前，国内针对厚覆盖型、隐伏型岩溶可能引起的桥基下沉、倾斜等灾害，在查明岩溶发育特性的基础上，一般采用长桩基础为主的防治措施；对于岩溶区桩基穿越串珠状溶洞时产生的掉钻、斜孔、坍孔及漏浆、串浆等造成成桩困难的岩溶工程地质问题，目前其防治技术主要采用回填片石、黏性土、灌混凝土和注浆等工程措施处理，对于较大的溶洞采用钢护筒跟进措施穿过；在岩溶发育区，一般在采用钻探技术查明岩溶发育的情况下，采用桩基础技术以满足高速铁路对桥梁桩基础的沉降及变形要求；而对于施工振动及地下水位变动可能引起的岩溶地面塌陷问题，一般在查明岩溶发育的情况下，对影响区域先行注浆加固，之后再采用桩基础措施(朱光富和陈俊波，2013；周伟，2012；赵伟，2009)。

3. 隧道岩溶灾害防治技术研究现状

岩溶地段隧道常用的处理方法有引、堵、越、绕四种(白明洲等，2006；蒋建平和高广运，2006；刘招伟等，2006；杨会军和李丰果，2006；李忠和杜明辉，2005；张民庆和刘招伟，2005；王鹰和陈强，2004)。遇到暗河或有水溶洞时，宜排不宜堵，应在查明地下水流向及其与隧道位置的关系后，用暗管、涵洞、小桥等设施将水排出洞外；对已停止发育、跨径较小、无水的溶洞，可根据其与隧道相交的位置及其充填情况，采用混凝土、浆砌片石或干砌片石予以回填封闭等；当隧道一侧遇到狭长而较深的溶洞时，可加深该侧的边墙基础通过，隧道底部遇到有较大的溶洞并有流水时，可在隧道底部以下砌筑圬工支墙，支撑隧道结构，并在支墙内套设涌管引排溶洞水；在岩溶区施工，个别溶洞处理耗时且困难时，可采取迂回导坑绕过溶洞，继续进行隧道前方施工，并同时处理溶洞，以节省时间，加快施工进度(马士伟等，2009a，2009b)。

但随着岩溶区高速铁路建设的发展，以往岩溶区普速铁路岩溶灾害防治技术及措施已无法满足需要，加强岩溶灾害防治新技术的开发和应用已迫在眉睫。

1.4 岩溶研究亟待解决的技术问题

鉴于高速铁路的特点及特殊性，高速铁路线路方案难以完全绕避岩溶区。因此，岩溶区高速铁路的建设须加强主要岩溶问题的研究、深化岩溶及岩溶水理论研究，提高地质勘察的深细度和精细度，创新并推广岩溶综合勘察技术及新技术的应用，研究减灾选线，并加强岩溶灾害风险评估及防治对策研究。

针对工程岩溶地质理论研究，目前从岩性、地质构造、地貌、岩溶水发育及运动等方面进行了较为系统的分析和研究；但针对铁路长大深埋隧道涌水突泥、厚覆盖型岩溶地面塌陷等岩溶地质问题，亟待在现代深部岩溶理论、厚覆盖型岩溶塌陷机理、高速铁路岩溶工程地质分区等方面开展创新研究。

在选线技术方面，目前国外主要是从工程经济学、解析几何、动力学等角度研究铁路选线设计的理论和方法；国内主要以实际工程经验为基础，对选线整体原则研究较多，对选线理论、线路方案定量比选研究较少。从灾害地质学、风险理论角度研究高速铁路减灾选线的理论和方法国内外甚少，基于岩溶致灾特征对高速铁路进行减灾选线的研究也鲜有报道。为了降低岩溶地质灾害风险，亟待开展高速铁路减灾选线理论与方法研究。

在勘察技术方面，目前主要采用遥感图像地质解译、地质调绘、物探、钻探及测试等传统的技术手段和方法。在复杂岩溶区，采用高分遥感、无人机、三维立体勘探、岩溶空腔影像勘察等新技术和手段应用较少，针对不同岩溶地质环境的综合勘察模式的研究甚少，不能达到高速铁路设计所需的精细度，亟待开展岩溶区综合勘察成套技术体系的研究。

在岩溶灾害风险评估方面，现有的岩溶危险性评价难以满足复杂岩溶区高速铁路建设发展的需求。因此，应针对岩溶区高速铁路隧道涌水突泥、大型溶洞、岩溶地面塌陷、危岩落石等主要岩溶地质问题，在查明复杂岩溶地质条件的基础上，确立其评估指标和方法，系统性开展高速铁路岩溶风险评估体系研究。

在岩溶灾害防治方面，普速铁路岩溶灾害防治技术及措施难以满足高速铁路设计施工和运营的需要，因此亟待开展高速铁路岩溶灾害防治新技术的开发和应用研究。

1.5　主要内容及技术路线

1.5.1　主要内容

根据 1952 年至今西南及邻区干线铁路和近年来高速铁路勘察设计与建设实践，针对高速铁路岩溶地质勘察面临的新挑战和亟待解决的技术问题进行研究。本书主要内容如下。

1. 高速铁路工程岩溶地质相关理论深化研究

针对深埋长大隧道(高压)涌水突泥，大型溶洞及充填物，厚覆盖型岩溶地面塌陷及桥梁基础下沉、漏浆等突出的岩溶问题，开展现代深部岩溶与厚覆盖型岩溶塌陷机理研究，并在此基础上系统性地开展高速铁路岩溶工程地质分区研究。

2. 复杂岩溶区高速铁路减灾选线理论研究

针对高速铁路的特点和岩溶灾害特征，运用铁道工程、岩溶学、灾害学、工程地质学、环境学及现代数理理论等，重点研究减灾选线基本理论、指导原则与综合选线方法，基于此，初步建立复杂岩溶区高速铁路减灾选线理论体系。

3. 复杂岩溶区高速铁路综合勘察技术

在现有常规勘察技术优缺点对比分析，引进并消化新技术、新方法的基础上，重点分析研究航片、卫片、无人机勘察技术、等值反磁通瞬变电磁技术、微动探测技术、轻便型全液压钻探技术及超深覆盖层综合原位测试技术等的技术特点及其应用，在此基础上创建适用于各类工程的综合勘察模式，凝练出高速铁路复杂岩溶区“天、空、地”一体化综合勘察成套技术体系。

4. 复杂岩溶区高速铁路主要灾害风险评估体系

针对高速铁路岩溶区隧道涌水突泥、大型溶洞、岩溶地面塌陷、危岩落石等主要岩溶地质问题，基于评价体系、评价方法、计算模型等分析，重点开展主要风险源致灾因子识别、指标量化及权重确定研究，在此基础上建立风险评估模型，创建岩溶区高速铁路主要灾害风险评估体系。

5. 复杂岩溶区高速铁路防灾减灾研究实践

针对岩溶灾害类型及其对工程的影响，重点研究高速铁路路基、桥梁及隧道等工程的岩溶灾害防灾减灾技术，为岩溶区高速铁路安全、高速运行提供技术支撑。

1.5.2 技术路线

根据本书主要研究内容和方法，其具体技术路线如图 1-8 所示。

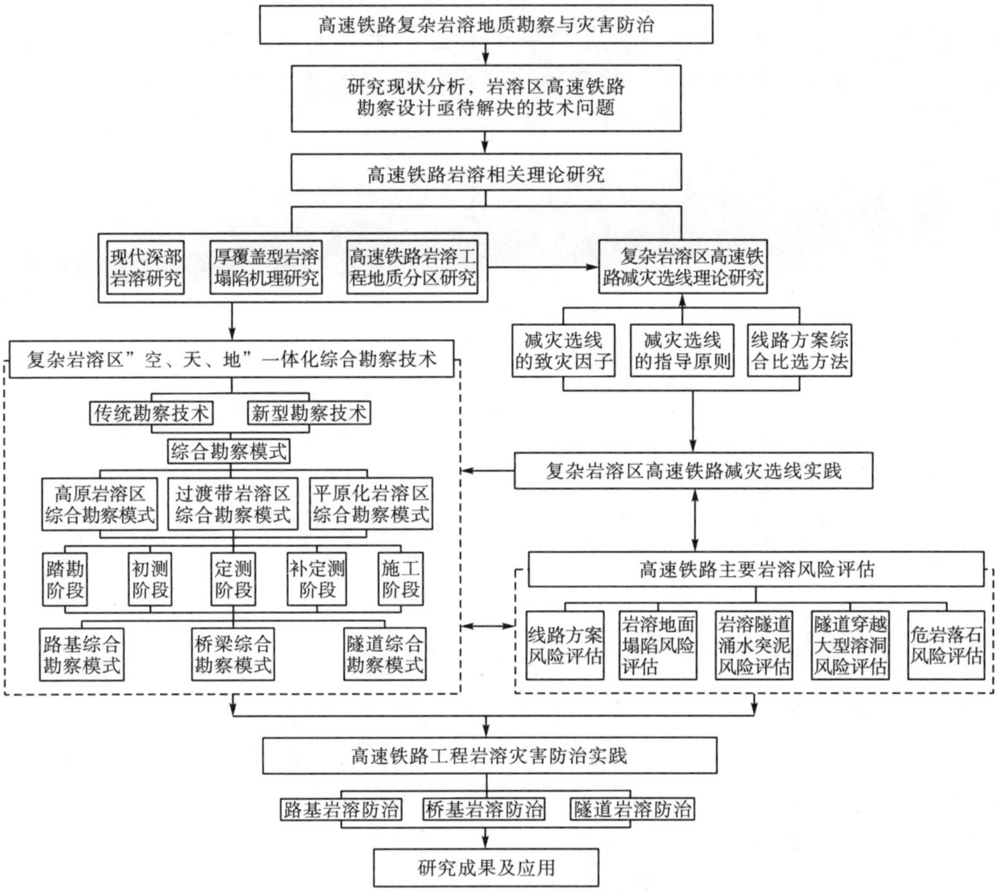

图 1-8 本书技术路线框图

1.6 项目研究历程

我国铁路从 1997 年至 2004 年经历了 5 次大提速后，铁路尤其是高速铁路的发展进入快车道，岩溶区(高速)铁路建设迎来高潮。通过岩溶区多条(高速)铁路勘察设计与施工实践，逐步认识到深埋长大隧道岩溶(高压)大规模涌水突泥、(大型)隐伏溶洞及其充填物、大范围岩溶地面塌陷、大体积危岩落石等岩溶地质问题严重影响了(高速)铁路建设和运营安全。为此，2001 年中铁二院开始陆续立题开展与本书相关的课题研究。

(1)2001～2008 年依托渝怀铁路圆梁山深埋特长岩溶隧道(全长 11070m、水压达 4.5MPa 及以上)，开展了“长大岩溶隧道深埋高水位富水区地下水作用机理研究”(铁道部科技研究开发计划重大课题，编号 2001G009-A)。

(2)2005～2009 年依托武广高速铁路，开展了“武广客运专线韶关至花都路基地段厚覆盖型岩溶塌陷预测与防治技术研究”(中铁二院科研项目课题，院计划 0511485(05-09))。

(3)2006～2011 年依托西南(高速)铁路长大岩溶隧道，开展了“深部缓流带现代岩溶形成机制及工程适应性研究”(国家自然科学基金项目，编号 40672175)。

(4)2006～2011 年依托武广、渝利、贵广、长昆(沪昆)、西成、云桂、成贵、渝万(渝郑)、成渝和成兰等(高速)铁路深埋长大隧道，开展了“铁路长大隧道综合勘探及集成技术研究”(铁道部科技研究开发计划重大课题，编号 2006G008)。

(5)2007～2008 年因贵广铁路存在“走行于恭城星寨穿越中低山区减少通过岩溶化地层的长隧道方案、沿漓江左岸走行于阳朔二塘主要穿越岩溶峰丛-谷地的沿河短隧道方案和 18‰长隧道优化线路方案”三大比选方案，受铁道部委托，开展了“贵广铁路雄村至贺州段岩溶地质与线路比选咨询研究”专题。

(6)2008～2009 年依托渝怀、玉蒙、襄渝、渝利等(高速)铁路长大岩溶隧道，开展了“岩溶隧道涌突水危险性分级评价系统研究”(中铁二院科研项目课题，院计划 08109006(08-09))。

(7)2008～2009 年为了解掌握国内外岩溶勘察技术现状，受铁道部工程管理中心委托，开展了技术咨询项目“国内外岩溶勘察技术咨询”专项工作。

(8)2009 年结合岩溶勘探的实际需要，提高物探勘察精度和水平，开展了“铁路工程跨孔电磁波层析成像(CT)精细化处理技术”(中铁科研项目课题，院计划 09144036(09-09))。

(9)2010～2012 年依托怀渝、玉蒙、贵昆、遂渝、渝利、贵广、长昆(沪昆)等(高速)铁路长大岩溶隧道，开展了“岩溶隧道涌突水量计算评价体系研究”(中铁二院科研项目课题，院计划 10212001(10-10))。

(10)2011～2012 年依托长昆(沪昆)、西成、成贵、渝万(渝郑)和成渝等(高速)铁路，开展了“复杂艰险山区高速铁路选线理论及技术评价体系研究”(铁道部科技研究开发计划重大课题，编号 2011G011-A)。

(11)2011～2013 年，依托成贵高速铁路，开展了“复杂岩溶区高等级铁路危岩落石勘察技术研究”(中铁二院科研项目课题，院计划 11541009(11-13))。

(12)2010～2015 年依托渝利、贵广、长昆(沪昆)、云桂、成贵、郑万等通过复杂岩溶区的高速铁路，立项开展“复杂岩溶区高速铁路综合勘察成套技术及防灾减灾研究”(中铁二院科研项目课题，院计划 10336008(10-15))。全面开展了“高速铁路工程岩溶地质相关理论、复杂岩溶区高速铁路减灾选线理论方法、复杂岩溶区高速铁路综合勘察技术、复杂岩溶区高速铁路主要灾害风险评估体系、复杂岩溶区高速铁路防灾减灾研究实践”五个方面的研究；并根据研究需要，配套开展了 40 余座深埋长大隧道岩溶水文地质专题工作。

1.7 主要成果

针对高速铁路建设所遇到的岩溶工程地质问题，对适用于高速铁路工程建设的岩溶地质相关理论进行了研究，系统分析了影响线路方案的岩溶致灾因子，创立了复杂岩溶区高速铁路减灾选线方法体系，根据各岩溶工程地质区及亚区的特点创建了高速铁路复杂岩溶“空、天、地”一体化勘察模式，针对较为突出的岩溶地质问题构建了岩溶风险评估方法，并创新了岩溶灾害防治技术，从而创建了复杂岩溶区高速铁路综合勘察与减灾防灾的技术体系，如图 1-9 所示。

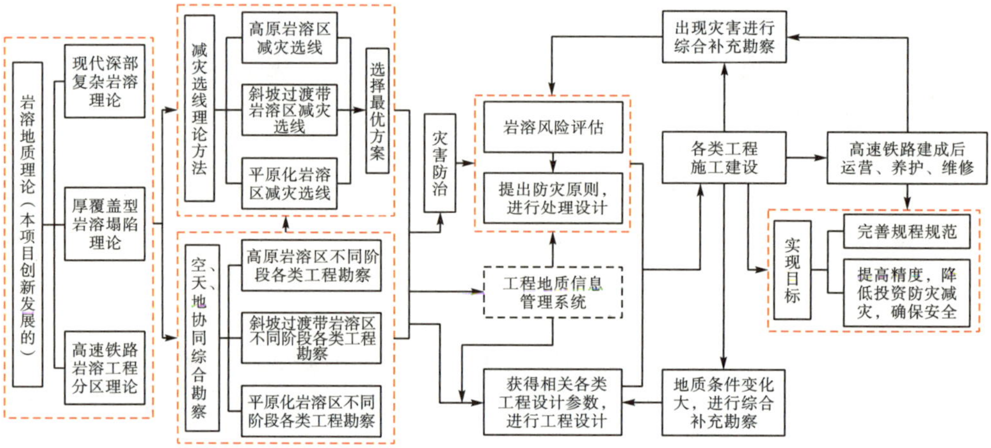

图 1-9 复杂岩溶区高速铁路综合勘察与防灾减灾成套技术体系示意图

本书的主要研究成果如下：

(1) 系统分析和研究了复杂岩溶区高速铁路建设遇到的深埋长大隧道涌水突泥、大型溶洞、厚覆盖型岩溶地面塌陷等主要岩溶地质问题，从水文地质结构控制以及铁路工程的角度出发，总结凝练出了与铁路工程相适应的岩溶水动力剖面分带的三分法，即垂直渗流带、水平流动带和深部循环带；揭示了现代深部岩溶(又称新生代深部岩溶)的发育模式，包括：厚层-径流型、河谷-排泄型、向斜-径流型、断裂-排泄型和复合型五种模式，其中向斜-径流型可以细化为陡倾紧密向斜-径流型、缓倾开阔向斜-径流型。分析总结出对现代深部岩溶发育起控制作用的因素主要有岩性条件、通道条件、场效应条件三种，采用二级分类方法对现代深部岩溶进行了工程地质分类。据此将现代深部岩溶分为巨厚层型、单一构造型、复合构造型三大类型，并细化为层内型、河谷型、开启向斜型、封闭向斜型和断裂带型等二级分类。采用大型实体模型试验，在室内再现了岩溶地面塌陷形成演化全过程，验证了岩溶地面塌陷机理。

(2)根据西南及邻区岩溶发育和分布规律，结合高速铁路建设所面临的主要岩溶地质问题，确定了高速铁路岩溶工程分区原则。第一级分区为高原岩溶区(A)、过渡带岩溶区(B)、平原化岩溶区(C)三个区。按照地形地貌、岩性、构造、岩溶发育和岩溶水系统特征，结合高速铁路修建遇到的主要岩溶工程地质问题等方面综合考虑，进一步细分为二级亚区。高原岩溶区(A)主要岩溶工程地质问题是隧道岩溶涌水突泥、岩溶塌陷、局部存在危岩落石；过渡带岩溶区(B)主要岩溶工程地质问题是隧道岩溶涌水突泥、大型溶洞、危岩落石、岩溶水环境劣化等；平原化岩溶区(C)主要岩溶工程地质问题是岩溶地面塌陷、桥基础成桩困难。

(3)首次提出了岩溶致灾成因分类，揭示了岩溶致灾因子与高速铁路选线的关系，系统研究了线路方案综合比选的原则、主要内容及影响因素、定量比选方法，创建了复杂岩溶区高速铁路方案定量比选的多级模糊综合评价方法，提出了“减灾选线”概念，制定了“绕避强烈发育岩溶，选择相对安全位置，设置合理工程设施”的减灾选线指导方针，凝练出“先绕避、短通过、抬高程、傍河边、靠既隧、顺坡排、浅覆盖、防崩滑”二十四字减灾选线指导原则，从而创建了复杂岩溶区高速铁路减灾选线方法体系，为高速铁路建设规避岩溶灾害系统性风险、实现防灾减灾的目标提供了理论支撑。

(4)在对常规勘察技术适用条件、优缺点分析总结的基础上，创新了无人机高速铁路岩溶勘察技术，并根据不同阶段要求开展了不同精度下的无人机勘察工作，研发了无人工干预的岩体结构面自动识别软件，研发了逐源多孔对的高分辨率跨孔电磁波层析成像方法与软件，在岩溶勘察中引入并改进了轻便型动力头式全液压钻探技术，并在深厚覆盖区开展了多方法多参数岩土物理力学原位测试。通过系统梳理“空、天、地”三大类勘察技术并剖析各种方法和手段的特点及适用范围，提出了高原岩溶区、过渡带岩溶区及平原化岩溶区的综合勘察技术组合原则，建立了岩溶区高速铁路勘察不同阶段各类工程岩溶综合地质勘察技术组合模式，构建了复杂岩溶区高速铁路“空、天、地”一体化综合勘察成套技术体系。

(5)针对高速铁路岩溶区隧道涌水突泥、大型溶洞、岩溶地面塌陷等工程地质问题，系统地研究了风险源识别、指标量化及权重确定。在识别岩溶致灾因子与风险事件的基础上，提出了复杂岩溶区高速铁路减灾选线风险评估原则；构建了岩溶地面塌陷多指标法、专家评判法等风险评估体系；构建了模糊综合评判、多指标 THK(岩溶隧道涌突水风险评价)、涌水规模三种方法有机组合的岩溶隧道涌水突泥危险性评估体系；构建了岩溶区高速铁路穿越大型溶洞风险评估体系；建立了岩溶区危岩落石风险评估模型。创建了岩溶区高速铁路主要地质风险评估体系。

(6)运用减灾选线理论与方法，成功地开展了岩溶区多条高速铁路减灾选线实践，规避了大范围大规模的岩溶涌水突泥、岩溶地面塌陷、危岩落石等系列岩溶灾害风险，降低了工程造价，顺利推进了岩溶区高速铁路建设。

通过复杂岩溶区高速铁路路基、桥梁、隧道岩溶灾害防治工程实践，集成创新了复杂岩溶区高速铁路灾害防治技术：针对路基岩溶地面塌陷灾害，首次提出了岩溶地面塌陷防治分序(Ⅰ序、Ⅱ序、Ⅲ序)钻孔注浆的探灌结合地基防塌加固技术；研发了适用于较大规模的溶洞和溶蚀破碎带路基地段的地基进行加固的桩板控沉防塌技术，以及适用于岩溶塌陷高风险-极高风险区且上覆中厚层软土的地基进行加固的桩网控沉防塌技术。

对于隧道水环境敏感或反坡施工地段构建了环境敏感区隧道超前帷幕注浆堵水的高水压富水区综合防控技术；对强岩溶化洞段围岩，形成了圬工回填、钢管群桩、微型桩、旋喷桩等成套加固技术；对施工揭示的大型溶洞，集成创新了大体积空心混凝土结构、桥梁跨越、桩基框架结构、桩筏结构等处理技术。

参考文献

白明洲，许兆义，王连俊，等. 2006. 深埋隧道岩溶突水灾害的地质条件研究. 铁道工程学报，93(3): 21-24

曹锋，吴春寅. 1998. 枣庄地区岩溶地面塌陷成因与防治. 中国岩溶(6): 104-110.

曹化平，王科. 2011. 铁路岩溶隧道工程地质选线研究. 高速铁路技术，2(1): 31-36.

陈灿华，陈绍求. 2000. 电测深法在岩溶探测中的应用. 中南工业大学学报，31(1): 9-12.

陈成宗. 1993. 铁路工程地质的发展趋向. 水文地质工程地质(1): 31-34.

陈国亮，陈裕昌，谭鸿增，等. 1990. 岩溶地面塌陷机制、预测及整治研究. 中国地质灾害与防治学报(3): 22-28.

陈永贵，叶为民，江席苗，等. 2010. 岩溶区高铁线路优选的模糊层次分析法. 同济大学学报(自然科学版)，38(12): 1753-1757.

王茂靖，雷明堂. 2010. 贵广铁路通过桂林典型岩溶地区线路方案比选. 复杂艰险山区铁路选线与总体设计.

戴建玲，雷明堂，蒋小珍. 2012. 线性工程岩溶塌陷危险性评价研究. 中国岩溶，31(3): 296-302.

代群力. 1994. 论岩溶地面塌陷的形式机制与防治. 中国煤炭地质，6(2): 59-64.

邓启江. 2010. 重大工程岩溶塌陷防治综合研究. 北京：中国地质大学.

邓学成. 1996. 岩溶区抽水引起地表塌陷问题的分析. 江西水利科技，22(4): 248-153.

邓自民. 1991. 水城岩溶地面塌陷的特征及形成机理. 贵州地质(2): 35-43.

丁有全. 1997. 铜陵小街地区岩溶塌陷形成机制与发展趋势预测. 中国地质灾害与防治学报(3): 50-56.

杜宇本，张强，蒋良文，等. 2009. 街子坡向斜岩溶水系统及隧道涌突水危险性研究. 铁道工程学报，26(12): 60-64.

杜宇本，蒋良文，胡清波，等. 2019. 西南及邻区高速铁路岩溶工程地质分区研究. 铁道标准设计，63(3): 93-99.

冯涛，蒋良文，曹化平，等. 2018. 高铁复杂岩溶“空天地”一体化综合勘察技术. 铁道工程学报，35(6): 1-6.

冯佐海，李晓峰，张明华，等. 2001. 桂林市岩溶塌陷空间分布与地质构造的关系. 地质灾害与环境保护(2): 16-20.

高伟，杨艳娜，李豫馨，等. 2016. 岩溶地区隧道工程地质选线适宜性评价. 人民珠江，37(3): 32-37.

光耀华. 1998. 岩溶地区工程地质研究的若干新进展概述. 中国岩溶，17(4):378-383.

郭殿权，刘连喜. 1990. 武昌陆家街地面塌陷成因机理分析. 工程勘察(6): 22-24.

郭强. 1989. 遵义金塘谷地岩溶塌陷形成机理初步探讨. 贵州地质，6(2): 163-171.

韩行瑞. 2004. 岩溶隧道涌水及其专家评判系统. 中国岩溶，23(3): 213-218.

胡厚田. 1989a. 崩塌与落石. 北京: 中国铁道出版社.
胡厚田. 1989b. 成昆线共和-尼日岩质边坡崩塌落石强度等级预测的研究. 西南交通大学学报, 24(1): 52-59.
胡焕校, 张立明. 2008. 三峡库区地质灾害易损性模糊综合评价. 地质灾害与环境保护, 6: 94-96.
胡子平. 2007. 复杂岩溶隧道突水突泥防灾报警系统设计. 现代隧道技术, 44(6): 48-55.
华丽晶. 2014. 芜铜铁路狮子山站岩溶塌陷路基勘察与整治研究. 铁道工程学报, 31(1): 32-36.
黄民. 2018. "砥砺奋进的中国铁路"报告. 北京大学光华管理学院. http://www.gsm.pku.edu.cn.
黄威. 2010. 地质雷达在宜万铁路隧底岩溶探测中的应用. 中国新技术新产品(6): 20.
黄秀凤. 2004. 模糊数学在地质灾害易发程度分区评价中的应用. 南方国土资(7): 11-15.
贾汝涛, 邓辉, 苏海元. 2012. 叙大铁路某隧道溶洞超前预报及处理技术研究. 长春工程学院学报(自然科学版), 13(3): 4-7.
蒋建平, 高广运. 2006. 隧道工程突水机制及对策. 中国铁道科学, 27(5): 76-82.
蒋良文, 易勇进, 贾中明. 2007. 圆梁山隧道毛坝向斜深埋大型充填溶洞及其形成机制分析. 铁道工程学报, 15(4): 53-60.
蒋忠信. 1988. 路南石林地区的岩溶地貌与铁路选线[J]. 铁道工程学报(2): 256-263.
康彦仁, 项式均, 陈健, 等. 1990. 中国南方岩溶塌陷. 南宁: 广西科学技术出版社.
雷国良, 周济祚, 邓自民, 等. 1996. 贵州水城工业区覆盖型岩溶塌陷研究. 中国地质灾害与防治学报, 7(4): 39-47.
雷明堂, 蒋小珍. 1998. 岩溶塌陷研究现状、发展趋势及其支撑技术方法. 中国地质灾害与防治学报, 9(3): 1-6.
雷明堂, 戴建玲, 周立新. 2016. 重点地区岩溶塌陷调查综合研究报告. 桂林: 中国地质科学院岩溶地质研究所.
雷旭友, 2009. 电磁波 CT 在重庆至怀化铁路岩溶塌陷病害抢险勘探中的应用. 工程地球物理学报, 5(6): 561-566.
黎新亮. 2014. 盾构隧道穿越湘江溶洞区工程风险分析及应对措施探讨. 铁道标准设计(2): 64-69.
李苍松, 王石春, 陈成宗. 2005. 岩溶地区铁路工程地质研究. 铁道工程学报(增刊): 357-363.
李峰, 余宏明, 朱智明. 2003. 综合勘探在麒麟观水库岩溶勘察中的应用. 水利水电科技进展, 23(5): 1-6.
李公岩, 李元伸. 2008. 山东省枣庄市岩溶塌陷的模糊层次评价评判. 中国地质灾害与防治学报, 19(2): 87-90.
李光伟. 2016. 论岩溶区工程地质勘察问题与地质选线. 铁道勘察(2): 12-15.
李光伟, 吴为禄. 1996. 宝天铁路地质灾害信息系统研究. 铁道工程学报(2): 371-377.
李光伟, 杜宇本, 陈旭, 等. 2015. 大瑞铁路保山隧道建设对易罗池岩溶水系统影响研究. 铁道标准设计, 59(5): 106-110.
李红刚, 徐永明, 关凤琚, 等. 2011. 地震波 CT 技术在某客运专线岩溶桥梁桩位勘察中的应用性研究. 铁道勘察(1): 63-65.
李鸣冲. 2010. 宜万铁路龙麟宫隧道穿越大型半充填溶洞综合处理技术研究. 铁道标准设计(8): 119-121.
李彦军. 2000. 岩溶地质综合勘察方法. 铁道建筑(5): 8-9.
李忠, 杜明辉. 2005. 圆梁山隧道突泥事故成因分析及治理措施研究. 西部探矿工程, 113(9): 208-209.
廖如松. 1987. 应用逐步判别法预测岩溶塌陷探讨——以桂林岩溶区为例. 中国岩溶 6(1): 11-12.
刘汉湖, 杨武年, 杨荣浩. 2014. 结合遥感和地学知识的高原机场工程地质评价. 测绘科学, 39(7): 94-97.
刘利艳. 2007. 蒙特卡洛数值模拟方法在砂土液化分析中的应用. 广州: 华南理工大学.
刘林清, 刘帅, 郭福生. 2008. 江山市城区岩溶塌陷研究的遥感应用. 华东理工学院学报, 28(2): 118-124.
刘向远, 2007. 岩溶隧道施工中地下水环境负效应评价指标体系研究. 成都: 西南交通大学.
刘洋, 唐川, 冯毅. 2013. 基于 APH-信息量法的地质灾害危险性评价. 地球与环境(41): 173-179.

刘招伟，何满潮，王树仁. 2006. 圆梁山隧道岩溶突水机理及防治对策研究. 岩土力学，27(2): 228-232.
马金荣，韩宝平，裴宗平，等. 1996. 徐州市塌陷区岩土体特性与塌陷机理. 中国矿业大学学报，25(3): 33-37.
马士伟. 2009. 岩溶隧道涌突水地质灾害破坏机理与预警技术研究. 北京: 中国铁道科学研究院.
马士伟，梅志荣，张军伟. 2009a. 长大隧道突发性地质灾害预警信息系统研究. 中国安全科学学报，19(5): 103.
马士伟，梅志荣，张军伟. 2009b. 长大隧道突水突泥灾害的地质构造量化评价与监测预警. 现代隧道技术，46(2): 99-104.
孟庆文，徐永明. 2012. 铁路客运专线岩溶发育区工程地质选线. 中国铁道学会铁道工程学会工程地质与路基专业委员会第二十三届年会: 234-236.
苗德海. 2007. 宜万铁路岩溶隧道灾害及防治对策. 铁道标准设计(7): 96-99.
苗德海，莫阳春，王伟，等. 2009. 隧道穿越淤泥质充填溶洞施工力学行为研究. 中国工程科学，11 (12): 41-46.
缪钟灵，宗凤书. 1995. 桂林岩溶塌陷风险评价. 中国灾害防治学报(2): 58-67.
彭涛，葛少亭，武威，等. 2001. 岩溶土洞发育区地基塌陷的治理. 水文地质工程地质(3): 55-57.
蒲俊兵，袁道先，覃政教，等. 2010. 我国西南岩溶水环境问题. 国情研究，62(2): 32-36.
屈科，文江泉，2009. 岩溶勘察技术报告. 成都: 中铁二院工程集团有限责任公司.
茹锦文，周立新，妈祖陆，等. 1997. 岩溶塌陷评估预测信息系统. 中国地质灾害与防治学报(增刊): 83-87.
世界铁路联盟. 2017. 各国规划里程 5.08 万公里. http://www.sohu.com/a/201510512_656927.
宋章，王科，蒋良文，等. 2018. 岩溶区铁路勘察防治技术研究现状及发展趋势. 高速铁路技术，9(5): 38-43.
孙正兵，岳健，赖新军，等. 2015. 高速铁路上郭关隧道施工遭遇大型溶洞的处理方案研究. 铁道标准设计(11): 83-87.
谭志宏. 2008. 岩溶区隐伏空洞对路桥工程稳定性影响的研究. 沈阳: 东北大学.
唐万春，许模，于贺艳. 2011. 武广客运专线英德段岩溶塌陷发育规律研究. 地质与勘探，47(4): 699-704.
田级生. 1994. 柳江水源地岩溶地面塌陷. 水文地质工程地质(4): 52-54
铁道部第二勘测设计院. 1984. 岩溶工程地质. 北京: 中国铁道出版社.
汪继锋. 2011. 应用层次分析法评价铁路岩溶隧道选线水文地质条件. 铁道勘察(6): 45-53.
王波，李建强，冯涛，等. 2016. 超深孔压静力触探在工程勘察的应用. 铁道工程学报，33(8): 44-49.
王东，何宝夫. 2012. 铁路工程岩溶路基塌陷性的模糊综合评判方法. 西南交通大学学报，(S1): 128-161.
王栋，蒋良文，张广泽，等. 2016. 无人机三维影像技术在铁路勘察中的应用. 铁道工程学报，33(10): 21-24.
王法刚，肖国强，吴相超，等，2005. 陆地声纳法及其在岩溶探测中的应用. 长江科学院院报，22(1): 54-56.
王广坤，叶四桥. 2014. 基于泊松分布的落石灾害风险评估与决策. 路基工程(2): 19-23.
王建秀，杨立中，刘丹，等. 1999. 铁路岩溶塌陷典型概念模型研究及实例分析. 铁道工程学报(4): 75-80.
王建秀，杨立中，刘丹，等. 2000. 阻水盖层岩溶塌陷的物质基础及研究. 水文地质工程地质，4: 25-34.
王军伟. 2011. 由黔张常铁路浅谈岩溶地区地质选线. 铁道勘察(5): 82-85.
王科，蒋良文，许模，等. 2011. 圆梁山隧道毛坝向斜段岩溶洞穴的发育深度探讨. 成都理工学院学报，28(2): 139-144.
王连庆，乔子江，郑达兴. 2003. 渝东南岩溶石山地区石漠化遥感调查及发展趋势分析. 地质力学学报，9(1): 78-84.
王学聚. 1997. 山东省地面塌陷地质灾害的综合研究.华北地震科学，15(4): 26-30.
王鹰，陈强. 2004. 岩溶发育区深埋隧道水岩相互作用机理. 中国铁道科学，25(4): 55-58.
王玉锁，杨国柱. 2010. 隧道洞口段危岩落石风险评估. 现代隧道技术，47(6): 33-39.
王子江，蒋良文，王茂靖，等. 2018. 复杂岩溶区高速铁路减灾选线理论研究. 铁道工程学报，35(6): 11-16.
相志强. 2013. 高陡边坡隧道洞口段危岩落石灾害防护技术. 成都: 西南交通大学.

谢猛，胡清波，曾宪明. 2012. 基于 Landsat-7 ETM+影像分析的复杂岩溶山区铁路遥感地质选线. 西南交通大学学报，增 47: 76-80.
徐卫国，赵桂荣. 1986. 论岩溶塌陷形成机理. 煤炭学报(2): 1-11.
许模，毛邦燕，张强. 2008. 现代深部岩溶研究进展与展望. 地球科学进展，23(5): 495-501.
薛翊国，李术才，李树枕，等. 2008. 高风险隧道施工期水害预报方法研究. 黑龙江水专学报，35(2): 117-122.
颜廷舟，王红明. 2006. 岩溶区深埋长大隧道综合勘察方法探讨. 西部探矿工程(1): 150-152.
杨会军，李丰果. 2006. 深埋长大隧道地下水处理技术. 岩土工程界，9(3): 63-65.
杨伦标，高英仪. 1995. 模糊数学原理及其应用. 广州: 华南理工大学出版社: 13-34.
叶四桥，陈洪凯. 2010. 隧道洞口坡段落石灾害危险性等级评价方法. 中国铁道科学，31(5): 59-65.
叶志华，韩行瑞，张高朝，等. 2006. 隧道岩溶涌水专家评判系统在朱家岩隧道涌水预报中的应用. 中国岩溶，25(2): 139-145.
曾玉莹，郑小战. 2007. 岩溶地面塌陷危险性模糊评价方法. 工程地质学报(1): 62-65.
曾昭华. 1998. 江西省地面塌陷的形成及其防治对策. 长江流域资源与环境，7(1): 70-75.
张路青，杨志法，张英俊. 2005. 公路沿线遭遇滚石的风险分析——方法研究. 中国岩石力学与工程学会 2005 年边坡、基坑与地下工程新技术新方法研讨会: 1-8.
张民庆，刘招伟. 2005. 圆梁山隧道岩溶突水特征分析. 岩土工程学报，27(4): 422-426.
张民庆，黄鸿健，殷怀连. 2006. 宜万铁路别岩槽隧道 F3 断层突发性涌水治理. 现代隧道技术，4(2): 67-70.
张伟. 1996. 抽水岩溶地面塌陷的形成及防治. 河北地质学院学报(1): 46-51.
赵伟. 2009. 南昆线岩溶地区墩台基础病害整治与效果评估. 成都: 西南交通大学.
郑黎明. 1994. 宝成线略广段崩塌落石灾害发展速度的预测. 水文地质工程地质(1): 55-61.
郑小战. 2009. 广花盆地岩溶地面塌陷灾害形成机理及风险评估研究. 长沙: 中南大学.
中国地质科学院水文地质工程地质研究所. 1992. 中国岩溶塌陷图(1：600 万)——中国环境地质图系. 北京: 中国地图出版社.
周济祚. 1992. 岩溶地区抽水引起的塌陷及防治. 贵州科学(3): 102-106.
周伟. 2012. 岩溶对桥梁地基稳定性分析及注浆治理研究. 长沙: 中南大学.
朱超，2008. 宜万铁路隧道施工期岩溶灾害预警及防治对策研究. 北京: 北京交通大学.
朱光富，陈俊波. 2013. 岩溶地区桥梁桩基的施工技术分析. 桥隧工程(9): 52-54.
朱寿增，周健红. 2000. 桂林市西城区岩溶塌陷形成条件及主要影响因素. 桂林工学院学报(2): 1-6.
潘健，周森. 2010. 考虑参数空间变异性的不排水边坡可靠度分析. 汕头大学学报(自然科学版)，25(3): 74-80.
王茂靖，雷明堂. 2010. 贵广铁路通过桂林典型岩溶地区线路方案比选. 复杂艰险山区铁路选线与总体设计会议: 123-130.
吴坚，黄俊，李升连等. 2009. 基于专家调查法的公路隧道洞口失稳风险分析. 地下空间与工程学报(5):1407-1411.
朱庆杰，刘挺权，张秀彦. 2003. 唐山市岩溶塌陷的神经网络预测模型. 辽宁工程技术大学学报，22(6): 753-755.
陈静，马亚杰，朱庆杰. 2005. 人工神经网络模型在岩溶塌陷安全评价中的应用. 地质灾害与环境保护，16(2): 139-146.
金江军，李光辉，潘懋，等. 2006. 人工神经网络在鞍山城区岩溶塌陷危险性评价中的应用. 灾害与防治工程，32(2): 48-53.
成玉祥，任春林，张骏. 2008. 基于 BP 神经网络的地质灾害风险评估方法探讨. 中国地质灾害与防治学报，6: 86-88.
赵焕臣，许树柏，和金生. 1986. 层次分析法. 北京: 科学出版社: 113-194.

龚先兵，赵明华，张永杰. 2011. 桩端下伏溶洞顶板稳定非概率可靠性分析方法. 湖南大学学报(自然科学版)，38(1): 13-18.

母进伟，雷明堂，梁军林，等. 2005. 岩溶路基病害与处置技术国内外研究现状. 中国岩溶，24(2):89-95.

Abdulla W A, Goodings D J. 1996. Modeling of slnkholes in weakly cemented sand. Journal of Geotechnical Engineering, 122(2): 998-1005.

Alias J, la Voie F.1984. Technique de Construction et d' Entretien. 2nd ed. Paris: Eyrolles.

ASTM. 1999. Standard Guide for Selecting Surface Geophysical Methods. West Conshohocken: ASTM.

Benson R C, Yuhr L B. 2004. Surface Geophysical Methods. Volume 1.

BSS. 1999. Code of Practice for Site Investigations: British Standard. BS5930-1999.

Calitz F. 2001. Evaluation of the risk of the formation of karst-related surface instability features in dolomite strata occurring in the Lebowakgomo area, Republic of South Africa. Proceedings of the 8th Multidisciplinary Conference on Sink-holes and the Engineering and Environmental Impacts of Karst, Louisville.

Cooper H. 2001. Natural and induced halite karst geohazards in Great Britain(in Geotechnical and environmental applications of karst geology and hydrology). Proceedings—Multidisciplinary Conference on Sinkholes and the Engineering and Environmental Impacts of Karsts, 8: 119-124.

Craig W H. 1990. Collapse of cohesive overburden following removal of support. Canadian Geotechnical Journal, 27(3): 355-364.

Crawford N. 2000. Risk associated with development of sinkholes in the Barren River Area. Bowling Green: Western Kentucky University.

Doolittle J A, Collins M E. 1998. A comparison of EM induction and GPR methods in areas of karst. Geoderma, 85(1): 83-102.

Gabrovs'ek F, Dreybrodt W. 2001. A model of the early evolution of karst aquifers in limestone inthe dimensions of length and depth. Journal of Hydrology(240): 206-224.

Gao Y, Alexander E C. 2008. Sinkhole hazard assessment in Minnesota using a decision tree model. Environmental Geology, 54(5): 945-956.

Gao Y, Alexander E C, Tipping R G. 2002. The development of a karst feature database for southeastern Minnesota. Journal of Cave and Karst Studies, 64(1): 51-57.

Hatim D. 2002. The hydrogeology of the classical karst (karsts) aquifer of southwestern slovenia. Minneapolis&Saint Paul: University of Minnesota.

Howell K M, Jenkins P D. 1984. Records of shrews (Insectivora,Soricidae) from Tanzania. African Journal of Ecology, 22(1): 67-68.

Kazemi R. 2003. Reconnaissance of karst hydrology in the Lar catchment, Iran using RS and GIS. International Institute for Geo-infornmation Science and Earth Observation.

Moore H L. 1984. Geotechnical considerations in the location, design, and construction of highways in karst terrain, the Pellissippi Parkway extension, Knox-Blount Counties, Tennessee. Proceedings of the 1st Multidisciplinary Conference on Sinkholes and the Environmental Impacts of Karst, Orlando.

Raghu D. 1984. Sinkhole risk analysis for a selected area in Warren County, New Jersey. Proceedings of the 1st Multidisciplinary Conference on Sinkholes and the Environmental Impacts f Karst, Orlando.

Salvati R, Tharp T M. 2001. Conceptual model for geotechnical evaluation of sinkhole risk in the Latium Region. Proceedings of the 8th Multidisciplinary Conference on Sinkholes and the Engineering and Environmental Impacts of Karst, Louisville.

Shiraishi S. 1969. Recent major shield-driven tunnels through soft ground in Japan. Soil and Foundation, 9(3): 16-34.

Sterling H J, Ronayne M C. 1985. Simulating landfill cover subsidence. Proceeding of the 11th Annual Research Symposium on Land Disposal of Hazardous: 233-245.

Tolmachev V. 2010. The main 9ts of engineering karstology research Conducted in Dzerzhinsk, Russia. Proceedings of the 9th Multidisciplinary Conference on Sinkholes and the Environmental Impacts of Karst, Huntsville.

Upchurch S B, Littlefield J R. 1988. Evaluation of data for Sinkhole-development risk models. Environmental Geology and Water Sciences, 12(2): 135-140.

Vesper D J. 2002. Transport and storage of trace metalls in a karst aquifer: An examplefrom front campbell kentucky. State College: Pennsylvania State University.

Wellington A M. 1877. The Economic Theory of the Location of Railway. New York: Elsevier Ltd.

Williams P W, Lyons R G. 1986. Interpretation of the paleomagnetism of cave sediments from a karst tower at Guilin. 中国岩溶(2): 23-31.

Williams P W, Lyons R G, Wang X, et al. 1986. Interpretation of the palaeomagnetism of cave sediments from a karst tower at Guilin. 中国岩溶(2): 51-57.

第2章　高速铁路工程岩溶相关理论研究

近年来，中铁二院先后完成武广高速铁路韶关至花都段、重庆至利川铁路、贵广高速铁路贵阳至贺州段、云桂铁路、沪昆高速铁路玉屏至昆明段、成渝客专、西成客专四川段等十余条高速铁路的勘察设计，这些高速铁路多位于我国西南及邻区的复杂岩溶山区。西南及邻区位于我国第一、第二、第三地势阶梯及其地形急变带，跨越青藏高原、云贵高原、四川盆地、川渝鄂湘桂中低山区、东南丘陵等地貌单元，长江、珠江等及其支流河谷深切，地形起伏大，地形地貌复杂多样，可分为高原区、过渡带（又称斜坡过渡带）、平原-丘陵区；区域内可溶岩广泛分布，岩溶发育程度高度不均一，岩溶形态各异且齐全，岩溶水系统极为复杂。

我国西南地处青藏高原东部及东南缘，属地质复杂艰险山区，地质灾害频发，岩溶强烈发育。受地形和地质条件控制，西南及邻区高速铁路桥隧比重大，隧道长、埋深大，大跨特殊结构桥梁和深挖高填路基工点多，高速铁路建设运营遭遇众多岩溶工程地质问题，也揭示了罕见的深部岩溶现象（许模等，2017）。原有岩溶地质理论难以满足高速铁路建设要求。本章重点研究现代深部岩溶、厚覆盖型岩溶地面塌陷、综合地质减灾选线技术。

2.1　高速铁路建设中的主要岩溶地质问题

岩溶地区高速铁路建设遇到的岩溶地质问题主要包括路基岩溶地面塌陷、内涝水害、边坡坍塌；桥梁桩基成桩困难、漏浆、基础下沉、倾斜、地面塌陷；隧道岩溶（高压）涌水突泥，大型溶洞、溶腔失稳，高陡岸坡危岩落石，水环境破坏等。较为突出的主要有隧道（高压）岩溶涌水突泥，隧道穿越大型溶洞失稳，危岩落石，厚覆盖型岩溶地面塌陷，桥基础成桩困难、漏浆和沉降。

2.1.1　深埋长大隧道岩溶问题

1. 隧道涌水突泥

深埋长大岩溶隧道具有地下水位高、静储量较大，且通过岩溶管道系统与地下暗河及地表岩溶洼地连通，有较大动储量补给，涌水量大小与地表降水量和汇水面积大小关系密切的特征；岩溶地下水对隧道工程的危害主要表现为隧道大量涌(突)水，且伴随涌(突)泥、涌砂，增大施工、运营难度。又因大量涌水，水量变幅大，排水工程不易奏效，以及地下水位下降造成地面塌陷而危及工程安全。其危害具有突发性和不可预测性。

我国西南及其邻区岩溶隧道多次发生涌水突泥，如 1965 年通车的川黔线凉风垭、娄山关隧道，1966 年通车的贵昆线梅花山、梅子关、倮纳隧道，1970 年通车的成昆线沙马拉达隧道，1979 年通车的襄渝线中梁山、大巴山隧道，1997 年通车的南昆线新桥、砂锅寨 2 号隧道，2001 年通车的株六复线大竹林、花苗隧道，2001 年通车的水柏线何家寨、红梁子、新寨 2 号隧道，2006 年通车的遂渝线荆竹岭、桐子林隧道，2007 年通车的渝怀线武隆、彭水等隧道，施工中都曾发生过较大规模的涌水突泥，造成较大的人员伤亡和财产损失。

1) 贵广高速铁路东科岭隧道 D3K554+420～D3K554+910 段涌水、涌砂及地面塌陷

东科岭隧道(D3K553+823～D3K558+690)地处广西倾斜盆地区，位于钟山县两安乡，恭城站与钟山站之间，为单洞双线隧道。隧道全长 4867m，最大埋深 550m，设计为“人”字坡，变坡点位于 D3K554+981 处。隧区穿越东科岭背斜，洞身发育 4 条断层，地下水以裂隙水、岩溶水为主，D3K554+420～D3K554+910 段为大理岩，岩溶强烈发育，地下水极发育(图 2-1)。

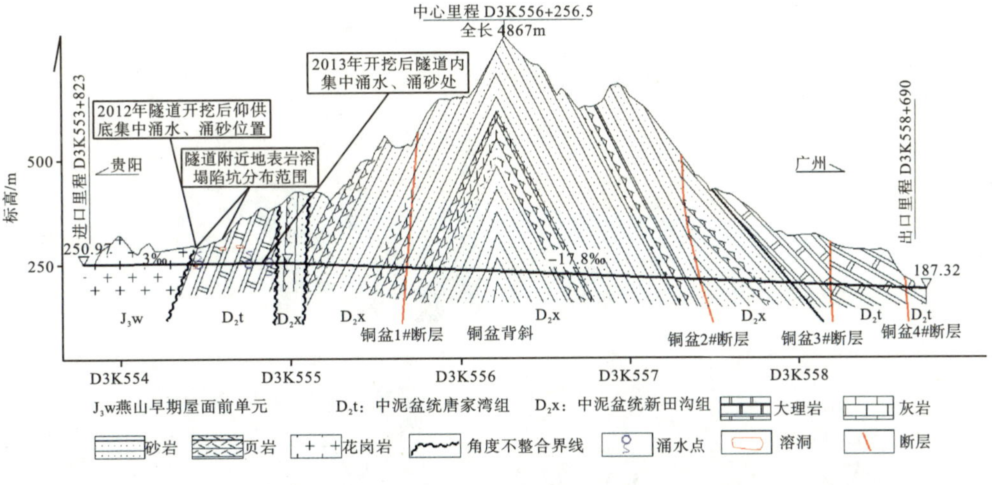

图 2-1　东科岭隧道地质纵断面示意图

施工掘进至 D3K554+420～D3K554+910 段，出现 10 余处涌水、涌砂(图 2-2～图 2-5)，同时诱发了 7 处地表塌陷(图 2-6 和图 2-7)。

图 2-2　仰拱基底涌水照片

图 2-3　仰拱基底涌砂照片

图 2-4　边墙溶洞照片

图 2-5　边墙涌水、涌砂照片

图 2-6　地表塌陷坑照片(一)

图 2-7 地表塌陷坑照片(二)

隧道衬砌施工完后，因持续降雨，2014 年 5 月 15 日洞内涌水量增大且携带大量泥沙，新增 3 处地表塌陷(图 2-8)。

图 2-8 新增地表塌陷坑

东科岭隧道位于斜坡过渡带，D3K554+400～D3K554+910 段长 510m，涌水、涌砂段围岩为大理岩，小里程端为花岗岩，大里程端为砂岩，均为非可溶岩。该段为相对独立的岩溶水系统，洞身位于水平流动带，地下水位高，岩溶强烈发育，溶蚀裂隙、溶洞发育，多为全充填，充填物以砂夹黏性土为主，松散饱和状。隧道开挖形成低势面，发生涌水、涌砂，当地下水位降低至洞身时，在真空负压吸蚀机制作用下诱发地表塌陷。

2）沪昆高速铁路岗乌隧道 D1K871+775～D1K871+809 段大型溶洞及涌水

岗乌隧道（D1K868+415～D1K881+602）地处云贵高原斜坡地带，位于关岭车站至普安车站区间，隧道长 13187m，隧道纵坡设计为 15‰和 25‰的单面下坡，最大埋深约 550m。

隧道洞身主要穿越中三叠统杨柳井组（T_2y）块状白云岩夹角砾状白云岩，底部见溶塌角砾岩，顶部为浅灰色灰岩。中三叠统关岭组二段（T_2g^2）薄至中厚层状灰岩、蠕虫状泥质灰岩，夹少量泥质白云质、白云岩及白云质黏土岩；泥质灰岩中夹石膏假晶和板柱状石膏晶簇。中三叠统关岭组一段（T_2g^1）中厚层状泥质白云岩与紫红色、灰绿色泥岩、页岩交互成层，夹灰岩、泥质灰岩及盐溶角砾，局部含薄层石膏，底部厚 2～5m，为碱性玻屑凝灰岩与永宁镇组分界。下三叠统永宁镇组第三、四段（T_1yn^{3+4}）上部为灰、黄灰色薄至中厚层状泥质白云岩、角砾状白云岩。下部为灰、浅灰色中厚层至块状灰岩及深灰色泥质灰岩组成。隧道穿越葫芦井-樱桃窝断层（图 2-9）。

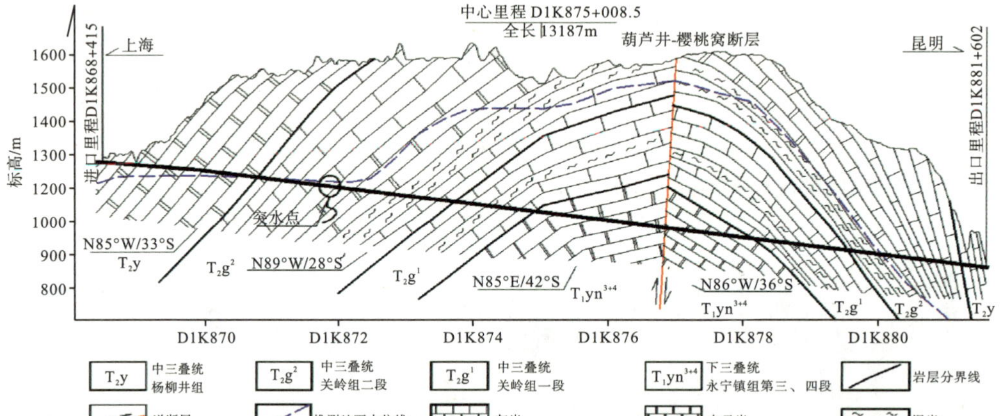

图 2-9 岗乌隧道地质纵断面示意图

2012 年 4 月，施工揭示 D1K871+775～D1K871+809 段上台阶左侧横向发育的一半充填溶洞，溶洞底部充填块石夹黏土，地下水不发育。

2012 年 7 月 12 日 23 时开始突降暴雨，7 月 13 日 6 时雨势变小。溶洞内有少量出水，并不断增大，7 月 13 日 6 时 50 分，溶洞突然涌水，最大涌水量约 136.8 万 m^3/d，冲毁洞口弃碴所垫施工场地，并将一辆出碴车冲至沟底，而后涌水量衰减较快，7 月 13 日 22 时，无水涌出（图 2-10）。

图 2-10　岗乌隧道 D1K871+775～D1K871+809 段溶洞和涌水照片

岗乌隧道 D1K871+775～D1K871+809 段溶洞地处云贵高原斜坡地带，隧道洞身位于垂直渗流带，岩溶强烈发育，该段大型溶洞与富水溶腔连通，隧道施工过程中由于强降雨引起隧道上方富水溶腔水位突变诱发涌水。

3) 云桂铁路石林隧道 DK658+975～DK659+006 段溶洞突泥

石林隧道(DK651+264～DK669+416)地处云贵高原石林期剥夷面，位于弥勒至石林区间，隧道全长 18152m。隧道围岩以泥盆系灰岩为主，穿越法雨哨断层(F1)、法雨哨平移断层(F2)、法雨哨 1 号性质不明断层(F3)、大平地断层(F4)、大平地 1 号性质不明断层(F5)、大平地 2 号性质不明断层(F6)6 条断层，地表峰丘洼地、石林及孤峰平原等岩溶形态发育，岩溶强烈发育。洞身位于垂直渗流带，地下水位低(图 2-11)。

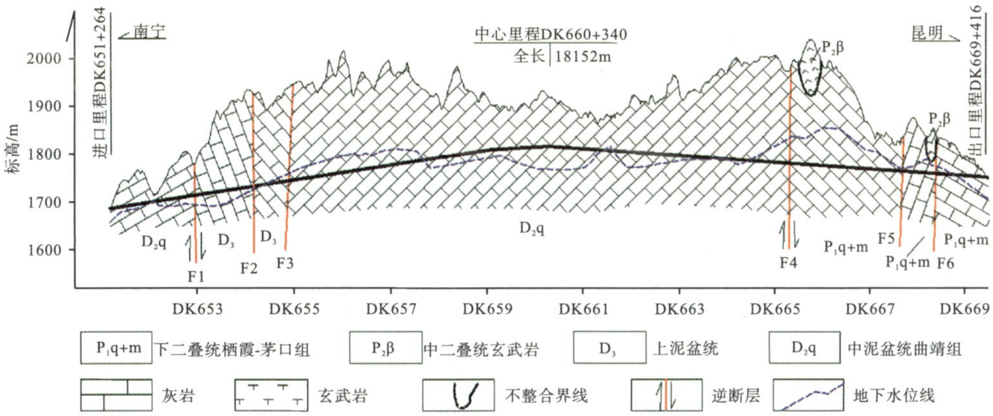

图 2-11　石林隧道地质纵断面示意图

隧道开挖揭示，DK658+975～DK659+006 段隧道发育充填溶洞，该溶洞发育于洞身右侧，自边墙脚向上发育，顺线路方向长约 30m，充填物为软塑状黏土夹块石。施工过程中出现右侧拱部突泥，并有块石不断掉落，突泥纵向长度约 18m，体积约 1200m^3(图 2-12 和图 2-13)。

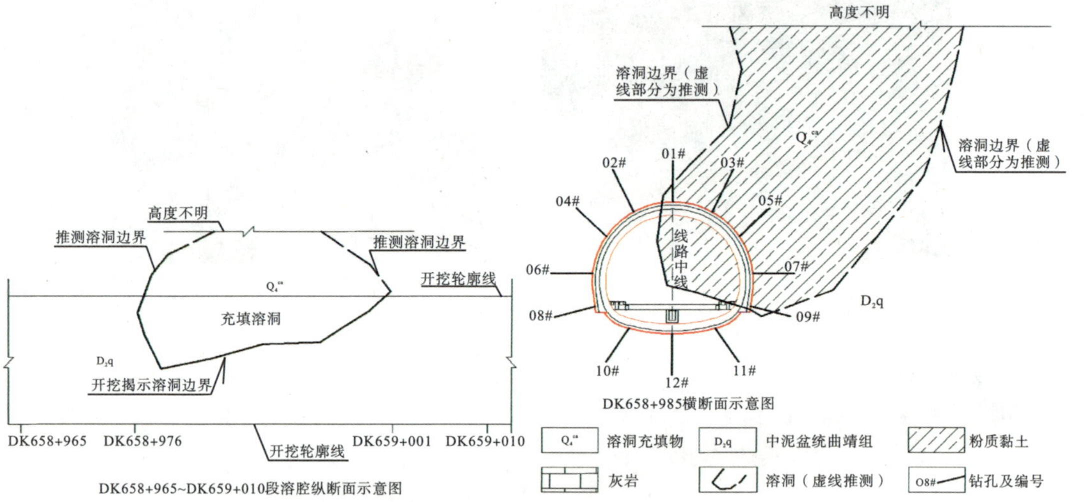

图 2-12 DK658+965～DK659+010 段溶洞纵横断面示意图

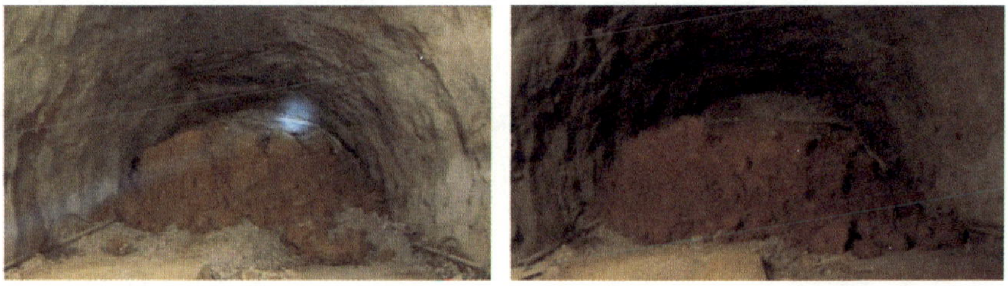

图 2-13 DK658+981～DK658+976 段溶洞涌泥照片

4）渝怀线圆梁山隧道高压突泥

圆梁山隧道全长 11km，2002 年 9 月 10 日 14 时，DK354+879 下导坑掌子面突然发生爆响，瞬间突出 4000 多立方米硬塑-可塑状黏土及黏稠状泥浆，迅速填满长 244m 的正洞下导坑空间，受气浪和泥石冲击，洞内设施损坏，并将距掌子面约 200m 远的电瓶车、梭式矿车向外推移 50m。

发生突泥的地段位于毛坝向斜东翼，埋深近 500m，其岩层为二叠系茅口组灰岩，实测水压为 4MPa。突泥部位为一直径约 2m 的近直立管道，向上逐渐加大并与地面岩溶洼地相通。这一上下连通的岩溶管道是由于硬质岩层在褶曲作用下形成的层间滑脱空腔的基础上溶蚀贯通，形成储存高压地下水、压缩气体及细颗粒黏土堆积物的“水-气-泥”复杂岩溶系统，一旦从下部开挖便呈爆炸型突泥，瞬间涌出。

圆梁山隧道地处斜坡地带，施工揭示 1#、2#、3#大型充填溶洞，低于侵蚀基准面 400～500m，赋存高压地下水，充填细颗粒黏土堆积物，揭示溶洞后发生较大规模涌水突泥，属典型的断裂-向斜复合构造控制型现代深部岩溶(图 2-14～图 2-16)。

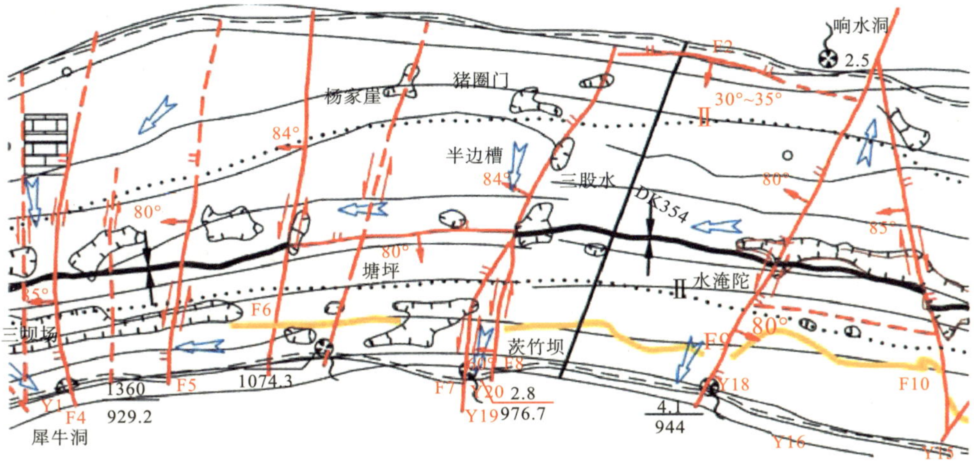

图 2-14　圆梁山隧道毛坝向斜段岩溶水文地质略图(许模等，2017)

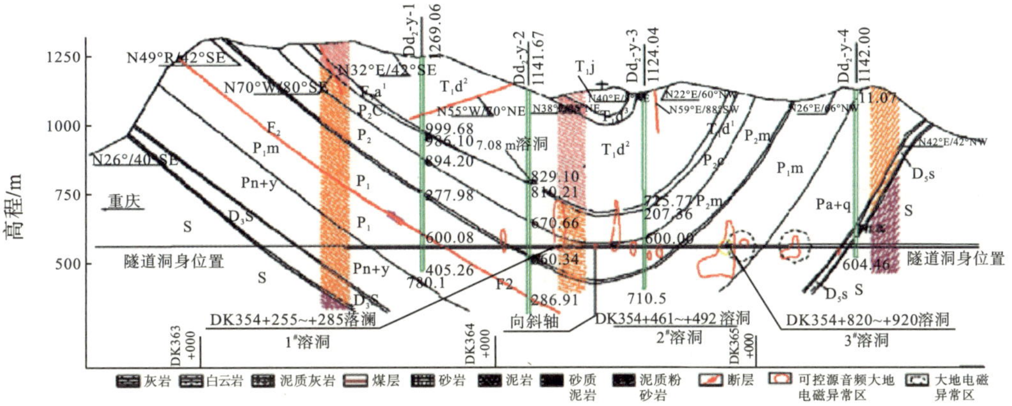

图 2-15　圆梁山隧道毛坝向斜地质构造(许模等，2017)

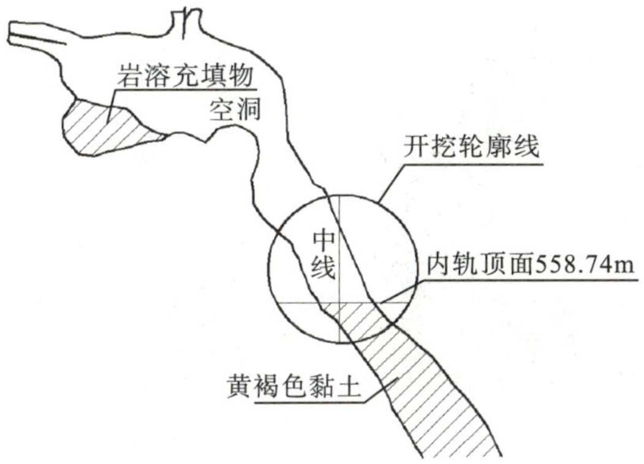

图 2-16　圆梁山隧道 3#溶洞正面形态示意图

2. 大型溶洞

1) 贵广高速铁路高天隧道 DK273+570～D3K273+720 大型溶洞

高天隧道(D3K266+307～D3K273+720)地处斜坡地带，位于贵州省从江县，榕江站与从江站之间，全长 7413m。隧区发育 2 个褶皱及 4 条断层，全隧围岩以震旦系砂页岩、前震旦系变质岩、二叠系可溶岩为主。出口 D3K272+960～D3K273+720 段为可溶岩地段，处于岩溶水水平循环带(图 2-17)。

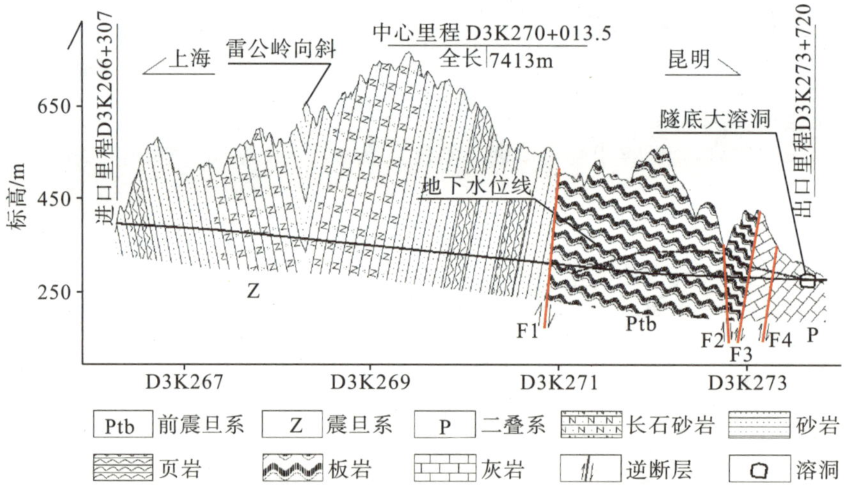

图 2-17　高天隧道地质纵断面示意图

施工揭示 D3K273+570～D3K273+720 段发育溶洞，溶洞高 3～40m，充填物以软塑、硬塑状黏土夹砂、块石为主，地下水发育，坍塌及掉块严重(图 2-18～图 2-20)。

图 2-18　溶洞充填硬塑状黏土照片

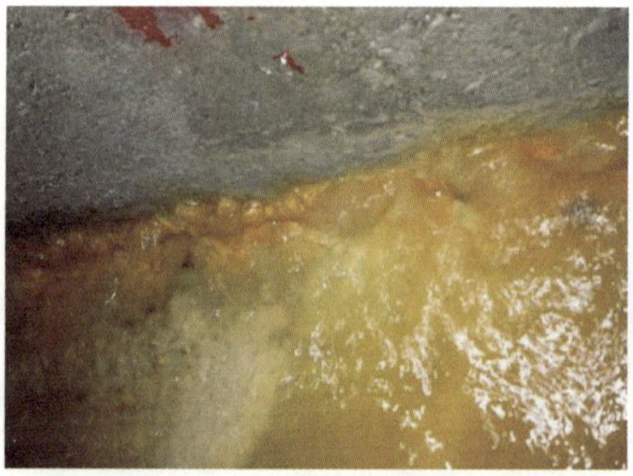

图 2-19　边墙底与沟槽接缝处出现冒水照片

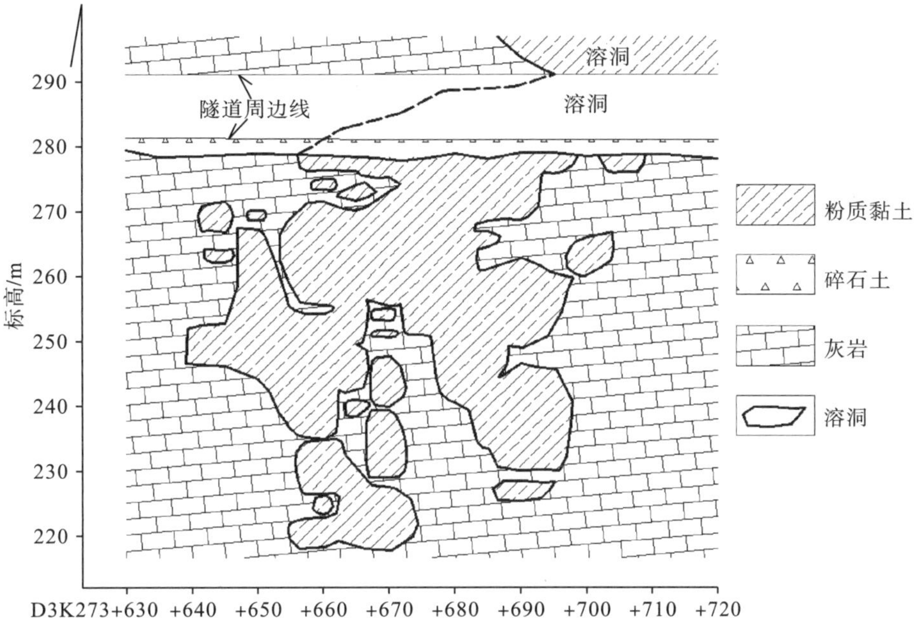

图 2-20　高天隧道 D3K273+630～D3K273+720 段溶洞纵断面示意图

2) 沪昆高速铁路云贵段朱砂堡 2#隧道大型溶洞

朱砂堡 2#隧道(D2K473+452～D2K473+957)地处斜坡地带，位于玉屏到贵阳区间，隧道全长 505m，最大埋深约 49m。隧道围岩为下寒武统灰岩，属单斜构造，岩层产状近水平。地表岩溶洼地、溶洞、暗河等岩溶形态发育。岩溶强烈发育，洞身位于垂直渗流带。

2011 年 5 月 8 日，D2K473+530 揭示一大型溶洞，此溶洞与克麻塘暗河相通。暗河入口位于隧道出口端 D2K473+996 处左侧 27.5m，暗河向 N41°W 延伸约 30m 后，折向 E 延伸约 120m，再折向 N22°E 延伸约 165m 后，折向 N72°W，于 D2K473+784 与线路斜交 67°通过，此处暗河溶腔最宽约 35m，最高约 86m，形成的溶腔顶板距隧顶仅约 4m，隧底溶腔深达 72m，在线路方向跨度为 20～35m(图 2-21)。

暗河穿过线路后，再大致顺 N33°E 走行，其中 D2K473+600～D2K473+725 段于线路右侧约 20m 大致平行线路通过，此段暗河溶腔最宽约 40m，最高约 78m，洞壁岩体破碎，部分地段呈倒悬状，极易坍落。

暗河延伸至 D2K473+650 右 30m 与施工揭示的岩溶大厅相通，大厅底部纵向长约 90m，横向宽约 53m，溶洞呈“梨”状，向上收窄变小，高约 58m，隧道靠近该溶洞边顶部通过，隧底距溶洞底板约 45m。溶洞底 D2K473+570～D2K473+616 段右侧 23～47m 为一大斜坡，大斜坡往下为一落水洞，直径 13～25m，向下约 45m 与暗河相通。D2K473+538 右 48m 发育一支溶洞，溶洞长约 44m，宽约 26m，高约 15m(图 2-22～图 2-24)。

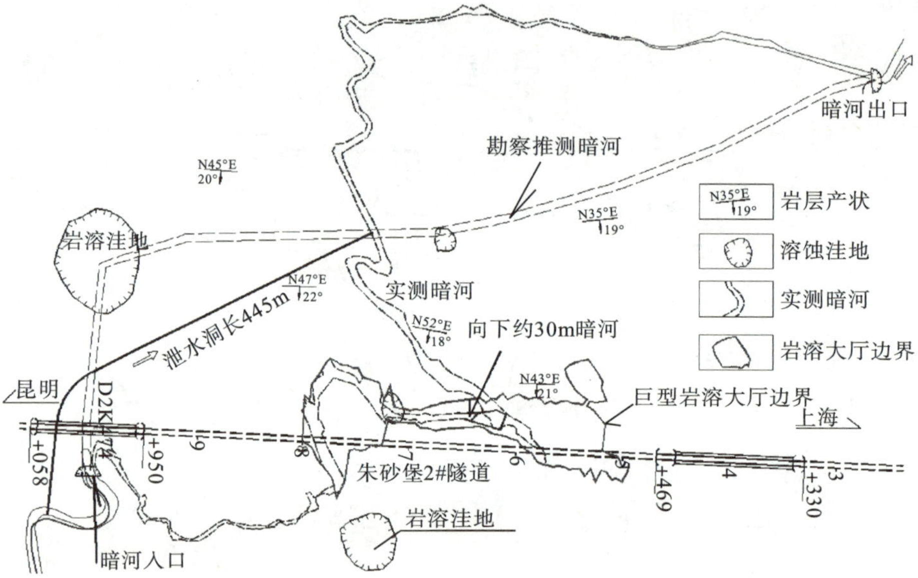

图 2-21 朱砂堡 2#隧道暗河及巨型岩溶大厅平面位置示意图

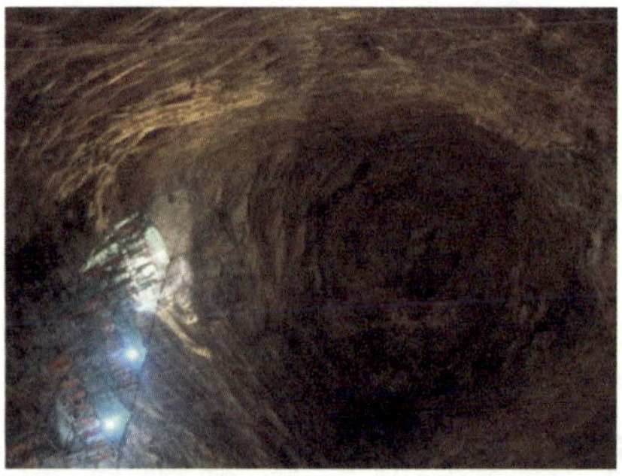

图 2-22 D2K473+550 岩溶大厅洞壁及穹顶照片

图 2-23 克麻塘暗河出口照片

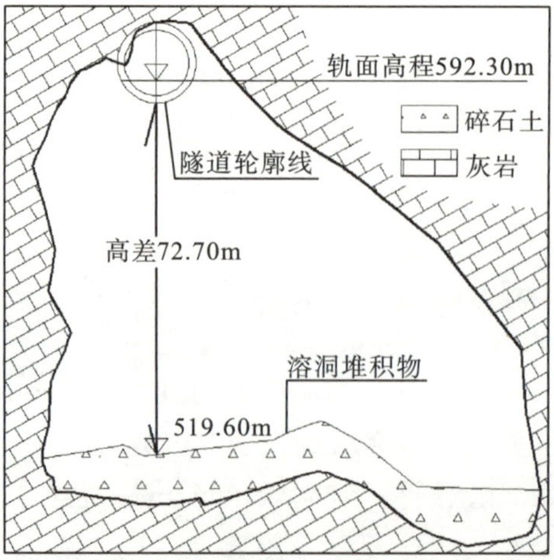

图 2-24 D2K473+780 溶洞横断面示意图

其后，暗河再大致顺 W 向、N 向曲折延伸向 D2K473+300 右 363m 暗河出口，暗河出口高程 450m，洞口高 20～25m，宽 4～8m，走向 N15°W，2011 年 5 月 11 日估测流量约 8m^3/s，根据暗河入口段区域汇水面积圈绘计算暗河入口百年一遇的流量为 26.97m^3/s (2.33×10^{6}m^3/d)。

3) 云桂铁路营盘山隧道 DK396+440～DK396+700 段溶洞

营盘山隧道(DK394+685～DK398+140)地处西洋河“V”形河谷地带，位于富宁至广南区间，隧道全长 3455m。隧道围岩以二叠系灰岩为主，地表溶蚀洼地、竖井、落水洞、溶洞、漏斗、暗河等岩溶形态发育，隧址区岩溶强烈发育，洞身段位于垂直渗流带(图 2-25)。

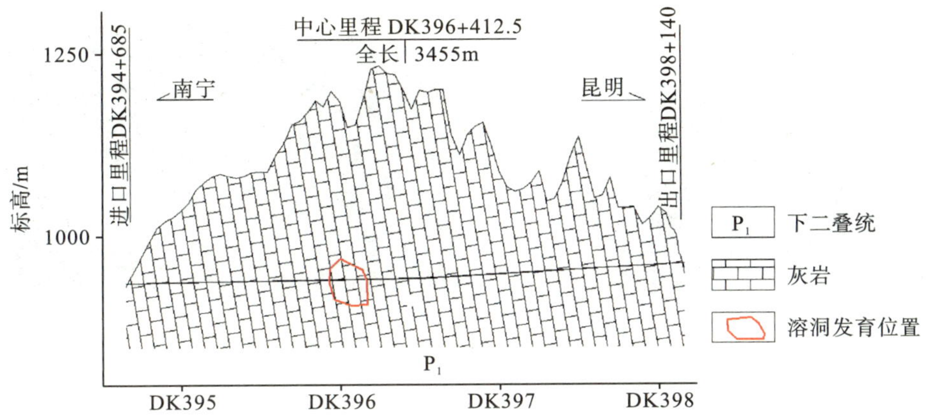

图 2-25　营盘山隧道地质纵断面示意图

施工揭示，DK396+440～DK396+700 发育一顺节理裂隙发育的大型溶洞，长度约 270m，宽度 10～40m，溶洞高 45～80m，最高达 94m，由上向下逐渐加宽，横断面多呈“梨”状。洞底部为充填溶洞，充填物以块石土为主，松散，粒径多在 0.5～6m，最大粒径约 20m，充填物厚度 13～33m，局部厚度稍大(图 2-26～图 2-31)。

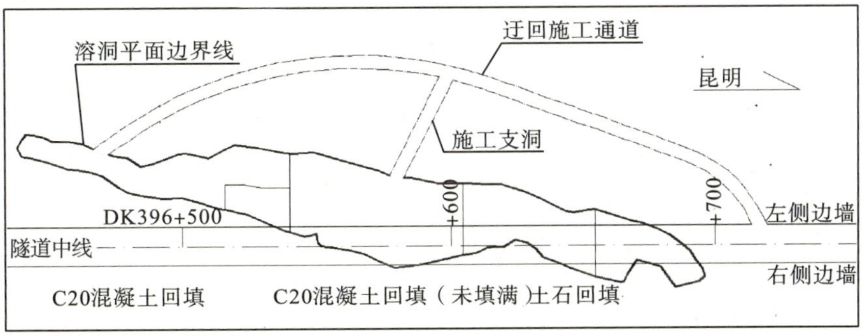

图 2-26　营盘山隧道溶洞平面示意图

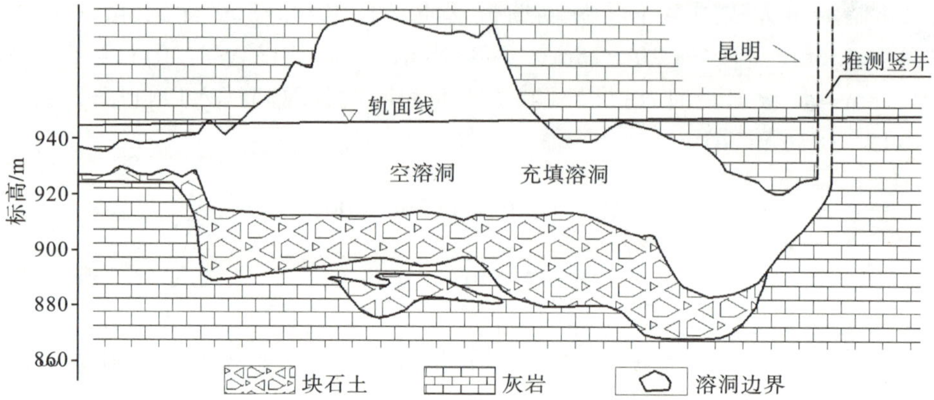

图 2-27 营盘山隧道溶洞纵断面示意图

图 2-28 隧道内揭示溶洞情况照片

图 2-29 溶洞大厅及底部充填物照片

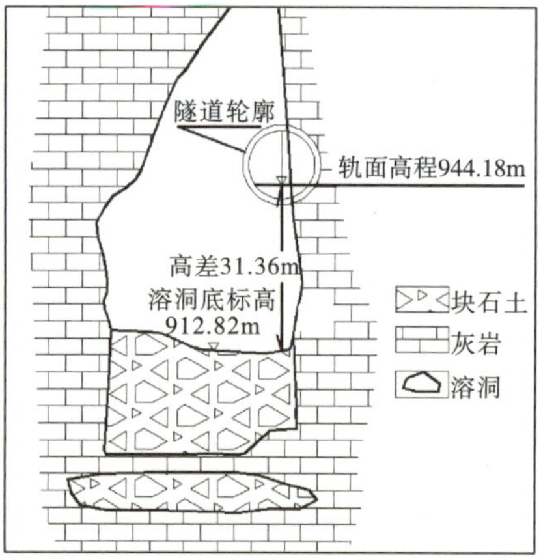

图 2-30 溶洞代表性横断面示意图

图 2-31 下层隐伏溶洞充填物照片

高天隧道、朱砂堡 2#隧道、营盘山隧道位于斜坡过渡带和高原区，溶洞规模大，充填程度和充填物差异较大，存在溶洞和充填物失稳等岩溶工程地质问题，工程处理极为困难。

3. 危岩落石

灰岩(泛指碳酸盐岩类)多为硬质岩，易成高陡斜坡，在后期风化和溶蚀作用下，多发育危岩落石，其临坡部分岩体易发生崩塌落石。例如，2007 年 11 月 20 日 8 时 44 分，位于巴东县野三关镇的宜万铁路高阳寨隧道 II 线进口发生特别重大危岩落石崩塌事故，直接原因是隧道洞口长期表生地质作用，高陡危岩体在施工爆破动力作用下瞬间大规模失稳，造成事故发生。危岩落石是危害铁路运营安全的主要因素之一，已成为岩溶区选线与勘察设计不得不重视的一类地质问题(图 2-32)。

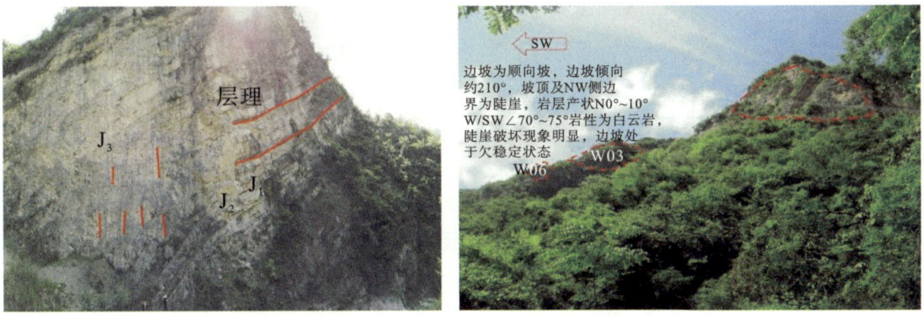

图 2-32　鄂西地区灰岩高陡岩质边坡照片

2.1.2　厚覆盖型岩溶地面塌陷

岩溶平原及洼地、谷地中，覆盖着第四纪松散土层。土层中地下水位埋藏浅，一般具有统一水面，当下覆岩溶发育时，地下水流动，水位下降或其他原因，均可引起地面塌陷。塌陷发生得很突然，空间位置难以预测。铁路岩溶地面塌陷多发生在我国西南及其邻区，是铁路工程的主要危害之一。以往塌陷覆盖层厚度多小于 30m，近年来，覆盖层厚度大于 30m 的情况下地面塌陷时有发生，是高速铁路建设和运营面临的主要岩溶地质问题之一。

1. 柳南客专 K41+350 岩溶地面塌陷

柳南客专 K41+350 路基地处平原化岩溶区，位于进德至凤凰西区间，地势平坦开阔，地面高程 90～125m，相对高差 10～35m，路基填方高度为 6～8m。测区上覆第四系全新统坡残积(Q_4^{dl+el})硬塑状粉质黏土，下伏基岩为下二叠统孤峰组(P_1g)硅质岩夹硅质页岩，第四系土层和风化层厚度 20～44m，底部为栖霞组(P_1q)灰岩。

南宁工务段对设备检查发现柳南客专下行线 K41+350 处路堤坡脚排水沟内发生土层和风化层塌陷，塌陷坑直径为 2.4m、深度为 1.7m，溶洞向路基内部延伸，对高铁行车造成威胁。南宁工务段对溶洞采取回填浆砌片石的措施进行了临时封闭处理(图 2-33)。

图 2-33　既有线左侧水沟处塌陷坑(已浆砌片石回填)照片

柳南线 K41+350 左侧水沟塌陷是雨季大量地表水汇集现场的大水塘的集中入渗点产生的土层和风化层地表塌陷。

2. 浙赣线 DK295+780 岩溶地面塌陷

塌陷点位于平原化岩溶区，属溶蚀残丘地貌，地表覆盖有第四系粉质黏土，厚 25～39m，下伏为下二叠统栖霞组(P_1q)灰岩，水位线埋深 0.3～1.5m。

施工期间，DK295+780 左侧 4m 路堤坡脚突然发生岩溶塌陷，坑深 4.5m，洞径 3.0m 左右(图 2-34)。采用浆砌片石回填塌陷坑后采取“探灌”结合进行整治。

图 2-34　浙赣线 DK295+780 岩溶地面塌陷照片

2.1.3　高墩大跨特殊结构桥梁桥址岩溶地质问题

岩溶地区特别是平原化岩溶区，地表覆盖层厚，岩溶强烈发育，地下水水位波动大。桥梁基础施工经常遇到成桩困难、漏浆、串浆，更严重的是出现岩溶地面塌陷或沉降。

1. 武广高速铁路花都特大桥(DK2157+288.29 ~ DK2167+008.31)成桩困难、漏浆、塌陷

武广高速铁路花都特大桥位于广州市花都区市郊，桥梁跨花都区狮岭镇后，于 D2K2166+836 附近跨越既有京广铁路。桥长 9675.99m，全桥一共 287 个墩台，最大

墩高约 21m。采用桩基础，最大墩高约 21m，最大桩长达 86m，最大跨度为 100m 预应力混凝土连续梁(图 2-35)。

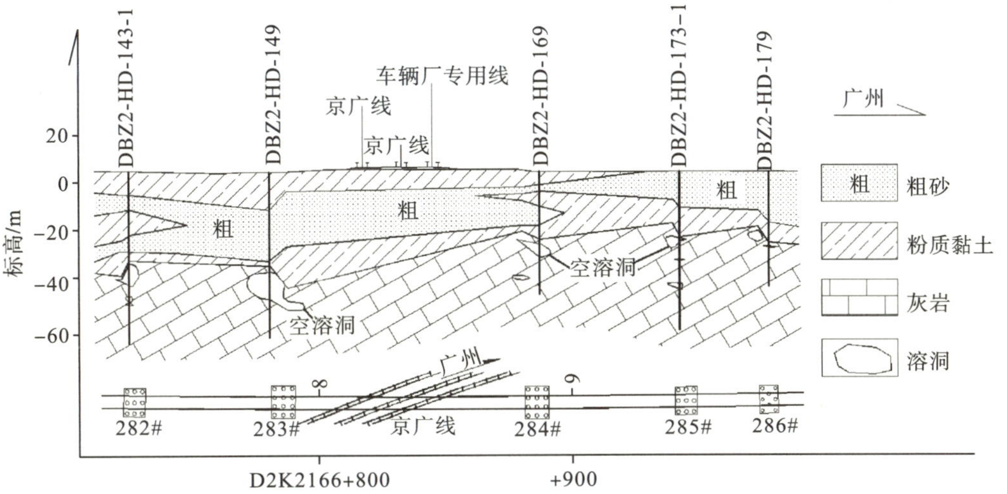

图 2-35　花都特大桥跨越既有京广铁路段地质纵断面示意图

该桥位于平原化岩溶区，岩溶强烈发育，175 个墩分布可溶岩。钻孔中揭示土洞、空洞及充填溶洞发育于基岩面附近，竖向上多呈串珠状。充填溶洞最大高达 17.70m，空溶洞最大洞高达 18.48m，土洞最大洞高达 7.23m。钻探过程中，50#、54#、286#墩共有 4 处出现地面塌陷，陷坑一般深 1～2m，直径 1～10m，呈椭圆形(图 2-36)。

图 2-36　花都特大桥 286#墩附近塌陷照片

72#墩(DK2159+645.99)有 8 根桩基，在埋深 30.8～36.2m、35.9～48.00m 处发育两层洞高分别为 0.6～3.2m、0.7～4.0m 的空溶洞。桩基施工时，漏浆严重。283#墩(D2K2166+784)、284#墩(D2K2166+887.65)跨既有京广线，附近的 286#墩岩溶强烈发育且勘察阶段附近出现较严重的地面塌陷，施工期间漏浆严重。

2. 贵广高速铁路贵贺段甘棠江特大桥(DK420+383.61 ~ DK422+587)沉降

甘棠江特大桥地处平原化岩溶区，位于桂林市北部，跨越甘棠江，地势平坦开阔，桥长 2203.39m，为双线特大桥，墩高最高 19.5m，最大跨度为 80m 预应力连续梁。桥址区地表上覆第四系粉质黏土、粉砂、粗砂、细圆砾土、粗圆砾土等，覆土较厚；下伏基岩为石炭系泥质灰岩、灰岩、白云质灰岩夹页岩。段内地表水发育，地下水以孔隙水、岩溶水为主，水位埋深 0～4m，埋藏浅，桥址区岩溶强烈发育，桥基础施工时右侧 80m 发生地面塌陷(图 2-37 和图 2-38)。

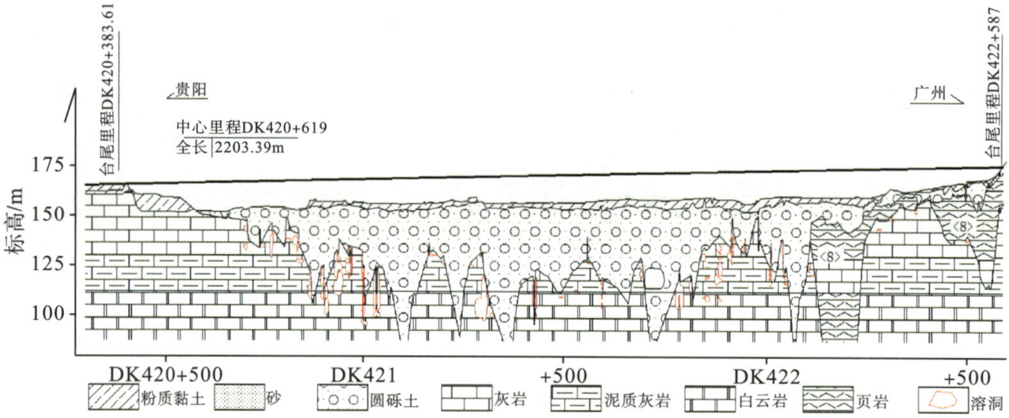

图 2-37 甘棠江特大桥地质纵断面示意图

图 2-38 桥基右侧 80m 塌陷照片

综合分析，桥址区地处典型平原化岩溶区，覆土较厚，基岩面起伏很大，岩溶强烈发育，岩溶水丰富。长期经历岩溶地下水位反复强烈升降，地下水潜蚀作用强烈，诱发塌陷。

3. 贵广高速铁路贵贺段王家漓江特大桥成桩困难、塌陷

王家漓江特大桥(DK424+039.42～DK425+939.86)跨越漓江，桥长 1900.44m，最大跨度为 80m 连续梁。地处平原化岩溶区，地势开阔。地表覆盖 6～20m 的第四系松散土层，下伏基岩灰岩、泥质灰岩夹页岩，岩溶强烈发育。地下水丰富，埋深 0～3m。

勘察期间，49#墩揭示溶洞强烈发育，呈串珠状发育，最大溶洞垂直高度为 18.2m，充填软塑状黏土。施工过程中该墩周边发生了塌陷，成桩困难，漏浆严重(图 2-39 和图 2-40)。

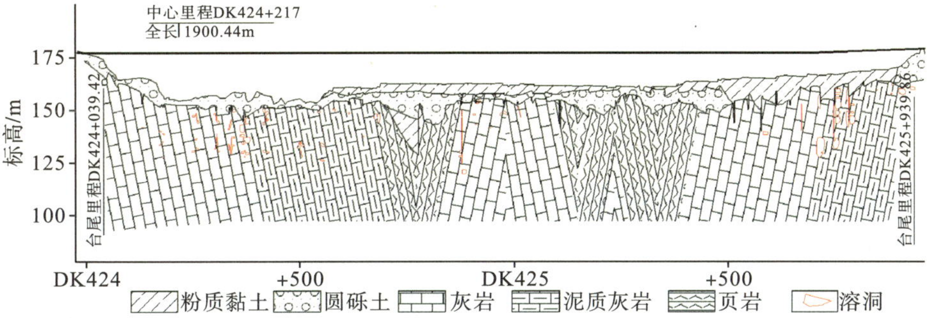

图 2-39 王家漓江特大桥地质纵断面示意图

图 2-40 49#墩塌陷坑照片

4. 郑万高速铁路汉江特大桥基础施工成桩困难、塌陷、漏浆

汉江特大桥(DK398+369.95～DK410+421.09)位于鄂西地区，跨越汉江，地势平坦开阔，桥全长 12051.14m，桥最高 105m，最大墩高 104m，最大跨度 110m。地表上覆第四系冲洪积层 5～10m 厚粉细砂，夹厚 15～20m 中密状圆砾土，下伏基岩为上震旦统灯影组(Z_2dn)白云质灰岩。地下水位埋深 7～8m。桥址区可溶岩区岩溶强烈发育，以串珠状充填溶洞为主，空洞较少，充填物主要为圆砾、砂层，局部充填有黏土。岩溶发育深度位于覆盖层与基岩接触带 25～45m，个别墩台岩溶发育较深，如 58#～65#墩呈串珠状发育(图 2-41)。

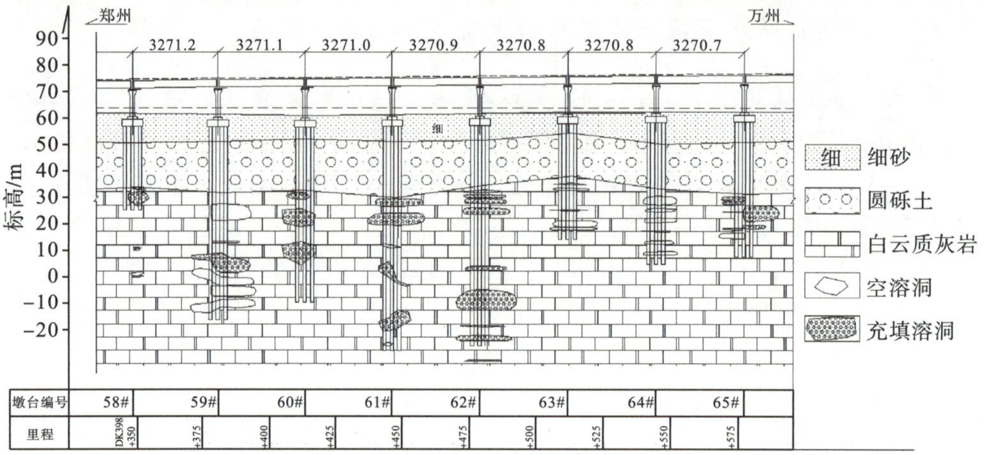

图 2-41 汉江特大桥 58#～65#墩地质纵断面示意图

桥桩基础施工至土石界面溶洞发育段时，桩基孔内泥浆漏浆，泥浆面瞬间降低至孔底，桩基孔壁表层的泥浆护壁失效，覆盖层圆砾及砂层土体垮塌，造成地表塌陷，对施工机械设备及人员构成安全威胁(图 2-42)。

图 2-42 汉江特大桥 61#墩桩基施工引起地面塌陷照片

2.2　高速铁路工程岩溶地质理论研究

2.2.1　现代深部复杂岩溶研究

对西南地区众多高速铁路深埋岩溶隧道涌水突泥典型实例分析，表明隧道工程位于不同的岩溶水动力垂直分带，其涌水突泥危害特征和规模差异较大，深部局部岩溶发育；深埋岩溶隧道涌水突泥特征、规模既与岩溶水深循环系统息息相关，也与深部岩溶(水)发育程度关系密切；这些深部岩溶多是新生代以来发育在区域侵蚀基准面以下、可溶岩底板以上，受控于大型构造且有现代岩溶作用，因此可统称为现代深部岩溶(也可称为新生代深部岩溶)。现代深部岩溶具有两个典型特征：一是其形成受控于大型褶皱或深大断裂等特殊水文地质结构条件；二是发育部位多在区域侵蚀基准面以下，可溶岩底板以上。现代深部岩溶大规模(高压)涌水突泥是西南及其邻区高速铁路深埋岩溶隧道建设中遇到的新的岩溶工程地质问题(许模等，2017；李光伟等，2015；赵瑞等，2015；陈旭等，2011；张倬元和蒋良文，2010；杜宇本等，2009；蒋良文等，2007；王运生等，2004；王科等，2001)。

1. 现代深部岩溶发育条件

现代深部岩溶的形成、发展、演化过程，既包括水化学过程、水动力过程，也包括复杂的地质力学作用过程。因此，在此过程中地质构造和地下水水动力条件占有重要的地位。岩溶的水化学过程是可溶岩的溶蚀过程，即 CO_2、水和岩石间的化学反应过程。地质构造作用导致了岩石的破坏，为地下水能在可溶岩中流动提供了良好的通道条件。由于各种构造的地质力学作用方式不同，其通道形成机制也有很大的差别，现代深部岩溶在类型、规模、强度等方面存在很大的差异。

1)岩溶空间的形成

地层岩性、地质构造和地形地貌等区域地质环境要素的组合与相互作用构成的具有一定空间规模、形态特征和物质组成的地质实体，称为岩溶及岩溶水的载体。在一定的外部环境影响下，含有特殊组分(碳酸盐岩)的地质体与赋存并循环运移于其中的地下水相互作用，形成了岩溶及岩溶水系统。

岩石或岩体(层)成分、结构或构造的差异性导致了岩石在不同部位具有差异性溶蚀速率，决定了地下水储存空间的大小和运移速率的快慢，称为岩溶作用的分异性。岩溶发育的分异性贯穿在岩溶发育的整个过程，并在多种岩性组合条件下表现得十分显著。

现代岩溶的发育、演化过程可以用岩溶发育的阶段性来表示，阶段性主要限于溶蚀空间不断变化的过程，即由溶蚀裂隙到大型溶洞、管道等变化过程。现代深部岩溶主要是在构造的原始空间发展起来的，可以划分为如下五个阶段：原始空间表层溶蚀，溶蚀裂隙形成，溶孔、溶洞形成，溶洞垮塌扩充，岩溶管道形成。

2）岩溶水系统动力特征及垂向分带

岩溶水动力条件往往与岩溶水系统密切相关。岩溶水系统又称为岩溶水文地质单元或岩溶水动力单元，是岩溶系统中最活跃、最积极的地下水流系统。它有相对固定的边界和汇流范围及蓄积空间，具有独立的补给、径流、蓄积、排泄途径和统一的水力联系，构成相对独立的水文地质单元。由于自然环境及地质条件不同，岩溶发育特征的差异，岩溶水系统具有各自的结构特征(包括边界条件、蓄水构造、含水介质)、补排特征等，从而形成各具特色的岩溶水系统结构场、水动力场和水化学场。

岩溶水动力特征实质上是指岩溶水系统中的地下水流运动特征。岩溶水系统是由边界条件、含水层系统及地下水流系统组成的。边界条件及含水层系统通常以隔水层或相对隔水层作为系统边界，多为地质边界或水文地质零通量面，圈闭形成蓄水构造或流域盆地。岩溶隧道水文地质条件涉及一个或数个岩溶水系统。平面上划分完整的岩溶水系统和研究岩溶水补给、径流、排泄特征对岩溶隧道水文地质勘察和选线设计至关重要。

岩溶水剖面上垂向分带，显示了岩溶发育强弱的垂向分区，受控于岩溶水动力条件，岩溶水剖面上垂向分带划分主要有四分法和三分法。四分法将岩溶水循环的剖面划分为四个分带，即垂直渗流带、季节变动带、水平径流带和深部缓流带。中铁二院经过长期实践后，从水文地质结构控制以及铁路工程的角度出发，总结凝练出了与铁路工程相适应的岩溶水动力剖面分带，将岩溶水动力剖面分为垂直渗流带、水平流动带和深部循环带三个带，即三分法(图 2-43)。

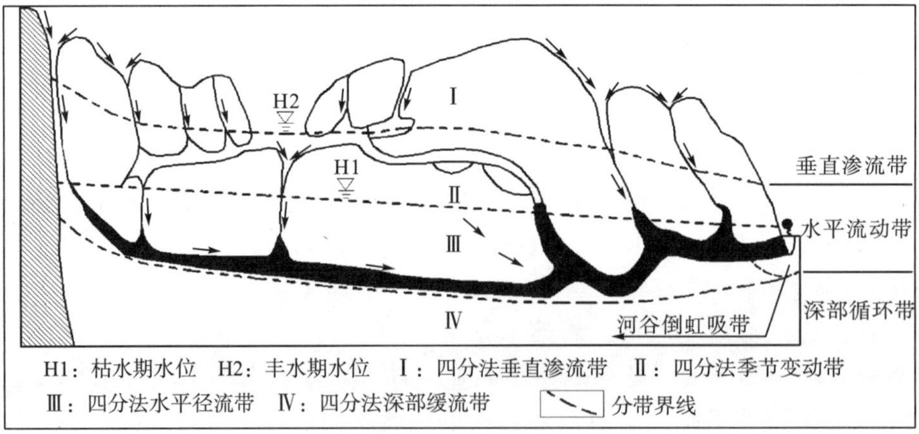

图 2-43 岩溶水动力剖面分带三分法与四分法对比示意图

(1) 垂直渗流带。垂直渗流带位于地面以下、丰水期潜水面以上。岩体中的垂直岩溶形态一般无水，只起接纳地表水并渗入地下的作用。地下水以垂直运动为主，其厚度取决于地形条件、地表覆盖层性质与厚度及降水强度等因素，一般厚可达数十米至数百米。岩溶以垂直形态及早期岩溶为主，偶有悬挂泉。

(2) 水平流动带。水平流动带包括原岩溶水动力垂直分带四分法中的季节变动带(上饱和带)和水平径流带(下饱和带)。它的上限是丰水期的潜水面或暗河的最高水位。下限根据不同的侵蚀(排泄)基准面而有不同：对裂隙型岩溶水而言，下限则是枯水期潜水部分的底界；对河谷排泄区而言，则是河谷倒虹吸带底界；对暗河而言，则以暗河最低河床底部为界；对碳酸盐岩下伏非碳酸盐岩而言，非碳酸盐岩顶面即岩溶排泄基准面，也是水平流动带的下限。厚度取决于降水补给多少、接受地下水补给的部位及岩溶化程度，上层的岩溶水在雨季潜水面上升时做水平运动，在枯季潜水面下降时做垂直运动，下层岩溶水则以水平运动为主，向河谷排泄。岩溶发育也以水平形态为主。此带厚度可达数米至数十米。

(3) 深部循环带。深部循环带位于水平流动带以下，其下限往往发育很深，越向深部岩溶发育越弱。此带地下水的性质与通常四个垂直分带中的深部循环带相似，又兼具基岩裂隙承压水性质，特殊水文地质结构控制下又发育有管道流，故称为深部循环带。因静水压力作用，该带内水的存在形式为承压水，水压力一般较大，水的运动较缓慢，循环交替较弱，岩溶发育相对弱些，但当地质构造、岩层结构、游离 CO_2、水温等控制因素适宜时，仍能形成相当规模的溶洞，如穿越南岭、苗岭、乌蒙山、武陵山、大巴山等褶皱山系的武广、贵广、沪昆、云桂等高速铁路隧道在当地侵蚀基准面以下一定深度，甚至到 500～600m，施工揭露了深部大型地下暗河、大型溶洞、溶腔等岩溶现象。因此，在深部循环带修建工程，容易发生涌水突泥、地面塌陷、地表失水、破坏生态环境等灾害，并且大型溶洞难以处理，工程造价又高。

2. 现代深部岩溶发育的控制因素

现代深部岩溶属于一种特殊的岩溶现象，其发育受岩石的可溶性、透水性和水的溶蚀性、流动性，以及其他一些如气候、地形、生物和土壤等外在因素的控制。诸多因素可以概括为岩性条件、通道条件、场效应条件三种。另可溶岩是岩溶水化学过程的基础，除岩性条件之外，地质构造为地下水的深部循环运移提供了空间，如可溶岩与非可溶岩的接触界面、控制地下水运动的大型褶皱或深大断裂构造是岩溶水深部循环的最基本条件。

1) 岩性条件

可溶岩是岩溶发育的物质基础。岩性对岩溶发育的影响主要表现在可溶岩的化学成分、矿物成分，以及岩石的结构等方面。作为物质基础本身来说，可溶岩不会随其埋藏位置的深浅而发生岩石化学成分的改变，对岩溶发育的控制就不会发生变化。因此，岩性对深部岩溶与一般岩溶的发育控制作用是一致的。

2) 通道条件

地质构造为携带有侵蚀性 CO_2 的水在可溶岩中的流动、运移提供了通道和空间，同时还为深部岩溶的发育提供了原始空间。随着深度的增加，岩体中可供水流动的通道逐渐变小直至消失，至地下深部，流动的水变成静止的水，溶解于其中的方解石达到饱和状态，岩溶就很难发育了。但多个工程揭露的岩溶现象表明，受某些特殊构造形式的控制，在当地侵蚀基准面以下一定深度，甚至到 500～600m 仍有岩溶发育，而且统计还发现，这种深部岩溶总是循着一定的构造形迹发育的。

根据对工程揭露的现代深部岩溶例子的统计以及地质构造的规模和形式的对比可以总结出，对现代深部岩溶发育起控制作用的主要有向斜(褶皱)构造、断裂构造、复合构造及河谷的演化发展四种特殊类型。

(1) 向斜(褶皱)构造。可溶岩在受到构造应力作用而发生褶皱时，由于受到构造应力作用的强弱和方式不同，可形成陡倾紧闭和缓倾开阔等形态不同的向斜，在褶皱不同部位产生的构造裂隙也有明显的不同(图 2-44)。陡倾紧闭型向斜由于受到构造应力作用强烈，在向斜的核部，横张、纵张裂隙及层间滑脱等都较发育，地下水活跃，促进了深部岩溶的发育；而相对来说，缓倾开阔型褶皱的横张、纵张节理裂隙发育较弱，但该种类型的向斜区域可溶岩出露的面积较大，接受大气降水的补给量充分，地下水的径流深度较大，使得深部地下水与浅表地下水交换频繁，从而使现代深部岩溶作用强烈。

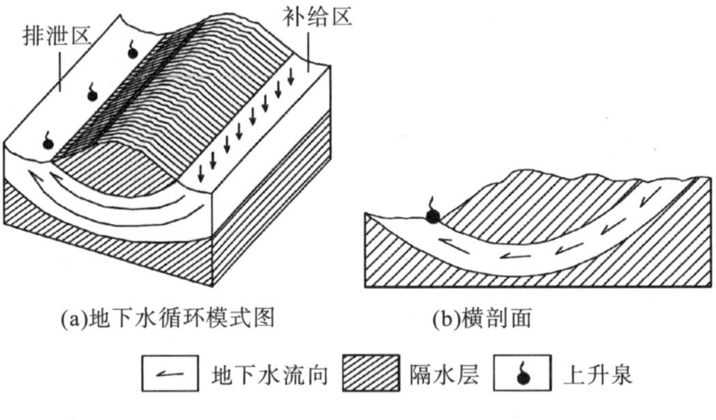

图 2-44　现代深部岩溶向斜(褶皱)构造控制模型(许模等，2017)

(2) 断裂构造。工程实践表明，在地下一定深度的断裂带内仍有岩溶发育，深部岩溶的发育延伸与分布方向大都与断裂面延伸的方向一致。究其原因主要是断裂带的存在破坏了可溶岩的连续性，使处于缓慢流动或者停滞状态的地下水变得异常活跃(图 2-45)。

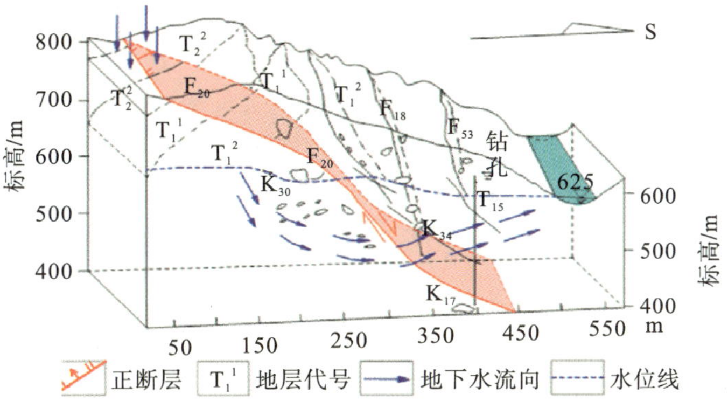

图 2-45　现代深部岩溶断裂构造控制模型

断裂带的规模、性质和裂隙发育密集程度，以及充填、胶结等因素都控制着地下水、侵蚀性 CO_2 在断裂带内的流动及运移，从而控制现代深部岩溶的发育。不同力学性质的断层对岩溶发育的影响作用也有很大差别，主要表现在以下几个方面。

①张性断层的断裂带及影响带一般相对都较宽大，裂隙多张开，有利于地下水在断裂带内运移、流动。但张性断裂带的宽度及破碎情况等在断层面走向与倾向方向变化较大。因此，发育的溶洞一般洞宽、洞高、延伸分布高程都多变化，洞顶、洞壁都参差不齐，溶洞的规模形态等变化较大。

②压性断层由于断裂带内常发育有较厚的断层泥或糜棱岩，透水性能较差，溶蚀性能较弱，随着深度的加大，溶蚀能力衰减很快。通常在压性断裂带内的深部岩溶主要发育于两侧的影响带，特别是主动盘(一般为上升盘)。影响规模一般较大，低序次小断层与节理裂隙较发育也多较张开。沿压性断层发育的溶洞即常发育在断裂带一侧，其形态较规整平齐，而另一侧洞壁则参差不齐多变化。

③一般扭性断层具有如下几个特征：a. 扭性断层产状多近直立，有利于地下水向下渗入流动，并在渗入溶蚀过程中逐渐扩大裂隙，增强岩体透水性、加剧岩溶过程，且断裂带宽度及破碎情况向地下深处变化不大，利于岩溶向深处发展；b. 大致平行扭性断层还经常发育有大量产状性质相似的扭节理；c. 在溶蚀过程中常沿断层面、节理面及层面伴随产生强烈的崩塌、坍塌。

因此，扭性断层，尤其是张扭性断层，对于现代深部岩溶的发育具有十分有利的主导作用。例如，许多矿山深巷道和越岭隧洞内所见岩溶突水点大多都是沿扭性断层或较大扭节理或其交汇线发育形成的溶隙、溶穴。

(3) 复合构造。在地质构造条件比较复杂的区域，现代深部岩溶往往同时受到两个或者两个以上构造的控制。这种情况下，构造对现代深部岩溶的影响是两个或者多个构造的叠加，使得岩溶发育变得更加强烈。主要的组合形式有“断层+向斜”、“断层+背斜”、“裂隙+向斜”等形式(图 2-46)。

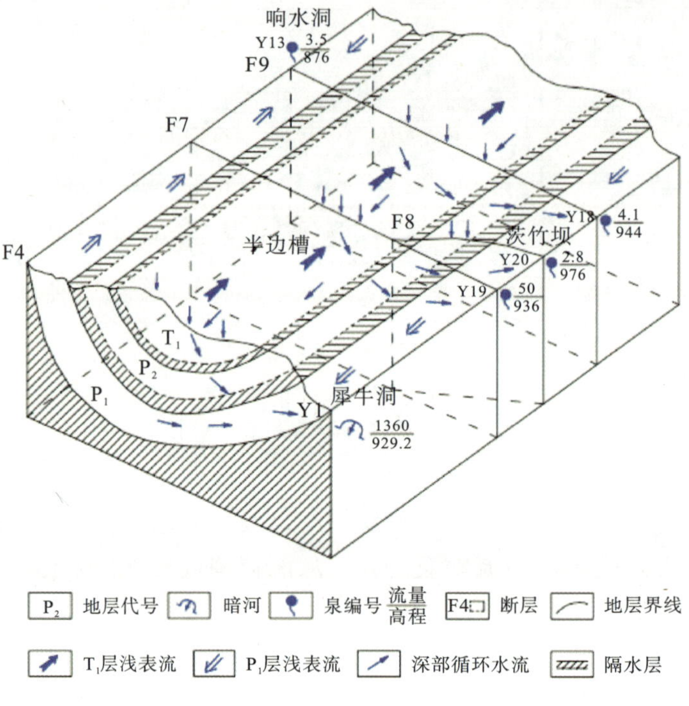

图 2-46 毛坝向斜中段水循环模式示意图(许模等，2017)

在构造比较复杂的区域可溶岩中岩溶的发育往往受到来自多个构造的控制，其现代深部岩溶发育强度、规模、深度与各组合构造的性质、规模密切相关。在组合构造中有褶皱构造参与时，其现代深部岩溶的发育强度和规模往往成倍增强，隧道工程穿越时应采取特殊的、有效的措施。

(4)河谷的演化发展。河谷的下切过程及新构造运动对现代深部岩溶发育影响较大。伴随着新构造运动，各种大大小小的河谷也在不断地演化发展，这一过程使得河谷水动力条件、河谷地下水通道条件在不断地发生改变，从而形成特殊的河谷现代深部岩溶。新构造运动为岩溶的发育演化提供动力条件，新构造运动形成的现代岩溶对浅层地下水的控制、造山褶皱构造运动形成各类蓄水构造、升降运动带来的海陆变迁形成的古溶蚀等对地下水深循环的控制，均反映了深部岩溶发育与新构造运动密切相关。

可溶岩中的通道往往是在地质年代里受各种地质构造作用而形成的，且遵循这样的一般规律，即由地表浅部至地层深部，其发育强度、规模将由强至弱。但对于深部可溶岩中存在特殊构造形式时，这一规律将不一定被遵循。从单方面考虑，通道条件的强度、规模与岩溶发育的强度、规模是呈正比例关系的。深部岩溶都是在某些潜在的原始空间上发育和形成起来的。因此，通道条件对现代深部岩溶的控制作用比对浅部岩溶更强。

3)场效应条件

岩溶发育的基本条件除了可溶物质(可溶岩)、供地下水流运动的通道(构造裂隙)，还必须有流动的、具溶蚀能力的水流。另外，岩溶的发育总是受到一些外部环境因素的影响，如温度、气压等。将流动的、具有溶蚀能力的水流和外部环境因素综合起来就形成了深部岩溶发育的场效应条件。具体来说，场效应包括水流场、离子场、温度场及气压场等。以上因素在一定条件下相互组合、相互作用、相互激励，综合控制着现代深部岩溶的发生、发展，使其在强度和深度方面不断地向前推进。

场效应水流场和离子场是岩溶发育的必要条件，而温度场则是决定离子场的一个重要影响因素。以上诸多场效应在不同条件下由浅至深，对于岩溶的控制作用规律是不完全相同的。在一般情况下随着深度的逐渐增加，各场效应条件对岩溶发育的贡献程度逐渐降低，直至地下水处于停滞状态时的深度，该深度岩溶发育微弱或者不发育。但是当有特殊的通道条件存在时，在地下很深处的地下水流动仍然很活跃，大量的侵蚀性 CO_2 被带入，岩溶常呈强发育状态。

3. 现代深部岩溶与浅部岩溶发育控制要素比较

现代深部岩溶和浅部岩溶在控制因素上的区别和联系可以归纳为表 2-1。

表 2-1　岩溶发育控制要素的垂向分带特征表

受控因素			由浅至深	强度表示	特殊情况表示
通道条件		岩性条件	→	一样	
		一般情况	→	由强变弱	
	特殊情况	向斜构造			
		断裂带	→	取决于特殊构造形式的发育强度	有密切联系
		河谷的演化发展			
场效应条件	特殊情况	水流场	→	与流速有关	
		离子场	→	与离子强度有关	
		温度场	→	与特殊构造形式有关	
		气压场	→	由强变弱	
		一般情况	→	由强变弱	

4. 现代深部岩溶地质分类及特征

1) 现代深部岩溶地质分类

现代深部岩溶总是赋存于地下一定深部范围内，它的形成往往伴随着一些比较大的构造和一定深度的地下水循环。随着人类工程活动的日益频繁和不断加剧，在工程中揭露的现代深部岩溶越来越多。对现代深部岩溶进行系统的工程地质分类研究，能够为解决现代深部岩溶工程地质问题提供重要依据。

对已掌握的现代深部岩溶实例的统计、分析表明，以地质构造类型作为一级分类指标是合理的、科学的，因为在现代深部岩溶的形成、演化的整个过程中地质构造始终占有重要的位置。按照这一标准可以将现代深部岩溶分为巨厚层型、单一构造型和复合构造型等。

(1)巨厚层型现代深部岩溶：该类现代深部岩溶主要发育在厚层、巨厚层可溶岩中，其岩溶的形成、演化过程受构造的影响较小或者未受到构造的影响。这种岩溶主要沿厚层、巨厚层可溶岩深部的层面、可溶岩与非可溶界面、可溶岩深部节理裂隙发育，也有受河谷深部水循环和倒虹吸的影响，在河谷谷底以下发育的深部岩溶。这种类型的现代深部岩溶又可以依据岩溶发育的具体位置划分为层内型现代深部岩溶和河谷型现代深部岩溶。前者一般发育规模不大，主要由层面和节理裂隙的性质、规模来控制，在层面和节理裂隙交汇处现代深部岩溶发育相对较强烈；而后者，即河谷现代深部岩溶的发育受多种因素影响。

(2)单一构造型现代深部岩溶：单一构造型现代深部岩溶主要指在现代深部岩溶的形成、演化、发展过程中受单一构造的控制性影响，如断层、向斜等。该种现代深部岩溶的发育无固定层位，其延伸方向一般与构造方向一致。单一构造型现代深部岩溶又可以根据构造的类型和开启状态划分为开启向斜型现代深部岩溶、封闭向斜型现代深部岩溶和断裂带型现代深部岩溶。

(3)复合构造型现代深部岩溶：在构造比较复杂的区域，可溶岩中岩溶的发育往往受到来自多个构造的控制，这种属于比较复杂的现代深部岩溶，一般在工程中比较多见，发育规模较大、发育深度较深，对工程的控制作用明显。

现代深部岩溶工程地质分类可以总结为表 2-2。

表 2-2 现代深部岩溶地质分类表

分类体系				分类及工程地质意义	备注
一级分类		二级分类			
分类标准	名称	分类标准	名称		
根据地质构造类型	巨厚层型现代深部岩溶	依据岩溶发育的位置	层内型现代深部岩溶	主要指沿可溶岩自身的层面、节理裂隙，以及可溶岩与非可溶岩的分界面上发育起来的现代深部岩溶。隧道工程揭露该种岩溶时，一般发育在可溶岩与非可溶岩的分界面上的现代深部岩溶对隧道影响较大，容易产生大的涌水突泥事故，施工时应引起足够重视	
			河谷型现代深部岩溶	主要指岩溶潜水面及与其相连接的河面以下，现今河流排泄作用影响深度内发育分布的岩溶形态。该种类型多见于水利水电工程中，对大坝的稳定以及水库渗漏等问题都具有较强的控制性	
	单一构造型现代深部岩溶	根据构造类型及开启状况	开启向斜型现代深部岩溶	在向斜构造中形成的现代深部岩溶，其可溶岩层位可能全部或部分被沟谷切穿，地下水流系统呈开启状态。该种类型从补给区至排泄区地下水径流畅通，岩溶管道发育，隧道工程穿越该种类型时降雨对隧道涌水量影响较大	
			封闭向斜型现代深部岩溶	在向斜构造中形成的现代深部岩溶，可溶岩层位未被沟谷切割，地下水流系统呈封闭状态。向斜形状直接控制该种岩溶发育的规模和深度。隧道工程穿越该种类型岩溶时，向斜核部危险性比翼部大，并可能在核部地段造成严重的涌水事故	岩溶水一般有承压性质

续表

分类体系				分类及工程地质意义	备注
一级分类		二级分类			
分类标准	名称	分类标准	名称		
根据地质构造类型	单一构造型现代深部岩溶	根据构造类型及开启状况	断裂带型现代深部岩溶	沿断裂带发育起来的现代深部岩溶。岩溶发育的方向与断裂带的延伸方向一致。岩溶发育规模大小与断裂带规模和地下水径流强度成正比。断裂带的性质直接控制现代深部岩溶发育的强度和规模。以往的工程实例表明，该种类型的现代深部岩溶对隧道工程的控制作用最为突出，隧道穿越该种类型时应采取特殊的、有效的措施	
	复合构造型现代深部岩溶		—	在构造比较复杂的区域可溶岩中岩溶的发育往往受到来自多个构造的控制，其现代深部岩溶发育强度、规模、深度与各组合构造的性质、规模密切相关。在组合构造中有褶皱构造参与时，其现代深部岩溶的发育强度和规模往往成倍增强，隧道工程穿越时应采取特殊的、有效的措施	主要复合形式有断层+褶皱形式

2)各类型现代深部岩溶特征

(1)巨厚层型。

①层内型现代深部岩溶。

层内型现代深部岩溶主要是在单斜自流构造岩溶含水层内发育的岩溶，主要沿可溶岩自身的层面、节理裂隙及可溶岩与非可溶岩的分界面发育。该种现代深部岩溶发育的地质构造条件决定了其本身的水文地质背景，岩溶发育深度不受排泄基准面的控制，与地貌条件无关。这种深部岩溶没有固定的高程，只是循着一定的岩溶含水层系，其深部岩溶洞穴常常没有充填。

②河谷型现代深部岩溶。

河谷型现代深部岩溶是一种特殊的岩溶现象，其发育空间位置的特殊性，以及地下水动力条件的不寻常性，决定了它本身的一些特点。

a. 河谷型现代深部岩溶具有明显的分带性。河谷型现代深部岩溶的发育强度也遵循随着深度增大而逐渐减弱的一般规律。随着深度的不断增加，河谷型现代深部岩溶发育的规模不断减小，主要表现在：溶洞的数量上逐渐变少；随着深度的不断变化，深部岩溶现象也将由溶洞变成溶蚀裂隙、溶孔等(图 2-47)。

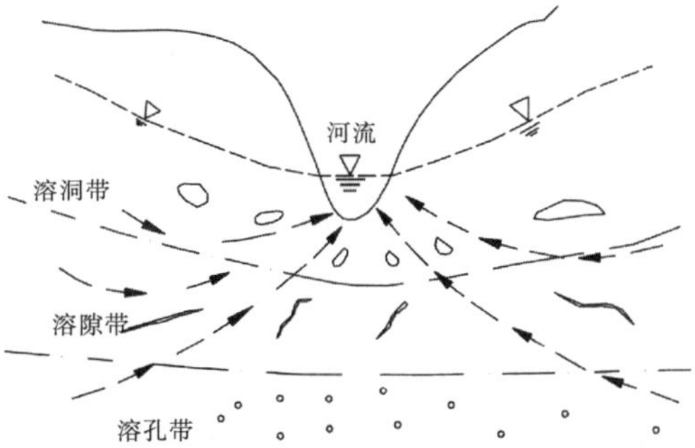

图 2-47　河谷型现代深部岩溶分带示意图(许模等，2017)

b.河谷型现代深部岩溶具有明显的成层性。河谷深钻孔岩心会呈现出溶洞、溶蚀小孔与溶蚀裂隙的相间分布，岩溶发育表现为由强到弱再到强的循环变化过程，这就是河谷型现代深部岩溶的成层性。

河谷型现代深部岩溶在垂直方向随深度增大发育强度逐渐减弱的总趋势中，某些深度区间由于地质结构的有利条件而岩溶发育明显较强烈，很可能也具有某种成层发育分布的现象。同时，由于结构面(特别是构造结构面)发育分布常反映出一定的等距性和近代地壳升降变化反映出的某种韵律性，溶洞的成层发育分布的高差大致相同。

c.河谷型现代深部岩溶的发育一般受岩性、构造、地下水动力条件，以及可溶岩中裂隙发育程度的控制。

(2) 单一构造型。

①开启向斜型现代深部岩溶。

开启向斜是指向斜构造被沟谷(河谷)深切，其可溶岩层位可能全部或部分被切穿。该种类型的深部岩溶由于其可溶岩被沟谷(河谷)深切，整个向斜内地下水的排泄比较顺畅，径流能力强，岩溶较发育。因此，开启向斜型现代深部岩溶由于其有利的深部径流条件，形成了独特的现代深部岩溶发育特征。

a.岩溶地下管道发育。

该种构造类型地下水具有良好的排泄条件，地下水接受系统外的补给后，可以迅速向排泄区径流。地下水流速加快，促进了岩溶化的进程，而岩溶化加快后又会迫使地下水向更深的空间发生侵蚀，这样周而复始的循环过程使现代深部岩溶发育加快，形成具有一定规模的暗河管道。

b.地下溶洞发育长轴方向垂直于深切沟谷方向。

通常来说，岩溶发育的方向是受地质构造、岩性控制的。在野外的地质调查中，发现树舍向斜区域内地下暗河出口处溶洞发育的长轴方向既不与地层走向一致，也不与该处的构造线一致，而是与河谷深切的垂直方向一致。这一现象的产生表明，在该种类型的现代深部岩溶发育过程中，地下水动力条件起主导作用，地下水在从补给区向排泄区径流过程中不断和与之经过的岩石发生岩溶作用，经过长时间的溶蚀、垮塌作用，形成了目前溶洞的发育模式。

c.深部岩溶发育深度与深切沟谷有关。

如果深切沟谷为河谷，那么该种类型的深部岩溶就具备了河谷现代深部岩溶发育条件，因此也具备了河谷岩溶所具有的一切特征。地下水自分水岭向谷底做倒虹吸式运动，岸坡以下地下水循环深度最大。资料表明，河谷区岩溶发育的深度一般分布在河水面下 100m 以内，如我国乌江渡坝址和土耳其凯班坝址等。低山丘陵区河谷喀斯特发育深度更大，可以深入地下 500～600m，如鄂东等地。

②封闭向斜型现代深部岩溶。

封闭向斜是相对于开启向斜而言的，即整个向斜区域被巨厚的非可溶岩围限，且向斜区域内任何部位的可溶岩都未被沟谷(河谷)切割，使整个向斜的可溶岩完全处于一种封闭状态。向斜内部地下水动力条件相对较弱，基本上属于深部缓流带的范畴。一些工程实例表明，该种类型的向斜在特有的水动力场下，同样有现代深部岩溶现象的存在，形成了其独特的岩溶发育特点。

a.现代深部岩溶发育的程度和规模与向斜的形态及类型有关。

根据向斜的形态特征及两翼的产状，向斜可以划分为缓倾开阔型向斜和陡倾紧密型向斜两种类型。从现代深部岩溶发育的程度和规模来看，陡倾紧密型向斜和缓倾开阔型向斜相比，可溶岩中裂隙、滑动带的发育规模较强烈，地下水径流的条件好，因此岩溶发育程度和规模都较强烈。

b.现代深部岩溶发育深度可以达到地下 2000～3000m。

向斜构造中地下水的运动形式有两种：一种是在地势相对较高的一翼接受大气降水的补给，然后渗入地下，绕过向斜轴部，在地势相对较低的另一翼排泄；另一种就是平行于向斜轴部，从地势较高处向地势相对较低处径流，最后排泄出地表。但大多数情况下两种运动形式兼而有之。

一般来说，封闭向斜型现代深部岩溶发育的深度可以达到地下 500～600m。对于缓倾开阔的向斜盆地，现代深部岩溶的发育可以达到较大的深度。在一定的地形和地质构造条件下，地下水从补给区到排泄区可以横越向斜盆地轴部，使向斜盆地中岩溶发育深度可达 2000～3000m。

c.向斜构造中现代深部岩溶的发育程度在核部优于翼部。

向斜核部受到的构造作用相对两翼更加强烈，且极易发生层间滑脱现象，使得核部的构造裂隙和空腔强烈发育，促进了地下水在可溶岩中的径流强度，同时也为深部岩溶的发育提供了原始的溶蚀空间。大多数工程实例也证实了这一点。

③断裂带型现代深部岩溶。

断裂带对岩溶发育的控制作用很早就被人们所认识，同样，断裂带对现代深部岩溶也具有决定性的控制作用，其主要特点有如下几个方面。

a.现代深部岩溶发育程度和规模与断裂带的性质及规模密切相关。

断裂带的性质决定了地下水在断裂带内的径流强度，从而控制着断裂带内岩溶的发育程度和规模。张性或张扭性断裂由于受拉张作用，断裂带内张裂隙发育，破碎带较松散且多空隙，地下水径流畅通，此种断裂带内现代深部岩溶发育强烈、规模较大，岩溶形态以溶孔、溶洞为主；反之，扭性或者压扭性断裂，受到的压应力较大，带内裂隙发育程度低，破碎带被压至紧密，地下水的径流受到一定的阻碍，使得断裂带内岩溶发育程度低，岩溶发育的规模较小，岩溶形态以溶隙、溶缝为主，条件稍好的断裂带内可出现溶孔。

b.现代深部岩溶发育方向与断裂带的方向一致。

沿着断裂带发育的现代深部岩溶一般来说不具有层位关系，其发育的方向一般沿断裂带方向延伸。尤其是在两组断裂的共轭部位，更有利于现代深部岩溶的发育，如湘东南地区是以 NEE 向构造体系为主，发育 NWW 向张性断层与其相交，在其共轭部位温泉和用水普遍都来自于深部承压水的供给。

总体来看，沿倾向河谷的断裂带，谷底形成管道状、缝隙状水流和发育大量溶洞都与断层面倾向大体一致，向河谷方向倾斜。

c.现代深部岩溶发育的深度受断裂带深度的控制。

各个时代形成的碳酸盐岩受后期断裂切割，使得断裂带内现代深部岩溶的发育深度可到达很深的位置，如肖家山坝址区由于受到F8断层及其伴生的与其平行的NNE向断层F11、F9、F6的影响，在+250m还有溶洞的零星分布；广西忻城凹陷构造区，于孔深 828.8m 以下发现现代深部岩溶。可见，断裂带切割可溶岩的深度控制着现代深部岩溶发育的下限。

(3)复合构造型。

在地质构造条件比较复杂的区域，现代深部岩溶往往同时受两种以上构造的控制。这种情况下，构造对现代深部岩溶的影响是两种以上构造的叠加，使得岩溶发育变得更加强烈。主要的组合形式有“断层+向斜”、“断层+背斜”、“裂隙+向斜”等。这种类型的现代深部岩溶特点主要表现在以下几个方面。

①现代深部岩溶发育规模大、深度深。

如前所述，可溶岩中仅有单一构造时，其深部现代岩溶的发育就已经具有了一定的规模，在此基础上或者同时再叠加另外一种构造形式，必将加强其岩溶化的进程和发育深度。例如，单一封闭向斜构造，其可溶岩中地下水处于缓流状态，如果再叠加一个断裂带，那么可溶岩中地下水的径流就可能变得非常畅通。在这种既有足够的空间，又具有良好的水动力条件下，岩溶化程度将得到成倍增加，其溶蚀空间的规模也将成倍变大。相比之下，陡倾紧密向斜组合时，其深部现代岩溶发育最为强烈。

②现代深部岩溶的溶蚀空间多为充填型。

该种类型的现代深部岩溶受到两种或者两种以上构造的控制，且这些构造大都与地表连通较好，使得深部发育的现代岩溶洞穴与地表的连通性也比较好。地表的泥、砂等物质源源不断地被地下水带入溶洞中，随着地下水流速减缓，泥、砂等慢慢沉淀，最后遗留在溶洞内，溶洞就被这些物质所充填。一系列的岩溶隧道施工发生的隧道突泥事件充分地说明了这一问题。例如，渝怀线圆梁山隧道在施工过程中揭露的1#、2#、3#大溶洞都有大量的充填物；城口至开县二级公路的通渝隧道，隧道最大埋深1065.9m，深部岩溶较发育。

5. 现代深部岩溶水循环模式及形成机制

岩溶水动力特征实质是指岩溶水系统中的地下水流运动特征。岩溶水系统由边界条件、含水层系统及地下水流系统组成。边界条件及含水层系统通常以隔水层或相对隔水层作为系统边界，多为地质边界或水文地质零通量面，圈闭形成蓄水构造。由于蓄水构造内部结构的复杂性，运行在其中的水流路线及流态都是极为复杂的，但它是整体统一有序的水流，主要有局部水流系统流线、中间水流系统流线、区域水流系统流线(韩行瑞，2015)，三种水流流线均可形成深部岩溶(图 2-48)。

综合现代深部岩溶发育的地质力学和地下水水动力基础，可将现代深部岩溶的发育模式分为厚层-径流型、河谷-排泄型、向斜-径流型、断裂-排泄型、复合型五种模式。

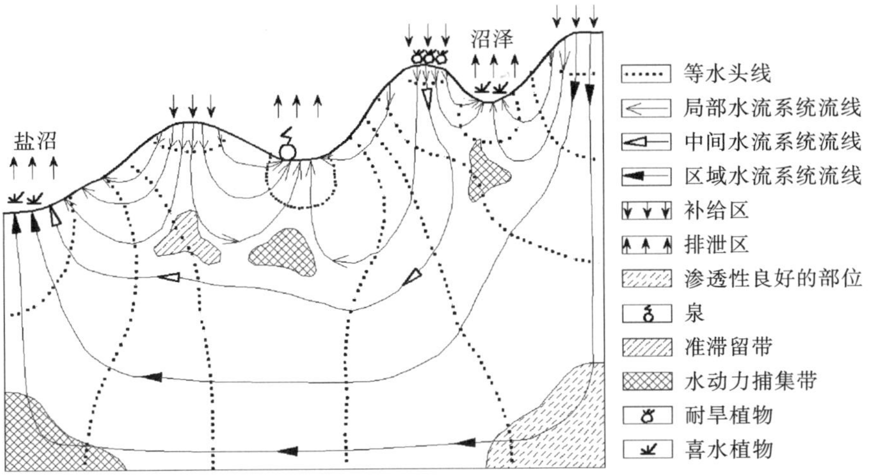

图 2-48　地下水流系统模式图(据 Toth,1980 年修改)

1) 厚层-径流型(Ⅰ)

厚层-径流型岩溶作用受巨厚可溶岩本身岩体破坏程度的影响。现代深部岩溶发育最原始的空间是可溶岩自身的层面、节理裂隙以及可溶岩与非可溶岩的分界面。地下水主要依靠远源补给，补给面积较大，地下水水力坡度小，流速缓慢。现代深部岩溶主要发育在深部循环带的径流路径上(图 2-49)。

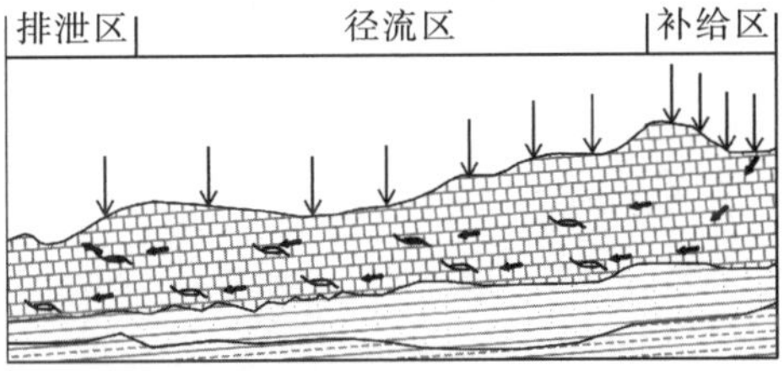

图 2-49　厚层-径流型现代深部岩溶发育模式图(许模等，2017)

其发育机制主要是，在建造、改造的一系列过程中，巨厚层可溶岩内部形成了一组或者多组具有一定方向性的裂隙，使得地表水、浅部地下水可以通过这些裂隙在巨厚层可溶岩层中做深部循环，在水-岩界面上发生溶蚀作用。

2) 河谷-排泄型(Ⅱ)

河谷-排泄型岩溶作用受河谷下切作用的影响。河谷的形状对谷下现代深部岩溶也具有一定的影响。现代深部岩溶发育的最原始空间主要为节理裂隙、构造裂隙等。一般认为谷下现代深部岩溶主要是地下水的倒虹吸作用所致。地下水补给面积广，水力坡度较大，流速较快。现代深部岩溶主要发育在谷底地下水垂直向上的排泄带内(图 2-50)。

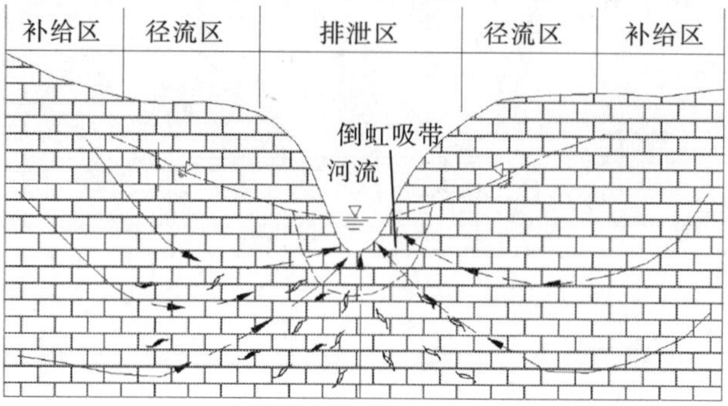

图 2-50 河谷-排泄型现代深部岩溶发育模式图(许模等，2017)

其发育机制是，伴随着新构造运动的间歇性抬升，河谷的不断下切对河谷的塑造起了决定性的控制作用。河谷的下切作用又使得河谷两岸应力重分布，应力重分布就会在河谷两岸形成一个应力松弛带(卸荷带)，为地下水的运动提供通道，构成沟通分水岭与谷底的倒虹吸式通道，在倒虹吸作用下形成现代深部岩溶。

3) 向斜-径流型(III)

(1) 依据向斜形态向斜-径流型可划分为陡倾紧密向斜-径流型、缓倾开阔向斜-径流型。

①陡倾紧密向斜-径流型(III_I)。

现代深部岩溶发育的原始空间主要为向斜构造形成过程中的各种构造裂隙、空腔等。向斜所受到的地质力学作用直接控制现代深部岩溶的形成、发育和演化。地下水动力条件比较复杂，地下水一方面从向斜地势相对较高的一翼补给，然后穿过向斜轴向地势相对较低的另一翼排泄；另外，也可能在近似平行于向斜轴方向径流。地下水补给面积相对较小。现代深部岩溶主要发育在向斜核部。一般核部比翼部岩溶发育，地下水往往具有承压性(图 2-51)。

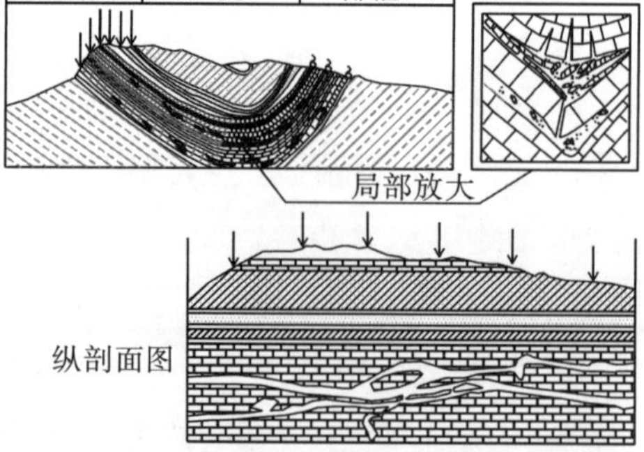

图 2-51 陡倾紧密向斜-径流型现代深部岩溶发育模式图(许模等，2017)

②缓倾开阔向斜-径流型(III_2)。

缓倾开阔向斜-径流型现代深部岩溶发育受向斜构造影响相对较小，发育模式大致与厚层-径流型相似。地下水水力坡度较小，流速缓慢。地下水补给面积较大。现代深部岩溶常发育在深部地下水的径流路径上。现代深部岩溶发育规模不大，但深部较深(向斜盆地现代深部岩溶发育可在地下 2000m 以下)(图 2-52)。

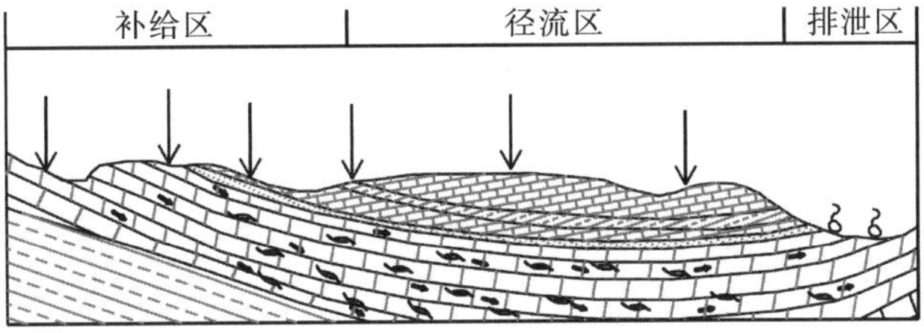

图 2-52　缓倾开阔向斜-径流型现代深部岩溶发育模式图(许模等，2017)

向斜-径流型现代深部岩溶发育机制为：通过对向斜形成的力学成因及其应力应变状态的深入分析，认为在向斜的形成过程中极易出现纵横张节理裂隙、层间裂隙、层间滑脱、断层等一系列储水空间及过水通道，溶蚀作用开始后，原始空间逐渐被扩大，当溶蚀空间扩大到一定程度后，原有空间就会失去其正常的稳定状态，从而发生垮塌、崩塌、陷落等失稳现象，促使溶蚀空间进一步扩大，形成现今规模巨大的现代深部岩溶。其水动力机制主要有垂直于轴向的深部倒虹吸循环模式和顺轴向的深部缓流模式。

(2)依据地下水循环运动方式向斜-径流型划分为封闭型向斜单翼纵向循环模式、封闭型向斜型单翼横向循环模式、封闭型向斜绕轴深循环模式、开启型向斜水循环模式。

①封闭型向斜单翼纵向循环模式。

汇集于向斜核部区的岩溶水若受介质渗透性和水动力条件限制，无法向地势相对低的一翼排泄时，则形成顺轴向的沿两翼的径流(图 2-53)。特别是在封闭型向斜区或育窿构造区，地下水往往在可溶岩出露相对较低的褶曲端发生排泄，多形成大型地下泉群或暗河型排泄点。

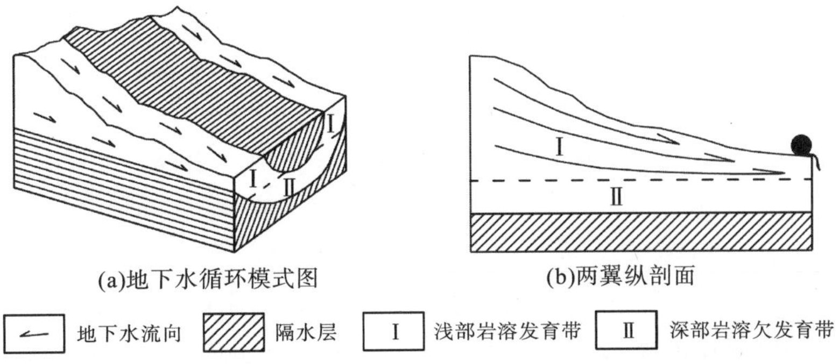

图 2-53　封闭型向斜单翼纵向循环模式示意图(许模等，2017)

由于排泄条件较差，在向斜内部的可溶岩中蓄积大量地下水，造成地下水位较高。当向斜为盆地或谷地时，地下径流向谷地汇聚，一般在盆地边缘溢流排泄，形成暗河出口、泉等天然露头，当向斜构造为分水岭时，形成汇聚型的富水构造。

②封闭型向斜单翼横向循环模式。

向斜构造在地形上总体是两翼基本相当，而轴部较高或有较好的隔水封闭条件。即轴部是山岭，两翼含水层出露的高差不大，向斜两翼分别受不同水系或沟谷的切割作用，地下水排泄区就在紧邻两翼补给区的地形低洼处；轴部不是山岭，但在盆地中部也有良好的隔水层覆盖封闭条件。

地下水在这种水力条件下不能从翼部向向斜中部或核部径流，也很难从向斜的一翼径流到另一翼排泄，而是从翼部接受大气降水入渗补给后，沿含水层走向向附近河谷排泄。在封闭型向斜单翼横向循环模式中，地下水循环深度不大，岩溶发育程度较弱(图 2-54)。

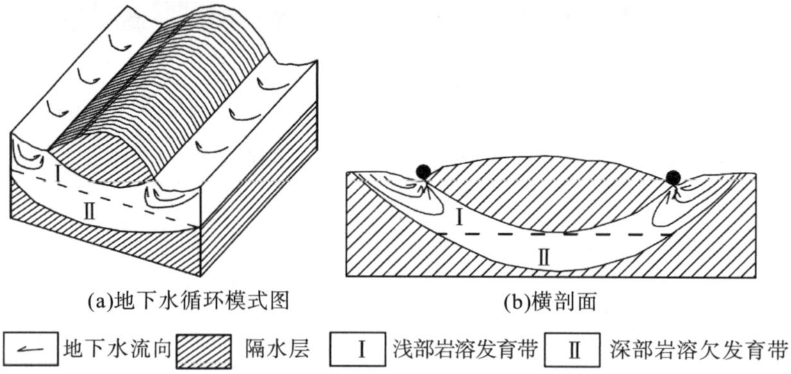

图 2-54 封闭型向斜单翼横向径流模式示意图(许模等，2017)

③封闭型向斜绕轴深循环模式。

封闭型向斜构造区可溶岩一般在相对较高的地区出露，地下水接受大气降水补给，受重力作用绕过向斜轴部向地势相对较低的一翼排泄。地下水的补给、径流、排泄在同一含水层内，在向斜核部区易于汇集，形成承压富水区。

这种方式的地形表现为接受补给的翼部地势高，而发生排泄的翼部地势低，轴部一般为山岭，含水层在两翼的出露高差大。若岩溶含水层上覆良好的隔水层，则地下水排泄区位于含水层出露标高较低的一翼上(图 2-44)。此时地下水从补给翼向排泄翼运动，流经向斜轴部，地下水的交替作用较强，在排泄一翼的地势低洼处常出露大泉或泉群。

④开启型向斜水循环模式。

开启型向斜区可溶岩一般被沟谷(河谷)深切，地下水经褶皱区核部和两翼向深切河谷运移排泄，形成排泄畅通的河谷泄流型循环模式(图 2-55)。褶曲核部一般富水程度不高。地下水径流速度较快，极大地促进了褶曲核部岩溶化的进程，形成顺轴向的大规模地下暗河或岩溶管道，岩溶发育深度受深切沟谷排泄基准面的控制。

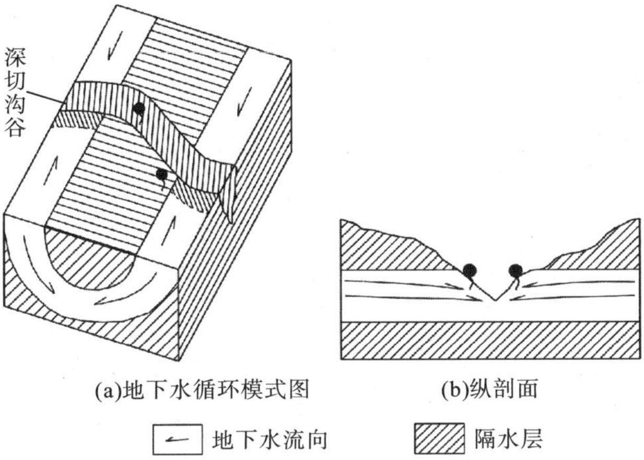

图 2-55　开启型向斜水循环模式图(许模等，2017)

与此相似的背斜褶皱型褶曲泄流型循环模式在长江地区及其支流两岸典型的“隔挡式构造”区最为常见。

4) 断裂-排泄型(Ⅳ)

断裂-排泄型现代深部岩溶发育的原始空间为断裂构造形成的构造裂隙及空腔。断裂带的力学性质对现代深部岩溶的发育起到决定性的控制作用。地下水主要通过断裂构造向外界排泄。现代深部岩溶主要发育在断裂带及其影响带内，从断裂带向远处岩溶发育逐渐减弱(图 2-56)。

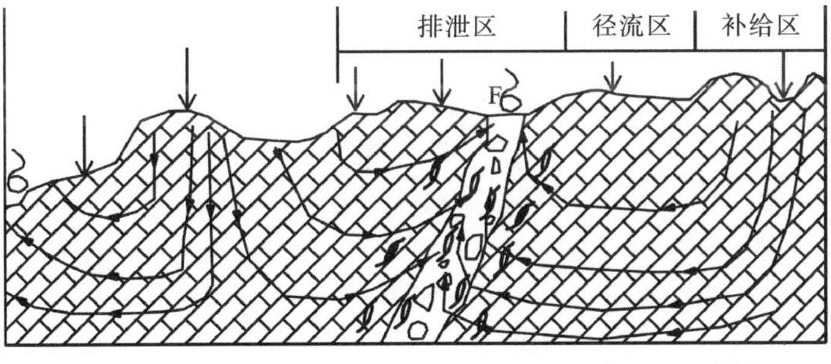

图 2-56　断裂-排泄型现代深部岩溶发育模式图(许模等，2017)

5) 复合型(Ⅴ)

岩溶作用的原始空间主要来源于向斜构造、断层构造。这些构造形式也是现代深部岩溶发育的通道条件，其形成模式大致与Ⅲ类相同(圆梁山隧道毛坝向斜属于该种类型)(图 2-57)。

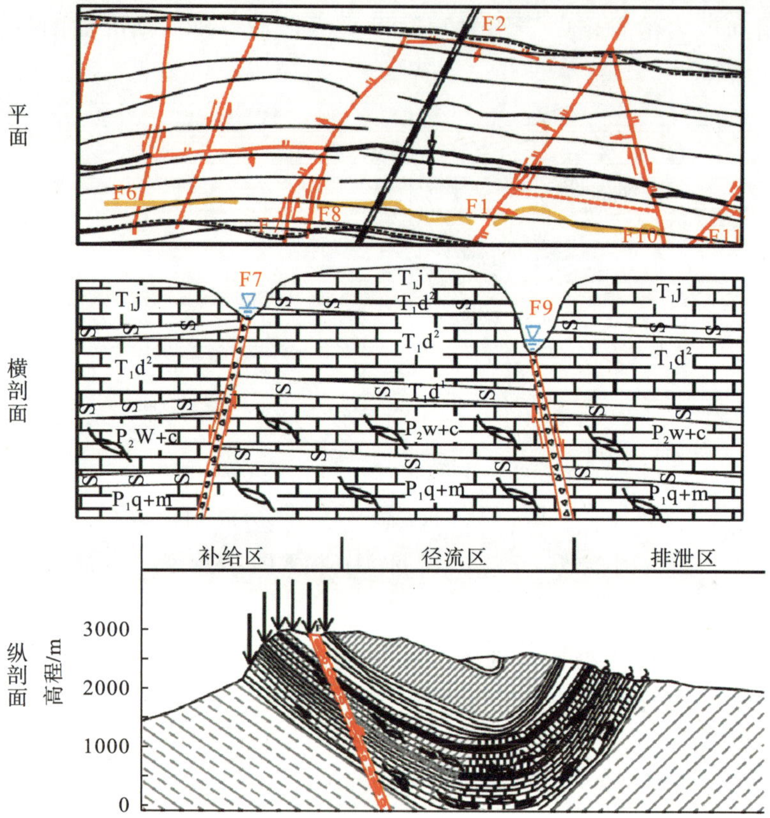

图 2-57 复合型现代深部岩溶发育模式图(许模等，2017)

在实际工程中揭露的现代深部岩溶往往不是单一的“单纯”模式，而往往是以上几种模式的相互组合。在越岭隧道工程中揭露最多的组合模式是向斜和断裂的组合。

模式的组合更加有利于现代深部岩溶的发育，其主要表现在：模式的组合为现代深部岩溶的发育提供了更多的原始空间，同时也使可溶岩岩体更加破碎；另外，模式的组合在很大程度上改变了地下水的水动力条件。多一种构造形式也就多一条地下水的导水通道，使得地表水与深部地下水的循环交替作用增强，同时也带入大量的 CO_2，保证了深部溶蚀的持续进行。

复合型深部岩溶模式的地质力学条件和水动力机制一般都较复杂，其中较为典型的水动力模式就是向斜倒虹吸循环模式，这种虹吸模式可能是穿越向斜的，也可能是顺向斜而通过断裂带实现的。

6. 现代深部岩溶主要工程地质问题

高速铁路越岭工程大部分以隧道形式穿越，岩溶灾害是碳酸盐山区铁路隧道工程建设中常见的地质灾害之一。现代深部岩溶灾害对高速铁路越岭深埋隧道的破坏更具不可预知性。

现代深部岩溶对越岭隧道工程的控制作用主要表现在由现代深部岩溶发育引起的隧道涌水突泥和高压水等工程地质问题，主要表现在如下几个方面。

1)涌水突泥问题

我国铁路隧道中洞身穿过碳酸岩地层的隧道，90%以上都不同程度地发生过岩溶涌水突泥灾害。

2)溶洞、隧道与溶洞间岩层失稳问题

隧道在施工过程中容易发生溶洞、隧道与溶洞间岩层失稳现象。溶洞的失稳主要表现形式有溶洞顶、底板坍塌，溶洞充填物落石、掉块、掉渣等现象；隧道与溶洞间岩层失稳主要表现形式有在临近溶洞的隧道围岩变形，施工过程中易发生垮塌、冒顶等灾害现象。根据对中国西南地区已建和在建隧道的不完全统计，建于岩溶区的铁路长隧道中，几乎均不同程度地遇到了岩溶坍塌，给隧道的施工造成了一定影响，其中，发生过较大岩溶塌陷的隧道有 10 多座，占总数的 40%。例如，圆梁山隧道、武隆隧道、歌乐山隧道等，其中，西南隧道在施工中就碰到大小洞穴 80 余处，岩溶顶、底板和侧边溶洞的突然塌陷或掉块造成隧道和支护结构破坏，并引发了大量塌方，严重影响了隧道的正常施工。

3)高压水问题

高压水问题往往出现在深埋隧道岩溶区段内，岩溶一般都较发育，主要特点是压力高、水量大、持续时间长，往往造成巨大的、无法估计的损失。

隧道涌水突泥和高压水问题是现代深部岩溶对越岭隧道工程控制的主要作用方式。现代深部岩溶的形成、演化、发展等与多种因素密切相关，隧道涌水突泥和高压水问题也是多种因素相互作用、相互制约、综合作用的结果，决定了现代深部岩溶涌水突泥问题研究的复杂性、多变性、模糊性。

2.2.2　厚覆盖型岩溶塌陷机理研究

岩溶地面塌陷是指在岩溶地区，下部洞穴扩大而导致顶板岩体塌陷，或上覆土层因自然或人为因素失去平衡产生下沉或塌陷，即开口岩溶洞隙与上覆土层(少数为松软岩层)中的水、气对盖层发生的力学效应，导致的地面塌落(姜伏伟等，2014；戴建玲等，2012；唐万春等，2011；雷明堂和蒋小珍，1998；王子江，1993)。岩溶地面塌陷发生得很突然，空间位置难以预测，对高速铁路建设和运营造成极大危害，因此有必要开展岩溶地面塌陷机理研究，为勘察设计和防治提供理论支撑。

岩溶塌陷的发生具有隐蔽性和突发性特点，实际工作中往往难以获取岩溶塌陷形成演化过程及其相关数据。本书采用大型实体模型试验(足尺模型试验)，室内再现岩溶塌陷形成水动力演化全过程，进而研究岩溶地面塌陷发育机理和条件。

1. 岩溶地面塌陷物理模型设计

以武广客专原新沙口站的地质结构为原型，重点模拟第四系下部的粉质黏土在地下水长期作用下，塌陷的形成和演化特征。物理模型由三部分组成：主体模型、供水排水系统、观测及测试系统(图 2-58～图 2-60)。

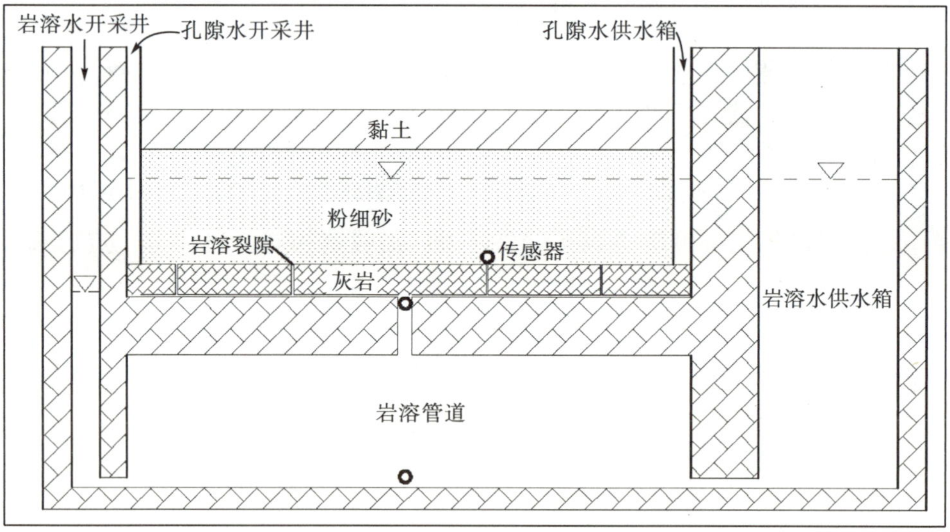

图 2-58 模型试验原理图示

图 2-59 模型试验全景

图 2-60 模型试验正视图

1) 主体模型

主体模型长 2m、宽 2m、高 3m，由上下两部分组成。上部为高 1.5m 的土箱，用于模拟第四系覆盖层；下部为水管，用于模拟岩溶管道系统，它通过大小可变的开口与上部土箱相通。

2) 供水排水系统

为了模拟不同水动力条件对岩溶塌陷的影响，土箱、水管都具有相互独立的供水、排水系统，因此可以根据具体情况随时改变各自的水动力条件。

土层供水：由位于土箱两侧的供水箱向土层供水，水位变化可依据具体情况控制。

土层排水：有两种方式，一种是土箱的左侧水箱底部接排水管，模拟第四系覆盖层水的开采；另一种是土层中孔隙水通过位于底板的开口向岩溶管道渗流，这是模拟实际中的越流补给。

岩溶管道系统的供水：通过密封水箱模拟区外围岩溶水补给，供水水位、水量据实际情况确定。

岩溶管道系统的排水：由排水管、抽水井组成，排水管用于控制模型与抽水井的连通性，抽水量的大小可实时控制。

大气降雨：通过喷雾器模拟，降雨量由水表观测。

3) 观测及测试系统

(1) 岩溶水的动态测试系统。

岩溶水的动态测试系统主要通过阀门、水表、测压管、压力表、压力计来控制、测量岩溶水的动态变化。

①由安装在供水、排水管上的阀门来控制岩溶水水位、流量、流速的变化。

②由安装在供水、排水管上的水表来测量岩溶水流量、流速。

③由安装在供水箱上的压力表测量岩溶水位的变化，反映塌陷区外围岩溶水动态特征。

④由安装在岩溶管道开口附近的压力计测量岩溶空腔的测压水位变化。

⑤由安装在抽水箱的测压管观测抽水井水位。

(2) 土层的动态测试系统。

土层的动态测试系统主要测量土层中孔隙水位、土体的变形破坏特征。

①孔隙水压力监测通过采集系统完成，系统包括埋设在岩溶空腔、基岩面、左侧水箱、砂层不同位置的微型孔隙水压力传感器，传感器由美国 GEOKON 公司生产。数据采集系统采用加拿大 GEOMATION 公司生产的 2380MCU 自动采集系统。试验埋设有 7 个传感器，根据采集系统的读数，即可得出孔压的变化情况。

②土层破坏通过玻璃管直接观测破坏强度。

③在模型四周，安装有 4 套视频监视系统，记录破坏现象。

2. 岩溶地面塌陷物理模型试验

取样：在现场选择典型点，直接挖取代表性土样。本次试验土样取自原新沙口站路基段，为粉质黏土(图 2-61)。

制样：采用喷水、搅拌的方法，以天然含水率为基础，配置土样含水率(图 2-62)。

上样、夯实：按试验要求，将土样以 15～20cm 厚度为一层，分层上样、夯实，使密度与设计相符合(图 2-63～图 2-67)。

传感器安装：安装孔隙水压力传感器，连接数据采集系统，本次试验共埋设 7 支孔隙水压力传感器，分别监测砂层、岩溶裂隙、岩溶管道以及右侧供水箱的水压力变化，采样间隔时间为 10s(图 2-68)。

饱水、固结：上样结束后，需对模型土样进行饱水、固结处理，本模型于 2007 年 9 月完成上土，2008 年 7 月完成固结，开始水动力试验模拟，2009 年 3 月 31 日试验结束(图 2-69)。

图 2-61 原新沙口车站的取样点照片

图 2-62 按含水率制样照片

降雨：按单位面积、单位时间的水表流量计算降雨量。

改变地下水水动力条件，观测破坏情况：按岩溶水、孔隙水水动力条件的不同组合，改变水动力条件，地下水的开采量的大小采用开关控制，观测破坏情况，摄影、拍照，并以混浊度记录破坏程度。

卸样：按 10cm 间隔垂直开挖剖面，测量、记录剖面特征(图 2-70 和图 2-71)。

试验完成，整理室内资料。

图 2-63 逐层上样，测定含水率、密度照片

图 2-64 采用轻型振动夯机分层夯实

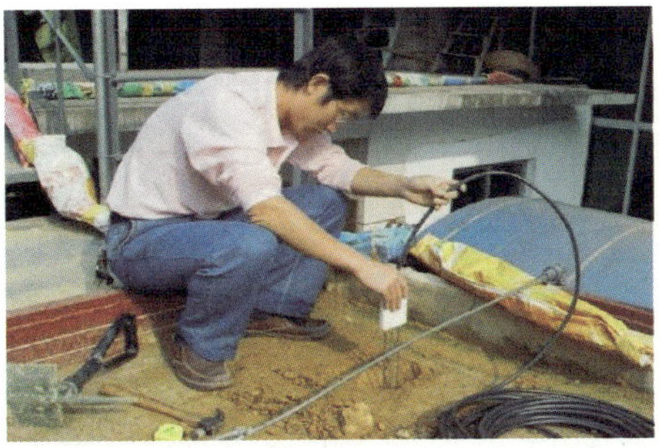

图 2-65　传感器安装照片

图 2-66　监测系统安装照片

图 2-67　完成上样照片

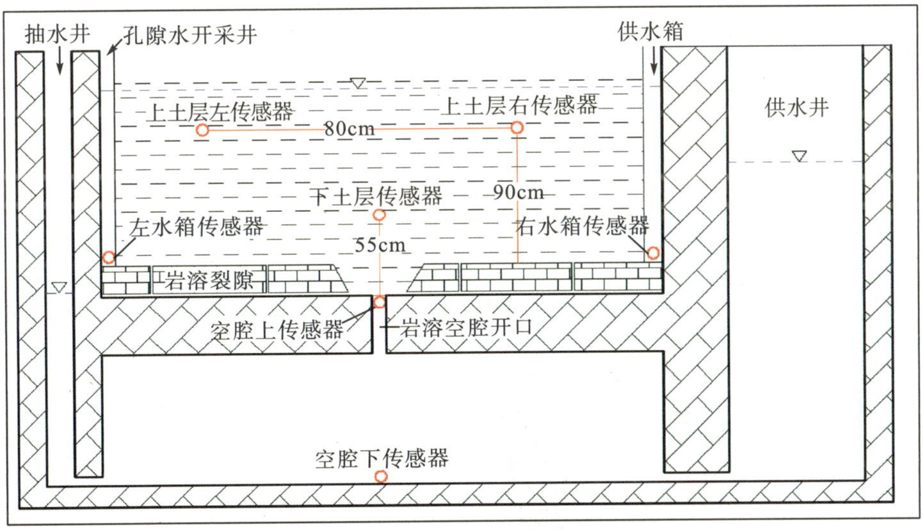

图 2-68　传感器位置图

图 2-69 固结后的照片

图 2-70 分层逐级开挖卸样照片

图 2-71 土层开挖剖面揭露形成的土洞照片

3. 岩溶地面塌陷物理模型试验结果分析

1)第四系孔隙水位变化对土层稳定性的影响

通过位于模型左侧的第四系覆盖层水箱(孔隙水开采井)的排水或供水，模拟第四系含水层开采条件下土层的破坏特征(图 2-72)。

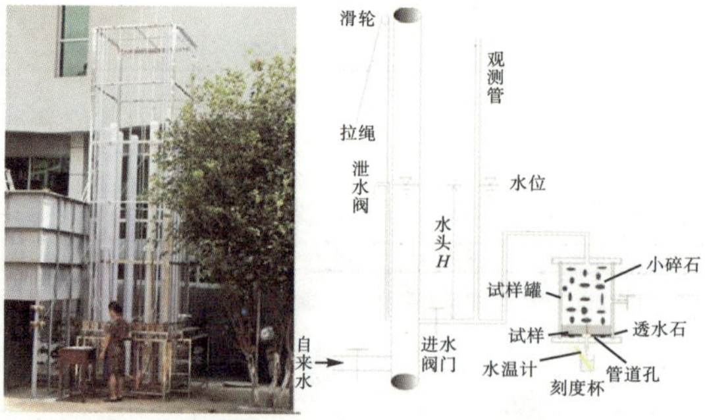

图 2-72 岩溶塌陷试验的水位波动控制装置照片

(1)第四系覆盖层水位下降。

第四系覆盖层排水：分别以130mL/s和600mL/s流量开采孔隙水井，监测结果表明(图2-73和图2-74)：

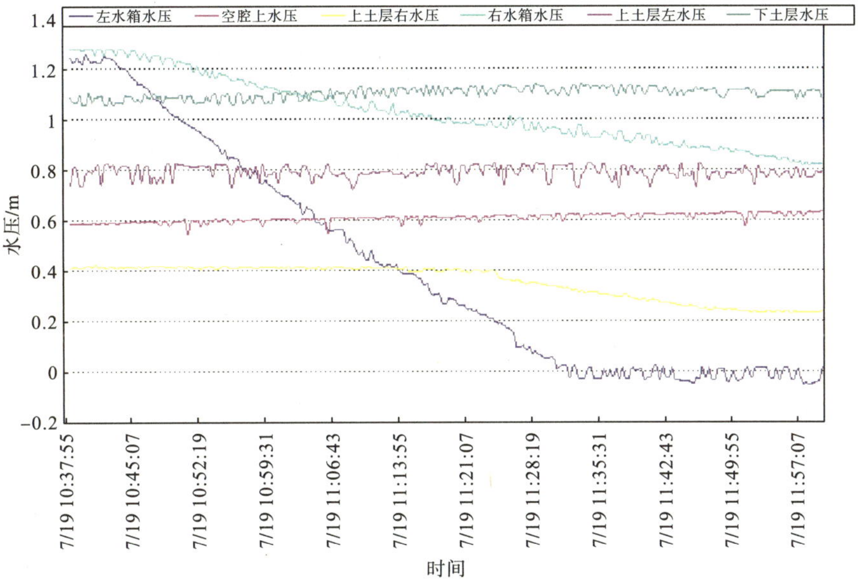

图2-73　第四系覆盖层开采井开采对塌陷的影响(130mL/s)

注：抽水使水井水位下降，导致监测点孔隙水压力的变化。为了能直观反映二者的关系，孔隙水压力的单位用压力水头(m)来表示

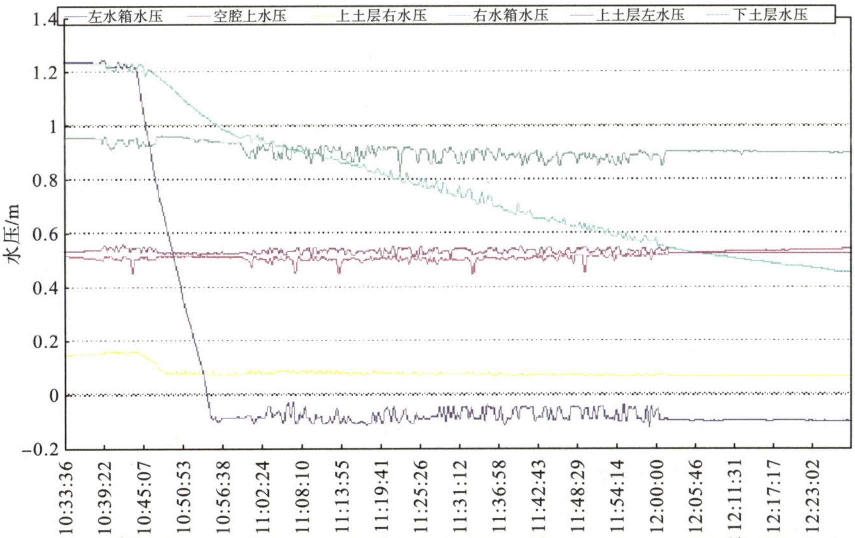

图2-74　第四系覆盖层开采井开采对塌陷的影响(600mL/s)

①这两个速度抽水条件下，第四系覆盖层都没有破坏现象发生。

②抽水井水位的下降，会导致右侧水箱水位同步发生变化，但速度较为平缓，且下降速度比左侧水箱慢；当抽水井水位下降速度为 0.03m/min 和 0.1m/min 时，右水箱水位下降速度分别达到 0.01m/min 和 0.02m/min。

③抽水井水位下降，会造成土层水位的下降，但在本次试验中，只有上土层右传感器监测到这种变化，土层其他部位的传感器反应不明显。

(2) 第四系覆盖层水位上升。

①开采井第四系覆盖层水位上升没有造成土体的破坏（图 2-75）。

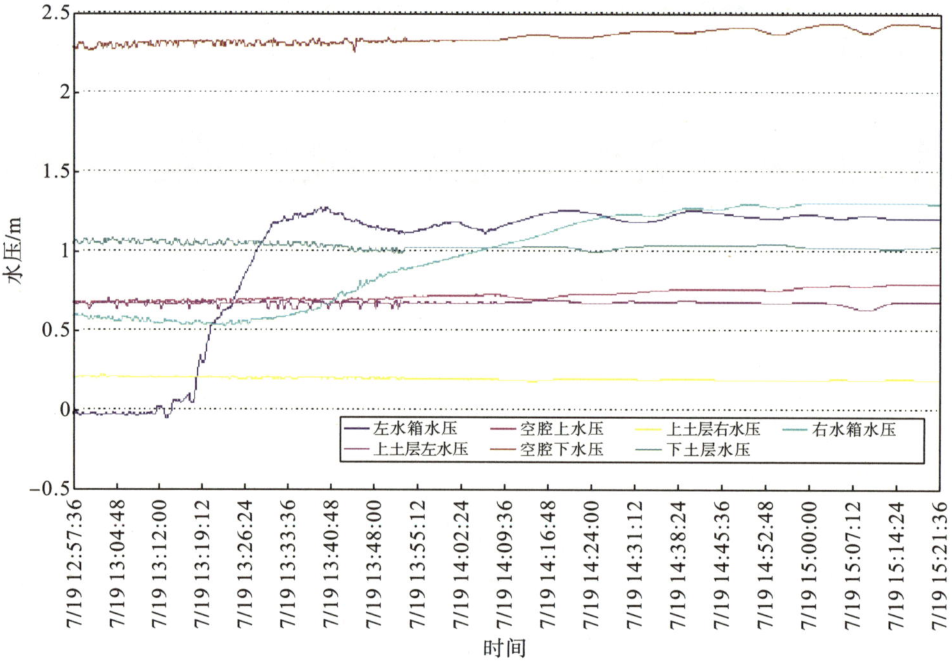

图 2-75 第四系覆盖层开采井水位上升对塌陷的影响

②当第四系覆盖层开采井水位上升时，右侧水箱水位上升明显，但速度较慢，此外，岩溶空腔的压力也略有提高，这可能与孔隙水和岩溶水有一定的水力联系有关。

③当第四系开采井水位提高到 1.25m 并保持相对稳定时，各点的监测结果变化基本同步。

2) 岩溶水压力变化对土层的影响

(1) 岩溶水位下降。

本试验模拟了岩溶水不同水位下降速度、不同下降幅度（不同岩溶水初始压力）条件下的土体破坏特征，结果表明（图 2-76）：

①第四系覆盖层具有很好的密封性，岩溶水位的下降极易在空腔中产生负压，负

压的大小大致等同于抽水井的水位下降幅度，与水位下降速度关系不大。试验中，岩溶水初始水位为 2.07m、2.02m、1.82m，当下降速度分别为 0.72m/min、1.42m/min、3.05m/min 时，安装在空腔上的传感器测得负压分别为-1.76m、-1.8m、-1.32m。

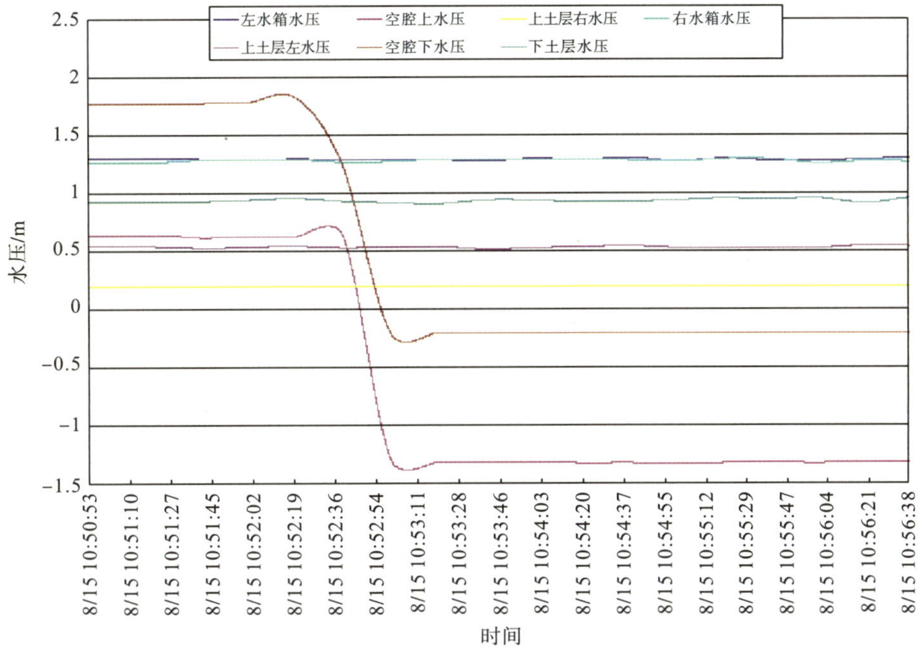

图 2-76　岩溶水位下降过程曲线

②岩溶水位的上下波动影响了第四系覆盖层的密封性能，此时即使保持较高的初始水位，但岩溶水位下降所形成的负压明显减弱。

③由于土层具有密封性，当岩溶水位下降时，埋设在土层的所有传感器反映的孔隙水压力都没有产生明显变化。

④试验后期，土层的密封性被破坏，土层中孔隙水压力的变化和岩溶空腔的变化趋于同步，是岩溶水位降至基岩面以下后连续保持一段时间，可见，土层的孔隙水压力变化和岩溶空腔的水压力变化关系明显，越靠近基岩面，关系越密切。

⑤在试验初期，由于地下水作用不强烈，土层结构保持相对完整，具有很好的密封性(隔水性)，因此岩溶水与第四系孔隙水联系微弱，反映在试验上就是岩溶空腔水压力的变化与土层孔隙水压力的变化没有相关性，即使岩溶水压力下降，在岩溶空腔形成较大负压，也没有观测到第四系覆盖层的水流出补给岩溶水，更没有土层的破坏现象出现。

⑥在试验后期，地下水的反复作用已使土体结构受到一定影响，它的隔水性能也有所削弱，岩溶水与第四系覆盖层孔隙水联系增强，表现在试验结果上就是岩溶空腔水压力的变化与土层孔隙水压力的变化基本同步，但孔隙水压力的变化幅度较小而且稍有滞后，同时观测到有第四系覆盖层的水流出补给岩溶水，有土层的破坏现象出现，

发生破坏的下降速度为 0.225m/min。

(2)岩溶水位上升。

以不同的供水压力对岩溶系统进行供水，岩溶空腔压力快速提升，但不同位置有所区别，空腔上部压力上升可分为快速、慢速两个阶段，而下部压力则只有一个阶段(图 2-77)。

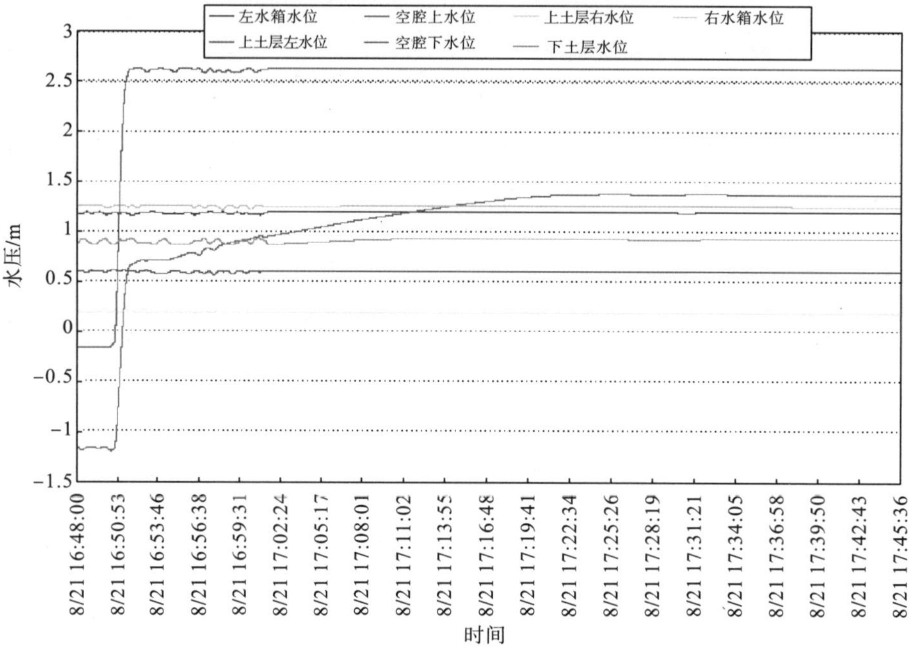

图 2-77 岩溶水位上升过程曲线

当供水箱水位保持 2m 时，空腔下部压力瞬时从−0.16m 快速上升至 2.63m，然后保持相对稳定。空腔上部压力首先快速从−1.17m 上升至 0.73m，然后缓慢上升至 1.35m 后趋于稳定。

当供水箱水位保持在 3.5m 时，岩溶空腔压力瞬时上升，空腔下部从−0.22m 上升至 3.63m 后稳定；基岩面附近瞬时从−0.96m 上升至 2.07m 然后渐渐上升至 2.58m，再下降至 2.35m，之后稳定。

保持岩溶供水水压 3.5m，各监测点的变化结果显示，在岩溶水位快速上升后的前 5 天，各监测点水压力出现缓慢下降，紧接着出现 0.5m 的快速提升，之后再次进入缓慢调整阶段。

试验前期，由于土层的密封性很好，岩溶水位的抬升并没有导致土层孔隙水压力的提升，但到了试验后期，岩溶水位的变化与土层孔隙水压力的变化一致。

岩溶水位上升基本上没有出现土层破坏现象，只有在岩溶水位第一次上升到基岩面时，空腔顶部的土体发生局部散落，此外，如果前一次岩溶水位的下降已造成土体破坏，那么紧接着水位上升到基岩面时土层也会发生崩落，但这种破坏与水位上升速度关系不大。

(3)岩溶水位上下波动。

岩溶水的反复供水和排放，使岩溶水位在基岩面波动，试验时，逐渐加大波动幅度，结果表明(图 2-78 和图 2-79)，岩溶水的反复波动也会导致土层孔隙水压力的波动，但孔隙水压力的变化幅度和速度都要比岩溶水的小，波动时间也有所滞后。

试验中，岩溶水位在基岩面上下频繁波动会促进土层的破坏。

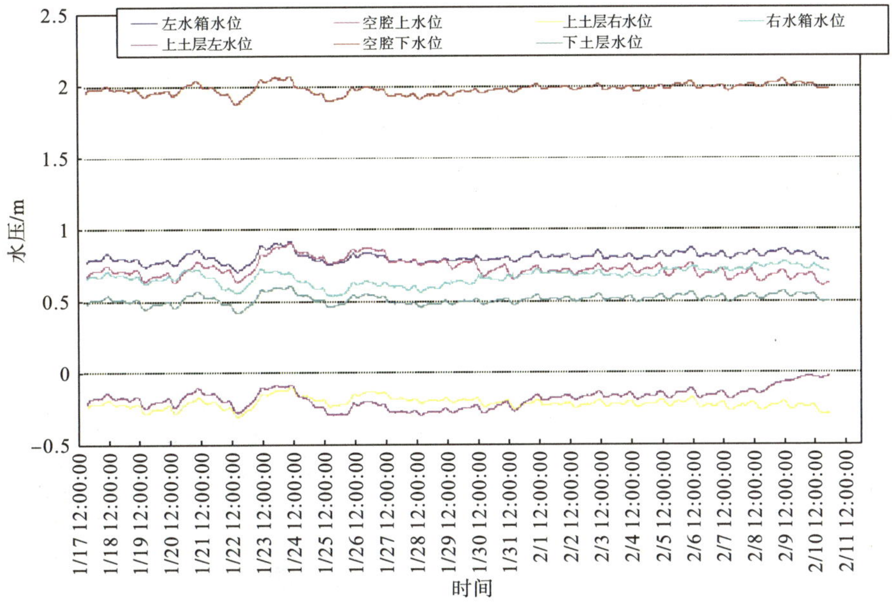

图 2-78 岩溶水位长期保持稳定下孔隙水压力的变化

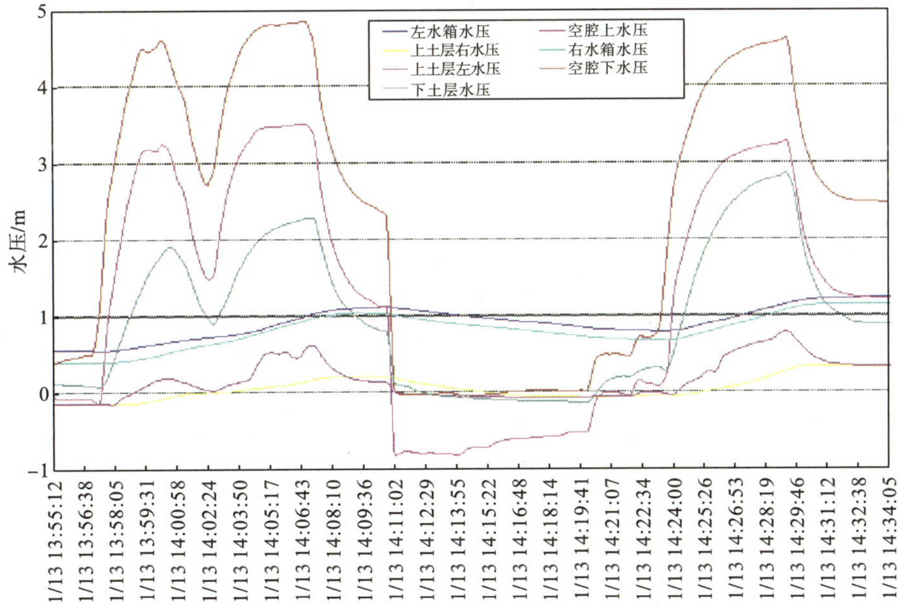

图 2-79 岩溶水位波动过程曲线

4. 渗透变形试验

由于第四系底部土体在地下水位变化所产生的水(气)压力和地下水渗流等作用下会发生变形破坏，进而形成土洞，直至发生塌陷，因此本研究通过室内试验方法测定土层的渗透变形性能，确定土层发生变形破坏的临界坡降。

1)试验测定方法原理

考虑到岩溶区的黏性土层往往均有一定的胀缩性，在地下水的反复波动变化下，土层会形成较多的垂直小裂缝。本研究采用针孔试验的方法来确定含有裂隙面的土层的抗冲蚀破坏能力。试验时，在土样中穿一直径为 1.00mm 的细孔，在变水头下进行渗透试验，观察各级水力坡度下细孔受水冲刷的情况。根据观察到的流出的水色以及针孔冲蚀的情况，判断土体的变形情况，确定土体的抗塌陷性能。试验中以同一级压力下的流量增大或掉土为确认标准，判断其抗冲刷临界坡降(图 2-80)。

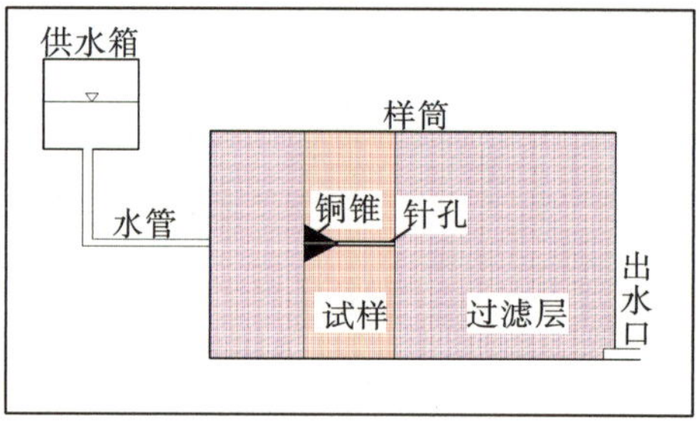

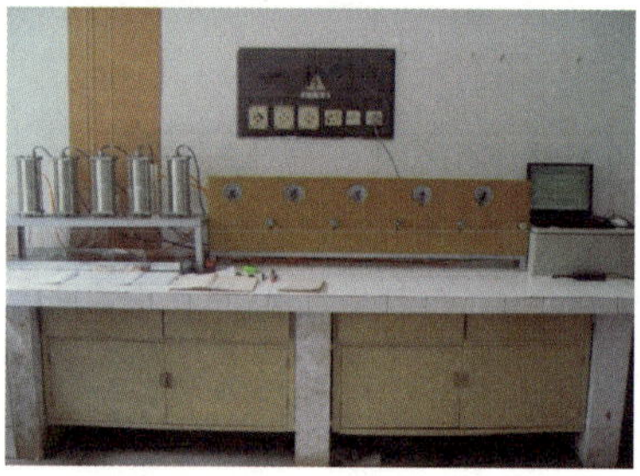

图 2-80 试验原理图示和试验照片

2)试验结果

本研究共完成原状土样渗透变形试验 25 组，每组试样 3 个，由表 2-3 可见，50%以上的样品发生渗透破坏的临界坡降小于 3。从安全角度分析每组试验的最小渗透坡降变化，结果表明，最小的一组为 0.40，最大为 19.84，在 25 组中，有 20 组在 0.4～1.59(表 2-3)。

表 2-3 渗透变形试验结果统计表

序号	取样编号	取样位置	取样深度/m	最大渗透坡降	最小渗透坡降	平均渗透坡降
1	ZK-13-T1-1	DK2029+690 中心	5.9～6.1	1.59	0.40	0.93
2	ZK-11-T1-1	DK2092+400 右 40m	16.5～16.7	2.11	0.53	1.05
3	ZK-11-T2-1	DK2029+350 左 40m	8.6～8.8	0.53	0.53	0.53
4	ZK-11-T3-1	DK2029+350 左 40m	15.2～15.4	1.05	0.53	0.88

续表

序号	取样编号	取样位置	取样深度/m	最大渗透坡降	最小渗透坡降	平均渗透坡降
5	ZK-11-T4-1	DK2029+350 左 40m	27.6～27.8	1.58	0.53	1.05
6	ZK-11-T5-1	DK2029+350 左 40m	29.4～29.6	2.11	0.53	1.05
7	ZK-11-T10-1	DK2092+400 右 40m	20.1～20.3	4.76	0.79	2.12
8	ZK-12-T6-1	DK2092+525 左 40m	13.1～13.3	0.79	0.79	0.79
9	ZK-13-T3-1	DK2029+690 右 40m	8.3～8.5	3.17	0.79	1.59
10	ZK-8-T1-1	DK2092+610 右 90m	2.3～2.5	1.59	0.79	1.06
11	ZK-12-T1-1	DK2092+525 左 40m	3.1～3.3	1.79	0.99	1.52
12	ZK-12-T2-1	DK2092+525 左 40m	4.9～5.2	2.58	0.99	1.52
13	ZK-12-T4-1	DK2092+525 左 40m	8.5～8.7	0.99	0.99	0.99
14	ZK-10-T5-1	DK2092+400 右 40m	23.7～23.9	1.58	1.05	1.23
15	ZK-10-T2-1	DK2092+400 右 40m	18.3～18.5	2.38	1.59	1.98
16	ZK-12-T7-1	DK2092+525 左 40m	15.9～16.1	17.86	1.59	8.07
17	ZK-13-T2-1	DK2029+350 左 40m	7.4～7.6	1.59	1.59	1.59
18	ZK-13-T4-1	DK2029+690 右 40m	10～10.2	1.59	1.59	1.59
19	ZK-2-T1-1	DK2092+450 中心	10.1～10.3	3.17	1.59	2.12
20	ZK-2-T2-1	DK2092+400 右 40m	11.7～12.1	2.38	1.59	1.85
21	ZK-12-T3-1	DK2092+525 右 40m	5.7～5.9	1.79	1.79	1.79
22	ZK-10-T4-1	DK2092+400 右 40m	21.9～22.1	3.16	2.11	2.46
23	ZK-12-T5-1	DK2092+525 左 40m	10.3～10.5	3.17	3.17	3.17
24	ZK-2-T3-1	DK2092+450 中心	12.7～12.9	19.84	13.89	15.87
25	ZK-2-T4-1	DK2092+450 中心	14.4～14.6	21.03	19.84	20.63

5. 岩溶地面塌陷判据分析

1) 机理分析

从本次试验结果看，试验初期，由于土体结构完整，抗渗强度高，难以产生渗透破坏。随着试验的进行，岩溶地下水反复作用(主要表现为浮托力的变化)，破坏土体结构的完整性，降低抗渗强度，使土体在地下水渗流作用下发生渗透破坏成为可能。渗透破坏是土体破坏的主要原因，真空负压、浮托力变化对渗透变形具有促进作用。

(1) 渗透变形效应。

由于岩溶水位的下降，第四系土层孔隙水向下渗流补给岩溶水的作用增强，在集中渗流点(岩溶管道开口、裂缝)附近，作用于上覆土层的水力坡度超过了土体发生渗透破坏的临界水力坡度，土体发生渗透变形破坏。第四系底部土体类型不同，渗透变形的类型也不同，对于非黏性土，渗透变形以潜蚀为主，对于黏性土，渗透变形以流土为主，对于黏土卵(砾)石层或有结构面存在的黏性土，渗透变形以接触冲刷为主。

(2)真空负压效应。

由于岩溶水位下降速度过快、幅度过大，第四系土层孔隙水(气)来不及补给岩溶含水层，在基岩面附近的岩溶管道裂隙系统中，就会产生负压，最大负压值可以达到相当于岩溶水位下降幅度的水柱高度。为了达到新的压力平衡，当负压出现时，将会加速土层中的孔隙水(气)向下补给岩溶含水层，提高在集中渗流点(岩溶管道开口、裂缝)附近作用于上覆土层的水力坡度，当水力坡度超过了土体发生渗透破坏的临界水力坡度时，土体就会发生渗透变形破坏。因此，从这一角度看，真空负压效应诱发塌陷的本质还是土体的渗透变形。模型试验结果显示，不管岩溶水是否承压，只要岩溶水位下降速度、幅度足够大，就会在岩溶空腔中产生负压，可以观察到在空腔中由上覆第四系土层孔隙水向下渗流急剧增大，然后快速衰减，当负压达到一定值时，渗出水流会携带出土体颗粒。此外，岩溶管道裂隙系统中的负压还会对土体颗粒骨架产生气蚀作用。

(3)浮托力波动。

当岩溶地下水为承压时，岩溶水位的上下波动将会使岩土接触面的土体发生结构松弛，甚至产生缝隙，降低临界水力坡度。此外，水位的下降将减小作用在土体中的浮托力，使土体更容易下塌、破坏，特别是在溶沟、溶槽和浅层岩溶裂隙发育条件下，充填在岩溶裂隙中的流塑状黏土在岩溶水位下降时，容易发生流动，从而引起上覆土层的变形或破坏，产生土洞或塌陷。

2)岩溶塌陷发育判据分析

采用模型试验和原状土样的渗透变形试验，并用以下指标作为塌陷发育的判据。

(1)岩溶水位下降速度。

在试验过程初期，由于土层完整性好，土层水位和岩溶水位关系不大，岩溶水位的强烈下降也没有造成土层破坏，但随着试验的推进，地下水的反复作用使土层的结构受到影响，两层水的关系趋于一致，此时，土层破坏与岩溶水位下降速度有关，大多数情况下，当下降速度大于 0.225m/min 时，破坏明显。因此，可以将 0.225m/min 作为临界岩溶水位下降速度。

(2)土体发生渗透变形的临界水力坡度。

从渗透变形试验分析，有 85%的试验临界坡降为 0.4～1.59，因此可将 0.4、1.59 作为本区土体发生渗透变形的临界坡降值。

(3)工作区岩溶塌陷趋势。

根据监测资料，工作区雨季和旱季岩溶水位下降的瞬时速度分别为 0.01m/min 和 0.001m/min，均小于临界值，可以认为目前水动力作用下发生塌陷的可能性较小。

监测点在施工期间，岩溶水位的下降速度达 0.1015m/min，这一速度也处于安全状态。

6. 厚覆盖型岩溶塌陷形成演化机理

由于土层厚度较大(大于 30m)，厚覆盖型岩溶区岩溶塌陷的形成具有“土洞-塌陷”两个阶段。

土洞的形成主要是基岩面附近充填在岩溶管道、裂隙、裂缝、溶沟、溶槽中的土体在岩溶地下水长期渗流和溶滤作用下发生软化，抗渗强度降低，土体发生渗透破坏。渗透破坏(渗透变形)是厚覆盖型岩溶塌陷的力学机制，真空负压、浮托力变化对渗透变形具有促进作用，因此厚覆盖型岩溶塌陷机理就是水动力变化致塌。

1) 渗透变形效应

见前文“5. 岩溶地面塌陷判据分析”。

2) 真空负压效应

见前文“5. 岩溶地面塌陷判据分析”。

3) 浮托力波动

见前文“5. 岩溶地面塌陷判据分析”。

塌陷的行程与土洞的发展演化有以下两种不同模式。

(1)“洞顶垮塌→堆积→潜蚀搬运”循环发展模式。

土洞位于最高地下水位以下时，最终将会形成地面塌陷，发展的速度主要取决于地下水的变化特点，在作者以往的研究中发现，当土洞位于地下水变动带时，土洞向上扩展速度可达每年 1.3m。

(2)“洞顶垮塌→空腔填塞→相对稳定”模式。

土洞位于最高地下水位以上时，土洞顶板坍塌后体积松胀，当塌落向上发展到一定高度时，洞体完全被松胀物填塞，由于地下水作用较弱，可以认为洞体空间已被支撑而不再向上扩展。

7. 岩溶地面塌陷动力监测

岩溶地下水变化幅度、变化速度、水力坡度的大小对岩溶塌陷的发生具有重要的触发作用：岩溶地下水在基岩面上下的反复波动越频繁，地下水的变化幅度越大，或地下水的波动速度越大，其对上覆土层的影响就越大，在抽取岩溶地下水时，地下岩溶管道系统和第四系底部土层中的水汽压力会发生变化，当岩溶管道系统中的水(汽)压力变化使作用于第四系底部土层的水力坡度达到临界值，或者当地下水下降速率超过临界值时，第四系土层就会发生破坏，从而触发地面塌陷。因此，进行现场地下水动力条件监测、测试，获取岩溶塌陷动力条件参数，对岩溶塌陷的预测评价具有重要作用。

1）监测原理及设备

监测设备采用美国基康公司生产的钢弦式孔隙水压力传感器和中国地质科学院岩溶地质研究所自主研发的岩溶塌陷动力监测自动采集系统（图 2-81）。

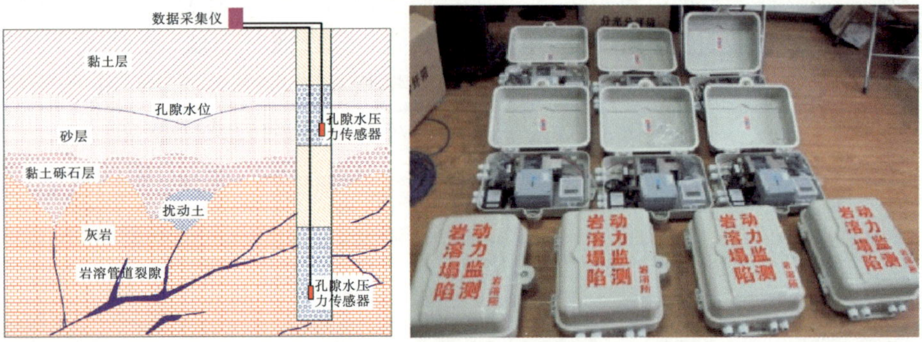

图 2-81　岩溶系统地下水汽压力监测原理及设备

2）监测方法和内容

采用自动化监测系统对各监测点地下水进行动态监测，以获得在目前的开采条件下，研究区地下水位变幅 ΔH、地下水压变化速度（V）、地下水位高程（H）等有关动态瞬时变化参数。

根据监测结果建立判别模型 $K=f(V,\Delta H,H)$，当监测结果超过临界值时，就认为存在塌陷的危险。

2.2.3　高速铁路岩溶工程地质分区研究

根据西南地区及其邻区可溶岩分布，地形地貌、气候特征与岩溶发育特征和高速铁路建设所面临的主要岩溶工程地质问题，开展高速铁路岩溶工程地质分区研究，以利于针对不同的分区岩溶工程地质特点，制订相应的勘察方案，采取不同的勘察方法，以查明复杂的岩溶工程地质问题，采取相应工程措施，规避工程风险（中国科学院地质研究所岩溶研究组，1979；戴建玲等，2012）。

1. 岩溶工程地质分区原则

根据西南地区及邻区地形地貌、气候条件、岩溶发育和分布规律，结合高速铁路建设所面临的主要岩溶工程地质问题，高速铁路岩溶工程地质分区原则如下。

第一级岩溶分区，按照地形地貌和气候条件，结合高速铁路建设面临的主要工程地质问题，铁路岩溶工程地质分区为高原岩溶区（A）（总面积 2220213km^2，岩溶区面积 388787.13km²)、过渡带岩溶区(又称斜坡过渡带岩溶区)(B)(总面积 1613903km²，岩溶区面积 478408.06km²)、平原化岩溶区(C)(总面积 1173445km²，岩溶区面积 117053.84km²)。

第二级岩溶分区是岩溶亚区，按照地形地貌、岩性、构造、岩溶发育和岩溶水系统特征，结合高速铁路修建遇到的主要岩溶工程地质问题等方面组合因素考虑，进一步细分为亚区(图 2-82)。

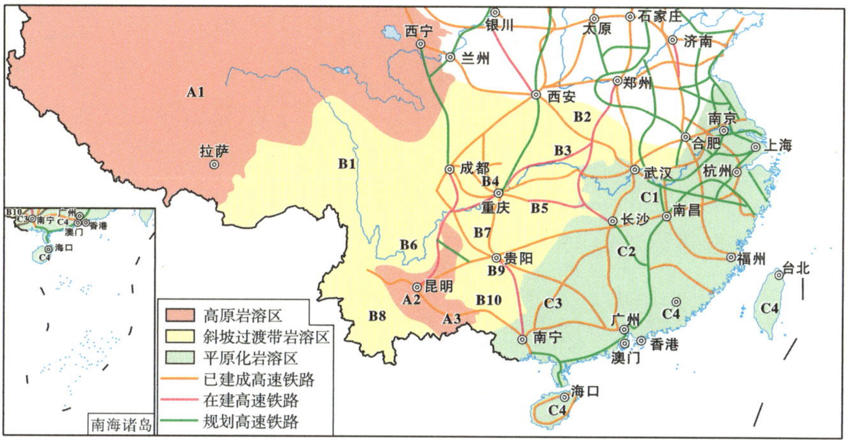

图 2-82　西南地区及其邻区高速铁路岩溶工程地质分区图

2. 岩溶工程地质分区

1) 高原岩溶区(A)

高原岩溶区包括青藏高原剥蚀亚区(A1)、滇东南溶原-峰林高原亚区(A2)、滇东溶原-丘峰高原断陷盆地亚区(A3)三个亚区，分布于青藏高原，云南中部、东部、南部，贵州西部等地区。

除青藏高原剥蚀亚区(A1)岩溶水系统复杂，一般是岩溶裂隙水，其他亚区岩溶广泛分布，发育溶原面，分布众多断陷溶盆，溶洼、丘峰、峰林高原等岩溶形态发育，岩溶形态复杂。岩溶水系统类型较多，岩溶水系统主要受岩性、构造地形控制，管道水和岩溶裂隙水发育。

2) 过渡带岩溶区(B)

过渡带岩溶区(又称斜坡过渡带岩溶区)包括青藏高原溶蚀-剥蚀亚区(B1)，秦岭-大巴山、米仓山中山-山地亚区(B2)，川鄂溶洼-丘峰山地亚区(B3)，四川盆地亚区(B4)，鄂黔溶洼-丘峰山地亚区(B5)，川西南峡谷-山地亚区(B6)，黔西溶洼-丘峰山原亚区(B7)，滇西中山及高山山地亚区(B8)，黔中溶原-丘峰与峰林山原亚区(B9)，黔桂溶洼-峰林山地区亚区(B10)十个亚区，分布于青藏高原东南部、四川、重庆、湖北、贵州西北部、云南西部、广西北部等地。

过渡带岩溶区主要分布于怒江、澜沧江、长江、乌江、珠江流域，该区地形起伏大，山高谷深。深切河流为各岩溶水系统侵蚀基准面，往往形成受构造控制相对独立的岩溶水系统，管道流发育，同时封闭构造形成的岩溶水系统存在较高压力的承压水。

3) 平原化岩溶区(C)

平原化岩溶区包括长江中下游溶原-丘峰与丘陵亚区(C1)、湘赣溶盆-丘峰山地与丘陵亚区(C2)、粤桂溶原-峰林平原亚区(C3)、华东南沿海丘陵盆地亚区(C4)四个亚区，分布于华东、华南地区，分布范围较广。以溶原-丘峰、岩丘、低山与丘陵、平原等岩溶地貌为主，岩溶水系统以褶皱型为主，部分地方覆土厚。该区地形起伏不大，铁路工程以路基、桥梁为主，长隧道分布较少。

四川、重庆、湖北西部、贵州等地岩溶，地形复杂，部分地段江河深切，褶皱、断裂发育，有高原岩溶区(A)与过渡带岩溶区(B)共存穿插，岩溶水系统复杂，类型较多。

三大区主要岩溶工程地质问题具有共性、重叠性，同时具有差异性，具体表现在：高原岩溶区(A)主要岩溶工程地质问题是隧道岩溶涌水突泥、岩溶塌陷，局部存在危岩落石；过渡带岩溶区(B)主要岩溶工程地质问题是隧道岩溶涌水突泥、大(巨)型溶洞、危岩落石、岩溶水环境劣化等；平原化岩溶区(C)主要岩溶工程地质问题是岩溶地面塌陷、桥基础成桩困难(表 2-4)。

表 2-4　西南地区及其邻区高速铁路岩溶工程地质分区特征简表

岩溶区	岩溶亚区	范围	总面积/岩溶面积/km^2	岩溶地貌特征	岩溶水文地质概况及主要岩溶工程地质问题	主要高速铁路
高原岩溶区(A)	青藏高原剥蚀亚区(A1)	新疆、西藏、青海、四川、甘肃等省、区的全部或部分	2082415/325596.3	中部广阔的丘原湖盆海拔一般4000～5600m，周边为深切割的高山及极高山	1.裸露型岩溶为主。 2.水文地质结构复杂，一般是岩溶裂隙水，泉水流量不大，碳酸岩的溶蚀作用随着高程的增加而减弱。 3.主要岩溶工程地质问题：隧道岩溶涌水突泥	
	滇东南溶原-峰林高原亚区(A2)	南盘江河谷以南，建水、元阳、金平以东的滇东南地区	100650/40882.29	为云南高原的东南缘，总体地势向南东倾斜，以裸露型岩溶山地为主，地貌形态大都为基座相连的峰丛洼地和峰丛峡谷，河流深切，地形起伏大	1. 山区以裸露型岩溶为主，断陷盆地以覆盖型岩溶为主。 2.牛首山西侧以块断构造型水动力单元为主，以东发育背斜及向斜褶皱型水动力单元。有以下水文地质结构。 ①均匀状纯碳酸岩块断构造型：昆明地区碳酸岩外围被碎屑岩封闭构成隔水边界，具有补给区-径流区-排泄区-承压自流区的水动力特点。 ②间互状纯碳酸岩背斜褶皱型：以罗平草北海子穹状背斜区较为典型。 3.主要岩溶工程地质问题：隧道岩溶涌水突泥、岩溶地面塌陷	云桂铁路、沪昆客专(云贵段)、渝昆等高速铁路
	滇东溶原-丘峰高原断陷盆地	滇东-黔西高原	37148/22308.54	这里是南盘江与沅江的分水岭地区，地势显著向南降低。溶原-峰林高原，	1.山区以裸露型岩溶为主，断陷盆地以覆盖型岩溶为主。 2.以均匀状或间互状纯碳酸岩块断构造型及断裂褶皱型水文地质结构为	云桂铁路

续表

岩溶区	岩溶亚区	范围	总面积/岩溶面积/km^2	岩溶地貌特征	岩溶水文地质概况及主要岩溶工程地质问题	主要高速铁路
	亚区（A3）			具数级剥蚀面。具一系列断陷溶盆	主，平远街地区属平缓褶皱型水动力单元。 ①均匀状纯碳酸岩块断构造：个旧、草坝、蒙自一带块断盆地较为典型。 ②间互状纯碳酸岩断裂褶皱型：中和营—平远街一带较为典型。 3.主要岩溶工程地质问题：隧道岩溶涌水突泥、岩溶地面塌陷	
过渡带岩溶区（B）（又称斜坡过渡带岩溶区）	青藏高原溶蚀-剥蚀亚区（B1）	四川、云南、西藏省区相邻区域部分	531246/118276.9	流水的侵蚀、冰川作用、霜冻作用和泥石流作用以及溶蚀作用共同塑造本区碳酸盐岩山体，形成高山峡谷地貌	1.以裸露型岩溶为主。 2.间互层状碳酸岩及变质碳酸岩岩溶层组为主，岩溶发育地质背景复杂，水文地质结构复杂，既有岩溶管道水，也有岩溶裂隙水。 ①滇西北宁蒗、永胜以东及丽江以北至中甸一带地下水以分别向深切的金沙江及其支流排泄为主，沿隔水边界溢出泉水，岩溶较发育，常见伏流和暗河。中甸、小中甸、永胜等盆地地下水从四周向盆地运动，是较富水地段。 ②丽江、大理地区高原面沿大断裂有一系列构造溶蚀盆地，各盆地的河流或其中的湖泊成为当地排泄基准面，地下水向盆地排泄，盆地边缘常是富水地段。 ③在横断山脉及其东部大雪山山区变质碳酸岩系，多分布高悬于深切河谷之上的岩溶裂隙水。 ④雅砻江下游锦屏山一带为复向斜，地下水沿岩层运动以泉水集中排泄。 ⑤锦屏山地区属溶隙潜水。 3.主要岩溶工程地质问题：隧道岩溶涌水突泥、危岩落石	雅安—康定铁路、成雅铁路
	秦岭-大巴山、米仓山中山-山地亚区（B2）	东界南阳盆地，南界大巴山以南及米仓山北麓，属嘉陵江和汉水流域	205936/42382.95	中等切割的中山山地现代岩溶封闭负地形的北界	1.以裸露型岩溶为主。 2.居侵蚀-溶蚀地区北缘，石炭-二叠系岩溶较发育，岩溶发育具有向诸邻区过渡特征，岩溶裂隙水为主，也有管道水。 ①西秦岭以岩溶裂隙水为主。 ②东秦岭及大巴山地区岩溶现象较西部发育。 3.主要岩溶工程地质问题：隧道岩溶涌水突泥、危岩落石	西成客专（四川段）、渝西等高速铁路
	川鄂溶洼-丘峰山地亚区（B3）	川东北、鄂西	74034/40442.9	溶洼-丘峰山地组成狭窄的平行岭谷，地下水多沿大的溶蚀裂隙、通道流动，在地表和地下流水的溶蚀作用下，残丘突出，漏斗扩大成洼地或槽谷，地下发育有溶洞	1.以裸露型岩溶为主。 2.属间互状纯碳酸岩线状褶皱型水文地质结构。复式向斜可延伸数十公里，褶皱宽 4～5km，故灰岩含水层呈条带状延伸，有的暗河顺层面延伸达 20 多公里。向斜呈山脊，花萼向斜、月亮坪向斜构成本地区的地形分水岭。由于近期新构造上升强度较大，沟谷密布，地表流水作用强烈。大巴山中段花萼山、干河沟、周家洞、曹家坝地区复式向斜褶皱，间互层状纯碳酸岩的分布形成以隔水层为边界的水动力单元，具管道水含水层集中排泄的特	郑万、渝西等高速铁路

续表

岩溶区	岩溶亚区	范围	总面积/岩溶面积/km^2	岩溶地貌特征	岩溶水文地质概况及主要岩溶工程地质问题	主要高速铁路
					点。管道潜水含水层外，深部还发育承压裂隙水含水层。 3.主要岩溶工程地质问题：隧道岩溶涌水突泥、危岩落石	
	四川盆地亚区（B4）	四川东部及重庆西部	186506/14740.96	碳酸盐岩主要分布在盆地东部，为突起的条形岭脊槽谷，背斜成山，背斜轴部溶蚀成谷，常构成“一槽二岭”或“二槽三岭”的地貌，发育有多级岩溶剥夷面及一些大型洼地	1.以裸露型岩溶为主。 2.岩溶在盆周较发育，岩溶形态以溶孔、溶隙为主，偶见规模较大的溶洞。盆地东部的槽谷内岩溶发育强烈，洼地、落水洞、漏斗、竖井等典型岩溶形态较多，岩层富水性强。 3.主要岩溶工程地质问题：隧道岩溶涌水突泥、危岩落石	成渝、渝万、成贵、渝昆、渝西等高速铁路
	鄂黔溶洼-丘峰山地亚区（B5）	居江汉平原与四川盆地间，由巫山、武陵山、大娄山等平行山脉构成	163517/98924.96	洼地、槽谷较发育，并有多级剥夷面，河谷深切，岩溶垂直发育深度大，地下水埋藏较深，呈典型的岩溶峡谷山原地貌	1.以裸露型岩溶为主。 2.以箱状褶皱为主的大娄山-八面山褶皱束中的各个构造因志留纪隔水岩系的环绕将早古生代早期碳酸岩为核心的背斜与中生代早期碳酸岩为核心的向斜分离成为不同的水文地质单元，如毛坝向斜、桐麻岭背斜、酉阳向斜、黑水坝背斜及灌河坝向斜、贵州务川青坪向斜，向斜两翼为志留系隔水地层，核部为二叠系、三叠系岩溶含水体，形成高悬于两侧谷地之上的向斜分水岭山地，也形成独立的水动力单元。 3.主要岩溶工程地质问题：隧道涌水突泥、危岩落石	沪昆、渝湘等高速铁路
	川西南峡谷-山地亚区（B6）	大渡河下游及金沙江下游渡口以下地区	118012/36090.49	峡谷及中低山山地，山体陡峭，多深切岩溶峡谷，山间局部有岩溶洼地分布	1.以裸露型岩溶为主。 2.由于断裂构造比较发育，常形成规模较大的断裂带，各类褶皱很少完整存在。另外新构造运动强烈上升，河谷深切、沟谷发育，地表水排泄能力较强，这就减弱了地下水的作用。 ①地下岩溶尚微弱，来不及适应河流基准面的变化。 ②沿断裂带岩溶发育，尤其是地貌斜坡地带，地下水深部径流能力强，如二峨山区褶皱区。 ③灰岩往往夹在碎屑岩之间，导致岩溶顺层面发育，如白杨坝至福禄镇系平缓背斜，会泽、鲁甸地区为箱状向斜区。 3.主要岩溶工程地质问题：隧道岩溶涌水突泥、危岩落石	渝昆高速铁路
	黔西溶洼-丘峰山原亚区（B7）	黔西及滇东东部	52576/34622.47	滇黔高原向鄂黔山地及黔中山原、四川盆地边缘山地及黔桂山地过渡的地貌斜坡地带，呈现溶洼-丘峰山原景观，伏流发育	1.裸露型岩溶为主。 2.地质构造与地形基本一致，背斜轴部是岩溶化的分水岭，居于补给区，管道水成为许多河流的源泉。 ①娄山山脉以北及水城一带，震旦系至三叠系由于构造上的箱状与梳状褶皱形式形成了间互状纯碳酸岩向斜或背斜褶皱型水文地质结构，含水层呈条带状分布，如贵州习水东部的宽缓背斜区，贵州水城地区威水梳状背斜。	沪昆、成贵、渝黔、渝昆等高速铁路

续表

岩溶区	岩溶亚区	范围	总面积/岩溶面积/km^2	岩溶地貌特征	岩溶水文地质概况及主要岩溶工程地质问题	主要高速铁路
					②娄山山脉以南从大范围上来说，仅有一个或两个隔水层将碳酸岩含水层分隔，褶皱特征多呈短袖及弯窿状，因此主要是均匀状纯碳酸岩平缓褶皱水文地质结构类型。当有隔水岩层存在时，也可以形成层间无压水。由于切割程度介于山地与高原之间，岩溶发育深度并不很大，但是在近深切割的河谷地段，由于其水文地质结构类型而有利于深部岩溶的发育，如滇东罗平地区、贵州大方地区。 3.主要岩溶工程地质问题：隧道岩溶涌水突泥、岩溶地面塌陷、危岩落石	
	滇西中山及高山山地亚区(B8)	沿元江及其西北大理至贡山一线以南的云南境范围内	152187/17022.93	深切割的中山及高山山地，怒江及澜沧江为深切达 1500m 以上的河谷，两河之间的分水岭地块为山原盆地	1.裸露型岩溶为主。 2.区内断裂发育，褶皱宽缓，碳酸岩主要分布在保山—镇康复向斜内。复向斜介于澜沧江深断裂带及怒江深断裂带之间。近代岩溶较弱，多为岩溶裂隙水，部分地段有管道水。 ①保山地区向斜开阔，核部二叠系灰岩为主要含水层，保山盆地系一汇水盆地，西侧有大量泉水出露、奥陶系灰岩中某暗河长达 2km，系间歇性暗河。 ②镇康地区勐简、勐堆向斜，核部二叠系、三叠系为含水层，地下水沿层面径流排泄；镇康河水系，沿断层及玄武岩边界二叠系、三叠系灰岩有泉水出露；永德西部志留系上部碳酸岩中地下水沿山麓出露；罗明—施甸—勐捧一带向斜构造区，核部碳酸岩在有利地段形成一些富水区。 ③耿马地区耿马一带向斜构造翼部灰岩为主要含水层；孟连地区向斜核部碳酸岩为主要含水层。 ④维西—无量山地区三叠系、奥陶系碳酸岩为主要含水层；西盟一带大理岩为富含水层；福贡—陇川夹层大理岩为含水层；龙陵、瑞丽一带向斜核部侏罗系及翼部志留系、奥陶系、二叠系碳酸岩为含水层。 3.主要岩溶工程地质问题：隧道岩溶涌水突泥、危岩落石	
	黔中溶原-丘峰与峰林山原亚区(B9)	黔中、黔东南	55937/45283.46	是长江和珠江水系分水岭地区。溶原-丘峰山地(北部)及峰林(南部)山原，具海拔 1500m，900～1300m 剥蚀面，后者发育并分为两个亚期，组成溶原面	1.裸露型岩溶为主。 2.以向斜褶皱型水动力单元为主。 ①间互状纯碳酸岩向斜褶皱水文地质结构：以六枝地区(堕脚—三丈水背斜、矛口背斜、六枝向斜、郎岱向斜)、黔南地区(惠水向斜、独山—下司背斜)较为典型。 ②均匀状纯碳酸岩平缓褶皱水文地质结构：安顺、平坝地区辽阔的溶原，孤峰耸立，泉水及暗河出露多，水位浅。 3.主要岩溶工程地质问题：隧道岩溶涌水突泥、岩溶地面塌陷	贵广、沪昆、成贵、贵南等高速铁路

续表

岩溶区	岩溶亚区	范围	总面积/岩溶面积/km^2	岩溶地貌特征	岩溶水文地质概况及主要岩溶工程地质问题	主要高速铁路
	黔桂溶洼-峰林山地区亚区（B10）	分布于河池—都安—天等一线以西以及贵州南部部分地区	73952/30620.04	属云贵高原前缘的斜坡地带，西北高东南低，多高峰丛、深洼地及峰林谷地等地貌景观，地下河发育	1.裸露型岩溶为主。 2.以均匀状碳酸岩平缓及向斜褶皱型水文地质结构为主。背斜多构成分水岭，为附近向斜的补给区。向斜倾角缓、埋藏浅，上层发育潜水含水层，深部含水层承压但不自流。 ①均匀状纯碳酸岩向斜褶皱型，以德保—古眉、加芳穹状背斜为代表。 ②均匀状纯碳酸岩平缓褶皱型，以凤凰背斜较为典型。 3.主要岩溶工程地质问题：隧道岩溶涌水突泥、岩溶地面塌陷	云桂铁路、贵南等高速铁路
平原化岩溶区（C）	长江中下游溶原-丘峰与丘陵亚区（C1）	浙西、苏南、皖南、赣北、鄂中、鄂东南及湘东北	321843/19299.3	碳酸盐岩地层分布不多，岩溶地形主要分布于长江以南，多溶原-丘峰与岩丘低山与丘陵，也有平原	1.以覆盖型岩溶为主。 2.零星分布的碳酸岩分别形成各自的水动力单元，较多的是向斜或单斜形式。以均匀状灰岩向斜褶皱或单斜构造型水文地质结构类型为主。岩溶泉多呈管道水流的形式出露，从泉的出露形式及涌水量来看，各含水岩系地下岩溶的发育不以地表岩溶所表现出具有较显著的差异。 3.主要岩溶工程地质问题：岩溶地面塌陷	武广、沪昆等高速铁路
	湘赣溶盆-丘峰山地与丘陵亚区（C2）	位于湘中盆地及南岭山脉南北两侧	269279/47908.81	岩溶地貌多集中分布于湖南和粤北境内，主要为丘丛盆地，也发育有峰丛、峰林地貌	1.覆盖型岩溶为主。 2.主要发育向斜褶皱型水动力单元，也有块断构造型者，多属河流浅切割排泄。 3.主要岩溶工程地质问题：岩溶地面塌陷	武广、沪昆等高速铁路
	粤桂溶原-峰林平原亚区（C3）	云贵高原斜坡与南岭山脉之间的丘陵盆地	102579/40577.08	本区碳酸盐岩分布面积大、连片，是热带岩溶地貌类型最为齐全的一个区，以热带岩溶峰林平原为主，也有峰林谷地、坡立谷、峰丛洼地及小面积的岩溶平原	1.覆盖型岩溶为主。 2.所发育的短轴状、梳状、穹状、箱状背斜多构成分水岭，为附近向斜的补给区。向斜倾角缓、埋藏浅，上层发育潜水含水层，深部含水层承压但不自流。属均匀状纯碳酸岩平级褶皱及向斜褶皱型水文地质结构。 3.主要岩溶工程地质问题：岩溶地面塌陷	贵广、云桂、贵南等高速铁路
	华东南沿海丘陵盆地亚区（C4）	桂东南—浙东南的沿海地带，以及海南、台湾和南海诸岛	479744/9268.65	以丘陵盆地和岛礁为主，岩溶地貌零星分布其中，多为残丘盆地和峰林-孤峰平原地貌，地表多第四系土层覆盖，地下浅部岩溶强烈发育	1.覆盖型岩溶为主。 2.以均匀状灰岩平缓褶皱型水文地质结构为主。 地下水以水平径流为主；地下洞穴通道系统发育完善；含有丰富的浅埋藏地下水、地表水文网发育；溶原上普遍覆盖了第四系土层而使基岩岩溶水具微承压性质。 3.主要岩溶工程地质问题：岩溶地面塌陷	南广、贵广、武广等高速铁路

2.3 复杂岩溶区高速铁路综合选线技术研究

在高速铁路勘察设计与建设中，铁路选线直接关系到铁路工程建设和运营的安全性、可行性、合理性。铁路选线一般包括规划选线、地质选线、环保选线、重大工程选线、安全选线、景观选线、综合开发选线、重要建筑物及特殊场地选线。岩溶区高速铁路在施工运营中出现了诸如涌水突泥、岩溶地面塌陷、危岩落石、地表失水及环境生态破坏等灾害，有必要从灾害角度研究减灾选线(王子江等，2018；任金龙和谢荣强，2017；高伟等，2016；桂金祥和岳志勤，2016；李光伟，2016；吴俊猛和喻洪平，2013；曹化平和王科，2011；毛邦燕等，2011)。

2.3.1 减灾选线的基本概念

减灾选线是自然灾害对线路工程全寿命周期作用不确定条件下的一种风险决策过程。复杂岩溶区高速铁路减灾选线是岩溶灾害对高速铁路全寿命周期作用不确定条件下的线路方案与工程设置风险决策过程。

基本确定高速铁路走向和主要技术标准后，综合考虑岩溶灾害风险、环境敏感点、地形、水文、施工、投资等影响因素，按照消除或减少岩溶致灾因子影响的减灾选线指导方针与原则，开展选线工作，通过综合比选、风险评估，最终选出技术可行、经济合理、安全性高的线路方案。

2.3.2 减灾选线的控制因子——岩溶致灾因子减灾选线策略

岩溶地区高速铁路工程建设中岩溶危害种类繁多，甚至造成岩溶灾害。岩溶灾害按致灾成因可分为隧道涌水突泥致灾、改变水文地质条件致灾、岩土体失稳致灾、工程设置不合理致灾四大类，其形成原因及主要灾害见表 2-5。

表 2-5 岩溶致灾成因类型特征表

岩溶致灾成因类型	客观因素	诱发因素	主要灾害
隧道涌水突泥致灾	溶洞、暗河发育，岩溶水量大、水压高、挟砂能力强	地下工程施工揭露大溶洞、暗河，或防突层安全厚度不足	淹没隧道、塌方、机毁人亡、疏干环境水、地面塌陷、建筑物开裂破坏、生态环境破坏
改变水文地质条件致灾	岩溶管道系统发育，岩溶水丰富，覆盖土层薄	地下工程排水，地表抽水	岩溶地面塌陷、地面不均匀沉降，建筑物开裂破坏，列车颠覆，疏干环境水、石漠化、破坏生态环境

续表

岩溶致灾成因类型	客观因素	诱发因素	主要灾害
岩土体失稳致灾	发育大溶洞、充填物多，溶沟、溶槽、石芽、地表次生裂隙发育	溶洞围岩（顶板）安全厚度不足或破碎，溶洞充填物或覆盖层软弱，地表次生裂隙、溶隙贯通	岩溶塌陷（或塌方）、不均匀沉降，建筑物基础悬空、开裂破坏、倾斜，危岩落石、崩塌，列车颠覆
工程设置不合理致灾	岩溶及岩溶水发育	排水设施不合理，反坡施工；桥涵排水不畅；斜坡防护措施不合理	淹没隧道、机毁人亡、地表洪涝、危岩落石、崩塌

通过对既有高速铁路岩溶灾害特点、成因机理的研究分析，复杂岩溶区控制高速铁路减灾选线的岩溶灾害类型主要有涌水突泥、岩溶地面塌陷、地表失水、边坡坍塌（危岩落石、崩塌、滑坡）等。

根据联合国国际减灾战略（UNISDR）和美国联邦应急管理署（FEMA）给出的定义：能够造成人员伤亡、财产损失、环境破坏的事件属于致灾因子。上述涌水突泥、岩溶塌陷、地表失水、边坡坍塌（危岩落石、崩塌、滑坡）能够造成人员伤亡、财产损失、环境破坏，因而既是灾害，又属致灾因子（即第三层致灾因子），减灾选线应对策略见表 2-6。

表 2-6 岩溶灾害特点、成因机理及减灾选线应对策略表

灾害类型（即致灾因子）	灾害特点	成因机理	减灾选线应对策略
涌水突泥	具有突发性、涌水量大、水压力高，并夹带泥沙，一般将造成重大人员伤亡、生命财产损失，产生次生灾害，破坏生态环境。该灾害发生频率较高	涌水突泥是工程建设对地下水动力条件和围岩力学平衡产生扰动和破坏而致使的地下水体、含水松散物等所储存的能量以流体高速运动的形式瞬间释放	选线阶段先绕避暗河、断层、向斜等相关岩溶致灾因子，隧道选在岩溶垂直渗流带中通过；施工做好超前地质预报；采用堵排结合工程措施，缓慢释放能量、限量排放地下水
岩溶地面塌陷	具有突发性，其后果一般比较严重，造成建筑物（如路基、桥梁）开裂破坏，列车颠覆等。一般岩溶越发育，盖层土或溶洞顶板厚度越小，水位变化越大，塌陷发生的概率就越大	地下工程（隧道）疏排岩溶水或地表抽取岩溶水等水动力条件变化产生压强差效应、潜蚀效应、真空吸蚀效应、垂直渗压效应、自重效应、浮力效应、土体强度效应、振动效应，致使土体失稳塌陷；溶洞顶板稳定性差致塌	选线绕避溶洞、岩溶水位变幅大等相关岩溶致灾因子；覆盖土较薄地段宜多设置桥梁通过；施工常采取注浆等工程措施
地表失水	地下工程（隧道）长时间疏排岩溶水，导致井泉干涸、河溪断流，石漠化、地下水污染、地面塌陷或不均匀沉降，破坏生态平衡，影响动植物及人的生存条件。该灾害发生频率较高	地下工程（隧道）建设揭露充水岩溶管道系统，疏排岩溶水，改变水文地质条件，联通地表与地下水系的连通和循环，导致地表失水	选线阶段先绕避岩溶水（富集区）等相关岩溶致灾因子，隧道选在岩溶垂直渗流带中通过；隧道施工采取堵水措施
边坡坍塌（危岩落石、崩塌、滑坡）	具有突发性，易造成较大的人员及财产损失，大型崩塌、滑坡还有可能诱发一系列其他工程灾害，产生不利连锁反应，对工程危害较大	卸荷裂隙、溶隙等软弱结构面比较发育的碳酸盐岩陡坡，危岩体因振动等原因失稳发生危岩落石、崩塌。顺层或覆土较厚地段，滑体因地下水等而失稳发生滑坡	选线绕避卸荷裂隙、溶隙等相关岩溶致灾因子。不能绕避的，采取清除危岩体或切实可行的防护措施

岩溶地区高速铁路建设发生上述灾害有自然因素和人为因素两种，且都与岩溶发育程度密切相关，因此岩溶发育是发生涌水突泥、岩溶塌陷等上述灾害的自然条件，影响岩溶发育的因子是主要岩溶致灾因子。

根据岩溶发育程度分级标准(表 2-7)，岩溶发育程度主要由岩溶形态规模、岩溶水环境决定，因此岩溶形态规模、岩溶水环境与人类活动一起构成了复杂岩溶区高速铁路减灾选线的第二层致灾因子；根据岩溶溶蚀理论和岩溶发育规律，地层岩性、地质构造、气候条件是岩溶发育(如岩溶形态规模、岩溶水)的控制因素，因此地层岩性、地质构造、气候条件为复杂岩溶区高速铁路减灾选线的第一层致灾因子。

表 2-7　岩溶发育程度分级表

级别指标		强烈发育	中等发育	弱发育	微弱发育
定性指标	岩溶形态	以大型暗河、廊道、较大规模溶洞、竖井和落水洞为主	沿断层、层面、不整合面等有显著溶蚀，中小型串珠状洞穴发育	沿裂隙、层面溶蚀，扩大为岩溶化裂隙或小型洞穴	以裂隙状岩溶或溶孔为主
	连通性	地下洞穴系统基本形成	地下洞穴系统未形成	裂隙连通性差	裂隙不连通
	地下水	有大型暗河	中小型暗河或集中径流	少见集中径流，常见有裂隙水流	裂隙透水性差
定量指标	钻孔见洞隙率/%	＞30	10～30	1～10	＜1
	钻孔线岩溶率/%	＞20	5～20	1～5	＜1

综上所述，岩溶致灾因子较多，因子之间具有一定逻辑关联性和分层性，第一层包括地层岩性、地质构造、气候条件，第二层包括岩溶形态规模、岩溶水环境、人类活动，第三层主要包括涌水突泥、岩溶地面塌陷、危岩落石、地表失水、人工诱发灾害(图 2-83)，致灾因子与减灾选线应对策略见表 2-8。

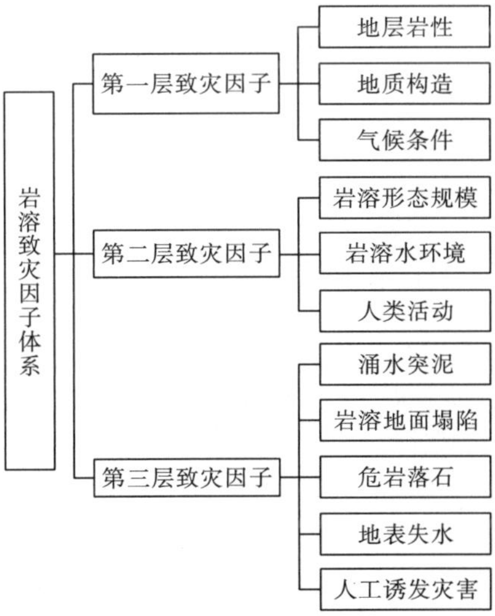

图 2-83　岩溶致灾因子体系图

表 2-8　致灾因子与减灾选线策略表

岩溶致灾因子			灾害风险程度	减灾选线应对策略
第一层致灾因子	地层岩性	可溶岩	中～大	线路应绕避或短距离通过
	地质构造	背斜、向斜、断层	中～极大	线路应绕避或短距离通过并采取工程措施
		节理裂隙	小～中	不受控制
	气候条件	降水量、气温、气压	小～中	对选线不起控制作用
第二层致灾因子	岩溶形态规模	暗河、大型溶洞、溶洞群等	中～极大	应绕避，或造价昂贵的采取工程措施
		小溶洞、溶隙、溶沟、石芽	小	对选线不起控制作用或采取工程处理措施
	岩溶水环境	垂直渗流带	小～中	隧道选线通过的有利位置
		水平流动带、深部循环带	中～极大	隧道应绕避，或采取顺坡排、泄水洞等工程措施
		水量、水压	小～极大	视情况采取绕避或相应工程等措施
	人类活动	设计施工处理不当、地表抽水	中～大	隧道顺坡排水，线路绕避大量地表抽水区等
第三层致灾因子（灾害风险类型）	涌水突泥		严重～极严重	绕避暗河、断层、向斜等；隧道选在岩溶垂直渗流带中
	岩溶地面塌陷		比较严重	绕避溶洞、岩溶水位变幅大等；宜多设桥
	危岩落石		比较严重	绕避卸荷裂隙等；不能绕避的，设防护工程
	地表失水		比较严重	绕避岩溶水富集区，隧道选在岩溶垂直渗流带中
	人工诱发灾害		比较严重	视情况采取绕避或相应工程等措施

1. 第二层岩溶致灾因子与减灾选线

溶管系统（暗河）是岩溶地区高速铁路选线应该绕避的不良地质，高速铁路建筑不得不穿越暗河时也应该尽量以大角度在暗河安全顶底板以外跨越。高速铁路建设不应对暗河及其补给和排泄口进行扰动，以免工程遭受涌水突泥、塌陷等灾害或因地表失水等对周围环境造成极大影响。

在高速铁路建设中遇到大型溶洞、溶洞群，应预防涌水突泥、地面塌陷、地基下沉等工程灾害，高速铁路选线应尽量绕避，否则需采取造价昂贵的处理措施。

小型溶洞一般危害较小，处理费用也较少，一般充填压实、清除水害即可。小型溶洞对高速铁路选线不起控制作用，但必须有相应的处理措施。

落水洞、漏斗、洼地作为地表水和地下水的重要联系通道，是岩溶水垂直循环十分活跃的地带，也是发育、扩张比较快的一种岩溶地貌。落水洞内水的径流受地面补给因素的影响极大，一般遇大暴雨或洪水倒灌等情况时落水洞内水流量剧增，水流冲刷力极强，极易造成巨大的工程灾害。工程跨越落水洞容易受水害，在隧道内发生围岩渗水、涌突水等，其他结构物受到水流冲刷和侵蚀的概率也大大增加。此外，落水洞往往也是暗河与外界连通的天窗，人为原因致使落水洞被掩埋覆盖有可能造成暗河通气不畅，遇气流骤变时会发生冲爆或吸蚀作用，危害工程安全和线路畅行。同时，工程中若对落水洞附近水质有污染，也会污染到地下河，造成极大的环境影响。高速铁路选线应尽量绕避落水洞，否则应设置相应的工程设施或处理措施。

高速铁路建设穿越溶沟、溶槽、石芽可能因基岩面的起伏不平或者不断发展而引起地基不均匀沉降。工程处理措施较易实施，但往往成片发育，对工程范围的影响常常会比较广。溶沟、溶槽、石芽、漏斗等对高速铁路选线不起控制作用，但必须有相应的处理措施。

垂直渗流带水常不具静水压力，且不连续，对隧道工程有利，一般不会发生涌水突泥等灾害，风险小，是高速铁路隧道选线通过的最佳位置。水平流动带岩溶发育强烈，常形成复杂的大型溶洞、暗河、地下湖等。深部循环带地下水具有基岩裂隙水性质，存在承压性，水循环交替较弱，岩溶发育相对弱些，但当地质构造、岩层结构、游离 CO_2、水温等控制因素适宜时，仍能形成相当规模的溶洞。因此，在水平径流带、深部循环带修建隧道工程，容易发生涌水突泥、地面塌陷、地表失水、破坏生态环境等灾害，并且大型溶洞较难处理，工程造价又高。高速铁路选线应避免在此两带通过，经多方案比选必须在此两带通过时必须采取相应的可靠工程措施和对策。

2. 第一层岩溶致灾因子与减灾选线

根据溶蚀规律，在一般地下水介质中卤化盐岩的溶解速率大于硫酸盐岩，硫酸盐岩的溶解速率又大于碳酸盐岩，而碳酸盐岩中又以石灰岩的溶蚀速率最大，白云岩次之，泥灰岩、硅质灰岩等溶蚀速率则较之更为缓慢。可溶性岩层越厚、质地越纯，岩溶越发育。例如，贵广高速铁路雄村—贺州段上泥盆统融县组(D_3r)、桂林组(D_3g)和中泥盆统东岗岭组(D_2d)等灰岩、白云岩地层连续厚度大，质地较纯，其溶蚀速度快，有利于岩溶的发育，其岩溶发育最强烈。多数大型溶洞和地下河均发育于厚度大、质地较纯的灰岩地层中，对铁路工程不利，高速铁路宜绕避该地层或者以大角度、短距离通过并采取必要处理措施。

非可溶岩与可溶岩接触带岩溶作用强烈，常在这些接触带形成一系列的漏斗、落水洞、岩溶泉等岩溶现象。例如，成渝高速铁路中梁山隧道、兰渝铁路龙凤隧道和歌乐山隧道等大量岩溶泉沿灰岩与砂页岩、泥岩接触带出露。因此，可溶岩与非可溶岩接触带岩溶强烈发育，岩溶水丰富，对铁路工程不利，高速铁路宜绕避或者以大角度、短距离通过并采取必要处理措施。

地质构造为岩溶水提供了存在空间和循环路径，节理裂隙发育的岩体往往溶蚀作用更明显，溶蚀速率更快。地质构造不仅控制着岩溶发育方向，而且还影响着岩溶发育规模和大小。断裂破碎带岩溶比较发育，地表溶蚀洼地、漏斗、落水洞呈带状分布，地下溶洞比较多，规模比较大，有的发育成地下岩溶大厅或暗河。背斜轴部张节理发育，在地形上往往处于山区分水岭地段，雨水和地表水顺节理下渗，并向两翼或沿断层方向运动，岩溶的形态以垂直方向为主。在向斜轴部易形成储水构造，地下水顺层汇入核部，常发育暗河；在由可溶岩和非可溶岩相间发育的向斜构造，可形成规模巨大、工程难以处理的溶洞、暗河等。因此，在地质构造发育地区进行工程建设，涌水突泥等地质灾害发生的风险大，高速铁路选线应绕避；难以绕避时，线路应以大角度、短距离或在垂直渗流带通过，并采取必要的处理措施。

2.3.3 减灾选线的指导原则

1. 指导方针

因岩溶具有不均一性和难预测性，以及大型溶洞、暗河处理难度大，为达到“减灾防灾、降低造价、确保安全”的目的，复杂岩溶区高速铁路选线首先应该绕避岩溶强烈发育区；另外，为了满足高速铁路平顺性高标准要求，必须穿越岩溶发育区时，必须选择相对安全的位置，以合理的工程形式通过岩溶区，确保高速铁路安全。为此，岩溶地区高速铁路选线应遵循“绕避强烈发育岩溶，选择相对安全位置，设置合理工程设施”的指导方针。

2. 指导原则

通过近 50 年西南岩溶区十余条干线铁路和近 10 余年来的武广、渝利、贵广等岩溶高速铁路的勘察设计实践，结合岩溶致灾特点，将减灾选线指导原则凝练为“先绕避、短通过、抬高程、傍河边、靠既隧、顺坡排、浅覆盖、防崩滑”二十四字(表 2-9)。

表 2-9 高速铁路岩溶减灾选线操作细则

序号	指导原则	选线操作细则
1	先绕避	线路应绕避强烈发育岩溶，如溶蚀洼地、落水洞、暗河、大型溶洞、地面塌陷、土洞、可溶岩与非可溶岩的接触带、地质构造、岩溶水、有害气体(瓦斯)等岩溶致灾因子发育区，选择从岩溶相对不发育地带通过
2	短通过	线路应以大交角、短距离、快速通过地质构造、可溶岩地层及与非可溶岩接触带等致灾因子发育带；线路应以大交角与暗河相交，避免与暗河平行走行，并保证暗河安全顶、底板厚度
3	抬高程	越岭地区线路宜选择在岩溶负地形之间、地下分水岭附近，抬高线位，选择越岭隧道从岩溶垂直渗流带内通过，峰林谷地、峰丛洼地及溶丘洼地区线路宜绕避垭口并抬高线位，多以明线(桥)通过，并且高于地表洪水位
4	傍河边	河谷地区线路宜选择在岩溶发育较弱的一岸“岩溶安全带”通过，并应避免位于岩溶地下水位以下，且绕避谷坡上无水溶洞群
5	靠既隧	线路尽量靠近既有隧道、洞室等地下建筑物，并将其置于既有建筑物形成的降水漏斗内
6	顺坡排	岩溶发育的隧道应优先设计“人”字坡，涌水量较大的隧道应采用顺坡排水，平行导坑应设在地下水上游一侧，暗河应设置泄水洞
7	浅覆盖	对于可能塌陷的覆盖型岩溶区，线路宜选择在覆土较薄的地段通过，以便采取适宜的工程措施，消除塌陷隐患
8	防崩滑	岩溶山区线路一般应绕避危岩落石、崩塌、滑坡等致灾因子发育地段；应尽量避免工程位于高边(仰)坡下，不能绕避的，应采取切实可行的工程处理措施

(1)先绕避——加强地质调查，充分利用综合勘察技术，绕避强烈发育岩溶区，线路选择从岩溶相对不发育地带通过，降低岩溶风险

实例 1：武广客运专线大瑶山区红岩至乐昌武江峡谷段线路在方案竞选阶段有武江左岸短隧(AK)、两跨武江短隧(A2K)及两跨武江长隧(A1K)三个方案(图 2-84)。通过遥感判释和现场调查，在基本掌握地质构造、可溶岩地层等岩溶致灾因子发育规律，特别是岩溶水的补给、径流、排泄条件的基础上，确定本区可大致以南北向的武江为界，分为东、西两区。区内的控制性构造——瑶山复背斜、瑶山断裂带为主体的经向构造带主要分布于西区，且自西向东构造影响及岩溶发育程度逐渐减弱；而东区

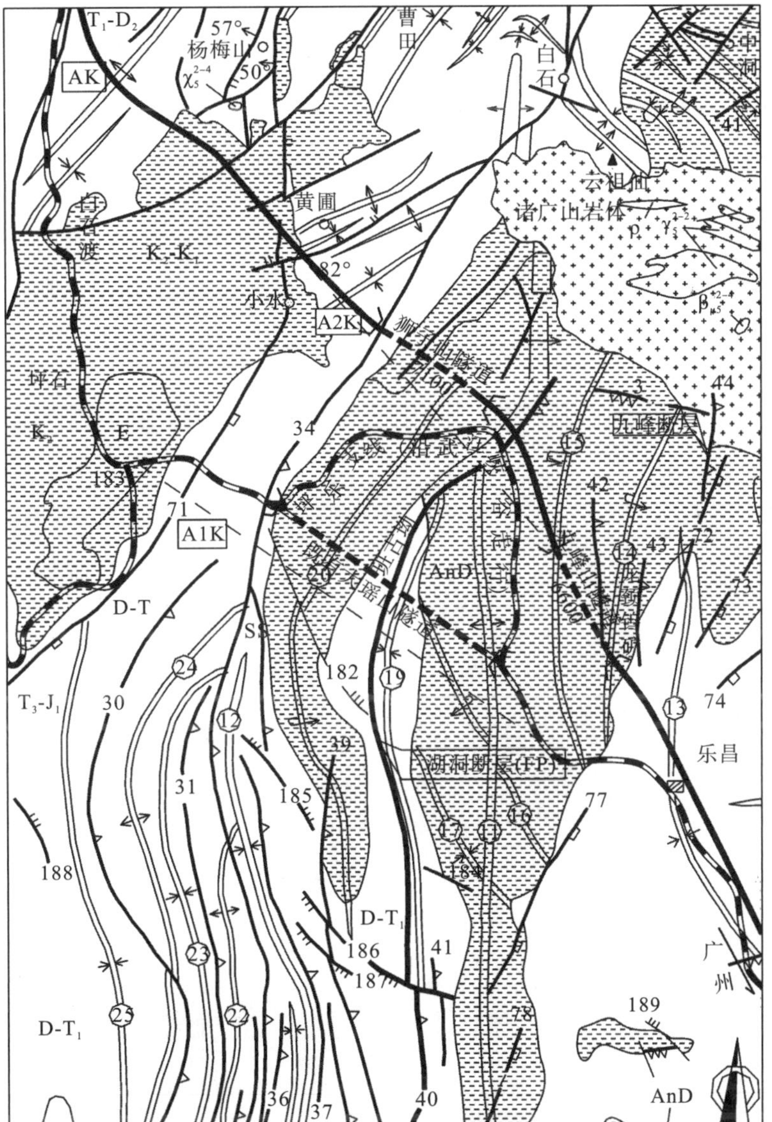

图 2-84　大瑶山地区地质及线路方案图

燕山期“诸广山岩体”受构造影响自东向西逐渐减弱。这样，就形成了一个以南北流向的武江为轴线，宽 4～8km 的构造相对较为简单的带状区域(以下称 H 区)。这个带状区域内，岩性以浅变质砂岩为主，虽有碳酸盐岩分布，但岩溶不发育，地下水天然排泄条件好，无区域断层与溶蚀槽谷形成的不利组合，地质条件明显优于其两侧地区，有利于越岭隧道通过。

A1K 方案与既有大瑶山隧道(包括京港澳高速公路粤北段)均位于 H 区，受地质构造及岩溶影响较为严重，且 A1K 方案隧道较既有大瑶山隧道的长度更长，通过斑古坳岩溶发育区的段落也更长，工程地质、水文地质条件相对更差；AK、A2K 方案均位于H区内，受地质构造及岩溶影响较轻，地质条件相对较好，但 A2K 方案两跨武江，且桥位与武江斜交，又与坪乐支线(老京广线)干扰严重，故从工程地质、水文地质条件比较，以 AK 方案为优。大瑶山区是武广铁路客运专线的控制性工程地段，本段减灾选线工作在武广铁路客运专线方案竞选中发挥重要作用，推荐方案已为设计采纳并得到施工验证。

实例 2：郑万高速铁路香树湾隧道方案研究。香树湾隧道位于巴东至巫山间长江北岸，属过渡带岩溶区。发育埋藏型岩溶，岩溶及岩溶水条件复杂，为绕避极为复杂的岩溶地质问题，该段研究了原初步设计方案(DK)，以及补充研究方案(D2K、D3K)(图 2-85)。

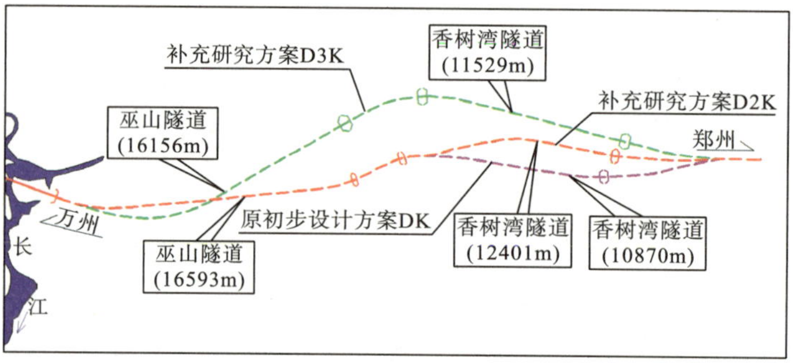

图 2-85 香树湾隧道前后线路方案示意图

D3K 方案线路长，洞口危岩落石发育，隧道穿越岩溶段落最长，地质条件最差。D2K 方案是 DK 方案优化的方案，经平面、纵断面、横断面控制，D2K 方案完全绕避了岩溶工程地质问题(图 2-86 和图 2-87)，故推荐完全绕避可溶岩的三溪乡北线 D2K 方案。

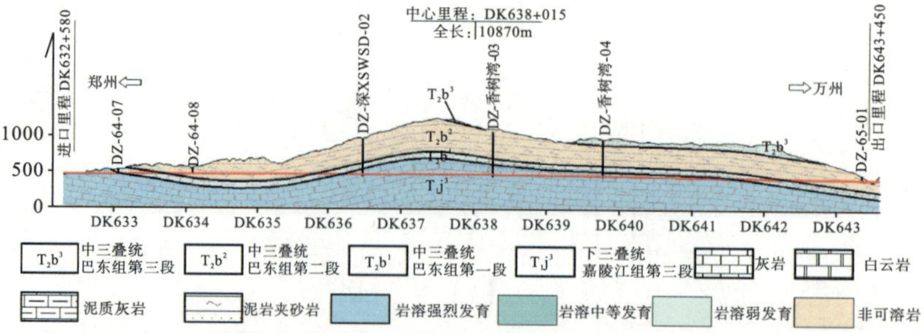

图 2-86 DK 方案香树湾隧道地质纵断面示意图

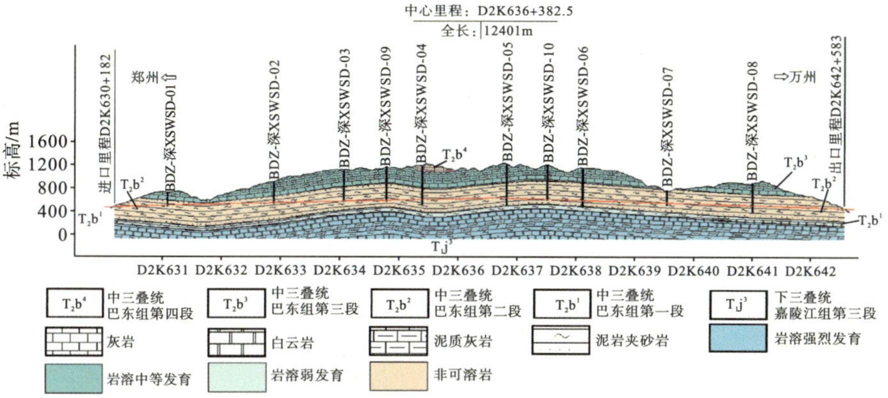

图 2-87　D2K 方案香树湾隧道地质纵断面示意图

(2)短通过——采用综合勘察手段，选择线路大交角、短距离通过岩溶致灾因子发育区，降低岩溶风险。

实例：贵广客运专线穿越阳朔岩溶地区线路，作了临河短隧道、12‰限坡长隧道、18‰限坡长隧道三个方案。临河短隧道方案通过岩溶发育区的长度为 84.45km，沿河谷地段线路走行于可溶岩与非可溶岩接触地带，岩溶特别发育，谷地覆盖型岩溶地段多处发生岩溶地面塌陷，孤峰地段漏斗、竖井、落水洞、岩溶泉、消水洞等岩溶致灾因子十分发育，且对漓江沿线岩溶风景产生严重破坏，该方案地质条件最差。12‰限坡长隧道方案、18‰限坡长隧道方案大部分地段线路基本一致，通过岩溶发育地段的长度为 44～60km。其中近一半岩溶中等发育，更主要的是线路走向垂直通过岩溶发育区，尽可能减短了岩溶对线路工程的影响。因此，12‰限坡长隧道方案、18‰限坡长隧道方案明显优于短隧道方案。而 18‰限坡长隧道方案越岭的长隧道减短至 13km 左右，从施工难度及工程数量上考虑，优先推荐 18‰限坡长隧道方案(图 2-88)。

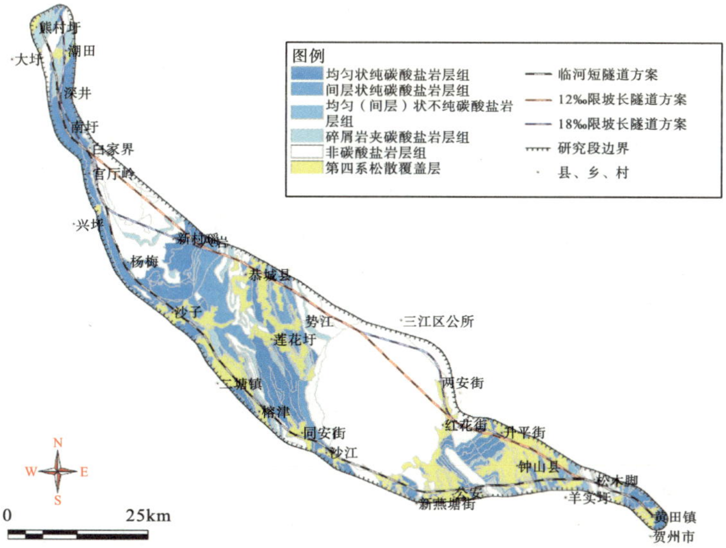

图 2-88　贵广客运专线桂林地区岩溶分布与线路走向示意图

(3)抬高程——采用综合勘察手段，抬高线位，选择越岭隧道从岩溶垂直渗流带内通过，岩溶洼地槽谷多以明线(桥)通过。

岩溶水垂直渗流带相对水平流动带岩溶发育较弱，而且主要为雨季下渗的“过路水”，地下水集水面积小，涌水突泥可能性大大降低。有条件时岩溶隧道应抬高线路高程，从岩溶垂直渗流带内通过(图 2-89)。

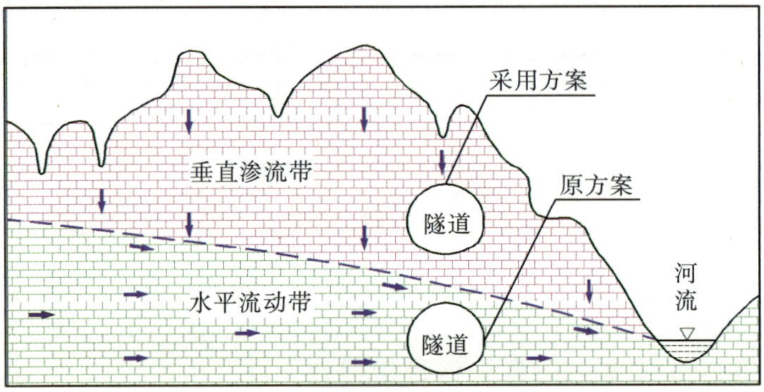

图 2-89 隧道通过抬高程从岩溶垂直渗流带内通过示意图

实例 1：武广客运专线郴州-红岩段，长约 50km，线路主要走行于五盖山、骑田岭中低山夹持的溶蚀峰丛、谷地内，溶槽、溶蚀洼地、溶洞、暗河等岩溶致灾因子发育。本段线路在桥、隧集中地段进行了三个方案的比选，其中，短隧方案(AK)全长 25.60km，最长隧道 2210m；长桥长隧方案(A1K)全长 24.95km，最长隧道 11790m；短桥方案(A2K)全长 24.63km，最长隧道 7910m。短桥方案(A2K)、长桥长隧方案(A1K)均以浅埋长隧道通过溶蚀峰丛、洼地地区的地下水位以下，地表分布有极可能与隧道发生较好水力联系的 “碟型”溶蚀洼地，隧道洞身多位于岩溶发育且规模大、延伸远、连通性好的岩溶水水平流动带内，长隧反坡段排水困难，施工及病害处理困难并可能形成严重的、难以逆转的环境灾害；短隧方案(AK)线路通过溶蚀“孤峰”、谷地区以短隧道通过安全区，且以路基通过为主，辅以低桥跨暗河通道、短隧道穿“孤峰”，隧道位于地下水水位以上，施工中出现病害的可能性小且易于处理。综上所述，在线路平面、纵坡均满足要求的情况下，将短隧方案(AK)作为本段线路的推荐方案(图 2-90)。

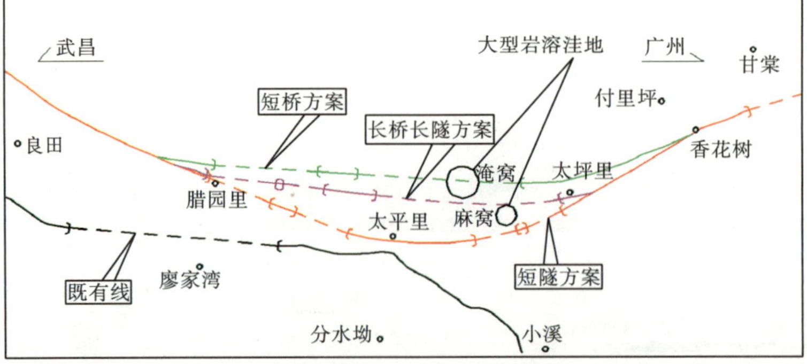

图 2-90 武广客运专线郴州-红岩段线路方案示意图

实例 2：渝利铁路沙子关—凉雾段线路穿越齐耀山山脉，控制该段线路方案的主要地质问题是齐耀山背斜段的岩溶和岩溶水。线路通过区域背斜核部的可溶岩地层与北西翼非可溶岩地层构成的隔水边界，组成了一个完整的岩溶水文地质单元。由于凉雾属岩溶洼地，高程较低，线路受坡度限制必须尽可能地降低隧道高程。由于排泄条件的差异，背斜两翼的岩溶水排泄点标高相差近 200m(北西翼以高程 1412m 的马槽洞暗河为代表，南东翼以高程 1216.7m 的清江源暗河为代表)。低线长隧方案隧道中部位于齐耀山背斜北西翼岩溶槽谷以下，较马槽洞暗河低约 70m，隧道施工时将揭露岩溶管道及暗河，出现较大的岩溶涌突水，施工风险较大，同时将造成齐耀山背斜北西翼岩溶槽谷段地下水位下降，地表泉点及暗河被疏干等环境问题；高线短隧以路基通过该岩溶槽谷，较马槽洞暗河高约 12m。两方案隧道出口段均较清江源暗河高约 80m，以路基通过齐耀山背斜北西翼岩溶槽谷，隧道主要位于岩溶水垂直渗流带内，对岩溶槽谷范围内的环境影响较小，施工风险小，故采用高线短隧方案(图 2-91 和图 2-92)。

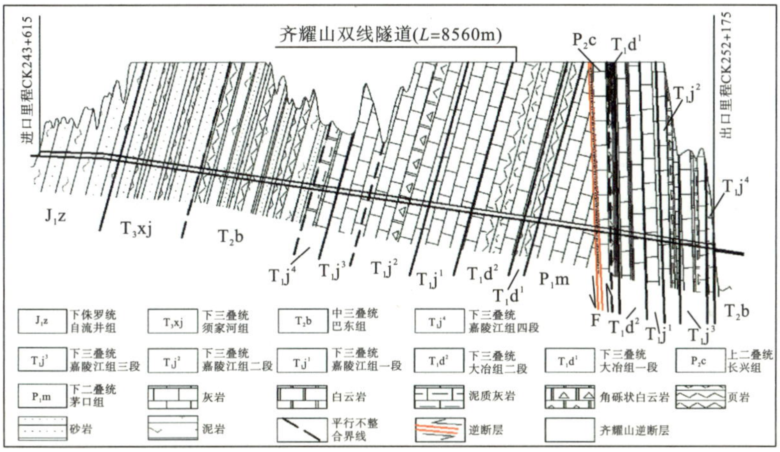

图 2-91　低线长隧方案地质纵断面示意图

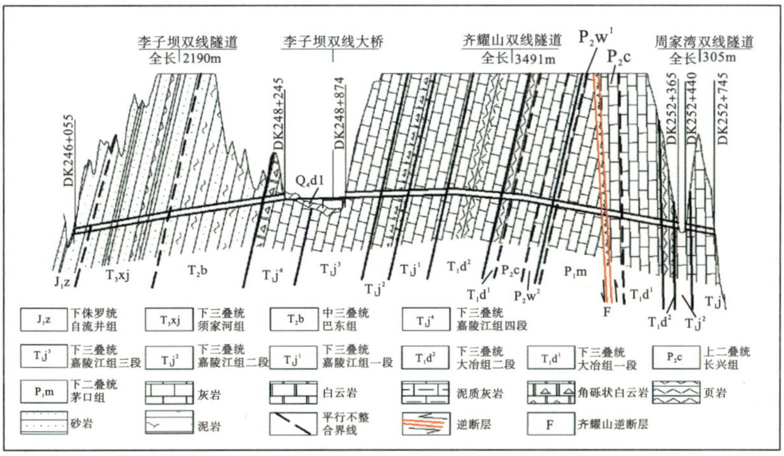

图 2-92　高线短隧方案地质纵断面示意图

(4)傍河边——加强岩溶斜坡地质测绘与综合勘察分析，选择线路尽量靠近河边并高于岩溶水雨洪期排泄高程，从“岩溶安全带”通过。

斜坡地段的岩溶水总是向河流等基准面排泄，因而斜坡地段以横向岩溶水为主。岩溶斜坡地带存在一个“岩溶安全带”，即岩溶水最高排泄点与山顶面靠河谷最外侧地表之间的地带。安全带内的岩溶水发育程度相对微弱，是隧道通过的最佳位置。

尽量减少铁路穿越可溶岩地段的长度，隧道工程尽量规避高压岩溶水，线路高程宁高勿低，注意查明大范围可溶岩分布区岩溶发育区的成层性、水平和垂直的分带性，线路尽量选择岩溶垂直循环带通过。

实例 1：渝利铁路穿越明月峡背斜的排花洞隧道，可溶岩地段较长，紧闭的背斜核部被两翼隔水层封闭形成富水区，地下暗河、槽谷、溶蚀洼地、落水洞、溶洞等强烈发育，水文地质条件复杂，隧道施工易产生突水、突泥及环境破坏等问题。为降低施工及环境风险，岩溶地质选线作为控制线路方案的重点，对穿越明月峡背斜的三个隧道方案作了大量地质工作，尽量选择了岩溶垂直循环带通过的方案(图 2-93)。

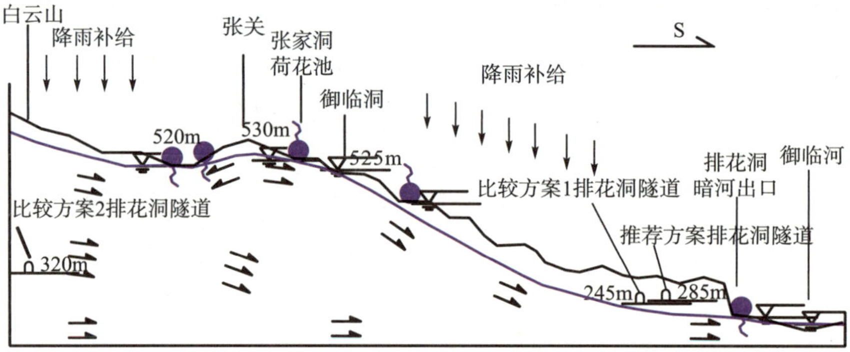

图 2-93 排花洞岩溶水补给、径流、排泄与隧道关系图

实例 2：郑万铁路巫溪地区选线，沿大宁河绕行方案虽然线路绕长 7.3km，但线路在排泄区行进，走行在岩溶水垂直渗流带相对安全区，与“白龙过江”暗河交叉处铁路已高出暗河近 70m(图 2-94)。

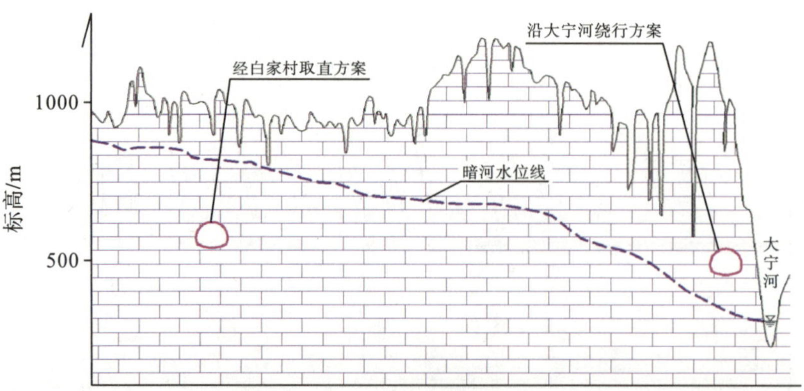

图 2-94 郑万铁路与巫溪“白龙过江”暗河关系剖面示意图

实例 3：渝利铁路丰都—石柱段线路将穿越方斗山背斜，控制该段线路方案的主要地质问题是方斗山背斜段的岩溶和岩溶水。

北线、中线方案位于岩溶水水平径流带，隧道最大静水压力达 4MPa；深孔和物探查明了巨型溶洞，洞高 185.25m；地表有较多岩溶大泉与三个大型水库，施工堵水难度极大；隧道开挖袭夺地表水，将影响 2 个镇 7 个村约 16000 人的生产生活用水，引起较大的环境问题。靠近龙河(南线)方案，线路于岩溶垂直渗流带，根据深孔测试，隧道最大静水压力约 0.67MPa，岩溶涌水的风险大大降低。故采用靠近龙河(南线)方案(图 2-95)。

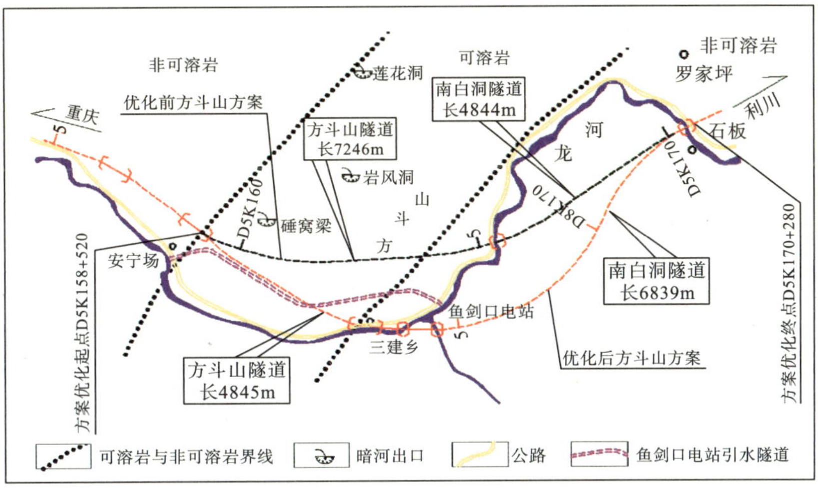

图 2-95　方斗山线路方案示意图

(5) 靠既隧——利用既有岩溶隧道已形成的降落漏斗，新建隧道尽量靠近既有隧洞，并位于降落漏斗范围内。

实例 1：成渝客运专线中梁山隧道穿越观音峡背斜段工程地质条件复杂，水文地质条件脆弱敏感，岩溶致灾因子发育。距该工程最近的既有襄渝铁路中梁山隧道及遂渝高速公路大学城隧道，曾经在修建过程发生涌水突泥，疏干地表水(如凌云水库)，产生许多地面塌陷。成渝客运专线中梁山隧道有 D1K、D2K、D3K 三个方案供比选(图 2-96)，各方案工程地质条件评价见表 2-10。

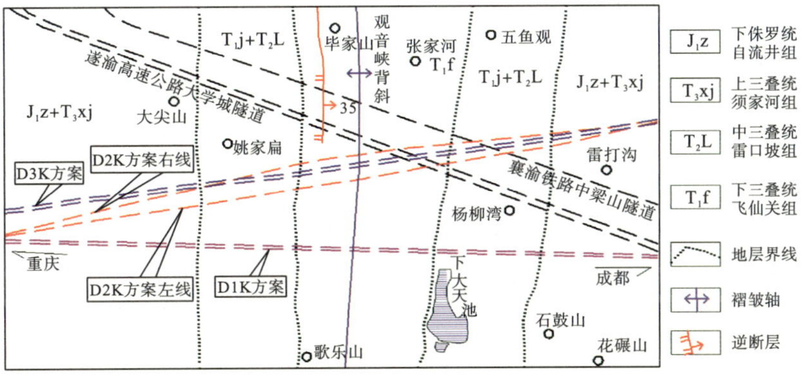

图 2-96　中梁山隧道方案示意图

表 2-10 各方案工程地质条件评价表

线位方案	主要工程地质问题	优点	缺点	评价
D1K 双线隧道		线路顺直，隧道短(约 4004m)、工程量小	隧道通过可溶岩段落长，距既有隧道较远，无法充分利用既有隧道已形成的降水漏斗，且距下大天池水库近，隧道施工可能会引起水库水渗漏；隧道施工、运营安全风险大	差
D2K 左右线分修单线隧道	岩溶、煤窑采空区、有害气体(瓦斯)、断层破碎带、石膏、盐溶角砾岩、泥石流、地面塌陷等	与既有隧道交叉，可充分利用已形成的降水漏斗，且距下大天池水库远，不会引起水库渗漏；分修单线隧道洞径小，形成新的地下径流通道的可能性较小，隧道施工、运营安全系数高	隧道较长(左右线隧道均约 4100m)，工程量较大	较好
D3K 双线隧道		与既有隧道交叉，可充分利用已形成的降水漏斗，且距下大天池水库远，不会引起水库渗漏	隧道较长(约 4070m)，工程量较大；双线隧道洞径大，形成新的地下径流通道的可能性较大	较差

由表 2-10 可知，D2K 方案与既有隧道交叉，可充分利用已形成的降水漏斗，且距下大天池水库远，最大限度地规避了工程施工岩溶灾害及对环境的影响；同时，分修单线隧道洞径小，形成新的地下径流通道的可能性较小，可保证隧道施工、运营安全；最终根据安全、技术、经济、工程等因素比较 D1K、D2K、D3K 三个方案，采用 D2K 方案，且确定隧道标高位于襄渝铁路中梁山隧道及遂渝高速公路大学城隧道之间，最大埋深 265m。

实例 2：渝利铁路余家隧道尽量靠近沪蓉西高速公路齐耀山隧道，并位于既有公路隧道形成的降水漏斗内，降低了隧道工程遭遇岩溶及涌水突泥的风险(图 2-97)。

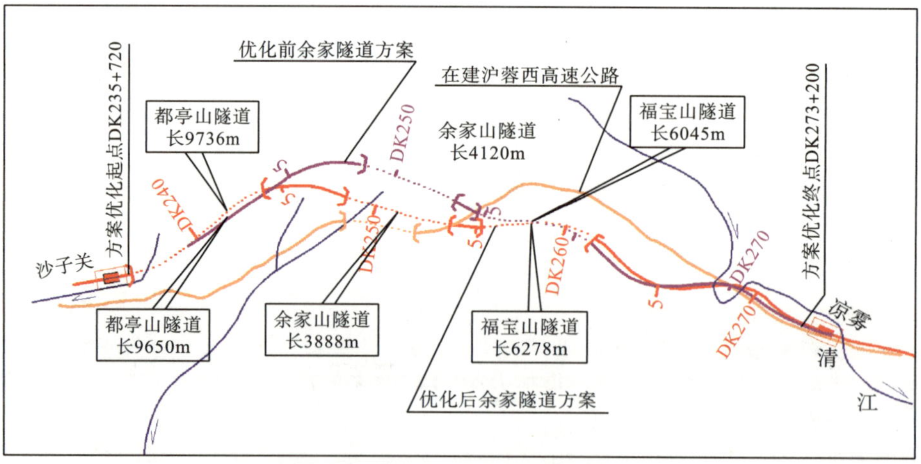

图 2-97 余家隧道线路方案优化示意图

(6) 顺坡排——岩溶及岩溶水发育的隧道，其正洞及辅助坑道施工应满足顺坡排水的条件，以降低涌水突泥造成的灾害。

经多方案比选，难以绕避水平径流带及深部缓流带的隧道不宜反坡施工。反坡施工隧道排水困难，容易造成水害、人员伤害、设备损坏，影响施工进度。因此，隧道应设顺坡排水条件，以降低风险。

渝利高铁、贵广高速铁路贵阳至贺州段、沪昆高速铁路玉屏至昆明段、云桂高速铁路等岩溶及岩溶水发育的隧道通过调整线路坡度和辅助坑道设置，均实现了顺坡排水，规避了岩溶灾害风险。

(7) 浅覆盖——对于可能塌陷的覆盖型岩溶区，线路宜选择在覆土较薄的地段通过，以便采取适宜的工程措施，消除塌陷隐患。

覆盖型岩溶区土洞塌陷是岩溶地面塌陷最常见的形式之一，直接影响桥梁和路基的安全，在地质勘察和选线设计中应高度重视。地面有塌陷史、勘探揭示土洞、水位在土石界面附近强烈波动的覆盖型岩溶区应优化高速铁路线路方案予以绕避。绕避困难时，宜将线路选择在覆盖层较薄的地带通过，便于采取合适的工程措施处理，消除塌陷风险。

实例 1：贵广高速铁路桂林至贺州段通过桂林岩溶孤峰平原区，地面塌陷严重，选择了覆盖层较薄的 18‰限坡长隧道方案，绕避了地面塌陷严重、覆盖土厚的岩溶平原区。

实例 2：长昆客专平坝至安顺有六段约 3.6km 覆盖型岩溶强烈发育地段，优化设计将原路基方案调整为桥梁方案，采用桩基础置于完整基岩内，规避了路基岩溶地面塌陷的风险。

(8) 防崩滑——充分利用高分航遥技术，加强岩溶陡坡地质测绘，选择线路绕避危岩落石、崩塌、滑坡发育地段。

岩溶发育的山区，通常也是危岩落石、崩塌比较发育的区域，危岩落石、崩塌对铁路安全性危害很大，一般应予以绕避。不能绕避的，应评估其处理措施，所选方案的危岩落石、崩塌处理措施必须可行、可靠。

在早期的普速铁路建设过程中，线路沿陡坡峡谷行进的情况很普遍，一般采取被动防护方式，但落石影响运营的事件仍时有发生，这与早期铁路建设的线路标准、投资规模、技术水平及运营管理模式有密切关系。对于高速铁路，小的落石对高速运行的列车而言都可能是灾难性的，因此在选线阶段，就已经把危岩落石作为控制线路方案的重要因素予以考虑，如线路避免长大段落路基形式沿高山峡谷地带行进，隧道工程坚持早进晚出，隧道洞口尽量选择在山脊处等都是降低危岩落石影响的措施。在勘察设计中，危岩落石防治处理仍是工程设置考虑的重点，采用设置主动防护网、预加固、设置或接长明洞、设置监控设备等措施，使铁路运行的安全处于可控状态。

实例：沪昆客运专线云贵段沿线多为高原山地、深丘、高山峡谷地段，坡陡谷深、构造复杂，切割破碎的灰岩、白云岩和厚层砂岩组成的峡谷河段或陡峻山坡地带高陡岩壁由于卸荷裂隙及风化裂隙的作用，多形成规模不等的危岩体（图 2-98）。危岩落石由于其发生时间和崩落路线具有不确定性，对高速铁路的安全尤其是运营安全具有极大的危害。

图 2-98 沪昆客运专线坝陵河特大桥昆明段危岩落石

3. 减灾选线二十四字原则在三大岩溶工程地质区的应用

根据岩溶工程地质分区特征和上述减灾选线指导原则，三大岩溶工程地质区采用的选线原则见表 2-11。

表 2-11 三大岩溶工程地质区减灾选线原则

岩溶工程地质分区	减灾选线原则	
	主要原则	次要原则
高原岩溶区	先绕避、短通过、抬高程、顺坡排、浅覆盖	傍河边、防崩滑、靠既隧
(斜坡)过渡带岩溶区	先绕避、短通过、抬高程、傍河边、顺坡排、防崩滑	靠既隧
平原化岩溶区	先绕避、短通过、浅覆盖	靠既隧、抬高程、防崩滑

4. 减灾选线二十四字原则在现代深部岩溶发育带的应用

根据现代深部岩溶发育特征和上述减灾选线指导原则，现代深部岩溶发育带采用的选线原则见表 2-12。

表 2-12 现代深部岩溶减灾选线原则

现代深部岩溶	减灾选线原则	
	主要原则	次要原则
	先绕避、短通过、顺坡排	靠既隧

2.3.4 线路方案定量综合比选方法

高速铁路线路方案的选择，不仅要满足国家和地方政府的政治、经济、军事、文化及旅游等方面的需要，而且要考虑线路方案的技术可行性和经济合理性，在此基础上选择出最优线路的方案。在普速铁路线路方案比选的决策过程中，往往根据参与决策人员的经验和对一些指标的定性分析，做出方案的选择决策。在这个过程中，主观的人为因素不可避免地对方案选择产生影响，不能保证决策的科学性和正确性。随着复杂岩溶区高速铁路设计研究的不断深入，逐步尝试利用各种数学方法对高速铁路线路方案选择进行定量分析。

1. 线路方案综合比选的基本思路

线路方案是通过多方案的比较、淘汰而确定的。指定的两个起始点之间的自然情况越复杂、距离越长，可能的比较方案就越多，需要淘汰的方案也就越多。要尽可能地收集已有资料，先在室内进行研究筛选，然后就最佳的、取舍难辨的有限方案进行踏勘。对室内比选及野外踏勘测量后确定的少数几个优劣难辨的方案进行指标计算，最后经过指标对比及综合评价确定推荐方案。线路方案比选工作流程如图 2-99 所示。

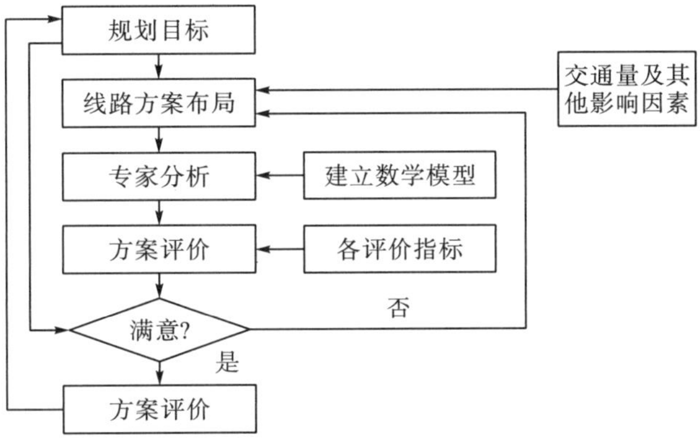

图 2-99　线路方案比选工作流程图

2. 线路方案比选方法的确定

高速铁路线路方案定量方法有模糊数学法、灰色物元分析法、多目标综合评价法等，这些方法具有不同的特点，而且有一定的适用性。在线路方案的比选过程中，由于线路方案的综合评价与模糊数学的综合评价存在提出问题和解决问题的结合点，利用模糊数学来评价路线方案具有科学性和可行性，克服了线路方案比选过程中由于主观不确定性和客观复杂性而存在的问题。因此，在复杂岩溶地质条件下高速铁路各设计阶段的方案比选中，最合适的方法是采用多级模糊综合评价法，将各指标的优劣全部进行量化处理，模糊选优。

3. 多级模糊综合评价方法

模糊综合评价是解决多因素、多指标综合问题的一种行之有效的决策方法。它是应用模糊关系合成的特性，根据给出的评价准则和实测值，从多个指标对评判事物隶属等级状况进行综合评判：把被评价事物的变化区间做出划分，又对事物属于各个等级的程度做出分析，使得对事物的描述更加深入客观，分析结果更加准确。模糊综合评价的操作流程如图 2-100 所示。

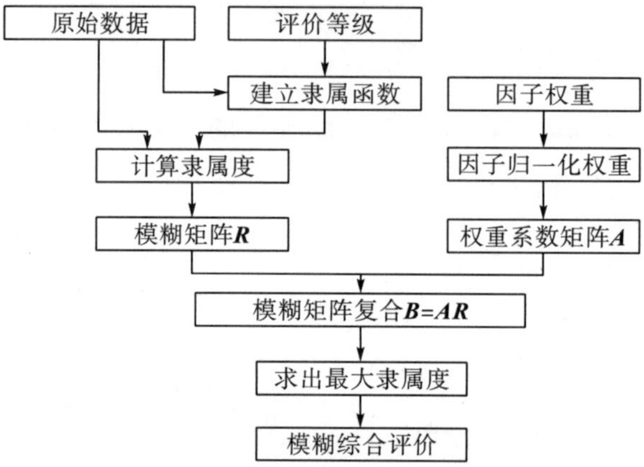

图 2-100 模糊综合评价流程图

根据评价对象的复杂程度，模糊综合评价可分为一级综合评价和多级综合评价。

模糊综合评价就是应用模糊变换原理和最大隶属度原则，考虑与被评价事物相关的各个因素，对其所做的综合评价。高速铁路方案比选是一种多因素、多指标、多层次的综合评判过程，所以它是一个多级模糊综合评价问题，其评价结构模型如图 2-101 所示。

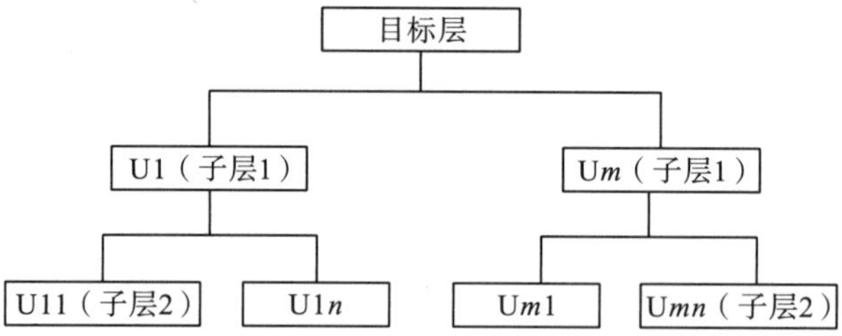

图 2-101 多级模糊综合评价层次结构图

4. 典型岩溶区高速铁路方案多级模糊综合评价因素的选择

为了评价多方案线路，首先需要选择多级模糊综合评价因子。一般将减灾选线控制因子（岩溶致灾因子）和工程因子组合成二级因子，如典型岩溶地区（贵广高速铁路雄村—贺州段）将地貌及地质构造（断层）条件、岩溶条件、水文地质条件、工程特征四个因子作为一级因子。

(1) 地貌及地质构造（断层）条件：将地形起伏、岩溶地貌类型及断层条数归纳为二级因子。

(2) 岩溶条件：将碳酸盐岩长度、岩溶发育区长度和垂直型岩溶、溶洞和塌陷个数等归纳为二级因子。

(3) 水文地质条件：将穿越碳酸盐岩不同富水区长度、穿越非碳酸盐岩不同富水区长度、岩溶泉个数、地下河数量等归纳为二级因子。

(4) 工程特征：将隧道、桥梁、路基工程归纳为二级因子。比选线路长度(隐含路基)，隧道个数、隧道总长度及单座最大长度，桥梁座数、桥梁总长度及单座最大长度。

5. 典型岩溶区高速铁路方案多级模糊综合评价因子权重分析

权重系数是评价域中各个因素重要程度的定量描述，可看成评价域中的各个因素相对于“重要性”的隶属度。目前权重的确定有多种方法，如专家经验估计法、调查统计法、层次分析法、模型逆方程法、序列综合法等。鉴于层次分析法的优点，并综合考虑专家经验估计法在实际工作中的普及性和相对客观性，本研究采用层次分析法与专家经验估计法相结合，确定影响铁路比选的各指标的权重，分析得到影响因子权重，见表 2-13。

表 2-13　多级模糊综合评价影响因子权重表

一级因子	权重 1	二级因子	权重 2	指标量化	权重 3
地貌及地质构造(断层)条件	0.20	地形起伏	0.35	长度＞400m	0.20
				长度 200～400m	0.40
				长度 100～200m	0.40
		岩溶地貌类型	0.35	穿越洼地长度	0.20
				穿越谷地长度	0.20
				穿越平原长度	0.30
				穿越岩溶山地长度	0.20
				穿越岩溶丘陵长度	0.10
		断层条数(2km 内)	0.30	与线路相交	0.75
				与线路未相交	0.25
岩溶条件	0.25	碳酸盐岩长度(km)	0.30	裸露型碳酸盐岩区	0.40
				覆盖型碳酸盐岩区	0.60
		岩溶发育区长度	0.30	强烈发育区	0.40
				中等发育区	0.30
				弱发育区	0.20
				微弱发育区	0.10
		垂直型岩溶、溶洞和塌陷个数	0.40	溶洞个数	0.40
				垂直型岩溶个数	0.25
				塌陷个数	0.35

续表

一级因子	权重 1	二级因子	权重 2	指标量化	权重 3
水文地质条件	0.35	穿越碳酸盐岩不同富水区长度(km)	0.40	丰富	0.50
				中等	0.30
				贫乏	0.20
		穿越非碳酸盐岩不同富水区长度(km)	0.20	丰富	0.50
				中等	0.30
				贫乏	0.20
		岩溶泉个数	0.20	200m 范围内岩溶泉	0.75
				2km 范围内岩溶泉	0.25
		地下河数量(条)	0.20	与线路相交	0.75
				与线路未相交	0.25
工程特征	0.20	隧道工程	0.40	个数	0.40
				总长度(km)	0.40
				单座最长(km)	0.20
		桥梁工程	0.40	个数	0.40
				总长度(km)	0.40
				单座最长(km)	0.20
		路基工程	0.20		

6. 模糊综合评判模型定量计算

根据多级因子权重，按照模糊综合评判模型定量计算各方案模糊矩阵复合 ***B*** 值，***B*** 值越大，线路方案综合岩溶地质条件越差，发生岩溶灾害的可能性越大。

7. 评判实例

贵广高速铁路雄村至贺州段有三个值得比较的线路方案。由于三个方案通过岩溶地区，线路方案评判主要考虑与岩溶有关的因素，从影响线路方案比选的评判因子特征值表中归纳出五个一级评判因素，即基本地质条件、岩溶发育基本特征、岩溶洞穴与地面塌陷、地下水、基本工程条件，同时在这五个一级因素上进一步划分二级因素，采用两级评判方法进行多因素多级模糊评级法进行评价。

基本地质条件二级因素主要包括地形、碳酸盐岩、非碳酸盐岩、第四系松散层，岩溶发育基本特征二级因素主要包括地貌特征、岩溶发育强度、断裂带和不良岩溶现象及形态分布特征，岩溶洞穴与地面塌陷二级因素包括 2km 范围内溶洞、200m 范围内溶洞、2km 范围内岩溶塌陷、200m 范围内岩溶塌陷、岩溶塌陷危险性分区；地下水方面二级因素主要包括与线路相交的暗河、不相交的暗河、2km 范围内泉数量、200m 范围内泉数量、碳酸盐岩丰富和中等富水地段、非碳酸盐岩富水段分布特征，基本工程条件二级因素主要包括地形高差对工程施工的影响、隧道数量及长度、桥梁座数及长度、线路长度。

根据上述概括的各级因素，按照评判模型进行线路比选定量评价，计算结果如下：临河短隧道方案的分值 46.35、12‰限坡长隧道方案的分值为 39.80、18‰限坡长隧道方案的分值为 42.34，说明临河短隧道方案的岩溶地质条件最差，岩溶灾害风险最大。更为重要的是临河短隧道方案会对漓江风景造成严重的不可逆影响。

2.3.5　复杂岩溶区高速铁路减灾选线方法体系

通过运用铁道工程、岩溶学、灾害学及现代数理等理论，从复杂岩溶区高速铁路减灾选线基本概念内涵研究出发，将岩溶致灾因子对岩溶地区高速铁路建设的影响引入减灾选线的基本理论、指导原则、定量综合比选等研究之中，创建了复杂岩溶区高速铁路减灾选线方法体系(图 2-102)，以达到防灾减灾、降低造价、确保安全的目的。

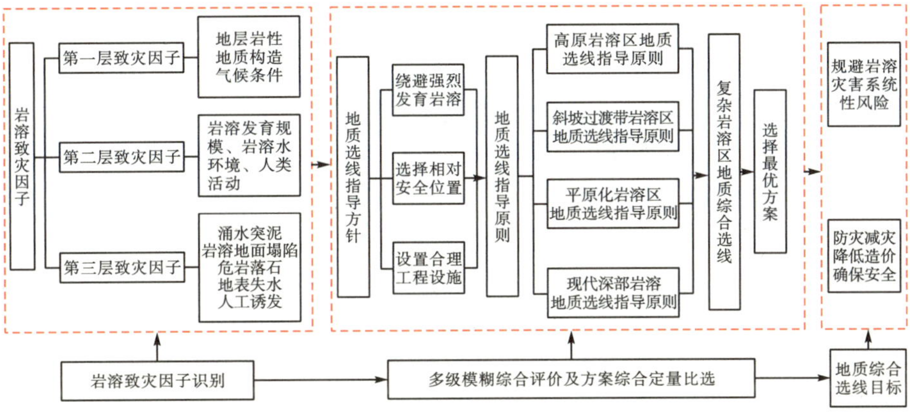

图 2-102　复杂岩溶区高速铁路减灾选线方法体系图

2.4　小　　结

本章基于深埋长大隧道(高压)涌水突泥，大型溶洞失稳，危岩落石，厚覆盖型岩溶地面塌陷及桥梁基础下沉、漏浆等突出的岩溶地质问题及其诱发灾害的剖析，深化现代深部岩溶和岩溶地面塌陷机理研究，构建了高速铁路岩溶工程分区，进而指导高速铁路工程勘察设计与建设。同时从复杂岩溶区高速铁路减灾选线的内涵研究出发，将岩溶致灾因子对岩溶地区高速铁路建设的影响引入减灾选线的基本理论、指导原则、定量综合比选研究之中，以达到岩溶区高速铁路防灾减灾、降低造价、确保安全的目的。

1. 深埋长大隧道岩溶问题

通过对复杂岩溶区高速铁路建设遇到的主要地质问题系统分析和研究，较为突出的主要岩溶地质问题有长大深埋隧道涌水突泥，大型溶洞失稳，危岩落石，厚覆盖型岩溶地面塌陷，桥基础成桩困难、漏浆和沉降问题。

2. 岩溶水动力条件

岩溶水动力条件往往与岩溶水系统密切相关，岩溶隧道水文地质条件涉及一个或数个岩溶水系统。平面上确定完整的岩溶水系统和研究岩溶水补给、径流、排泄特征对岩溶隧道水文地质勘察和选线设计至关重要，岩溶水剖面上垂向分带，显示了岩溶发育强弱的垂向分区，受控于岩溶水动力条件，经过长期实践后，从水文地质结构控制以及铁路工程的角度出发，总结凝练出了与铁路工程相适应的岩溶水动力剖面分带的三分法，即垂直渗流带、水平流动带和深部循环带。

3. 现代深部复杂岩溶

现代深部岩溶发育在侵蚀基准面以下、可溶岩底板以上，多受控于大型褶皱或深大断裂等且存在现代岩溶作用。由于各种构造的地质力学作用方式不同，其通道形成机制也有很大的差别，致使现代深部岩溶在类型、规模、强度等方面存在很大的差异。

(1)现代深部岩溶属于一种特殊的岩溶现象，其发育受岩石的可溶性、透水性和水的溶蚀性、流动性，以及其他一些如气候、地形、生物和土壤等外在因素的控制。诸多因素可以概括为岩性条件、通道条件、场效应条件三种。

(2)在统计、分析前人对深部岩溶分类的基础上，采用二级分类方法对现代深部岩溶进行了工程地质分类。将地质构造类型作为一级分类指标，把现代深部岩溶划分为巨厚层型现代深部岩溶、单一构造型现代深部岩溶和复合构造型现代深部岩溶；再将岩溶发育的位置、构造类型及开启状况作为二级分类指标，把上述一级指标细化为层内型现代深部岩溶、河谷型现代深部岩溶、开启向斜型现代深部岩溶、封闭向斜型现代深部岩溶和断裂带型现代深部岩溶等二级分类。其特征如下：

①层内型现代深部岩溶的发育深度不受排泄基准面的控制，与地貌条件关系不明显，深部岩溶没有固定的高程，只是循着一定的岩溶含水层系，其深部岩溶洞穴常常是没有充填的。

②河谷型现代深部岩溶的发育具有明显的分带性和成层性，一般受岩性、构造、地下水动力条件，以及可溶岩中裂隙系统发育程度的控制。

③开启向斜型现代深部岩溶的主要特征表现为深部现代岩溶地下管道发育、地下溶洞发育长轴方向垂直于深切沟谷方向、深部岩溶发育深度与深切沟谷有关。

④封闭向斜型现代深部岩溶的主要特征表现为现代深部岩溶发育的程度和规模与向斜的类型有关、发育深度大、发育部位主要集中在向斜核部、翼部发育程度相对较低。

⑤断裂带型现代深部岩溶的主要特征表现为岩溶发育程度和规模与断裂带的性质及规模密切相关、岩溶发育方向与断裂带的方向一致、发育的深度受断裂带深度的控制。

⑥复合构造型现代深部岩溶的主要特征表现为岩溶发育规模大、深度大，岩溶的溶蚀空间多为充填型。

(3)把现代深部岩溶发育的水动力特征和现代深部岩溶发育的地质力学条件有机地结合在一起，现代深部岩溶的发育模式包括厚层-径流型、河谷-排泄型、向斜-径流型、断裂-排泄型和复合型五种模式，其中向斜-径流型以向斜形态可以进一步细化为陡倾紧密向斜-径流型、缓倾开阔向斜-径流型，按地下水循环运动方式可细分为封闭型向斜单翼纵向循环模式、封闭型向斜单翼横向循环模式、封闭型向斜绕轴深循环模式、开启型向斜水循环模式。

①厚层-径流型现代深部岩溶发育机制。在建造、改造的一系列过程中，巨厚层可溶岩内部形成了一组或者多组具有一定方向性的裂隙，使得地表水、浅部地下水可以通过这些裂隙在巨厚层可溶岩层中做深部循环，在水-岩界面上发生溶蚀作用。

②河谷-排泄型现代深部岩溶发育机制。伴随着新构造运动的间歇性抬升，河谷的不断下切对河谷的塑造起了决定性的控制作用。河谷的下切作用又使得河谷两岸应力重分布，应力重分布就会在河谷两岸形成一个应力松弛带(卸荷带)，为地下水的运动提供通道，构成沟通分水岭与谷底的倒虹吸式通道，在倒虹吸作用下形成现代深部岩溶。

③向斜-径流型现代深部岩溶发育机制。通过对向斜形成的力学成因及其应力应变状态的深入分析，认为在向斜的形成过程中极易出现纵横张节理裂隙、层间裂隙、层间滑脱、断层等一系列储水空间及过水通道，溶蚀作用开始后，原始空间逐渐被扩大，当溶蚀空间扩大到一定程度后，原有空间就会失去其正常的稳定状态，从而发生垮塌、崩塌、陷落等失稳现象，促使溶蚀空间进一步扩大，形成现今规模巨大的现代深部岩溶。其水动力机制主要有垂直于轴向的深部倒虹吸循环模式和顺轴向的深部缓流模式。

④复合型深部岩溶模式的地质力学条件和水动力机制一般较为复杂，其中较为典型的水动力模式就是向斜倒虹吸循环模式，这种倒虹吸模式可能是穿越向斜的，也可能是顺向斜而通过断裂带实现的。

(4)现代深部岩溶主要工程地质问题为涌水突泥，溶洞、隧道与溶洞间岩层失稳，高压水。

4. 厚覆盖型岩溶塌陷机理

采用大型实体模型试验(足尺模型试验)，室内再现岩溶塌陷形成水动力演化全过程、渗透变形试验和数据分析。厚覆盖型岩溶区岩溶塌陷的形成具有“土洞—塌陷”两个阶段，渗透变形是厚覆盖型岩溶塌陷的力学机制，真空负压、浮托力变化对渗透变形具有促进作用，厚覆盖型岩溶塌陷机理就是水动力变化致塌。岩溶水位下降速度和土体发生渗透变形的临界水力坡度是塌陷发育的判据，研发了岩溶地面动力监测设备，进行现场地下水动力条件监测、测试，获取岩溶塌陷动力条件参数，对岩溶塌陷的预测评价具有重要作用。

5. 高速铁路岩溶工程地质分区

以地形地貌、气候和主要岩溶地质问题为主控因素，确定了高速铁路岩溶工程分区原则。第一级分区为高原岩溶区(A)、过渡带岩溶区(B)、平原化岩溶区(C)三个区。按照地形地貌、岩性、构造、岩溶发育和岩溶水系统特征，结合高速铁路修建遇到的主要岩溶工程地质问题等方面综合因素考虑，进一步第二级分区细分为亚区。其中岩溶高原区(A)主要岩溶工程地质问题是隧道岩溶涌水突泥、岩溶塌陷，局部存在危岩落石；过渡带岩溶区(B)主要岩溶工程地质问题是隧道岩溶涌水突泥、大型溶洞、危岩落石、岩溶水环境劣化等；平原化岩溶区(C)主要岩溶工程地质问题是岩溶地面塌陷、桥基础成桩困难。

6. 复杂岩溶区高速铁路综合选线技术

针对高速铁路高平顺性要求对岩溶场地的适应性差等特点，结合岩溶致灾成因机理，运用铁道工程、岩溶学、灾害学、工程地质学、环境学及现代数理等基本理论，创建了复杂岩溶区高速铁路减灾选线技术体系，为高速铁路建设规避岩溶灾害系统性风险、实现防灾减灾的目标提供理论支撑。

(1)提出了岩溶致灾成因分类，揭示了岩溶致灾因子与高速铁路选线的关系，创建了控制高速铁路选线的岩溶致灾因子体系。

(2)提出了“减灾选线”概念，制定了“绕避强烈发育岩溶，选择相对安全位置，设置合理工程设施”减灾选线指导方针，凝练出“先绕避、短通过、抬高程、傍河边、靠既隧、顺坡排、浅覆盖、防崩滑”二十四字减灾选线指导原则。

(3)系统地研究了线路方案综合比选的原则、主要内容及影响因素、定量比选方法，创建了复杂岩溶区高速铁路定量综合方案比选的多级模糊综合评价方法，即根据模糊变换原理和最大隶属度原则，采用一级因子(地貌及地质构造(断层)条件、岩溶条件、水文地质条件、工程特征)以及13项二级因子组合的两级因子，应用层次分析法结合专家打分法，确定影响铁路比选的各级因子权重，建立模糊综合评判模型$\boldsymbol{B}=\boldsymbol{A}\cdot\boldsymbol{R}$($\boldsymbol{A}$为模糊子集，$\boldsymbol{R}$为模糊矩阵，$\boldsymbol{B}$为综合评判结果向量)。

参考文献

曹化平，王科. 2011. 铁路岩溶隧道工程地质选线研究. 高速铁路技术，2(1): 31-36.

陈旭，许模，杜宇本，等. 2011. 保山隧道暗河管道系统及其对隧道影响研究. 人民长江，42(5): 22-25.

戴建玲，雷明堂. 2013. 公路工程岩溶环境一、二级区划. 中国岩溶，32(2): 153-161.

戴建玲，雷明堂，蒋小珍. 2012. 线性工程岩溶塌陷危险性评价研究. 中国岩溶，31(3): 296-302.

杜宇本，张强，蒋良文，等. 2009. 街子坡向斜岩溶水系统及隧道涌突水危险性研究. 铁道工程学报(12): 60-64.

高伟，杨艳娜，李豫馨，等. 2016. 岩溶地区隧道工程地质选线适宜性评价. 人民珠江，37(3): 32-37.

桂金祥，岳志勤. 2016. 成贵铁路观音山隧道水文地质勘察与选线. 铁道工程学报(8): 22-26.

韩行瑞. 2015. 岩溶水文地质学. 北京: 科学出版社.

姜伏伟，雷明堂，管正德，等. 2014. 土洞发育水动力判据及应用研究. 工程地质学报，22(增刊): 77-82.

蒋良文，易勇进，杨翔，等. 2004. 渝怀铁路圆梁山隧道桐麻岭背斜东翼岩溶涌水突泥灾害与整治方案比选. 地球科学进展，19(增刊): 340-345.

蒋良文，易勇进，贾中明. 2007. 圆梁山隧道毛坝向斜深埋大型充填溶洞及其形成机制分析. 铁道工程学报(4): 53-60.

雷明堂，蒋小珍. 1998. 岩溶塌陷研究现状、发展趋势及其支撑技术方法. 中国地质灾害与防治学报，9(3): 1-6.

李光伟. 2016. 论岩溶区工程地质勘察问题与地质选线. 铁道勘察(2): 12-16.

李光伟，杜宇本，陈旭，等. 2015. 大瑞铁路保山隧道建设对易罗池岩溶水系统影响研究. 铁道标准设计，59(5): 106-111.

毛邦燕，吴俊猛，喻洪平，等. 2011. 沪昆客专黄果树至北盘江段地质选线方案研究. 铁道工程学报(10): 19-25.

任金龙，谢荣强. 2017. 石林隧道岩溶发育特征及穿越方案选择研究. 路基工程(2): 199-202.

唐万春，许模，于贺燕. 2011. 武广客运专线英德段岩溶塌陷发育规律研究. 地质与勘探，47(4): 699-704.

王科，蒋良文，许模，等. 2001. 园梁山隧道毛坝向斜段岩溶洞穴的发育深度探讨. 成都理工学院学报，28(2): 139-143.

王运生，黄润秋，蒋良文，等. 2004. 园梁山隧道背斜段涌水机制探讨. 地球科学进展，19(增刊): 355-357.

王子江. 1993. 分宜车站岩溶地面塌陷隐患及整治. 隧道及地下工程，14(4): 38-43.

王子江，蒋良文，王茂靖，等. 2018. 复杂岩溶区高速铁路减灾选线理论研究. 铁道工程学报(4): 11-15.

吴俊猛，喻洪平. 2013. 沪昆客专云贵段主要地质问题及选线对策研究. 铁道工程学报(10): 12-16.

许模，毛邦燕，张强. 2008. 现代深部岩溶研究进展与展望. 地球科学进展，23(5): 495-500.

许模，毛邦燕，杨艳娜，等. 2017. 现代深部岩溶形成机理及工程适宜性研究. 北京: 科学出版社.

张倬元，蒋良文. 2010. 倒虹吸形成深饱水带大型充填溶洞的典型实例——圆梁山隧道毛坝向斜深饱水带特大型充填溶洞的形成及充填物成灾机制分析. 工程地质学报，18(4): 455-469.

赵瑞，许模，范辰辰. 2015. 隔挡式背斜区隧道群地下水渗流场模拟演化. 现代隧道技术，52(3): 69-74.

中国科学院地质研究所岩溶研究组. 1979. 中国岩溶研究. 北京: 科学出版社.

Jiang F, Dai J, Lei M, et al. 2015. Experimental study on the critical triggering condition of soil failure in subsidence sinkholes. Environmental Earth Sciences, 74：693-701.

Jiang X, Lei M, Gao Y. 2015. Potential karst collapse assessment along a bridge foundation of high-speed rail, Anshan, China. Engineering Geology for Society and Territory, 5：539-543.

Lei M, Gao Y, Jiang X. 2015. Current status and strategic planning of sinkhole collapses in China. Engineering Geology for Society and Territory, 5：529-533.

Lei M, Gao Y, Jiang X, et al. 2016. Mechanism analysis of sinkhole formation at Maohe village, Liuzhou city, Guangxi province, China. Environmental Earth Sciences,75：542-552.

Meng Y, Lei M T, Lin Y S, et al. 2012. Models and mechanisms of drilling-induced sinkhole in China. Environmental Earth Sciences, 67：1961-1969.

Meng Y, Ji F, Jia L, et al. 2014. A new approach for forecasting the appearance of sinkholes near the Jinshazhou tunnel. Environmental Earth Sciences, 71(8): 3339-3347.

Xia Q, Xu M, Zhang H, et al. 2018. A dynamic modeling approach to simulate grouudwater discharges into a tunnel from typical heterogenous geological media during continuing excavation. KSCE Journal of Civil Engineering, 22(1): 341-350.

Xiao X, Xu M, Ding Q, et al. 2018. Experimental study investigating deformation behavior in land overlying a karst cave caused by groundwater level changes. Environmental Earth Sciences, 77：64-74.

Zhong L, Xu M, Yang Y, et al. 2018. The development and evolution of landform based on neotectonic movement：The Sancha river catchment in the southwestern China. Journal of Earth System Science, 127: 8-24.

第3章 复杂岩溶区高速铁路“空、天、地”一体化综合勘察技术

3.1 概　　述

工程地质勘察是查明与建设工程有关的场地自然特征、工程地质和水文地质条件，并进行工程地质条件评价的全过程。工程地质勘察是铁路工程建设的基础工作，采用新技术、新方法是促进勘察技术发展、提高地质勘察精度的前提；铁路工程地质勘察经历了单一勘察手段、多手段配合、综合手段应用的发展过程，这个过程实际就是不断采用新技术、新方法的过程。目前，岩溶区常规勘察技术主要包括卫片、航片遥感图像地质解译，地质调绘，勘探(包括物探、钻探等)与测试，观测与评价。各常规勘察技术特点见表3-1。

表3-1　复杂岩溶区常规勘察技术特点

类别	特点	优势	不足
卫片、航片遥感图像地质解译(低分辨率)	按“建立解译标志，分析解译成果，确定调查重点，实地核对与修改，补充解译、复判”的程序开展工作	视野广阔，不受交通、气候条件限制，可以解译岩溶区宏观构造和岩性界线	比例尺小，无法解译岩溶地貌形态
地质调绘	紧密结合工程设置，采用远观近察、由点到面、点面结合的工作方法	直观认识岩溶发育形态、井泉点等	受地形、气候、交通条件等自然条件影响大；难以查明地面下隐伏岩溶
物探	主要有地面直流电测深法(包括高密度电法等)、大地电磁法[包括音频大地电磁法(AMT)、可控源音频大地电磁法(CSAMT)等]、地质雷达法、地震反射波法、瑞利面波法、地震折射波法、井间电磁波层析成像法、隧道物探超前地质预报等，尤以音频大地电磁法应用最为广泛	通过物探成果解译，对探测对象的地表及地下工程地质特征，能获得一定深度范围内的宏观立体认识	物探成果具有多解性，易受外界干扰
钻探与测试	钻探是地质勘探中最常用的基本技术手段，可取得工程地质、水文地质参数，为设计施工提供依据，是相对可靠的勘探手段	直观探查钻孔范围内岩溶的垂向发育规模、溶洞充填物状况、岩溶发育范围、岩溶裂隙水或地下暗河的水位高程	只能反映钻孔内的岩溶发育特征，不能反映区域内岩溶的宏观发育特征和规律
观测与评价	岩溶发育且存在隐伏洞穴或需要查明其分布规律、主发育方向时应进行溶洞连通试验；水文地质条件复杂的隧道应进行水文地质动态观测；岩溶地面塌陷严重地段宜进行地面变形和塌陷监测、地表水和地下水水位的监测	通过观测和测试，可以比较准确地查明暗河发育情况、地下水波动情况以及岩土体变形情况等水文地质及工程地质特征	需结合区域地质资料、地表调绘、物探、钻探成果进行综合分析

近年来，随着西部高速铁路的发展，在武广、贵广、沪昆、云桂等复杂岩溶区高速铁路的勘察设计中，面临岩溶发育的不均一性、隐蔽性、复杂性和地形地貌的多样性等问题，常规勘察技术和手段难以满足设计要求。研究北斗卫星、高分遥感、无人机、干涉合成孔径雷达(InSAR)、三维激光、新型勘探等技术在复杂岩溶区铁路勘察中的应用，将会大大提高勘察效率和精细度。为此，需在复杂岩溶区根据地形、地质条件、工作阶段、工程类型等，研究综合勘察方法，达到地质资料互相验证、取长补短，实现用最少的勘察工作量达到最优的勘察效果的目的。

3.2 新型勘察技术

3.2.1 天——卫星高分遥测遥感新技术

“天——卫星高分遥测遥感新技术”是指基于太空中运行的卫星系统开展的新型勘察技术，主要包括北斗卫星定位勘测技术、高分卫星遥感解译技术、InSAR 形变监测技术、卫星热红外遥感隧道地热异常识别技术以及多光谱、高光谱卫星岩性识别技术。

1) 北斗卫星定位勘测技术

通过开发相应的北斗数据处理软件，利用北斗卫星建立各等级铁路控测网，确定基于北斗卫星独特的空间混合星座的控制网测量和实时差分定位 RTK 测量的作业模式及技术要求，使其满足铁路勘测的精度要求。

2) 高分卫星遥感解译技术

研究 GeoEye-I、Worldview-2、Pleiades、QuickBird、SPOT 等高分卫星影像融合与测绘 1∶2000 地形图的核心技术和作业方法，其测图精度满足铁路 1∶2000 地形图精度要求；研究国产资源 3 号卫星影像融合与测绘 1∶50000 甚至 1∶10000 地形图的核心技术和作业方法以及资源 3 号卫星影像融合与修测 1∶25000 甚至 1∶10000 地形图技术与作业流程；立体测图精度满足铁路 1∶25000 地形图要求，单景影像修测满足 1∶10000 地形图精度要求；在获得卫星影像融合高分图像与高精地形图的基础上，进行地质解译和铁路线路方案地质比选研究。

实例：利用高分航遥解译技术进行渝利铁路重庆至涪陵段方案地质比选研究。

渝利铁路重庆至涪陵段地处过渡带(也称斜坡过渡带)岩溶区，预可行性研究阶段存在：①经长寿、涪陵方案；②沿既有线增建第二线方案；③新建双线方案；④采用方案(经庙坝、沿高速公路、长寿、涪陵方案)四大比选方案。4 个方案均横向穿越环山、明月峡、苟家场 3 个近南北向的条状中低山背斜，其核部均为灰岩、白云质灰岩等可溶岩。这 3 个背斜段地表漏斗、落水洞、溶沟、溶槽、溶蚀洼地等岩溶地貌发育，多顺构造线串珠状分布，特别是嘉陵江组地层，岩溶现象最为发育，在地貌上多为岩溶槽谷负地形，槽谷地表水均通过漏斗、落水洞、溶蚀裂隙等转入地下，而未形成地表水系，反映出地下溶洞比较发育，地下岩溶水十分丰富，隧道施工中可能遇较大型溶洞和大规模涌水突泥风险。

为在这 3 个条状背斜的近南北向几十公里范围内选择较为理想的穿越位置，以达到铁路工程建设与运营安全可靠、技术经济合理的目标，采用数字摄影测量工作站(JX-4)通过一定的数据融合方法，将不同时波段的分辨率可达到 2.5m 的 SPOT5 高分卫星遥感影像数据与分辨率可以达到 0.61m 的高分 QuickBird 卫星遥感图像数据分别融合，获得分辨率更高的卫星遥感影像。在充分利用和消化前人既有岩溶地质资料的基础上，通过对获得的更高分辨率卫星遥感影像进行处理解译，查明了 3 个背斜区段内可溶岩地层分布、岩性组合特征与产出形态，断裂发育情况；查清了 3 个背斜地表洼地、槽谷、暗河(岩溶泉、溶洞)等岩溶现象分布情况；分析出了 3 个背斜岩溶发育的宏观规律，推测出了岩溶相对不发育或发育微弱的部位或地段；推荐了岩溶风险最小的方案④(即经庙坝、沿高速公路、长寿、涪陵方案)；2013 年 12 月顺利建成通车。

3) InSAR 形变监测技术

基于时序 PS/DS InSAR(永久散射体干涉)技术、山区地形图雷达干涉三维重建技术和合成孔径雷达(SAR)最新模式影像处理方法，对铁路走廊范围沿线开展岩溶地面变形位移监测。

实例：利用 InSAR 技术评价某高速铁路岩溶地面塌陷区稳定性。

某在建高速铁路毗邻某大型岩溶地面塌陷区通过。钻探资料初步揭示，塌陷影响范围为 DK509+820～DK510+454，长约 634m。在采用资料收集、专题调查、物探、深孔钻探、钻孔测井、对孔透视测试等综合勘察手段的基础上，利用 InSAR 形变监测技术，进一步评价该岩溶地面塌陷区稳定性及对线路方案的影响程度。

通过调取工作区意大利 COSMO-SkyMed X 波段高分雷达遥感卫星数据，采用 PS-InSAR 数据处理算法对塌陷区及周边长时间间隔 SAR 干涉图上保持有高相干特性的地面目标点(即 PS 点，其为散射特性比较稳定的点，通常分布在植被稀少区，对应着建筑、公路、水利等设施)相位变化进行数据处理，分析该岩溶地面塌陷区沉降情况(表 3-2 和表 3-3)。

表 3-2　某岩溶地面塌陷区 PS 点年平均沉降速率统计(2011～2013 年 PS 监测数据)

年平均沉降速率/(mm/a)	PS 点数量/个	占比/%
＜-8	104	3.42
-8～-6	99	3.26
-6～-4	195	6.41
-4～-2	473	15.55
-2～0	910	29.92
0～2	758	24.93
2～4	373	12.27

续表

年平均沉降速率/(mm/a)	PS 点数量/个	占比/%
4～6	87	2.86
6～8	28	0.92
8～10	14	0.46
总 PS 点	3041	100

注："-"表示沉降，"+"表示抬升。
年平均沉降速率处于-4～4mm/a 的点占 82.67%。

表 3-3 某岩溶地面塌陷区 PS 点年平均沉降速率统计(2014～2015 年 PS 监测数据)

年平均沉降速率/(mm/a)	PS 点数量/个	占比/%
<-14	56	1.13
-14～-12	85	1.71
-12～-10	105	2.11
-10～-8	235	4.73
-8～-6	589	11.85
-6～-4	1110	22.33
-4～-2	1539	30.95
-2～0	740	14.88
0～2	354	7.12
2～4	97	1.95
4～6	23	0.46
6～8	27	0.54
8～10	12	0.24
总 PS 点	4972	100

注："-"表示沉降，"+"表示抬升。
年平均沉降速率处于-8～4mm/a 的点占 89.08%。

监测结果分析如下：

(1)数据统计、分析表明，该岩溶地面塌陷区大部分点年平均沉降速率处于-8～4mm/a。

(2)该岩溶地面塌陷区出现少量年平均沉降速率小于-8mm/a 及抬升大于 8mm/a 的点，经实地调查发现，这些点大都处于工厂、仓库临时搭建的工棚和库棚，棚顶为塑料材质，受风吹、日晒雨淋、温度变化的影响极易变形，因此可以断定，地面沉降、变形不是引起这些点塌陷沉降的原因。

(3)综上所述，该岩溶地面塌陷区年平均沉降速率较小，地面塌陷处于稳定状态。

4) 卫星热红外遥感隧道地热异常识别技术

通过卫星热红外遥感卫片，获取铁路沿线大地热流数据，研究非地热因素对卫星遥感资料的影响，如太阳辐射、大气和海拔等因素的影响，获取适合分析大地热流的地表温度成分。结合现有的大地热流数据，利用统计分析方法，分析地表温度基本场与大地热流之间的关系(图 3-1)。

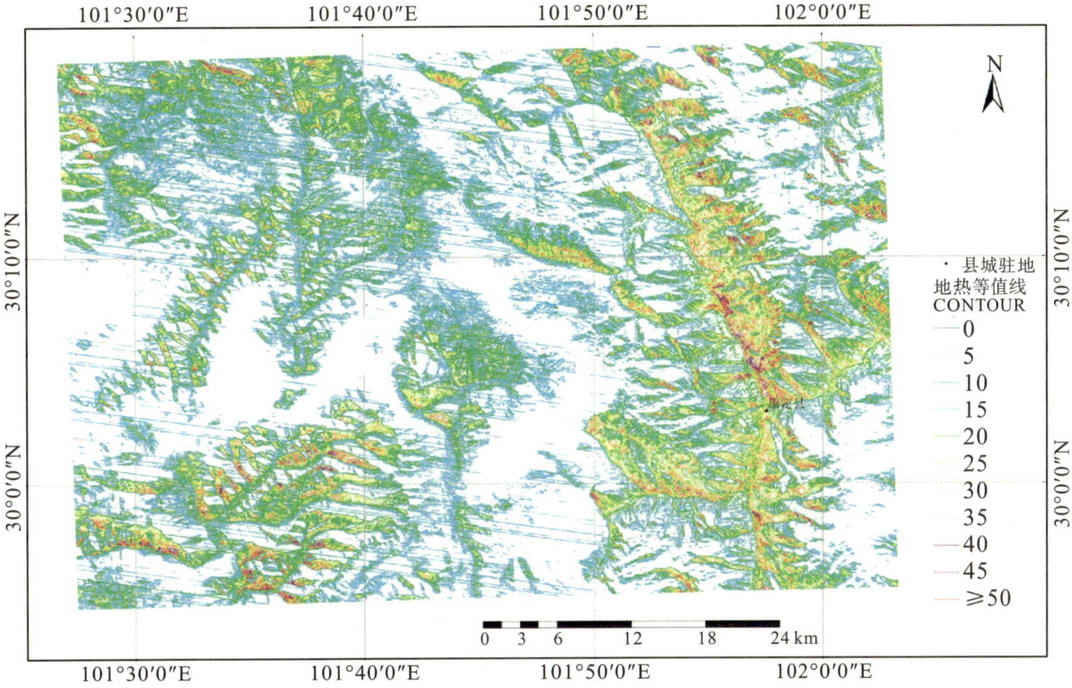

图 3-1 某铁路隧道卫星热红外解译成果图

5) 多光谱、高光谱卫星岩性识别技术

通过多光谱卫星、高光谱卫星获取的光谱数据，与野外采集的光谱数据进行对比分析，得到难以进行接触式勘察区域地层岩性信息，提高勘察精度，降低勘察难度(冯涛等，2017)。

实例：利用高光谱隧道卫星岩性识别技术进行某铁路隧道地层岩性识别。

某铁路自然环境、地形地质条件极其恶劣，利用高光谱隧道地层岩性识别技术，在对区域地质资料分析的基础上，通过实地采集区域资料上地形平缓地段相同地层岩性样品测定光谱数据，经过系统编号整理并建立野外岩性波谱库，再对区域资料上地形陡峻相同地层岩性地段 Hyperion 高光谱影像图进行岩性匹配从而识别地层及岩性(图 3-2)。

据研究区地形平缓地段野外岩性波谱库，对研究区地形陡峻地段 Hyperion 高光谱影像图进行岩性匹配，可获取研究区地形陡峻地段的地层岩性如图 3-3 所示。

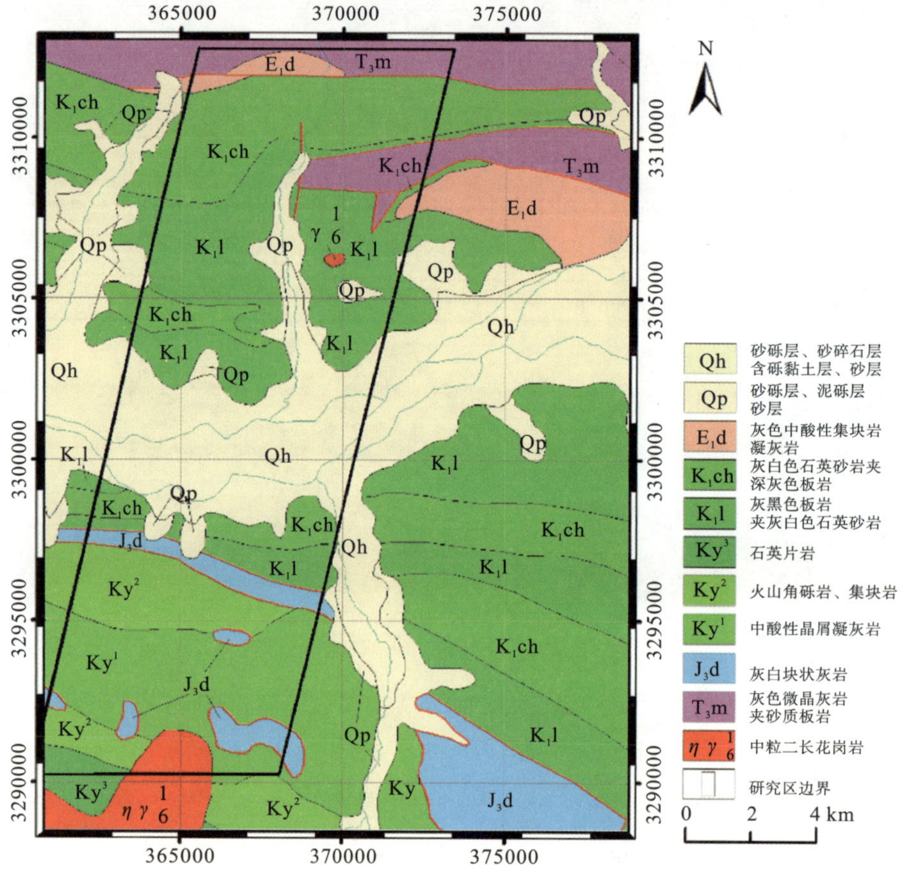

图 3-2　某研究区岩性分布图(据 1∶20 万区域地质图)

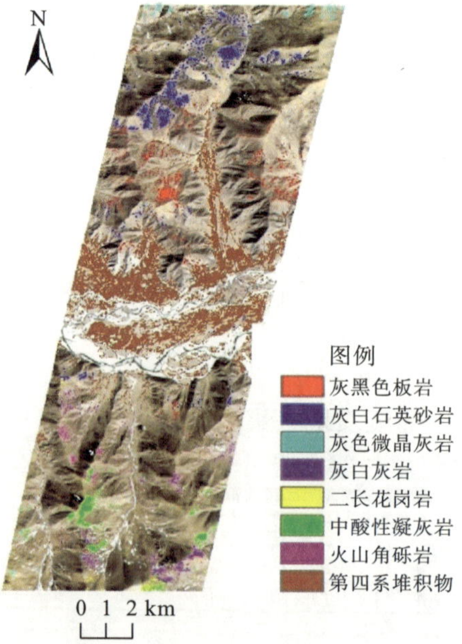

图 3-3　研究区岩性识别图

3.2.2　空——无人机高分航测遥感新技术

“空——无人机高分航测遥感新技术”是指在大气层内低空域开展的无人机新型勘察技术，主要包括基于各类固定翼和多旋翼的高分无人机测绘技术和勘察技术。

1. 高分无人机测绘技术

按照飞行原理，无人机分为多旋翼无人机(图 3-4)和固定翼无人机(图 3-5)两种，固定翼无人机续航时间长、辐射范围大，适合线状区域航拍，在大范围区域测绘阶段优势明显；多旋翼无人机飞行姿态可控、适合点状区域航拍，在工点详细勘察方面优势突出(王栋等，2016)。

图 3-4　多旋翼无人机

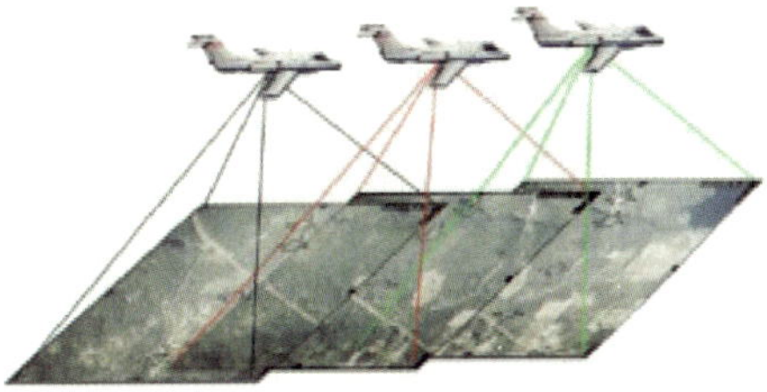

图 3-5　固定翼无人机

但西部艰险山区岩溶调查范围广，面积大，既有商用无人机无法满足铁路勘察要求。因此，从设备研发出发，开展无人机铁路航测成套技术研究，使其满足铁路长距离、大范围勘察要求，能够适应高海拔区空气稀薄的特点，在高荷载下完成勘察任务，对飞机的翼展、发动机转速等进行设计，开发出铁路勘察专用 TP2000 型固定翼无人机，该无人机的任务载重可增加到 6.2kg，航程可增加到 180km，续航时间最大可达 150min，最大升限 6500m，巡航速度22m/s，最大航速 35m/s。其性能达到国内商用无人机领先水平，能够完成复杂艰险山区岩溶区测绘工作。

其成果满足铁路勘测 1∶2000 地形图、1∶500 工点地形测绘和线路横断面测量精度要求；通过开展低空无人机与地面三维激光扫描相融合的数据获取及数据处理研究，实现其成果满足复杂岩溶区铁路工点图测绘及建筑信息模型(BIM)设计要求。

2. 高分无人机勘察技术

1) 无人机地质勘察技术

(1) 技术方法。

无人机三维影像技术是利用电荷耦合器件(CCD)或互补金属氧化物半导体(CMOS)感光传感器的数码相机获取三维物体的二维图像，通过实际空间坐标系和数字影像平面坐标系之间的透视变换，将其采用计算机立体视觉技术，重建生成被摄物体的三维点云坐标数据；将其应用于地质勘察中，通过数据处理软件 Pix4D、PolyWorks 等进行数据处理后，可以实现被摄物体的地质填图、立体建模和相关计算(图 3-6)(董秀军等，2019)。

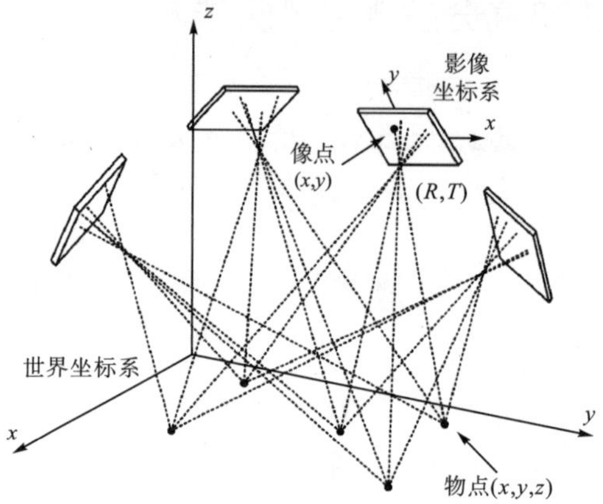

图 3-6　无人机点云构建

(2)技术优势。

无人机勘察技术结合其他遥感数据处理、建模和应用分析技术方法，能够完成滑坡、泥石流、危岩落石等地质灾害调查工作，结合近地摄影测量技术可完成岩性组合、结构面产状、断层、卸荷带走向、宽度的识别；是采用传统卫片和航片遥感方式解决宏观地质问题的有力补充，在小区域和飞行困难地区高分辨率影像快速获取方面具有明显优势，可以大大提高在复杂地形区域的地质勘察精度和效率。通过研发的岩层产状自动识别软件，针对植被覆盖较稀疏区域，能够实现出露岩体结构面的快速自动识别。能在通用的三维点云处理软件中，在无人工干预处理情况下，自动搜索并提取出岩体结构面，并且具有良好的后检校功能(图 3-7)。

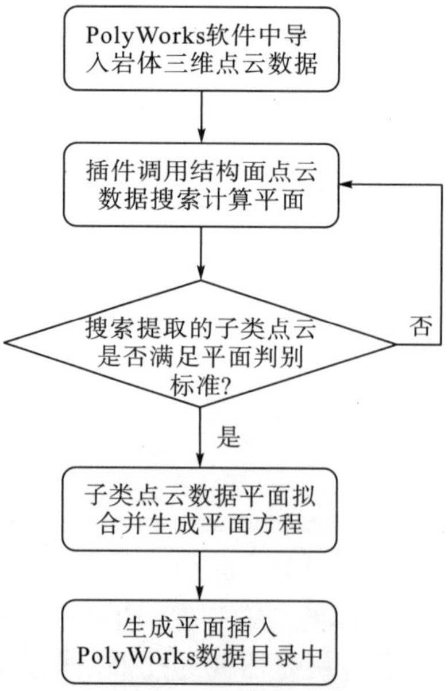

图 3-7　产状自动识别流程

2) 无人机岩溶勘察体系

创新提出了无人机岩溶勘察体系，根据不同阶段要求开展不同精度下无人机勘察工作。复杂岩溶区铁路工程地质勘察中，在方案比选阶段采用固定翼无人机进行大范围航拍后，结合区域地质资料判释主要的地层界线及地质构造、岩溶地表形态和危岩落石、卸荷裂隙分布情况，为地质减灾选线提供依据，可大幅缩短勘察周期和提高工作效率(王栋等，2018)；在各阶段具体的不良地质工点，采用多旋翼无人机进行详细勘察，则可查明岩溶地表形态和危岩落石的详细特征，并可实现数字建模和定量计算、评价(图3-8和表3-4)。

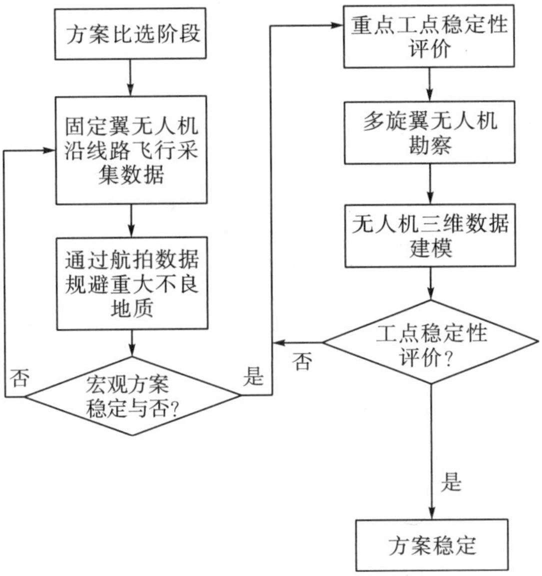

图3-8　无人机勘察流程图

表3-4　常规地质调绘与高分无人机勘察对比分析表

类别		常规地质调绘	高分无人机勘察
方案比选		需耗费大量人力进行大面积地质测绘、效率低、易遗漏	勘察时间短、速度快、效率高，大大缩短勘察周期
工点勘察	地层界线、地质构造识别	需耗费大量人力及时间，效率低，难以宏观把握	可宏观把握地质界线、地质构造分布情况，效果好
	岩溶	地表落水洞、洼地调绘时间长，效率低、精度低、错漏多	①耗时少，减少地质人员勘察风险并大大节省人力，及时为选线及隧道工程地质评价提供依据；②勘察范围广，可对岩溶形态进行定量评价，提高地表调绘精度
	危岩落石及卸荷裂隙	人员无法到达，全靠估算，定性为主，定量困难	①地形控制因素少，基本上无人机都可以进行航拍；②勘察精度高，可以对任意危岩进行空间尺寸及结构面产状测量；③地质人员勘察风险小，无需人力攀爬陡坡进行勘察

3. 应用实例

1)渝昆高速铁路架车隧道地层界线及地质构造识别

架车隧道位于高原岩溶区，地质条件复杂，地形条件恶劣，比选方案众多且线路方案经常变动，野外调绘需要投入大量的人力物力。采用高分固定翼无人机勘察，通过高清无人机相片，结合区域地质资料，初步查明了各比选方案主要的地层界线、地质构造和不良地质，基本满足了初测阶段的地质减灾选线要求，大幅提高了勘察效率。固定翼无人机一天能进行 100km 左右的调绘数据采集，可大大缩短勘察周期(图 3-9)。

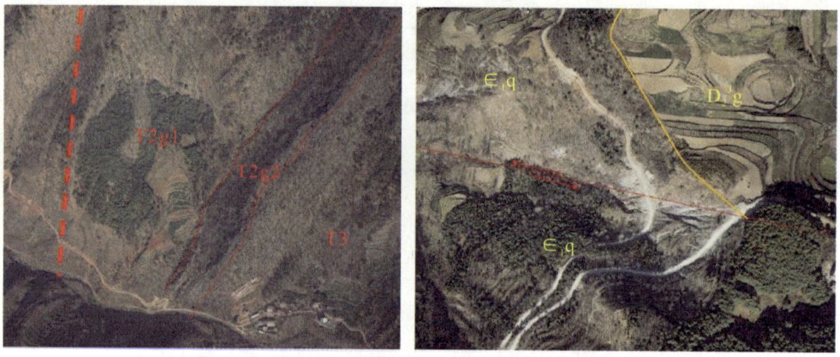

图 3-9 渝昆高速铁路架车隧道出口地层界线及断层识别

2)渝昆高速铁路架车隧道岩溶勘察

架车隧道位于高原岩溶区，岩性以灰岩为主，隧区地表落水洞、漏斗、竖井、岩溶洼地等极其发育，查清这些地表岩溶形态的具体分布状况，对线位选择以及隧道涌水量估算十分必要。单纯通过传统的地质人员实地调绘，存在耗时长、容易遗漏的缺陷，通过无人机勘察技术则可进行较大范围的实地拍摄和对单个岩溶形态的准确测量。采用固定翼无人机勘察，表明在架车隧道山顶线位附近共分布 43 个落水洞，其中最大的落水洞面积达到 $8.77\times10^3m^2$，最小的落水洞面积 $114.82m^2$，落水洞平均面积 $1.91\times10^3m^2$，落水洞总面积 $8.033\times10^4m^2$(图 3-10 和图 3-11)。

图 3-10 渝昆高速铁路架车隧道山顶局部岩溶洼地、落水洞

图 3-11 渝昆高速铁路架车隧道山顶岩溶形态分布及数字处理

3) 贵阳至兴义高速铁路马岭河大桥危岩落石及卸荷裂隙勘察

马岭河大桥位于过渡带岩溶区。贵阳端岸坡陡峻，形成高差达 300m 的灰岩陡崖，人力无法实地地质调绘。采用多旋翼无人机勘察，通过后期数据处理软件进行三维建模，对结构面产状，危岩的位置、几何尺寸进行了准确测量，为桥台基础的设置和危岩落石防护提供了准确的设计参数，大大提高了对危岩落石的勘察和风险评估水平(图 3-12 和图 3-13)。

图 3-12 由多张照片合成的贵阳至兴义高速铁路马岭河大桥贵阳端岸坡危岩三维模型示意图

图 3-13 马岭河大桥危岩三维模型中进行岩层产状及危岩尺寸测量

3.2.3 地——地面或近地表勘察新技术

“地——地面或近地表勘察新技术”是指在与地面直接接触或近地表局部接触的新型勘察技术，主要包括地面三维激光扫描技术、等值反磁通瞬变电磁(TEM)技术、微动探测技术、铁路工程跨孔电磁波层析成像精细化处理技术、轻便型动力头式全液压钻探技术以及厚-深厚覆盖层综合原位测试技术等。

1. 地面三维激光扫描技术

地面三维激光扫描技术是可用于测绘陡峭地形图和危岩及隧道等的三维构建技术，成果满足艰险山区铁路勘测设计要求。

2. 等值反磁通瞬变电磁技术

1) 基本原理

等值反磁通瞬变电磁技术是以不接地回线或接地长导线供以双极性脉冲电流激发电磁场，通过观测二次磁场，从而确定地下导体的电性空间分布形态的方法。但由于发射电流关断时，接收线圈本身产生感应电动势，并叠加在地下涡流场产生的二次场之上，因此会造成早期信号失真，形成 0～20m 的勘探盲区。为消除接收线圈的感应电动势，席振铢于 2014 年提出基于等值反磁通原理的浅层等值反磁通瞬变电磁技术，采用上下平行共轴的两个相同但电流方向相反的发射线圈，通以反向电流作为发射源，且在该双线圈源合成的一次场零磁通面上，测量对地中心耦合的纯二次场(嵇艳鞠等，2007)。理论计算和试验论证表明该方法能有效消除接收线圈本身的感应电动势，从而获得地下纯二次场响应。相对传统设备，其小型化的发射和接收天线，可适应各类工作环境的需要。

2)特点

采用HPTEM-08型高精度等值反磁通瞬变电磁技术测量系统(图3-14)进行数据采集，该系统主要是针对地下0～100m地质目标体勘探而设计制造的。它基于等值反磁通原理，创新性地运用等值反磁通技术消除收发线圈之间的感应耦合；利用对偶中心耦合原理提高纵横向分辨率；采用统一标准的微线圈对偶磁源、高灵敏度磁感应传感器、高速24位数据采集卡以及高密度测量技术实现了浅层高精度等值反磁通瞬变电磁技术勘探。该系统天线直径为1.2m，发射等效边长为50m×50m，克服了山区布置线圈的困难。

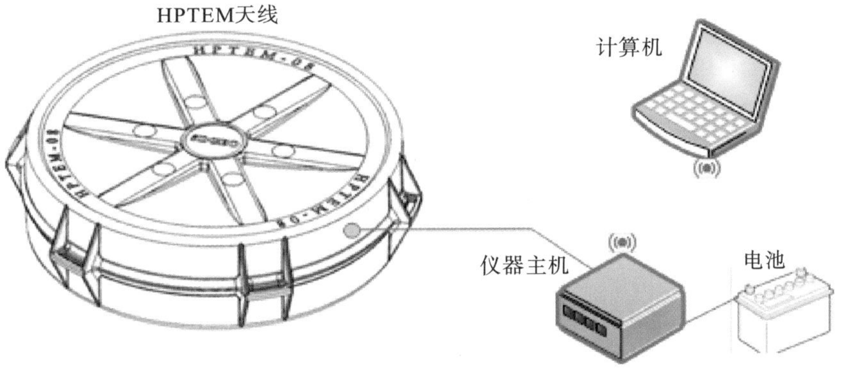

图3-14 等值反磁通瞬变电磁技术测量系统

3)应用实例

(1)贵南高速铁路堡子暗河勘察。

贵南高速铁路堡子暗河位于过渡带岩溶区，勘察过程中地质技术人员推测暗河交于线路里程DK24+960附近，暗河走向与线路交角37°，出口位于DK25+125右侧140m附近，从上至下依次为覆盖土层、砂页岩、灰岩。结合地质调查和钻探资料，在线路左右布置了4条物探测线，测点点距5m。使用HPTEM-08型仪器采集数据，采用收发一体反磁通天线定点测量方式。选择发送基频25Hz，其中，仪器关断时间长度40μs、每个测点采样点数1250个、最大发送电流10A、发送电压12V(图3-15)。

物探资料显示在几个断面的中部，埋深50～75m范围内均存在反演电阻率低于250Ω·m的低阻异常带，结合钻探资料将这些异常区域判释为溶洞，其底部为暗河，并在平面上绘制出了暗河的规模和发育方向，为该段路基基底岩溶整治设计提供了可靠的资料(图3-16)。

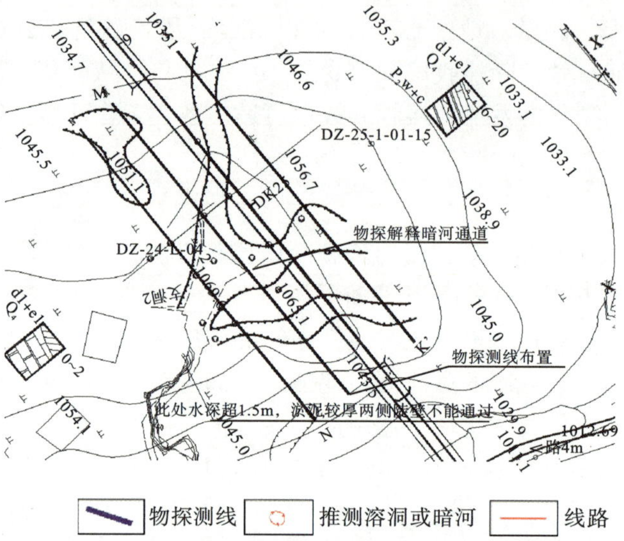

图 3-15　贵南高速铁路堡子暗河物探测线平面布置及成果图

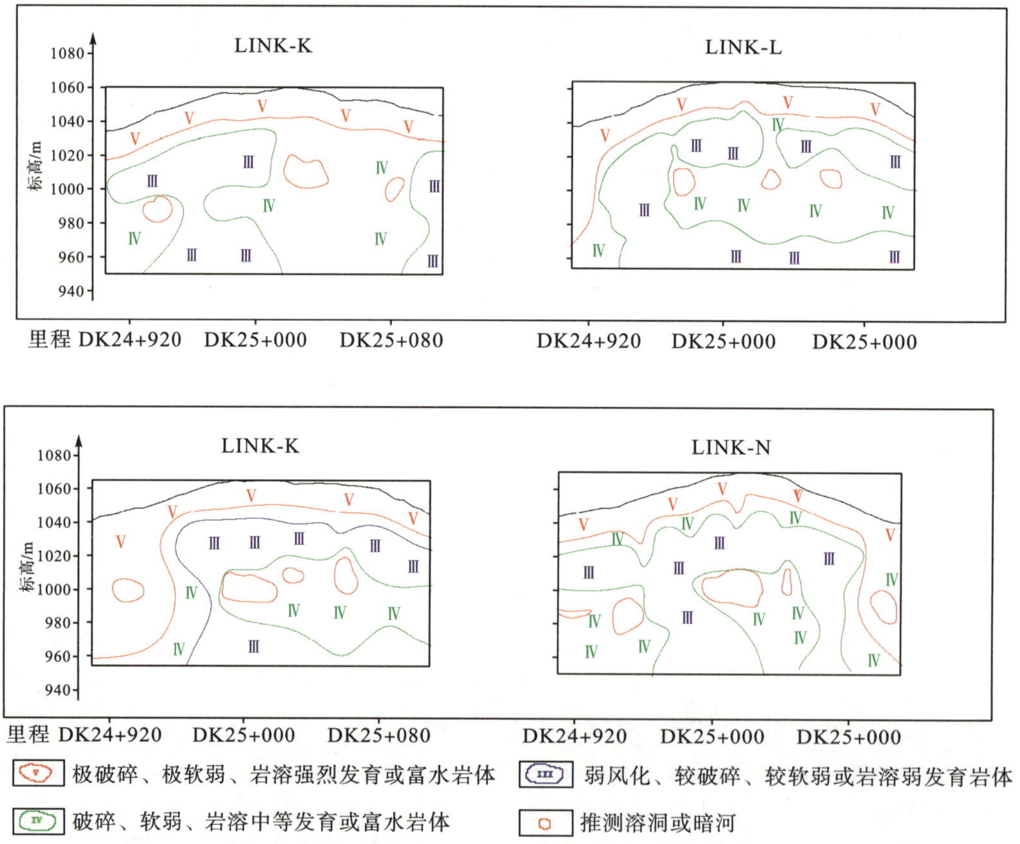

图 3-16　堡子暗河 4 条测线断面成果图

(2) 盘兴高速铁路保田车站特大桥溶洞勘察。

盘兴高速铁路保田车站特大桥位于过渡带岩溶区，桥址位于贵州省盘县保田镇甘河村，全长 980.70m，是该线控制性工程之一。桥区属构造溶蚀低-中山地貌，地势相对较为平坦，绝对高程 1552～1635m，相对高差 0～83m。多分布为旱地，丘坡上植被较发育，基岩零星出露，交通条件相对较好。桥区地表上覆第四系全新统淤泥质黏土，下伏基岩为灰岩、白云岩，溶蚀强烈发育。线位附近发育多处充水型溶洞天窗。顺中线布置一条测线，其结果显示在测线 1582 位置附近，存在向下贯通的条带状低阻异常，其视电阻率值低于 100Ω・m，结合地质调绘资料，判定为溶洞或暗河通道。另在物探测线位置 C1K50+590 右 23m 地表发育有溶洞天窗。为彻底检查本次等值反磁通瞬变电磁技术勘探的准确性，由测量专业人员下至洞底，对等值反磁通瞬变电磁技术反演资料显示的溶洞实地测量，测量结果显示：其在物探测线上的展布范围 1572～1600m 段为地下溶洞分布，与等值反磁通瞬变电磁技术反演资料高度吻合(图 3-17 和图 3-18)。

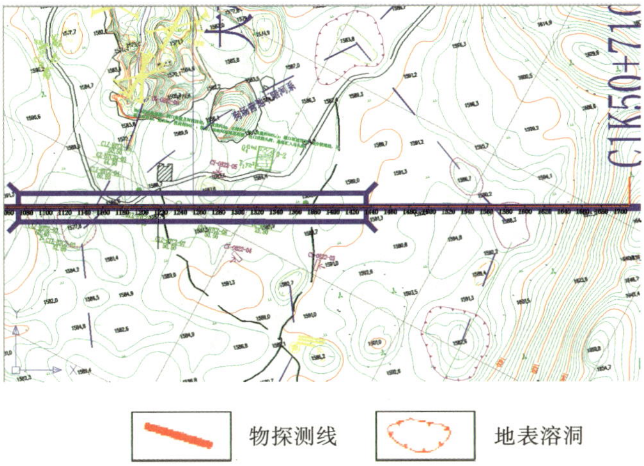

图 3-17　平面布置及溶洞平面展布

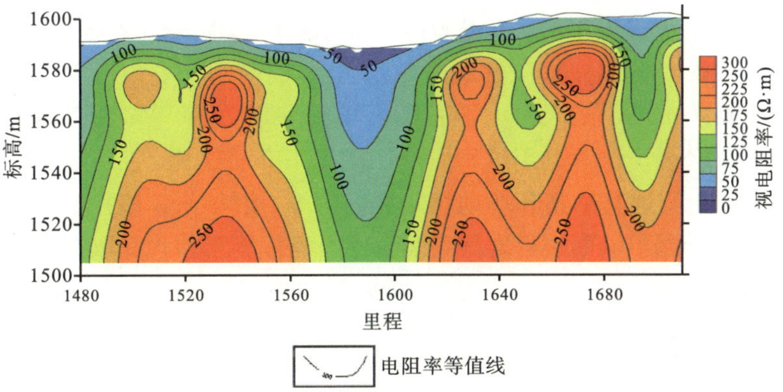

图 3-18　反演视电阻率剖面

3. 微动探测技术

1) 基本原理

地球表面无论何时何地都存在着一种天然的微弱振动，称为微动，微动的振幅为 10^{-4}～10^{-2}mm，人类感觉不到。其信号频率小于 1Hz 的低频信号来源于天气、气压、风速的变化以及海浪、潮汐变化等自然现象；信号频率大于等于 1Hz 的高频信号来源于车辆、机器运行等日常生活、生产的人类活动。微动信号的频率成分的理论范围为 0～20Hz，实际范围在 0.02～10Hz。微动探测是采集地表的微弱振动信号，通过数据处理技术提取 Rayleigh 波相速度频散曲线，再对频散曲线进行反演，得到地下介质的横波速度结构。其采集系统如图 3-19 所示。

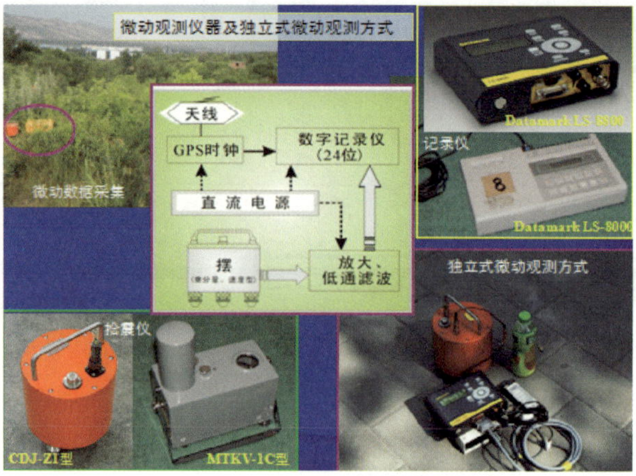

图 3-19　微动探测采集系统示意图

2) 特点

微动探测技术因无需人工源、不受电磁干扰和勘探场地的环境噪声影响，仪器设备轻便，勘探成本低。微动探测技术在日本已有近 20 年的应用历史，日本的文部科学省、国土交通省等多个政府部门，东京大学、名古屋大学、北海道大学等多所著名高校以及 OYO、清水建设等很多著名公司，都利用这种方法探测地下介质结构，应用领域涉及地质勘察、城市活断层调查、工程地基勘察和场地稳定性评价等。近年来，该方法在北京、济南的轨道交通工程勘察中开展了活断层、岩溶、土石界面等探测工作，都取得了显著效果，积累了丰富的探测经验。

3) 应用实例

在位于过渡带岩溶区的贵阳枢纽铁路勘察中，为探测断层产状(视倾角)、破碎带宽度以及岩溶洞穴、暗河的埋深和规模，在六神关断层带，阳明祠 1#、2#断层，东山断层，水口寺正断层，南明河逆断层六条断层范围内布置了微动探测测线。根据以往工作经验并经理论估算和现场试验确定，采用观测半径为 0.6m 和 12m 的双重圆形观测台阵、测点间距为 10.4m 的微动数据观测系统，既能满足探测深度要求，也可兼顾控制断层的平面摆动范围和提高数据采集效率(图 3-20)。

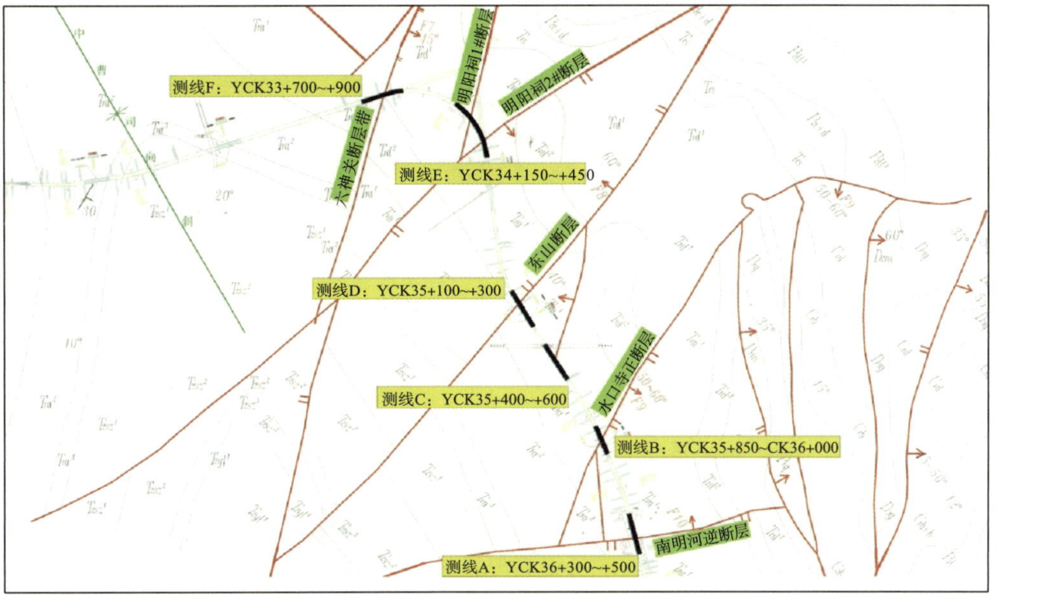

图 3-20　微动探测测线布置示意图

根据工区六条测线的探测结果，确定工区瑞雷面波速度 VR<350m/s 的地表区域为黏土层，与钻孔揭示的人工填土、杂填土、黏土层相对应，层厚 10m。该层在工区内普遍发育、横向成层性好、厚度变化不大。把条带状、连续向下贯通延伸、VR=450～600m/s 且等值线呈高梯度变化的低速异常区解释为断层(破碎带)。断层(破碎带)内岩石破碎、富(含)水，在 VR 剖面上均表现为显著的低速异常，易于识别。根据 VR 值大小、异常形态并考虑地层岩性等因素区分不同岩体。

工区内深度 10m 以下，岩体总体呈现为 VR>850m/s、岩性均匀(VR 值基本稳定)，可以认为是较完整的基岩岩体。但在该套岩体中，速度横向变化较大，局部低速异常发育。在喀斯特地貌地区，这一现象可解释为与岩溶发育有关。根据 VR 值不同，将较完整基岩(背景)中出现的低速异常区域划分为Ⅴ、Ⅳ和Ⅲ三类，分别对应岩溶强烈发育或富水岩体、岩溶中等发育或含水岩体、岩溶弱发育岩体。将基岩较完整岩体中 VR=600～650m/s 的区域划为Ⅴ类岩体，与极破碎、极软弱、岩溶强烈发育或富水岩体相对应；将基岩较完整岩体中 VR=650～700m/s 的区域划为Ⅳ类岩体，对应破碎、软弱、岩溶中等发育或含水岩体；将基岩较完整岩体中 VR=700～850m/s 的区域划为Ⅲ类岩体，对应较破碎、较软弱、岩溶弱发育岩体。

图 3-21 为 YCK33+720.288～YCK33+939.463 段的物探成果剖面图。图示断层破碎带位置显示显著低速异常，对应于六神关断裂带，断裂破碎带宽约 20m。受其影响，断层破碎带内岩体破碎、岩溶中等发育或含水。

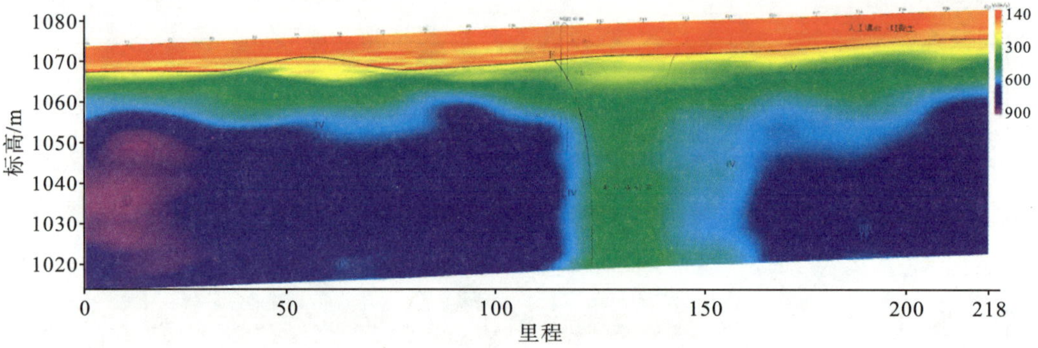

图 3-21　六神关断层成果剖面图

4. 铁路工程跨孔电磁波层析成像精细化处理技术

跨孔电磁波层析成像技术在我国应用较广，是重要的地球物理勘探手段之一，但实践证明其效果并不好，钻探验证率低，归集其原因主要为理论研究不深入，成像技术差，从资料处理的角度考虑，急需解决的问题包括源激励的处理、辐射场强的计算和多孔对接头的突变等问题。

1) 研究思路

根据目前电磁波层析成像技术、方法的现状和发展方向，结合工程勘探的实际需要，开展逐源多孔对高分辨率的跨孔电磁波层析成像方法研究。首先，设计与地质实际一致的地质模型，进行电磁场正演模拟计算，获取电场分布特征。其次，将模拟所得到的电场值作为观测的资料，加入 15%的随机扰动后进行电磁场衰减因子或吸收系数图像重建，从而检验逐源多孔对联合反演方法的有效性。再次，将逐源多孔对联合反演方法用于工程勘察的实际资料，检验方法的准确性。最后，集成各类数据，包括数值模拟及实际资料，生成跨孔电磁波层析成像软件系统，拓展国内电磁波电场衰减成像技术的应用范围(曹俊兴，1996)。

2) 方法原理

宏观的电磁现象可以非常简洁地用一个方程组来表示，即 Maxwell 方程组。该方程组包含的基本变量为 4 个场矢量：①电场强度 $\boldsymbol{E}$；②电通量密度(或电位移矢量)$\boldsymbol{D}$；③磁场强度 $\boldsymbol{H}$；④磁通量密度(或磁感应强度)$\boldsymbol{B}$，以及两个源变量，即电流密度 $\boldsymbol{J}$ 和电荷密度

ρ。线性、各向同性介质中的电磁场服从 Maxwell 方程组，其微分形式为

$$\begin{cases} \nabla \times \boldsymbol{H} = \boldsymbol{J} + \dfrac{\partial \boldsymbol{D}}{\partial t} \\ \nabla \times \boldsymbol{E} = -\dfrac{\partial \boldsymbol{B}}{\partial t} \\ \nabla \cdot \boldsymbol{B} = 0 \\ \nabla \cdot \boldsymbol{D} = \rho \end{cases}$$

能向空间辐射和接收电磁波的装置称为天线,发射天线通过其上随时间变化的电流在空间激发变化的电磁场，从而辐射电磁波。电磁辐射系统最简单的形式是电偶极子和磁偶极子(侯杰昌，1991)。电偶极子是一段载有高频电流的短导线，其长度小于波长，且导线上各点电流的振幅相等，相位也相同。由 Maxwell 方程组出发，经过复杂的理论推导，可以得出直线状天线(图 3-22)。

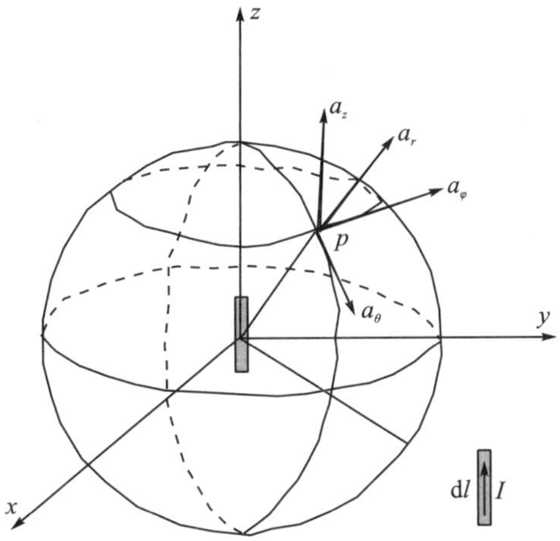

图 3-22　电偶极子示意图

天线在远区测点处的辐射电场为

$$\boldsymbol{E} = E_0 \frac{\mathrm{e}^{-\mathrm{j}R_{r0}}}{r_0} f(\theta)$$

式中，E_0 为偶极天线的初始辐射场强或有效辐射常数；$f(\theta)$ 为偶极天线的方向性因子。$l = \lambda / 2$ 时的电偶极天线称为半波偶极天线，对于半波偶极天线，有

$$E_0 = \frac{\omega \mu I_0}{8\pi^2}$$

$$f(\theta) = \cos\left(\frac{\pi}{2}\cos\theta\right) / \sin\theta$$

上述公式构成了高频电磁波吸收成像的基础方程。

3）存在问题及解决方案

（1）激励源影响因素的解决方案。

直线状天线偶极子辐射源电场强度 E_0 的影响因素较多，与偶极天线发射极的馈电流 I_0，以及发射天线周围介质的磁导率、导电率和介电常数等电磁特征参数是密切相关的，这些参数引起的近场响应在现有的电磁波分析方法中均视为常数，但实际情况却恰恰相反，一个电磁波层析成像断面中，一般不可能只有一种岩性，岩性的变化或同一岩体内存在节理裂隙，以及近场区域内存在目的体都会影响辐射场的强度。常规处理将辐射场强作为不变常数计算，这将严重影响反演计算结果（林树海和赵立英，2007；汤井田等，2007）。

解决方案：上述近场问题、仪器发射馈电压变化问题和天然场干扰问题影响最终表现为测量值的变化，因此假设引起测量值变化的因素为辐射源强度的变化，在反演计算时，用虚拟的辐射源变化量对上述三种干扰进行最大限度的补偿，取得了较好的效果。

（2）单一孔对反演不能满足工程勘察需求的解决方案。

在实际工程勘察工作中，常常需要完成同一地区几孔对甚至几十个孔对的成像调查，通常的做法是对每一孔对的剖面进行单独成像，将成像结果直接对接拼图，往往迭代次数、随机误差等因素造成各剖面连接孔处成像结果不吻合，相连剖面背景差异大，无法连接，更无法自圆其说，相互矛盾，造成整体的成像结果不可靠的现象，同时也降低了反演精度。针对这类问题，开展多孔对联合反演方法的研究越来越被许多研究者所重视（魏宝君，2006）。

解决方案：电磁波的射线约束在各自的成像剖面内，如 ZK1～ZK2、ZK2～ZK3、ZK3～ZK4，其中 ZK2、ZK3 为连接孔，线性化后组成一个方程组来求解，达到通过连接孔进行彼此约束的计算效果。多孔对组合成像如图 3-23 所示。

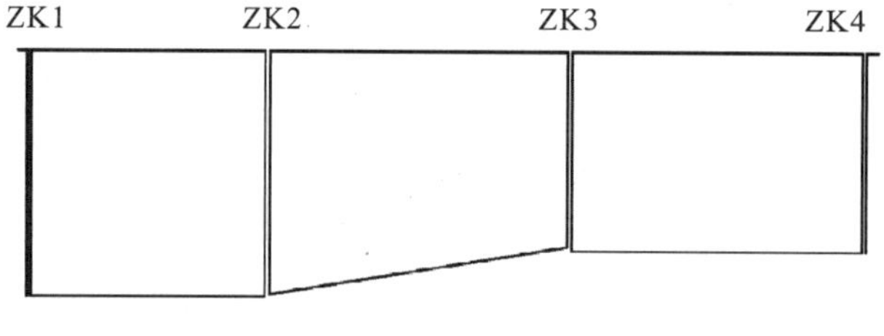

图 3-23　多孔对组合成像示意图

对独立钻孔对成像剖面采用直射线方法，线性化后可得成像方程为

$$A_i x = b_i$$

式中，$i = 1, 2, \cdots, n$，为钻孔对成像剖面的序号。

由于实际观测误差的存在，该方程组常常是病态的。为了求解这种线性方程组的解，人们采用了许多方法，最常用的是代数重建技术（ART）、阻尼代数重建技术（DART）和同时迭代重建技术（SIRT），这类运算方法只能保证最小范数解，一般适于处理速度变化不大的直线层析反演问题。

采用带阻尼的 LSQR（大型稀疏线性方程组）算法进行电磁波透射吸收系数层析反演，取得了比标准 LSQR 算法更好的效果（吴以仁和邢凤桐，1982）。

4）研究成果

本研究项目引入电场“衰减因子”的概念，即介质吸收系数的倒数，建立关于衰减因子的逐次线性化层析成像方法；引入点源性质的源激励，取代近场处理，代入成像方程同时反演，有效地消除近场岩石导电性对源的影响，克服了传统电磁波成像方法中对源激励进行简单近似计算的不足；采用源激励与吸收系数同时反演的方法，使用LSQR分解法进行线性方程组求解，能够使方程快速收敛；开发了跨孔电磁波层析成像软件系统(CTSoft 1.0)，实现了数据管理(DataManager)、数据预处理(CTPreSoft)、数据反演(CTInvSoft)和反演结果显示(CTViewInvSoft)等功能(赵连锋等，2004；张子玲，1982)。

5）应用实例

(1)路基塌陷工点岩溶勘探。

2008年8月18日，渝怀铁路K419+700～K419+850段右侧路堤坡脚外侧雨后出现四处地表塌陷：最大陷穴长约27m、宽约12m、深4～5m。第1节至第6节沉降缝均有不同程度下沉，最大处是第3、4节间沉降缝处盖板上下错台40mm、缝宽30mm。2008年9月采用电磁波层析成像，结合钻探、地面地质调绘等勘探手段，查明了K419+700～K419+850段路基岩溶发育情况，为岩溶整治设计提供了基础资料。

逐源多孔对联合反演成像与常规方法反演结果对比：图3-24为1-4-5-8-9剖面，图3-24(a)异常收敛性明显好于图3-24(b)，异常反映清晰，边界明确，4号和8号孔揭示溶洞反映明显，位置、深度与钻探资料完全吻合，同理可以推测其他异常孔均为溶洞的反映。图3-24(b)异常收敛性差，异常成片反映，S-42-4、S-42-5、S-42-8连接钻孔处存在极为明显的吸收系数脱节现象，形成陡变接口，在地质上无法解释该现象，而图3-24(a)完全不存在该现象，且异常与钻探结果吻合，这证明了多孔对联合反演是合理的。

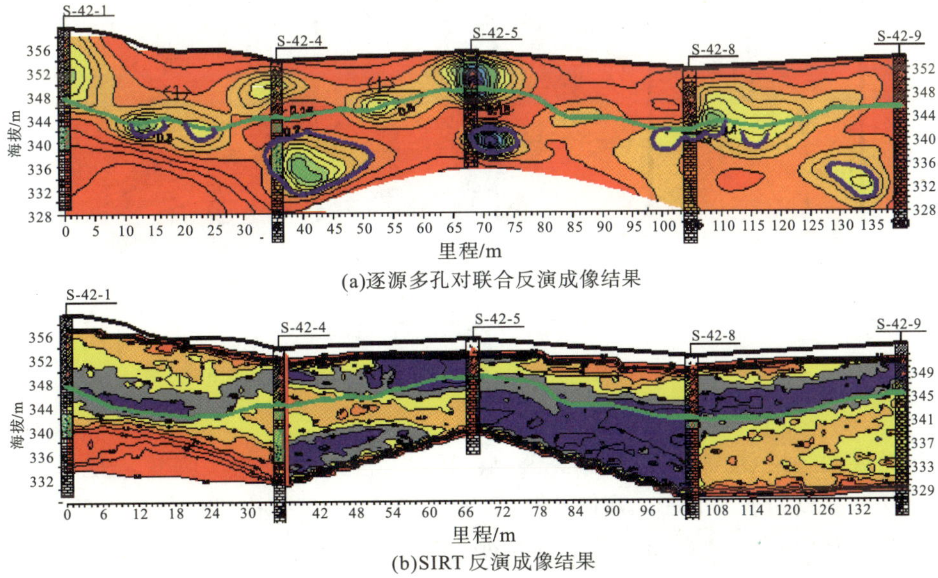

(a)逐源多孔对联合反演成像结果

(b)SIRT反演成像结果

图3-24　多孔对剖面钻孔电磁波层析成像结果

⑵乌蒙山 2 号隧道岩溶勘探。

乌蒙山 2 号隧道正洞上导坑掘进至 DK280+805，掌子面附近地下水较丰富，上导坑施工过程中未发现暗河，其中 DK280+900～DK280+850 段岩溶裂隙水和管道水发育，地下水丰富，水量目测约 $30000m^3/d$；为查明暗河的空间位置并提出过暗河段设计处理方案，对该隧道 DK280+880～DK281+010 段基底进行岩溶物探。

逐源多孔对反演与 SIRT 方法反演结果对比：宏观分析多孔对联合反演结果的吸收系数分布图，大于 $0.13^{Np/m}$ 的高吸收系数区域主要分布在 SZ-wmz-4、3、2、1 号钻孔之间，物探推测该高吸收系数区域为溶蚀破碎带，且富水，与钻探岩心资料和涌水量资料吻合，因此该段隧道涌水主要来自岩溶裂隙水。在 DK280+937.5（57.5 号点）位置隧底存在一吸收系数大于 $0.4^{Np/m}$ 的异常，物探结论推测为暗河，不排除岩体极破碎富水的可能性，为验证该异常，采用隧道施工炮眼的风枪钻探验证。

结果未发现暗河或溶洞，但隧道施工开挖揭露到该异常时出现大量涌水，为裂隙水，证实了物探资料的准确性，同时也说明了 SZ-wmz-3 孔涌水量和水头高度大的原因，但该异常在单孔对成像（SIRT）结果（图 3-25）中没有反映。

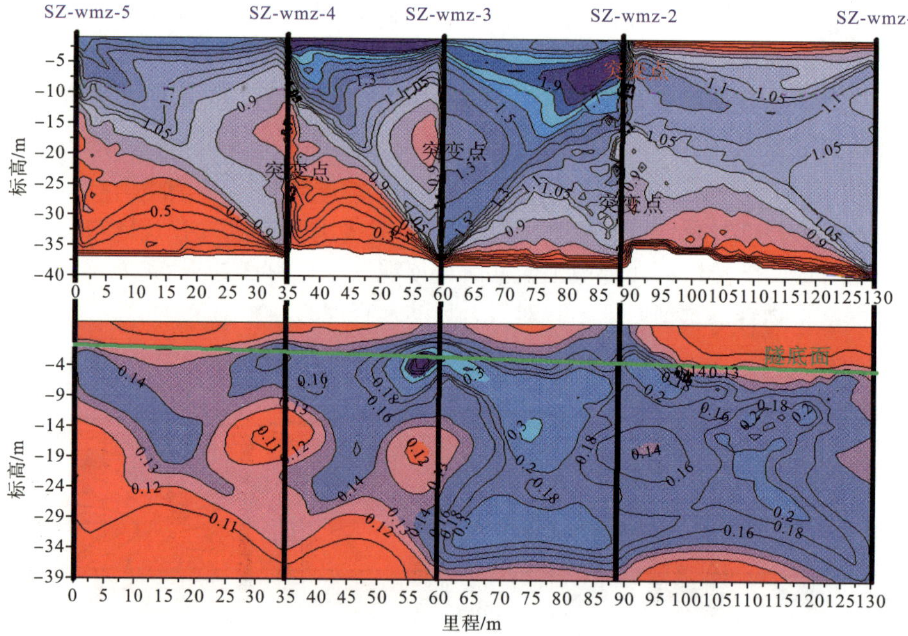

图 3-25 钻孔电磁波层析成像结果

第一行为 SIRT 处理结果，第二行为逐源多孔对反演技术处理结果

单孔对成像结果（图 3-25）在 SZ-wmz-4、3、2 孔处均存在接头突变，SZ-wmz-4 孔突变处左侧吸收系数大于 0.8dB，右侧小于 0.9dB，SZ-wmz-3 孔突变处左侧吸收系数小于 1.0dB，右侧大于 1.3dB，SZ-wmz-2 孔上部突变处左侧吸收系数大于 1.7dB，右侧小于 1.1dB，下部突变处左侧吸收系数大于 1.0dB，右侧小于 0.9dB，误导资料解释者认为此 3 个钻孔

处存在岩性突变，与实际地质情况不符。

5. 轻便型动力头式全液压钻探技术

多年来，在西南复杂岩溶山区地质勘探时，多采用立轴式钻机，立轴式钻机主机体积大而且重，搬运困难，搬运时间长，辅助成本高，岩心采取率低。

与常用的立轴式钻机相比，全液压动力头式钻机有以下优点：进给行程长；工作平稳；孔上钻杆柱导向性好、采用机上加接钻杆；易于实现斜孔钻进；搬迁方便；钻进工艺适应性好。

与传统取心钻机对比，绳索取心钻机有以下优点：钻进效率高；取心效果好；钻头寿命长；有利于复杂地层钻进、孔内安全和便于测斜工作；减轻劳动强度；降低钻探成本。

1) EP200G 全液压动力头式绳索取心钻机

为解决搬运困难难题，提高岩心采取率，提高钻进效率，引入并改进了 EP200G 全液压动力头式绳索取心钻机(简称 EP200G 型钻机)，这是一种新型的动力头式绳索取心钻机(图 3-26 和图 3-27)。对 EP200G 型钻机主要改进创新点如下：本钻机采用模块化设计及桁架结构(图 3-28)，包括底架和安装在底架上的钻架，底架上安装有可拆卸的液压操作台、发动机、桁架和卷扬机，发动机位于桁架的后方，卷扬机位于发动机和桁架之间，钻架位于桁架的前方且顶部与桁架连接在一起，钻架上还设有动力头总成，液压操作台位于钻架的一侧。EP200G 全液压动力头式绳索取心钻机具有钻探、取样等功能，钻孔满足综合测井、水文试验、原位测试等要求，模块数量少，整体轻便，易于拆卸和搬运，对于艰险复杂山区铁路勘察钻探具有很大优势，钻机可以开高速，钻进效率高，在花岗岩、石英砂岩等坚硬地层有高效表现。

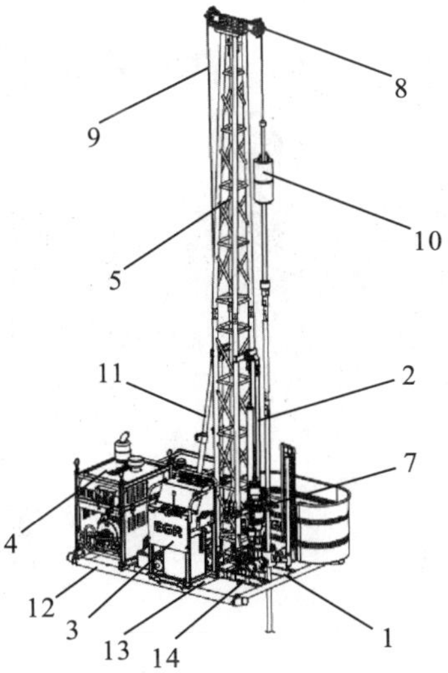

图 3-26　EP200G 型钻机结构示意图

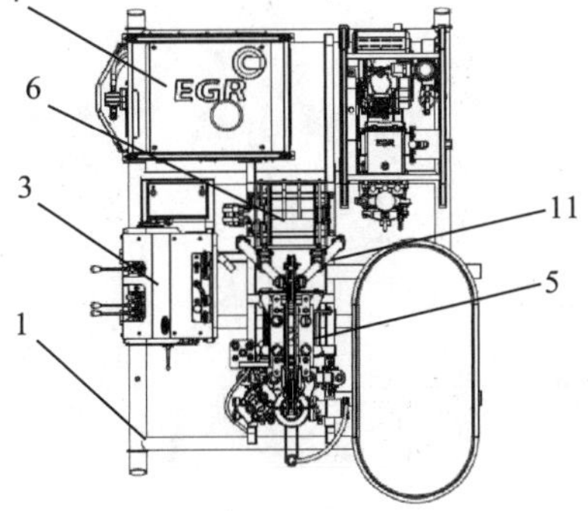

图 3-27　EP200G 型钻机结构俯视图

1.底架；2.钻架；3.液压操作台；4. 发动机；5. 桁架；6.卷扬机；7.动力头总成；8.滑轮组；9.钢丝绳；10.牵引结构；11.斜撑杆；12.主支撑杆；13.连接杆；14.承重梁

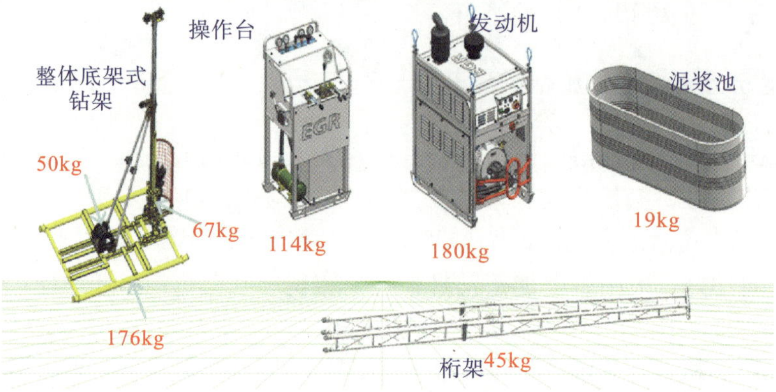

图 3-28 EP200G 型钻机主要组成模块

渝昆高速铁路小铺子双线大桥和金鸡箐双线特大桥位于高原岩溶区，地形起伏较大，桥址区下伏基岩主要为上震旦统灯影组(Z_2dn)白云岩，钻孔深度 35～45m，采用 EP200G 型钻机施钻，该钻机具有重量轻、拆装搬运方便、配合绳索取心钻具、钻进效率高、适应地形复杂地段的特点。每孔设备搬运及组装时间 1 天，每孔平均钻探时间 2 天，平均日进尺 20～30m。

钻探情况：机台面积 2.5m×2.5m，塔架高 3.5m，全孔直径 75.7mm，取心直径 56mm，采用金刚石双管绳索取心工艺钻进(图 3-29)，并用化学浆液对钻孔进行冷却护壁。

图 3-29 EP200G 型钻机现场钻探照片

孔深 0～30m 范围内主要为全风化(W4)和强风化(W3)白云岩，岩心为灰黄色，呈碎石、角砾状，岩体破碎，平均日进尺 20～25m(图 3-30)；孔深 30m 以下，主要为弱风化(W2)白云岩，岩心为浅灰色，呈短柱、柱状，岩体较完整，平均日进尺 25～30m(图 3-31)。岩心采取率 90%以上，特别适合破碎地层钻探。

图 3-30　10～15m 岩心照片

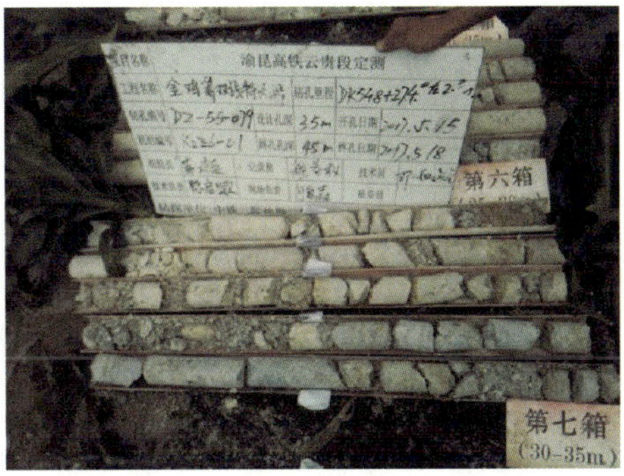

图 3-31　30～35m 岩心照片

2) ROCK-600 全液压动力头式绳索取心钻机

ROCK-600 全液压动力头式绳索取心钻机(以下简称 ROCK-600 钻机，图 3-32)是新型的动力头式钻机的一种，以涡轮增压柴油机为动力，采用液压驱动、模块化设计，重量轻，易于安装和拆卸。钻机工作原理是：柴油机组提供动力驱动液压泵产生液压力，液压力再经控制单元分配传递到钻进单元，驱动液压动力头和油缸，从而带动钻具旋转和钻进。钻具钻取的岩心再由卷扬机经钻杆内孔提升出来从而完成地质钻探取心工作。

图 3-32　ROCK-600 钻机(钻塔高 5.25m)

铁路工程地质勘察深孔钻探常用钻机为 XY-2 型和 XY-4 型立轴式机动回转岩心钻机，绳索取心，钻探深度分别可达到 300m 和 1000m；ROCK-600 钻机钻探深度可达 600m。对比分析情况见表 3-5。

表 3-5 常规 XY-2 型和 XY-4 型深孔钻机与 ROCK-600 钻机参数对比分析表

钻机型号	XY-2	XY-4	ROCK-600
钻井深度/m	300	1000	600
进给方式	机械传动，液压进给	机械传动，液压进给	涡轮增压全液压驱动
钻机质量(不含动力机)/kg	950	1500	1200(裸机)
最大部件质量/kg	950	1500	150
钻机外形尺寸(长×宽×高)	2500mm×1100mm×1700mm(主机)	2640mm×1100mm×1750mm(主机)	3326mm×1800mm×5250mm(含塔高，整机)
机台尺寸	8m×10m	10m×15m	4m×4m
变径/mm	150-130-110-91-75-59	150-130-110-91-75-59	110-75.3-59.5

对比分析表明，ROCK-600 钻机应用于铁路勘察，相比于传统的深孔钻机具有以下优势：轻(易于拆卸、单个部件轻、易于搬运、机台尺寸小)、快(钻机动力强、钻进效率高)、安全性增强(全孔跟管钻进、不易出现垮孔等孔内事故)、勘探质量高(在破碎地层、基岩风化层、土层中的岩心采取率高)以及可适应高寒高海拔地区勘探。

钻探情况：郑万铁路罗家山隧道位于过渡带岩溶区，钻孔 DZ-LJSSD-10 设计孔深 550m，采用 ROCK-600 钻机施钻，设备搬运及组装历时 10 天，钻探历时 20 天，实际终孔深度 550.11m，平均日进尺 27.5m(图 3-33～图 3-36)。

图 3-33 运输 ROCK-600 钻机道路照片

图 3-34 ROCK-600 钻机现场照片

图 3-35 深孔 461～462.5m 揭示溶洞照片

图 3-36 深孔 470～475m 破碎岩层照片

6. 厚-深厚覆盖层综合原位测试技术

1) 概述

岩溶盆地即大型溶蚀洼地或溶蚀平原，常生成在地壳运动长期相对稳定的地区，代表岩溶发育的后期阶段，多在亚热带、热带气候条件下形成。一般面积较大，长达数十公里，底部平坦，局部见岩溶槽谷，堆积有第四系冲洪积、坡积及溶蚀残余的各类沉积物。多期次洪积形成堆积阶段，黏性土、砂类土及碎石类土、圆砾土等多呈透镜体状不均匀分布，厚度一般 10～50m；岩溶槽谷较厚，最厚可达 100 余米。

2) 主要的新型原位测试技术

针对覆盖层物理及力学参数的测试，静力触探试验、动力触探试验、标准贯入试验及旁压试验等多种原位测试方法已被广泛地应用于铁路的工程地质勘察中，但所采用的原位测试设备相对落后。近年来，在承担位于深厚覆盖层平原化岩溶区的某大桥的地质勘察中，引进了荷兰三桥静力触探仪、英国剑桥型自钻式旁压仪、意大利扁铲侧胀仪等多种国际先进的原位测试技术与设备，并根据现场测试需要进行了改进，集成创新了厚-深厚覆盖层综合原位测试技术。各原位测试方法的适用性及特点见表 3-6。

表 3-6　厚-深厚覆盖层综合原位测试技术主要原位测试方法一览表

测试方法	适用条件	测试指标	土体物理力学参数	特点
荷兰三桥静力触探	软土、黏性土、粉土、砂类土及含少量碎石的土层	锥尖端阻力、侧壁摩阻力、孔隙水压力	土类定名、黏性土的塑性状态、不排水抗剪切强度、固结系数、砂类土的内摩擦角、相对密实度等	纵向上可连续性测试，采用钻机配合作业可进行深层原位测试，试验深度一般可大于 100m
英国剑桥型自钻式旁压仪	黏性土、粉土、黄土、砂土、软质岩石及风化岩石	侧向压力、位移及孔隙水压力	旁压模量、侧压力系数、水平初始应力、临塑压力、极限压力、黏性土不排水剪切强度、砂类土内摩擦角、剪切模量等	对土体扰动较小，能最大限度地保持孔壁的原状性，一般测试深度小于 60m
英国剑桥型预钻式高压旁压仪	黏性土、粉土、黄土、砂土、软质岩石及风化岩石、软质岩	侧向压力、位移	旁压模量、侧压力系数、水平初始应力、临塑压力、极限压力、黏性土不排水剪切强度、砂类土内摩擦角、剪切模量等	测试深度较大，对极密实土体、软质岩可采用该方法
意大利扁铲侧胀仪	软土、一般饱和黏性土、松散-中密饱和砂类土及粉土	侧向压力、位移	侧胀模量、水平应力指数、土类指数、孔压指数、水平基床系数、水平固结系数等	一般采用静压，针对密实高阻土体可采用锤击
标准贯入试验	黏性土、粉土、砂类土、残积土和全风化、部分强风化岩层	击数	土的塑性状态、密实度、砂土液化等	国内修正深度为 20m，欧美规范不受深度限制，可进行深层标准贯入试验
十字板剪切仪	饱和软黏性土	扭力	不排水剪切黏聚力及内摩擦角、不排水抗剪强度、灵敏度、固结比	适用性较差
动力触探试验	黏性土、砂类土、碎石类土、全强风化岩	击数	碎石类土密实度	国外应用较少

3) 工程实例

(1) 三桥静力触探。

超深覆盖层区深部土体极密实，可能含圆砾或碎石，在压入过程中经常遭遇高阻段，侧壁摩阻力大于 1MPa 或锥尖阻力大于 100MPa，常规的地锚反力不足。现场采用 25t 沙袋堆载作为反力，试验过程中若遭遇压入困难，则采用钻机钻穿该层，继续下部土体的压入试验，随着深度的增加，采用多层套管+护管的方法防止静探探杆弯曲变形或折断(王波等，2016)。采用该方法对水域 24 个深孔进行测试，一般深度 125m，最大测试深度 142.3m(图 3-37 和图 3-38)。

图 3-37　深层三桥静力触探试验堆载反压照片

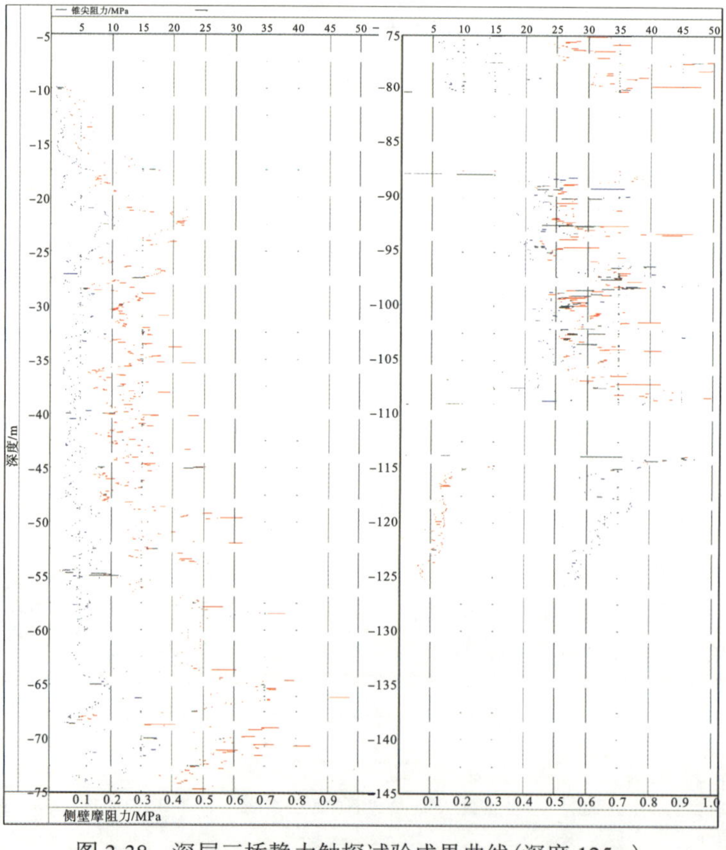

图 3-38　深层三桥静力触探试验成果曲线(深度 125m)

(2) 剑桥型旁压试验。

剑桥型旁压仪分为剑桥型自钻式旁压仪和剑桥型预钻式高压旁压仪，剑桥型自钻式旁压仪对孔周土体扰动极小，可更为真实地获取孔周土体的物理力学参数，剑桥型预钻式高压旁压仪更适宜于深部土体，对孔壁最大加压可至 10MPa。剑桥型旁压数据采集采用内置电阻应变片，连续获取加、卸载过程的压力及相应的位移曲线，可获取较多的物理力学指标，主要为原位水平总应力以及有效应力、主应力和次应力方向、初始剪切模量、不排水抗剪强度、孔隙水压力、水平固结系数(图 3-39 和图 3-40)。

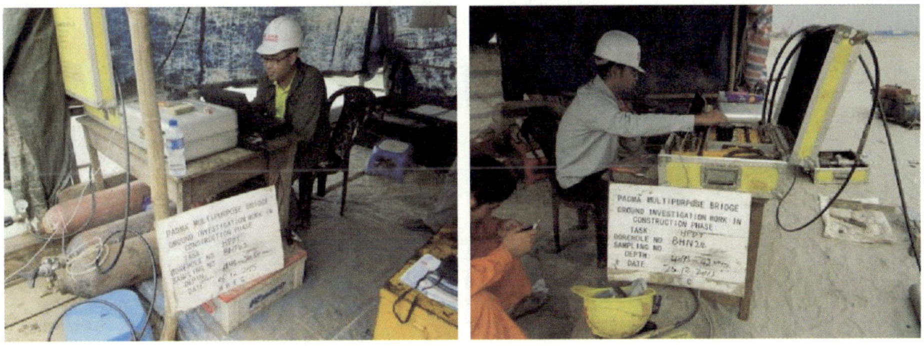

图 3-39　剑桥型旁压试验测试照片

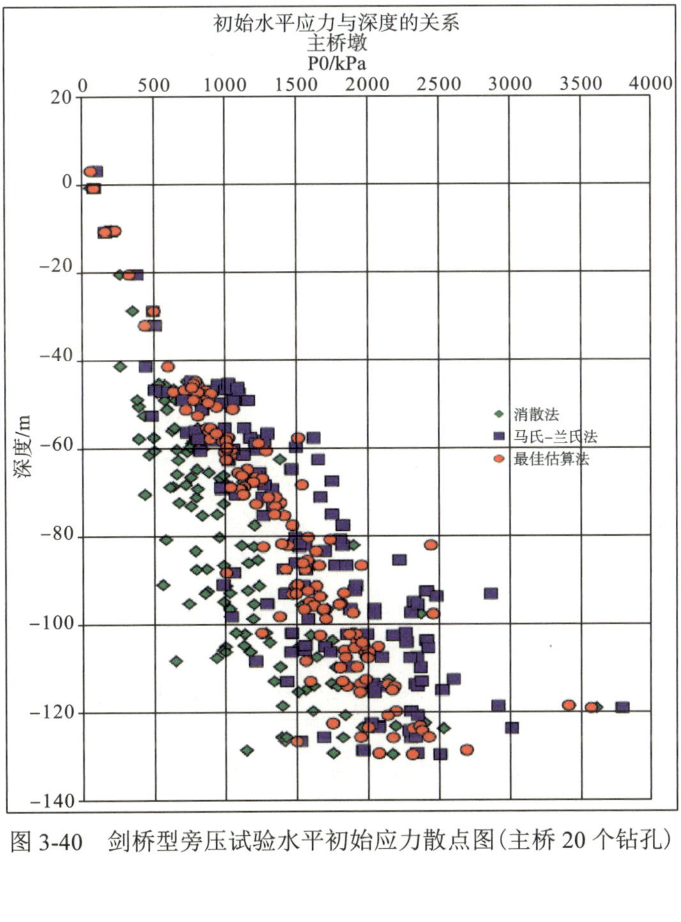

图 3-40　剑桥型旁压试验水平初始应力散点图(主桥 20 个钻孔)

(3) 意大利扁铲侧胀试验。

扁铲侧胀试验一般采用静力将铲头楔入，一般埋深大于 40m 的土体静力压入极为困难，采用标准贯入重锤，均匀锤击打入，并记录锤击击数，第一次压入或打入 45cm，之后两次压入 30cm，将三个测试作为一组。可获取较多的物理力学指标，主要有孔隙水压力、侧向应力及位移，判别土的类型及塑性状态、土体静止侧压力系数、侧胀模量、侧胀孔压指数(图 3-41 和图 3-42)。

图 3-41 意大利扁铲侧胀试验照片

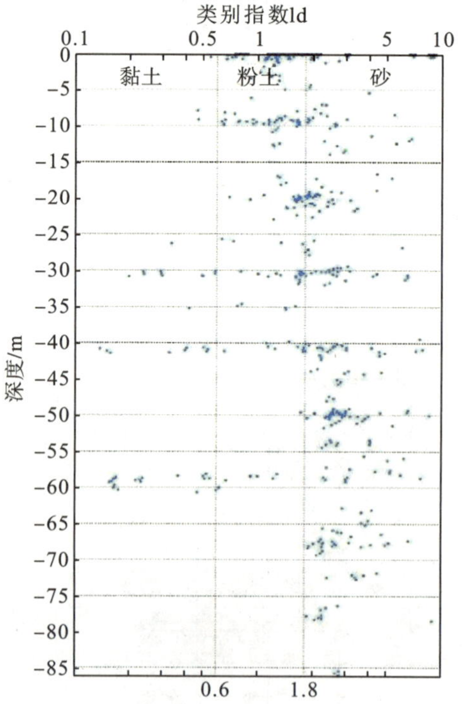

图 3-42 意大利扁铲侧胀判别土体类别(陆地 20 个钻孔)

(4) 标准贯入试验。

标准贯入试验用于判别土体的密实程度或塑性状态，并采取标准贯入线状扰动样用作室内试验测试，按照欧美标准贯入试验技术要求，本研究可进行深层标准贯入试验，杆长、孔径、地下水位及上覆地层压力等因素校正(图 3-43 和图 3-44)。国内外学者和工程技术人员不断提出 N 值修正新理论和方法。Skempton(1986)提出了考虑多重影响因素指标的 N 值修正方法，得到国际认可，本研究工程实例中的深层标准贯入试验就是按照此方法来修正 N 值的。

$$N_{60} = \frac{E_r C_B C_S C_R N}{60}$$

式中，N_{60} 为考虑不同影响因子修正后的 N 值；E_r 为落锤能量效率比；C_B 为钻孔直径修正系数；C_S 为取样器修正系数；C_R 为杆长修正系数；N 为实测标准贯入试验锤击数。

图 3-43　标准贯入试验照片

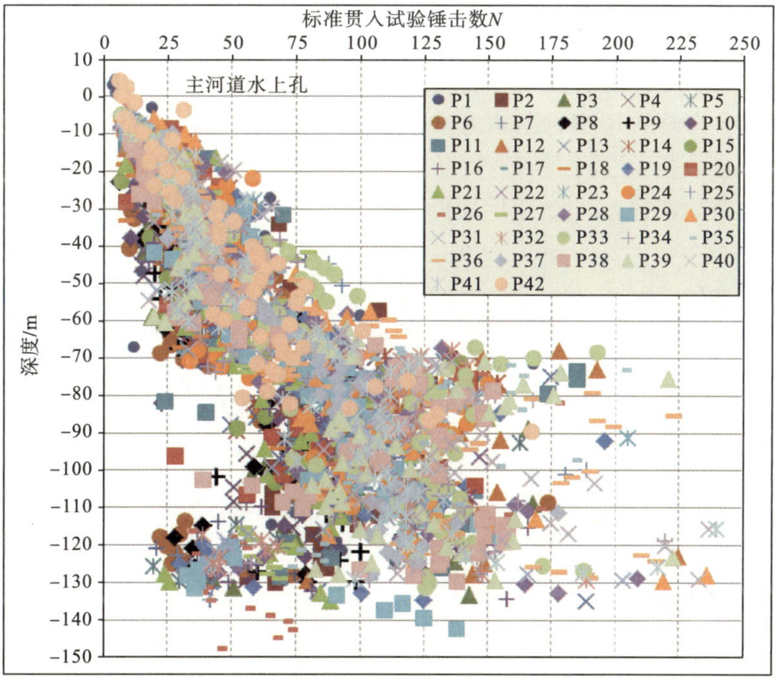

图 3-44　标准贯入试验成果(主桥 20 个钻孔)

修正参数取值见表 3-7。

表 3-7 Skempton 建议的 C_B、C_S、C_R 修正系数值

钻孔直径修正	钻孔直径	C_B
	65～115mm	1.0
	150mm	1.05
	200mm	1.15
取样器修正	取样器类型	C_S
	标准取样器	1.0
	不带内衬的美国取样器	1.2
杆长修正	杆长	C_R
	>10m	1.0
	6～10m	0.95
	4～6m	0.85
	3～4m	0.75

3.3 综合勘察模式

复杂岩溶区高速铁路“空、天、地”一体化综合勘察模式研究，就是根据岩溶区类型及其工程地质特征、工程类别及其主要工程地质问题、不同勘测阶段的目的和技术要求，结合“空、天、地”各种勘察技术方法的适用条件，在地质调绘的统筹下，充分发挥各种勘察方法的优势，合理选用多种勘察方法，以最佳的方法组合，密切配合，取长补短，通过相互验证和综合分析，达到提高地质勘察质量、缩短地质勘察周期和降低地质勘察成本的目的，促进复杂岩溶区高速铁路地质勘察技术整体水平的提高(冯涛等，2018)。

3.3.1 主要勘察技术特点及适用范围

复杂岩溶区高速铁路“空、天、地”一体化综合勘察技术方法主要包括基于太空中运行的卫星系统开展的“天”类勘察技术，在天空大气层内低空域开展的有人机、无人机“空”类勘察技术，以及在近地表或地面开展的地质调绘、物探、钻探、现场试验与观测、原位测试、室内试验及地面三维激光扫描技术等“地”类勘察技术。

1. “天”类勘察技术

“天”类勘察技术主要包括高、低分辨率卫片遥感解译技术，热红外遥感技术，多光谱、高光谱隧道地层岩性识别技术等卫星遥感遥测技术。各类技术方法的技术特点及适用范围见表 3-8。

表 3-8 “天”类勘察技术方法与主要适用范围

类别	技术方法	特征	主要适用范围
新技术	北斗卫星定位勘测技术	应用北斗卫星技术获取高分辨率勘测图件	地质点、勘探点的定位
	高分卫星遥感解译技术	图幅覆盖范围较大，空间图像分辨率较高(可达亚米级)	适用于分析工作区地质背景、构造格架、岩溶地貌、地表水系、区域工程地质条件评价
	InSAR 形变监测技术	基于时序 PS/DS InSAR 技术、山区地形图雷达干涉三维重建技术和 SAR 最新模式影像处理方法进行边坡位移变形地面沉降适时监测	能获取三维动态监测模型
	卫星热红外遥感隧道地热异常识别技术	利用星载传感器收集、记录地物的热红外信息，图像的色调系反映地物热辐射的差异	对于寻找地热、地下水、充水断层、岩溶等有一定的效果，特别是在干旱、半干旱地区，进行水文地质调绘效果较好
	多光谱、高光谱隧道地层岩性识别技术	通过光谱分析识别岩性	得到无法进行接触式勘察区域隧道洞身段地层岩性
常规技术	卫星遥感及测绘技术(低分辨率)	图幅覆盖范围大，图像分辨率低	适用于分析工作区宏观地质背景、构造格架、宏观岩溶地貌、地表水系、概略评价工程地质条件等

2.“空”类勘察技术

“空”类勘察技术主要包括机载激光雷达、航空相片地质解译技术、热红外航空扫描图像、多波段航空图像、高分无人机测绘及勘察技术，各类技术方法的技术特点及适用范围见表 3-9。

表 3-9 “空”类勘察技术方法与主要适用范围

类别	技术方法	特征	主要适用范围
新技术	高分无人机测绘技术	采用无人机低空勘测，获取高分辨率测绘图件	可以获取岩溶区高清地形图，清晰识别岩溶地表形态特征
	高分无人机勘察技术	分为固定翼无人机和多旋翼无人机两种，固定翼无人机辐射范围大，适合线状区域航拍，在方案比选阶段优势明显；多旋翼无人机飞行姿态可控，可实现多方位航拍，适合点状区域航拍，在工点详细勘察方面优势突出	可以实现岩溶区地质调绘，地表落水洞、洼地、危岩落石调查，立体建模和相关计算
常规技术——航空遥感解译技术(低分辨率)	机载激光雷达	数据波谱范围从红外光至紫外光，数据的获取有“快速、全天候、高精度”的特点；数据费用高昂	适用于工作区区域构造分析、岩溶地貌、岩性单元识别及岩溶塌陷、地面沉降等地表变形的监测
	全色航空黑白相片	比例尺 1∶1 万至 1∶5 万，几何分辨率高，图像质量稳定，成本低，遥感地质解译与测制地形图均可使用	用于判释地质构造、地层岩性、岩溶地貌、不良地质、岩溶地下水点、植被等内容
	天然彩色航空相片	比例尺 1∶1 万至 1∶5 万，色彩鲜艳，影像色彩与天然色彩一致，对色彩鲜艳的地物有较强的表现力	适用于判释裸露良好且色彩鲜艳的岩石分布地区，或植被作为间接判释标志的地层

续表

类别	技术方法	特征	主要适用范围
航空遥感解译技术（低分辨率）	黑白红外航空相片	比例尺1∶1万至1∶5万，图像较全色黑白相片清晰，立体感强	运用于雾天严重地区的摄影，对水体和植被有关的地质现象判释效果显著
	彩色红外航空相片	比例尺1∶1万至1∶5万，光谱信息丰富，色彩鲜艳，视觉分辨力高	适用于判释地貌、地层岩性、地质构造、不良地质、水体、植被等，特别适用于第四系松散沉积物含水情况的判释
	热红外航空扫描图像	比例尺1∶5万，利用机载传感器收集、记录地物的热红外信息，图像的色调系反映地物热辐射的差异	对于寻找地热、地下水、充水断层、岩溶等有一定的效果，特别是在干旱、半干旱地区，进行水文地质调绘效果较好，若与其他片种配合，可确认相片上点状热异常影像的具体位置
	多波段航空图像	比例尺同其他航片，分别有多个波段图像	可见光波段对地层岩性有明显区别，可划分地层岩组。远红外波段对地下水及隐伏构造判释效果较好

3.“地”类勘察技术

“地”类勘察技术主要包括常规地面地质调绘、物探、钻探、观测与测试、超前地质预报等，而地面三维激光扫描技术、等值反磁通瞬变电磁技术、微动探测技术、轻便型动力头式全液压钻探技术及厚深-厚覆盖层综合原位测试技术则是在工程实践中对常规勘察技术的创新成果。

1）地质调绘

在岩溶区地质综合勘察中，地质调绘是最基本的、全局性的工作，是各勘察阶段工程地质勘察工作的先导，是各种勘探方法选择和布置的依据，是对各种地质信息进行综合分析的纽带和基础，贯穿于整个勘察阶段的全过程。地质综合勘探对地质调绘的要求集中在以下几方面：

(1) 根据区域地质资料确定工作区的标准地层剖面，特别是确定各地层的划分标志和岩性组合特征，统一划分原则。

(2) 初步查明地质构造类型、岩性及组合特征、地层产状、岩溶地貌、不良地质，把握主要工程地质问题，根据需解决的地质问题和勘察阶段的精度要求选择勘探方法，并力求以合理的勘探工作量达到最优的效果。

(3) 地质调绘工作应指导物探资料的解释，异常类的判别，为物探解译提供尽可能多的依据，以减少物探资料的多解性和不确定性。

地面三维激光扫描技术采用非接触测绘技术，可测绘岩溶区陡峭地形图和危岩结构面产状，测绘溶洞形态等。

2）物探

物探是岩溶区勘察的重要手段之一，物探具有勘探深度大，易大面积施测，点、线、面相结合乃至三维勘探的特点。充分利用物探，能提高地质勘察宏观控制水平，减少钻孔布置的盲目性，提高钻孔的利用程度。适用于岩溶区勘察的主要物探方法的特点与作用见表3-10。

表 3-10　岩溶区主要物探方法特点与作用

类别	物探方法	优点	缺点	作用
常规物探技术	可控源音频大地电磁(CSAMT)法	探测深度较大；抗电磁干扰能力较强	探测费用较高；探测精度不高；设备笨重；存在消除近场或过渡场问题	主要用于地形起伏大、地层产状变化大及埋深较大隧道的岩溶、断层、地层岩性界线及大型溶洞等宏观探测中，初步判断围岩级别。特别适合于电磁干扰较大或大于 300m 埋深的隧道勘探
	高频人文大地电磁法	探测深度较大；设备轻便	探测费用较高；抗电磁干扰能力较弱	主要用于地形起伏大、地层产状变化大及埋深较大隧道的岩溶、断层、地层岩性界线及采空区等宏观探测，初步判断围岩级别。特别适合于 40～300m 埋深的隧道勘探
	音频大地电磁法	探测深度较大；设备轻便	探测费用较高；探测精度不高；抗电磁干扰能力较弱	主要用于地形起伏大、地层产状变化大及埋深较大隧道的岩溶、断层、地层岩性界线及大型溶洞等宏观探测，初步判断围岩级别。特别适合于大于 300m 埋深的隧道勘探
	隧道地震波探测法	探测精度较高，特别是探测断层、地层岩性界线等二维地质体精度较高；探测距离较大	探测费用较高	主要用于隧道掌子面前方断层、地层岩性界线、岩溶及富水带等探测
	地质雷达法	探测速度快；探测费用低	探测深度不大	主要用于隧道掌子面前方超前地质预报岩溶及隧底隐伏岩溶探测
	跨孔弹性波层析成像法	探测精度高	探测费用高；由于测试时需要钻孔中充满水作为激发和接收弹性波的耦合介质，因此存在孔中封堵漏水问题	主要用于浅埋隧道或隧底溶洞的精细探测
	跨孔电磁波层析成像法	探测精度高	探测费用高	主要用于浅埋隧道或隧底岩溶的精细探测
	超高密度电法	探测精度较高；探测费用较低	探测深度不大，仅约 20m	主要用于浅埋隧道岩溶探测
新技术	等值反磁通瞬变电磁技术	浅层高精度，克服了山区布置线圈的困难	0～20m 的勘探盲区	主要用于浅埋隧道的岩溶探测
	微动探测技术	不受电磁干扰和勘探场地的环境噪声的影响，仪器设备轻便，勘探成本低	观测时间上，探测精度受观测时间影响	岩溶、土石界面等探测工作

在施工过程中，超前地质预报方法是提前探测隧道掌子面前方细部工程地质特征的重要手段，特别是预防岩溶隧道涌水突泥效果突出。

3）钻探

钻探是岩溶区地质勘探中最常用的基本技术手段，可验证地质调绘以及其他勘探手段的推断、解释；进行孔内物探、测试、水文地质试验；获取岩、土、水试样，从而取得工程地质、水文地质参数，为设计施工提供依据。

4)观测与测试

观测与测试包括室内试验、原位测试、水文地质试验及观测。

室内试验是通过野外采集水、土、石、砂试样，按工程设计和施工所需的化学、物理、力学等指标进行试验，是鉴定土石类别和取得试验参数的主要技术方法。

原位测试是工程地质勘察中常用的手段,是在现场对地基土直接进行多种参数测定的综合方法，具有效率高、成本低、周期短、土体扰动少、量测数据准确等优点。在场地条件和工程对象适宜的情况下，与地质调绘、钻探、土工试验、物探相配合，是地质综合勘探的另一重要内容。

大型溶蚀洼地或岩溶化平原等岩溶区，表层覆盖厚-深厚层第四系残积、冲洪积等成因的土层，引进了荷兰三桥静力触探仪、英国剑桥型旁压仪、意大利扁铲侧胀仪等多种国际先进的原位测试技术与设备，并根据现场测试需要进行了改进，集成创新了厚-深厚覆盖层综合原位测试技术。

岩溶区水文地质试验主要包括抽、压水试验，溶洞连通性试验，水文地质动态观测，是岩溶水垂直动力分带，基坑涌水量、隧道涌水量计算等水文地质条件评价和涌水量计算的主要依据。

3.3.2 各类岩溶区综合勘察模式

根据中国地形地貌、气候分带、地质构造等特征，结合高速铁路勘察设计面临的主要岩溶工程地质问题,将中国岩溶分为高原岩溶区、过渡带岩溶区和平原化岩溶区三大类型。不同岩溶区受地形地貌、气候、岩性、构造控制具有不同的地质特征和水文地质条件，存在不同的工程地质问题。各类岩溶区的勘探模式研究就是根据各类岩溶区的工程地质特征，针对各类工程存在的工程地质问题，结合各种勘察方法的适用条件及优缺点，选择最佳组合，以经济合理的勘察组合模式查明场地工程地质条件。

1. 高原岩溶区综合勘察模式

1)高原岩溶区地质特征及主要岩溶问题

高原岩溶区岩溶广泛分布，发育溶原面，分布众多断陷溶盆，溶洼、丘峰、峰林高原等岩溶形态发育，岩溶形态复杂；岩溶水系统主要受岩性、构造地形控制，岩溶水系统类型较多，管道水和岩溶裂隙水发育。主要岩溶工程地质问题有隧道涌水突泥、岩溶地面塌陷，局部存在危岩落石。

2)综合勘察组合模式

地质勘察应通过航卫片地质遥感判释，查明基本地质构造格局，宏观岩溶地貌，暗河、伏流的分布特征等宏观水文地质特征；以地质调绘为先导，查明岩溶地貌、地层岩性、地质构造，划分岩溶层组，地下水点，地下水的补径排条件及暗河、伏流的分布特征；采用物探，查明覆盖层厚度，土洞位置，暗河、溶洞分布等隐伏岩溶发育情况；重要构造及岩溶发育地段用钻探验证，根据工程类型布置钻孔查明地层岩性、地质构造、岩溶发育程度。通过水文地质观测试验，查明地下水的补径排条件、地下水动态变化、水文地质参数，通过取样和原位测试进行岩土物理力学参数测试。高原岩溶区综合勘察模式如图 3-45 所示。

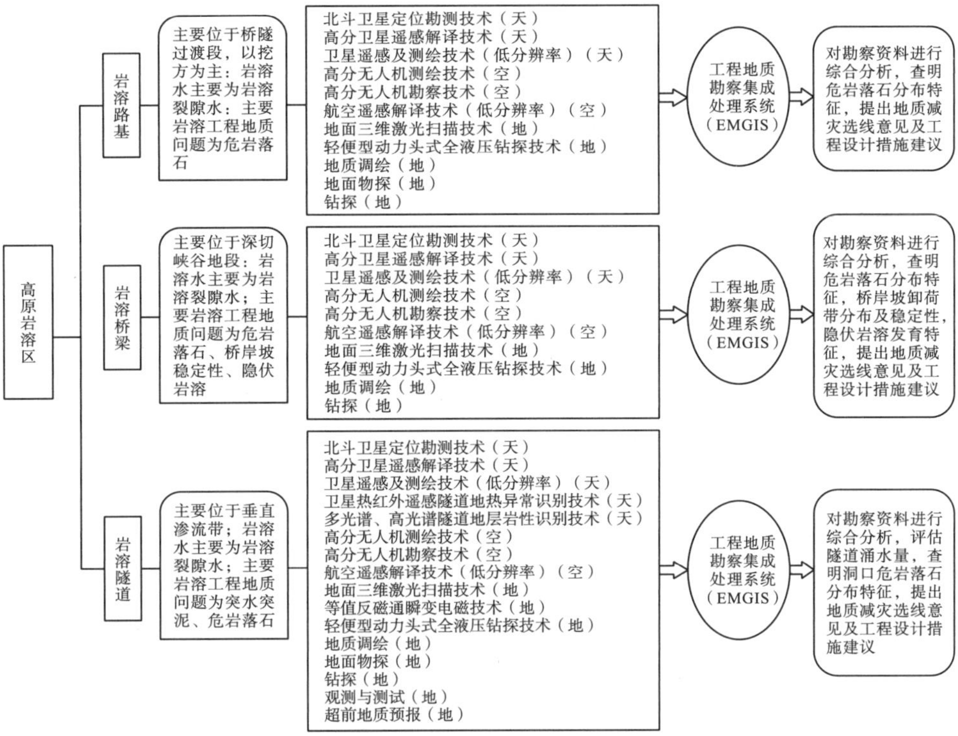

图 3-45　高原岩溶区综合勘察模式

注：各勘察技术的选择应根据 3.3.1 节选取，实施过程中原则上应遵循“先天后空再地”的顺序，并相互验证综合分析。

(1)路基勘探模式。

通过卫片地质遥感判释、地质调绘、无人机勘察，查明地质构造、地层岩性，划分岩溶层组，探明地下水点分布，地下水的补径排条件及暗河、伏流的分布特征，岩溶塌陷、危岩落石等不良地质分布及特征；采用物探，查明覆盖层厚度，土洞位置，暗河、溶洞分布等隐伏岩溶发育情况；通过钻探查明地层岩性，地质构造，含水层厚度，土洞、溶洞位置及溶洞充填物厚度、性质及岩溶发育程度；通过水文地质观测试验，查明地下水动态变化，水文地质参数；通过取样和原位测试进行岩土物理力学参数测试；对勘察资料进行综合分析后，确定地基承载力及变形参数，为岩溶地面塌陷风险评估和整治设计提供依据。

(2)桥梁勘探模式。

通过卫片地质遥感判释、地质调绘、无人机勘察，查明地质构造、地层岩性、划分岩溶层组，地下水点分布，暗河、伏流的分布特征，岩溶塌陷、危岩落石等不良地质的分布及特征；采用物探查明覆盖层厚度，土洞位置，暗河、溶洞分布等隐伏岩溶发育情况；通过钻探查明地层岩性，地质构造，含水层厚度，土洞、溶洞位置及溶洞充填物厚度、性质等岩溶发育程度；通过水文地质观测试验，查明地下水动态变化，水文地质参数；通过取样和原位测试进行岩土物理力学参数测试；对勘察资料进行综合分析后，确定基础类型、选择持力层及相关设计所需的岩土体物理力学参数。

(3)隧道勘探模式。

地质勘察应充分发挥航卫片地质遥感判释的作用，查明基本地质构造格局，宏观岩溶地貌，暗河、伏流的分布特征等宏观水文地质特征；以地质调绘为先导，查明地层岩性、地质构造，划分岩溶层组，地下水点，地下水的补径排条件及暗河、伏流的分布特征；采用物探查明隐伏构造，暗河、溶洞分布等隐伏岩溶发育情况；重要构造及岩溶发育地段应用钻探验证；通过水文地质观测试验，查明地下水的补径排条件，地下水动态变化，水文地质参数，通过取样和原位测试进行岩土物理力学参数测试；对勘察资料进行综合分析后，为隧道涌水突泥危险性分析预测与风险评估提供依据，进行围岩分级及稳定性评价。

3)工程实例

(1)沪昆高速铁路壁板坡隧道综合勘察。

壁板坡隧道位于云贵高原云南与贵州接壤部位，进口里程 DK977+657，出口里程 DK992+413，隧道全长 14.756km，最大埋深 750m。由于地形条件限制，辅助坑道采用贯通平行导坑方案，为降低施工风险，进口段 745m 为合修段，其余段落分修，最大线间距 87m。隧道进口高程 1832.97m，采用 25‰的坡度上坡；出口高程 1885.97m，采用 18‰的坡度下坡。

隧址区西部地形较平缓，高原面貌保存完好，东部地形切割较强，形成山峦起伏的中山地貌。隧道由东向西穿越老黑山山脉北段，山脉走向呈北东—南西向，与构造线走向基本一致。山脊高程一般 2184～2581m，主峰大光山高程 2733.9m，属条形高中山，具构造剥蚀、溶蚀地貌特点。山间槽谷较发育，山间局部平台上呈串珠状分布有溶蚀洼地、落水洞、漏斗等岩溶形态。最低点位于胜境关隧道进口外侧的拖长江，地面高程 1680m，相对高差达 1053m。隧道洞身穿越下三叠统永宁镇组(T_1yn)灰岩、白云质灰岩、泥岩，下三叠统飞仙关组(T_1f)泥岩夹砂岩；上二叠统宣威组(P_2xn)泥岩夹砂岩夹煤层，上二叠统峨眉山玄武岩组($P_2\beta$)玄武岩，下二叠统茅口组(P_1m)灰岩，下二叠统栖霞组(P_1q)灰岩，下二叠统梁山组(P_1l)砂岩、泥页岩夹煤层；上石炭统马平群(C_3mp)灰岩夹白云质灰岩、泥岩，中石炭统黄龙组(C_2hn)灰岩、白云质灰岩，下石炭统摆佐组-大塘组-岩关组(C_1b)灰岩、白云岩，下石炭统大塘组(C_1d)灰岩、泥岩夹砂岩、煤线，下石炭统岩关组(C_1y)泥质灰岩夹泥页岩。区内第四系不发育，主要分布于岩溶洼地、溶蚀槽谷，零星分布于溪谷两侧平缓及低洼地带，厚度一般小于

10m。区内为北北东向新华夏系构造与莲花状构造接壤地带，由一系列北北东向平行排列的开阔短轴褶曲和高角度压性逆冲断层组成，隧道洞身主要穿过6条断层，它们分别为杨梅山—小达村断层(又称偏头岩断层)、发伍多—东铺断层、迤后所—羊洞断层，大落冲推测断层(F1)、大落冲推测断层(F2)和F3断层，地质构造复杂。隧道洞身穿越可溶岩段长共计10143m，占隧道总长的68.53%，由于隧道长度大，位置低，隧道上方的水文地质单元规模大，地下水储存量大，施工过程中遇到大规模涌水和涌水突泥的风险较大，为Ⅰ级风险隧道(图3-46和图3-47)。

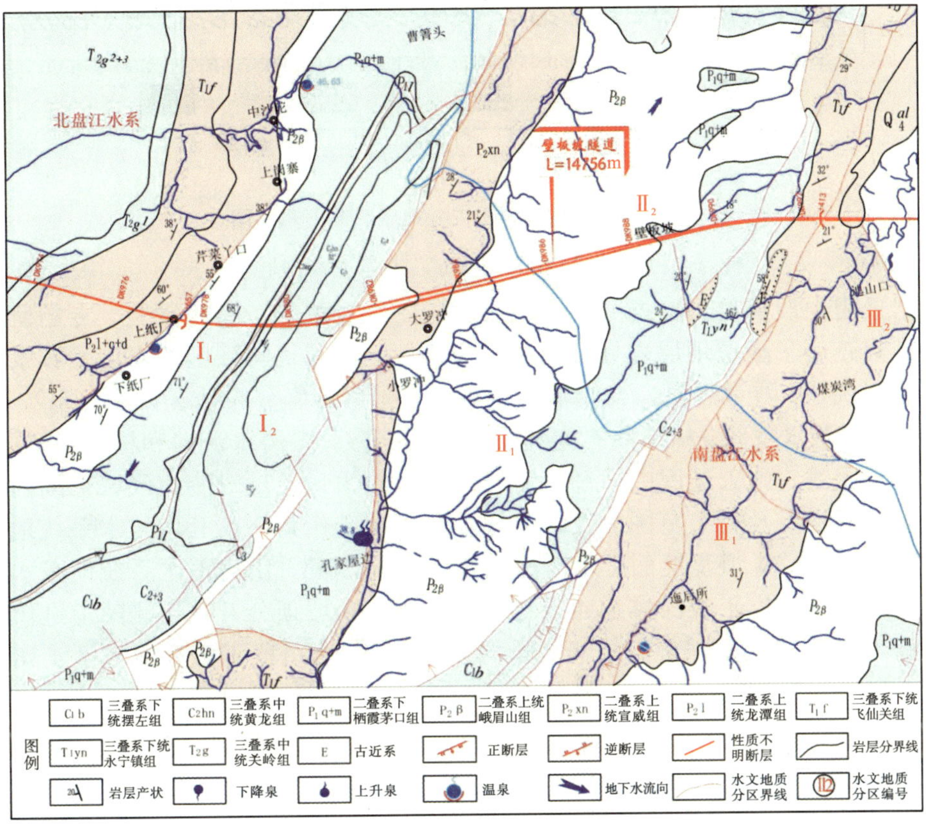

图3-46　壁板坡隧道工程地质平面图

勘察中采用由粗到细、由面到点的多阶段、多手段相结合的综合勘察方法。初测阶段在大范围卫片、航片解译及工程地质、水文地质调绘基础上，开展大面积地质选线，确定了地质条件最优的线路方案。定测阶段进行了隧道范围详细地质调绘，完成了贯通整个隧道的可控源音频大地电磁法(V8)地球物理勘探，根据地质调绘及物探资料在进出口段及洞身浅埋段布置了11个浅孔，在洞身布置了10个深孔，在深孔内开展了水文地质试验、物探综合测井、地应力测量及取样试验等，并开展了隧道岩溶涌水突泥危险性评价专题研究、煤层瓦斯专题评价。补定测阶段，根据初步设计审查意见及对隧道风险认识的进一步加深，再次对隧道的水文地质条件进行了补充调查。

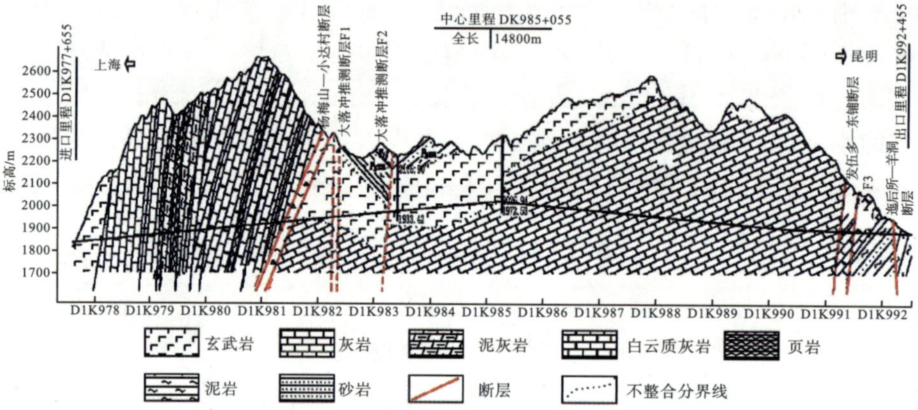

图 3-47 壁板坡隧道工程地质纵断面示意图

根据采用地质调绘、钻探、水文地质试验、综合物探、室内试验、专题研究等综合地质勘察查明了隧道地层岩性、地质构造特征，尤其是隧址区的岩溶发育条件和空间岩溶发育规律，隧道进出口均为深切沟谷，根据可溶岩分布情况，隧址区划分成Ⅰ、Ⅱ、Ⅲ三个岩溶水系统。构造线走向和山脉走向一致，岩溶水流向和构造线走向一致，但排泄比较困难，施工过程中通过可溶岩段落风险大，经过对隧道区域范围内岩溶大泉流量、出露标高及分布范围调查，结合物探资料分析，Ⅰ、Ⅱ岩溶水系统地下水流向由南向北流动，排泄基准面位于隧底以下 100～150m，Ⅲ岩溶水系统地下水流向由北向南流动，隧道位于浅部排泄通道上，从“人”字坡顶分开。预测隧道进口段正常日涌水量约 5 万 m^3，雨季最大日涌水量约 19 万 m^3，出口段正常日涌水量 4.38 万 m^3，雨季最大日涌水量约 13 万 m^3。平导设置于隧道左侧，施工过程中进口段平导将大部分岩溶水截走，出口段仅在右线右边墙处揭示到一岩溶管道水，与调查分析结果一致，隧道实际涌水量与预测涌水量相近。本隧道的勘察为岩溶隧道勘察的成功典范。

(2) 云桂铁路石林隧道综合勘察。

云桂铁路石林隧道“一洞穿两县”，进口位于弥勒市，出口位于石林县，为高原岩溶区的一座越岭隧道，属Ⅰ级高风险可溶岩隧道，为云桂铁路重点控制性工程，全长 18208m，最大埋深约 250m (图 3-48)。

石林隧道勘察期间，采用了遥感解译、地质调绘、钻探、物探(大地电磁法、综合测井等)、水文地质试验、室内试验、岩溶隧道涌水突泥危险性专题研究等综合地质勘察方法，查明了隧址区的区域地质特征与洞身的工程地质条件。

石林隧道为越岭隧道，全隧穿越可溶岩地层，勘察期间进行了多方案的比选、优化，采用大面积的地质调绘，查明了隧址区的地质条件、不良地质及对隧道的影响，为优化及稳定线路方案提供了可靠的依据。在线路方案稳定的基础上，进行现场工点地质测绘，保证地质资料的准确性。

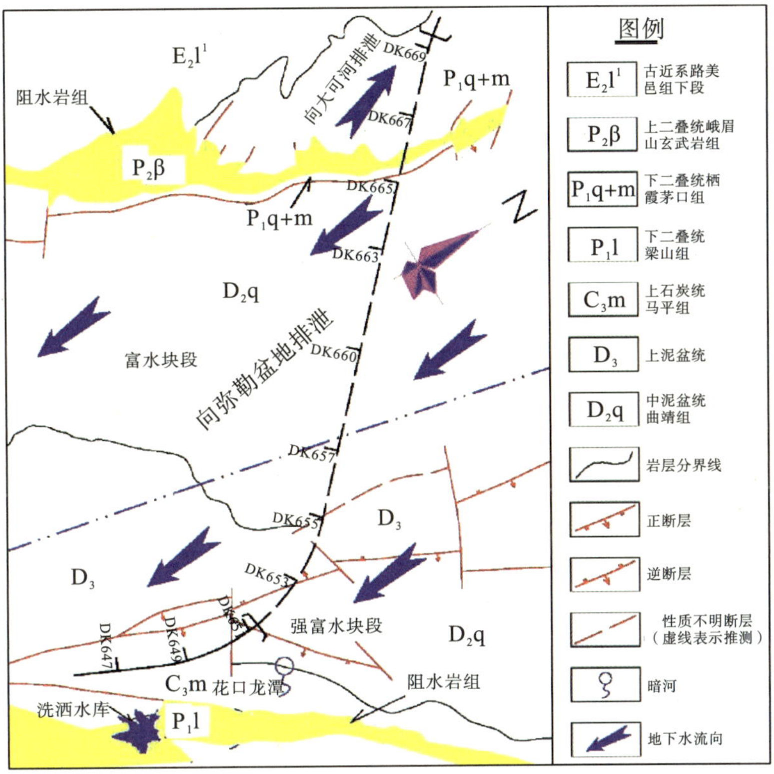

图 3-48　石林隧道水文地质示意图

岩溶隧道专题研究工作主要针对石林隧道施工难度大、风险高的特点开展的，通过采用 THK(岩溶隧道涌水突泥危险性评价)系统对隧道分段涌水突泥的危险性进行分级评价，确定了隧道各段涌水突泥危险分级，为隧道防、排水设计提供科学依据，为隧道施工提供指导性意见和建议。

物探(大地电磁法)工作在线路方案稳定的基础上开展，通过全隧道的物探工作，查明了隧道洞身围岩的完整程度、岩溶发育程度，对涌水突泥风险进行了预测。对后期的钻孔的布置及隧道设计提供了依据。

钻探工作在线路方案及隧道方案稳定的基础上进行，根据地质调绘及物探结果，对正洞及辅助坑道洞口、沟谷等洞身浅埋地段、大型物探异常带、主要地质界线及构造带等开展了钻探工作。通过深孔 17 孔、浅孔 43 孔的钻探工作，查明了隧道岩土体结构、类型、成因、性质、分布规律及不良地质特征。

在进行钻探工作的同时，进行了孔内声波测井、综合测井、水文地质试验、取样室内试验等测试、试验工作，为设计提供了准确的地质参数。

石林隧道于 2008 年 11 月～2010 年 12 月完成各阶段勘察，于 2010 年 8 月开工建设，2013 年 12 月全隧贯通，施工揭示地质情况与施工图基本吻合，施工顺利，缩短了隧道施工工期，表明勘察方法选择合理，勘察结论依据充分。

2. 过渡带岩溶区综合勘察模式

1) 过渡带岩溶区地质特征及主要岩溶问题

过渡带岩溶区地形起伏大，山高谷深。深切河流为各岩溶水系统侵蚀基准面，往往形成受构造控制相对独立的岩溶水系统，管道流发育，同时封闭构造形成的岩溶水系统存在较高压力的承压水。岩溶工程地质条件复杂，主要工程地质问题是隧道岩溶涌水突泥、大(巨)型溶洞、危岩落石、岩溶水环境劣化等。

2) 综合勘察组合模式

地质勘察应充分发挥航卫片地质遥感判释的作用，查明基本地质构造格局，宏观岩溶地貌，暗河、伏流的分布特征等宏观水文地质特征；以地质调绘为重要手段，查明地层岩性、地质构造，划分岩溶层组，地下水点，地下水的补径排条件及暗河、伏流的分布特征，危岩落石等不良地质分布及特征；采用物探，查明隐伏构造、覆盖层厚度，暗河、溶洞分布等隐伏岩溶发育情况；重要构造及岩溶发育地段应用钻探验证，根据工程类型布置钻孔查明地层岩性、地质构造、岩溶发育程度；通过水文地质观测试验，查明地下水的补径排条件，地下水动态变化，水文地质参数；通过取样和原位测试进行岩土物理力学参数测试(图 3-49)。

(1) 路基勘探模式。

通过航卫片地质遥感判释、地质调绘、无人机勘察，查明地质构造、地层岩性，划分岩溶层组，地下水点分布，地下水的补径排条件及暗河、伏流的分布特征，危岩落石等不良地质分布及特征；采用物探，查明覆盖层厚度，暗河、溶洞分布等隐伏岩溶发育情况；通过钻探查明地层岩性，地质构造，含水层厚度，溶洞位置及溶洞充填物厚度、性质及岩溶发育程度；通过水文地质观测试验，查明地下水动态变化，水文地质参数；通过取样和原位测试进行岩土物理力学参数测试；对勘察资料进行综合分析后，确定地基承载力及变形参数，为岩溶地面塌陷危险性分区和整治提供依据。

(2) 桥梁勘探模式。

通过航卫片地质遥感判释、地质调绘、无人机勘察，查明地质构造、地层岩性，划分岩溶层组，地下水点分布，暗河、伏流的分布特征，危岩落石等不良地质的分布及特征。采用物探，查明覆盖层厚度，暗河、溶洞分布等隐伏岩溶发育情况。通过钻探查明地层岩性，地质构造，含水层厚度，溶洞位置及溶洞充填物厚度、性质等岩溶发育程度。通过水文地质观测试验，查明地下水动态变化，水文地质参数。通过取样和原位测试进行岩土物理力学参数测试；对勘察资料进行综合分析后，选择持力层，确定基础类型、设计所需的岩土体物理力学参数。

(3) 隧道勘探模式。

地质勘察应充分发挥航卫片地质遥感判释的作用，查明基本地质构造格局，宏观岩溶地貌，暗河、伏流的分布特征等宏观水地质特征；以地质调绘为重要手段，查明地层岩性、地质构造，划分岩溶层组，地下水点，地下水的补径排条件及暗河、伏流的分布特征；采用物探查明隐伏构造，暗河、溶洞分布等隐伏岩溶发育情况；重要构造及岩溶发育地段应用钻探验证；通过水文地质观测试验，查明地下水的补径排条件、岩溶水垂直分带、地下水动态变化、水文地质参数。通过取样和原位测试进行岩土物理力学参数测试；对勘察资料进行综合分析后，为隧道涌水突泥危险性分析预测与风险评估、围岩分级及稳定性评价提供依据。

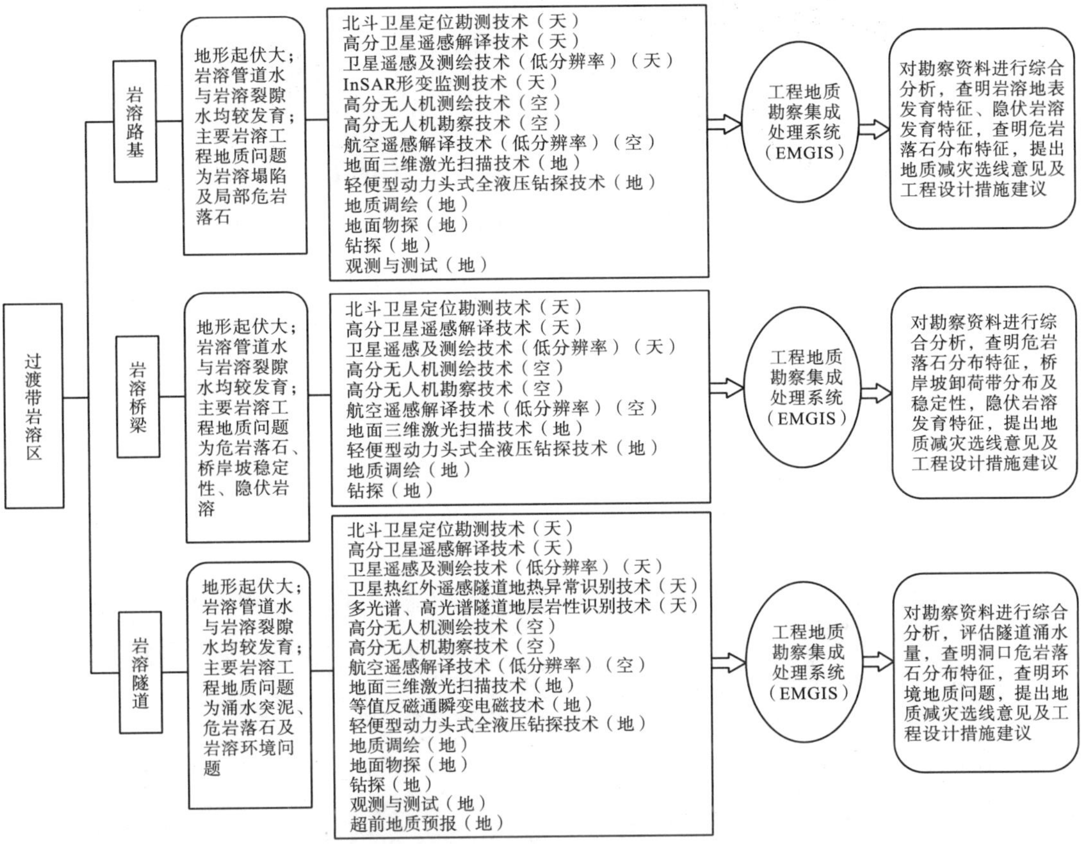

图 3-49　过渡带岩溶区综合勘察模式

注：各勘察技术的选择应根据 3.3.1 节选取，实施过程中原则上应遵循“先天后空再地”的顺序，并相互验证综合分析。

3) 工程实例

(1) 沪昆高速铁路岩质路基地震映像法与钻探隐伏岩溶综合勘察。

沪昆高速铁路贵阳至盘县段 D1K804+228～D1K804+368 为岩质路基，左侧线路地震映像法探测资料如图 3-50 所示（10m 偏移距），探测发现在 D1K804+280～D1K804+290 段存在物探异常，物探判释为溶蚀破碎带含溶洞。

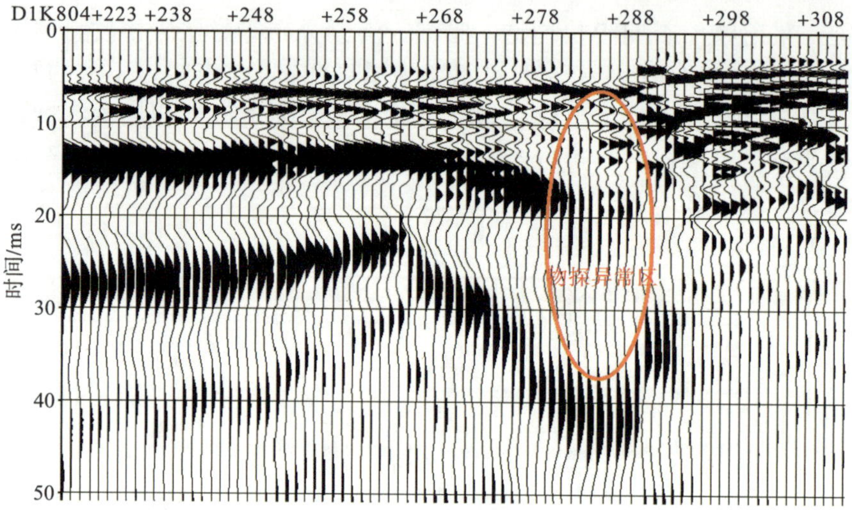

图 3-50　左侧线路中线地震映像法成果图(10m 偏移距)

经左线 D1K804+284.5 处钻探验证，地表下 0～2.2m 为人工填碎石土，2.2～3.2m 为白云岩(W_2)，3.2～9.7m 为溶洞，9.7～23.6m 为白云岩(W_2)。钻探验证的心样如图 3-51 所示。为确保高速铁路运营安全，根据钻探、物探等相关成果资料，进行隐伏岩溶整治设计，经整治处理，消除了运营期间的安全隐患。

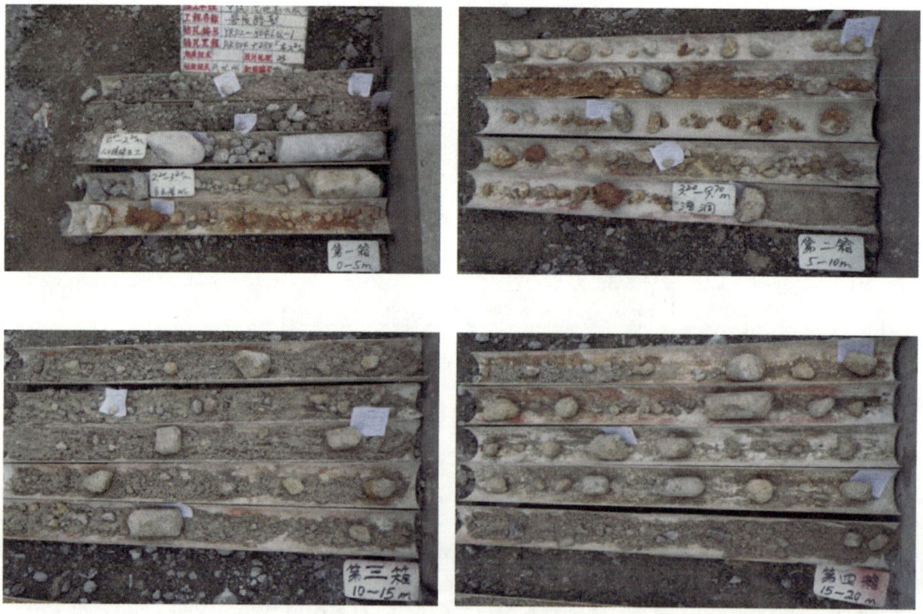

图 3-51　钻探验证心样相片

(2)沪昆高速铁路土质路基瞬态面波法与钻探隐伏岩溶综合勘察。

沪昆高速铁路 DK743+050～DK743+322 段土质路基瞬态面波法探测成果资料如图 3-52 所示，根据物探探测成果资料，DK743+274～DK743+283 和 DK743+291～DK743+303 两段均呈现出条带状低速异常。物探结论判释为溶蚀破碎带，岩溶强烈发育。

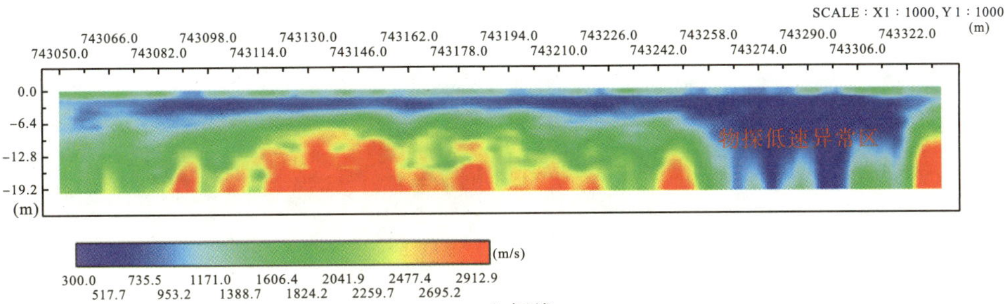

(a)左侧线

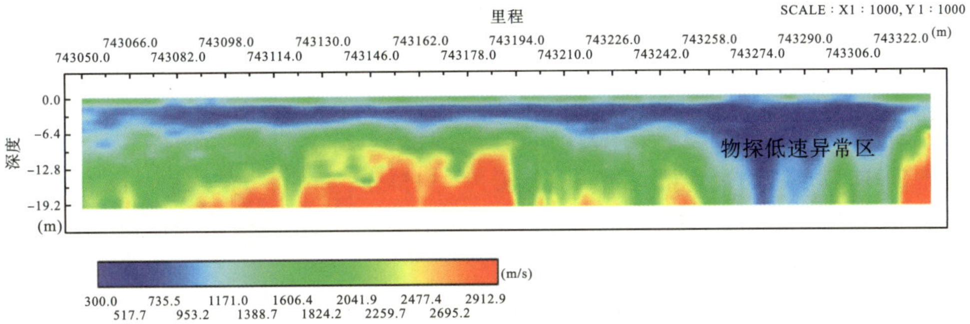

(b)右侧线

图 3-52　土质路基瞬态面波法探测成果资料

为核实物探异常，在物探异常位置各布置一个钻孔进行验证，各孔钻探结果具体如下。

左侧 DK743+278 处钻孔：0～0.6m 为人工填混凝土，0.6～3m 为人工填碎石土，3～14.1m 为软塑状黏土，14.1～26.3m 为白云岩(W_2)。

左侧 DK743+298 处钻孔：0～0.6m 为人工填混凝土，0.6～3.3m 为人工填碎石土，3.3～9.3m 为软塑状黏土，9.3～26.5m 为白云岩(W_2)。

右侧 DK743+282 处钻孔：0～0.6m 为人工填混凝土，0.6～3m 为人工填碎石土，3～6.7m 为软塑状黏土，6.7～16.3m 为白云岩(W_2)。

钻探法验证代表性心样影像资料如图 3-53 所示。

根据物探成果、钻探法验证的情况，综合分析该处发育溶槽，被软塑状黏土充填。为确保高速铁路运营安全，根据钻探、物探等相关成果资料，进行隐伏岩溶整治方案设计，经整治处理，消除了运营期间的安全隐患。

图 3-53 左侧 DK743+278 处钻探验证心样相片

(3)成贵高速铁路 D3K379～D3K380 段岩溶路基综合勘察。

成贵高速铁路乐山至贵阳段正线长度 515km，设计为双线无砟轨道，时速 250km/h。D3K379+950～D3K380+145 段岩溶路基长 195m，设计为低填方浅挖方，填方高度 0～5m，中心挖方深 0～2m。

初测阶段：经地质调绘，该段岩溶路基表层残积土较薄，局部基岩裸露，下伏基岩为下三叠统永宁镇组三段(T_1yn^3)灰岩、泥质灰岩；段内地层单斜，岩层缓倾，层理产状为 N75°W/3°NE，垂直节理较发育，节理缝隙中充填黏土。地表岩溶特征明显，线路左侧 100m 范围内发育 2 处岩溶洼地及岩溶漏斗，洼地直径 30～80m，洼地深 5～20m，地表多见溶沟溶槽；段内未见地表水体，无地下水露头。该段初测阶段布置 2 孔钻探，揭示黏土层厚 0～6m，下伏为弱风化灰岩，节理裂隙较发育，两孔均揭示小型溶洞，溶洞规模分别为 2.25m 和 2.3m，位于轨面标高以下 6～7m，未见地下水位。综合宏观判断该段路基岩溶强烈发育，属岩溶地表易塌陷区。

定测阶段：经详细地质调绘并布置 3 孔进一步查明岩溶发育程度，钻探虽未揭示溶洞，但岩心多见溶蚀破碎及溶孔，结合附近同套地层桥梁工点桩基础钻探揭示岩溶强烈发育及初测阶段对该段路基岩溶发育及致塌陷因素等进行岩溶塌陷风险评估该段路基岩溶地表塌陷风险为高度。

补定测阶段：在定测评价的基础上，对该段岩溶路基左线、右线分别进行了基底电测深法物探测试，测试有效深度 40m。

对岩溶物探异常区布置了 10 孔钻探验证，结合初测及定测 6 孔钻探，该段共完成钻探 16 孔，其中 3 孔揭示 4 处充填溶洞，钻孔见洞率为 18.8%，线岩溶率最大 21.9%，溶洞高为 0.6～5.8m，其中 1 处为土石界面处空土洞，1 处为基岩中发育空溶洞，2 处为充填溶洞。物探资料及钻探揭示，其下伏基岩局部发育充填溶洞、溶隙、溶蚀破碎带，由于雨季雨水的快速下渗对土体的潜蚀作用，局部溶洞易引起地面塌陷。综合前期各阶段资料及致塌陷因素，采用专家评判法进行岩溶地面塌陷风险评估，判别标准指标为 75 分，岩溶地表塌陷风险为高度。针对溶洞采取注浆加固处理或揭盖回填处理等相应加固措施，表面零星分布的溶隙、溶缝、溶槽内的充填土，清干净土后再回填夯实；对土层厚度小于等于 3m 的予以清除土后再针对溶洞采取注浆加固处理或揭盖回填处理等相应加固措施；对土层厚度大于 3m 的溶洞采取注浆加固处理（图 3-54）。

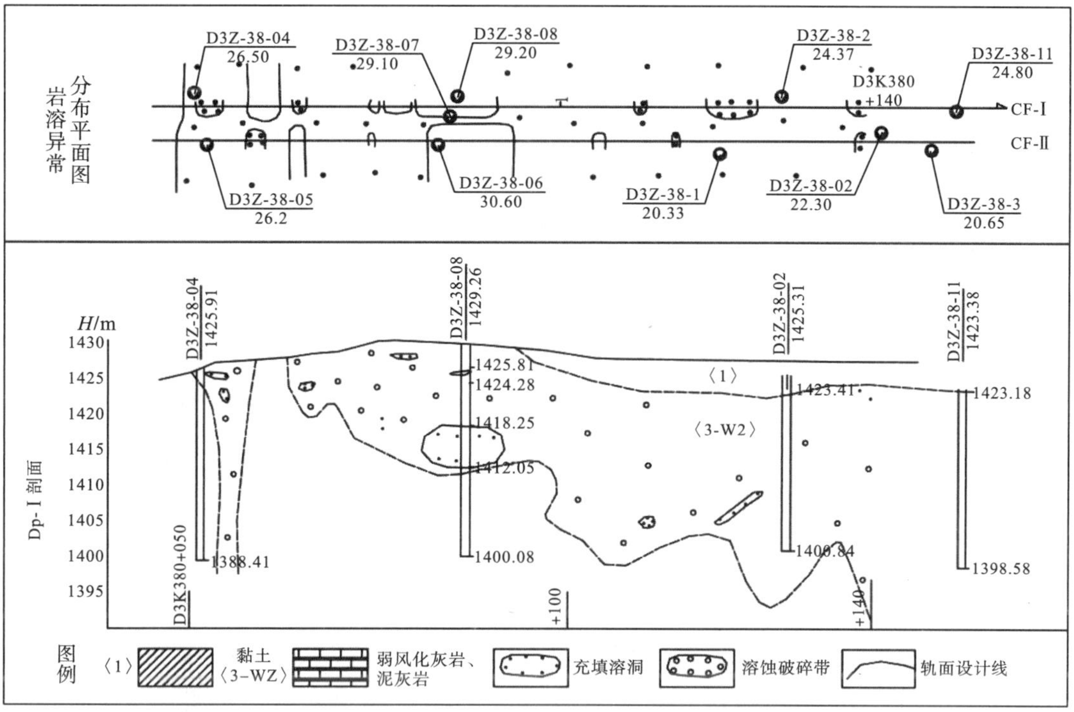

图 3-54　D3K379+950～D3K380+145 段岩溶路基代表段落物探地质图

施工阶段：该段路基施工图设计岩溶整治先导注浆孔 32 孔，Ⅰ序注浆孔 80 孔，经钻孔揭示地质情况显示共 29 孔揭示发育溶洞，见洞率 25.89%，溶洞规模 1～13.7m。Ⅰ序孔结束后，根据Ⅰ序先导孔揭示的岩溶发育程度，按照“岩溶整治Ⅰ序先导钻孔后岩溶地面塌陷预测参考标准”进行了岩溶塌陷分区评价，该段路基共 8 孔塌陷预测评价分值在 71～89 分，判定岩溶地表塌陷风险为高度；共 24 孔评价分值大于 90 分，判定岩溶地表塌陷风险为极高。Ⅰ序先导探灌孔完成后，根据先导孔资料结合前期地质资料，编制了“工程地质平面图”、“工程地质纵断面图”，在平面上细分岩溶塌陷风险亚区分区（图 3-55）。

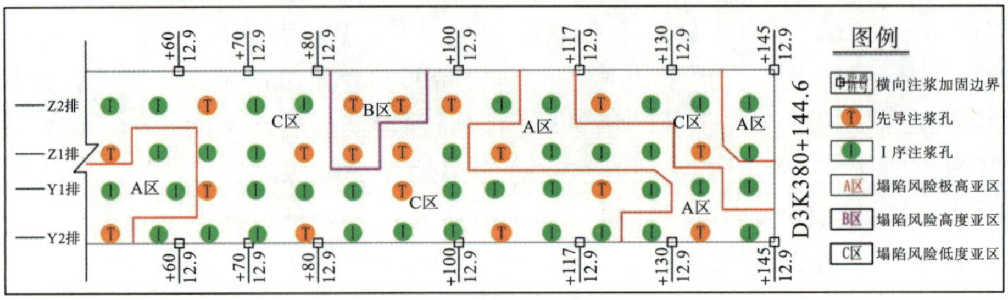

图 3-55 D3K379+950～D3K380+145 段岩溶路基代表段落塌陷分区平面图

(4) 贵广高速铁路大源特大桥综合勘察。

该桥跨越两条小河，桥长 2522.54m，孔跨式样为 2×24+75×32m，最大墩高 47m。桥梁两端岸坡灰岩大片裸露，平缓地段覆土较厚，基岩为岩溶极为发育的灰岩。为初步查明桥址范围内灰岩的岩溶发育情况，指导桥梁墩台合理布置，采用了直流电测深法在该桥岩溶极发育段完成纵断面岩溶探测。在物探成果的基础上，墩台位置绕避岩溶极发育地段，合理布置了孔跨式样。针对布置完成的各墩台桩位，开展逐桩钻探。查明了各墩台基础各桩位岩溶发育情况，为施工图设计提供了准确依据。从施工开挖揭示情况来看，勘察成果准确度高，桥梁基础施工顺利，运营状态良好(图 3-56)。

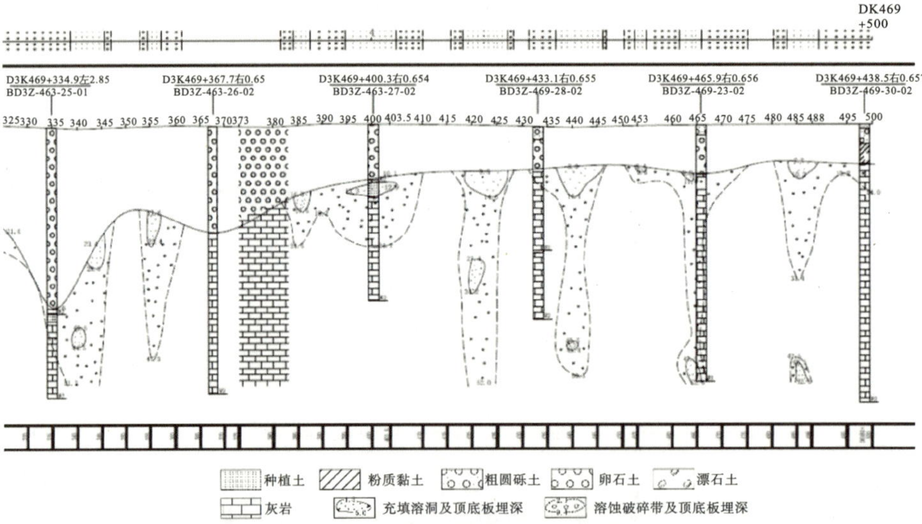

图 3-56 贵广高速铁路大源特大桥代表性综合勘察纵断面

(5) 成贵高速铁路庙埂隧道综合勘察。

成贵高速铁路庙埂隧道位于镇雄车站至毕节车站区间云南省境内，全长 4841m，双线隧道，设计时速 250km。隧道进口接路基，出口姚家沟大桥成都端桥台进洞。洞身围岩岩性主要为灰岩、凝灰岩、凝灰质砂泥岩、砂质泥岩、砂岩夹泥岩及煤线、砂岩、页岩夹灰岩、碳质页岩、铝土岩夹煤层、泥灰岩、页岩夹煤线。隧址区域地质构造复杂，隧道位于以勒背斜南东翼、杉林断层南东盘，总体为一单斜地层，隧道出口发育有垭口上节理密集带。隧道拱顶以上最大埋深约 230m。

定测阶段地表调查发现在 D3K324+500～D3K324+900 段线路左右两侧数公里范围内地表连续发育溶洞、溶蚀洼地、落水洞口、竖井。地表揭示的溶洞多为空溶洞，另在线路 D3K324+995 右 312m 发现落水洞口规模较大，洞口呈长条状，高 20～30m，宽 8～15m，洞口有坍塌现象，雨季大量地表水汇入落水洞向下补给，落水洞洞口陡直，可见深度大于 30m，该溶洞所处地层为下二叠统茅口组(P_1m)灰岩，岩溶强烈发育(图 3-57 和图 3-58)。

图 3-57　D3K324+500～D3K324+900 段附近地表洼地

图 3-58　D3K324+995 右 312m 大型落水洞口

由于这些岩溶形态发育具有线状规律，发育轴线与线路交角约 33°，现场核实岩溶形态沿 P_1m(灰岩)与 P_2l(砂泥岩夹煤层)可溶岩与非可溶岩地层界线发育。线路附近的地表洼地标高在 1580～1645m，线路该段轨面标高约 1525m。

根据定测阶段大范围区域水文地质调查，确定线路该段穿越的连续负地形下部为风岩—天生桥暗河，该暗河进口在风岩村附近，进口标高 1660.16m，暗河进口流量

50～80L/s；出口在以堡村天生桥(铜车河边)附近，出口标高 1060.91m，暗河出口流量约 1500L/s。地下径流长度约 18.5km，地下水水力坡度为 3.2%。根据平均水力坡度推算，暗河在与线路相交位置标高约为 1485m，低于隧道轨底约 50m。

为进一步查明暗河标高与线路的关系(图 3-59)，采用大地电磁物探方法探测暗河位置。大地电磁物探资料显示，在 D3K324+700 附近，轨底标高以下约 40m 发育大型暗河通道，物探解译暗河通道断面直径约 35m，与利用水力坡度计算结论基本吻合。考虑到 D3K324+600～D3K324+900 段隧底以下均存在一定物探异常，在定测及补定测阶段在该段布置 2 个深孔验证，最终得出了在 D3K324+650～D3K324+880 段隧道轨底 40m 以下存在一处宽约 35m 的暗河管道，隧道标高位于岩溶水垂直渗流带内的结论。但隧道在该段仍然可能遇岩溶大厅、垂直带岩溶潭的概率很高，隧道施工时出现涌水突泥的可能性较大，在施工中应加强超前地质预报工作。

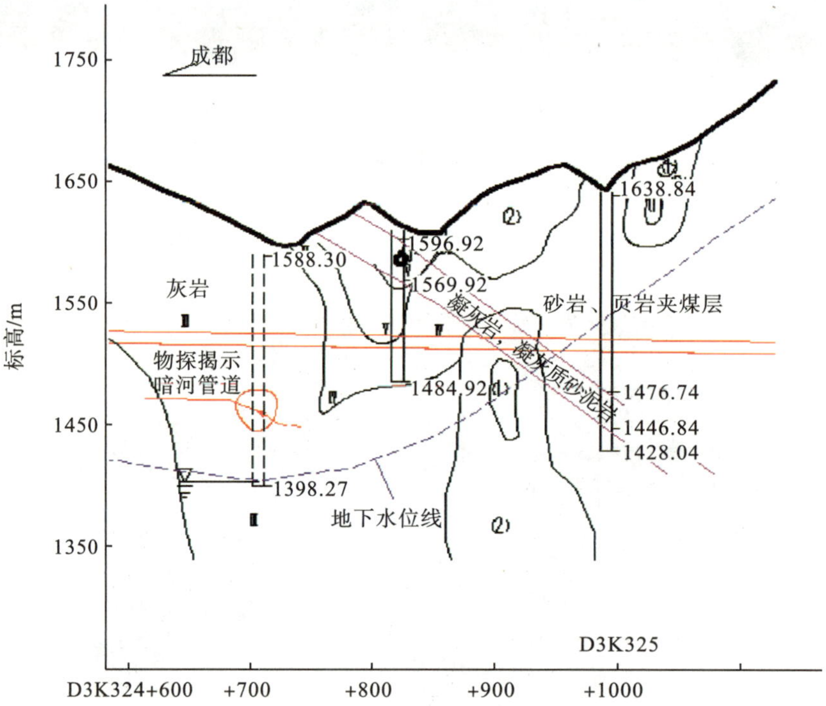

图 3-59　线路与暗河关系示意图

(6)沪昆高速铁路斗磨隧道基底隐伏岩溶探测。

沪昆高速铁路斗磨隧道 D1K841+142～D1K841+167 段基底仰拱未开挖且经表面找平后的地质雷达探测图像如图 3-60～图 3-62 所示，经 D1K841+157.5 处右线钻探验证核实，确认物探异常区为溶洞，顶底板深度范围为12.6～13.6m，溶洞无充填物，钻具出现自然下落现象。根据物探探测发现的岩溶异常，采用钻探法验证，对确认为岩溶异常的，开展了隐伏岩溶整治工作，消除了因基底隐伏岩溶威胁运营期间的行车安全隐患。

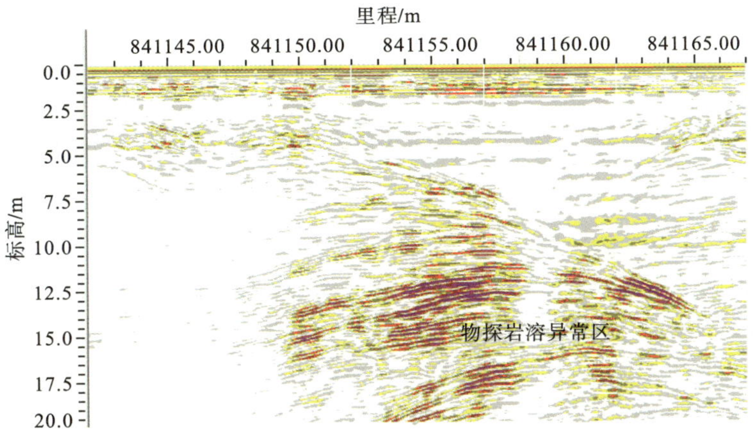

图 3-60　斗磨隧道 D1K841+142～D1K841+167 段隧道左线地质雷达图像

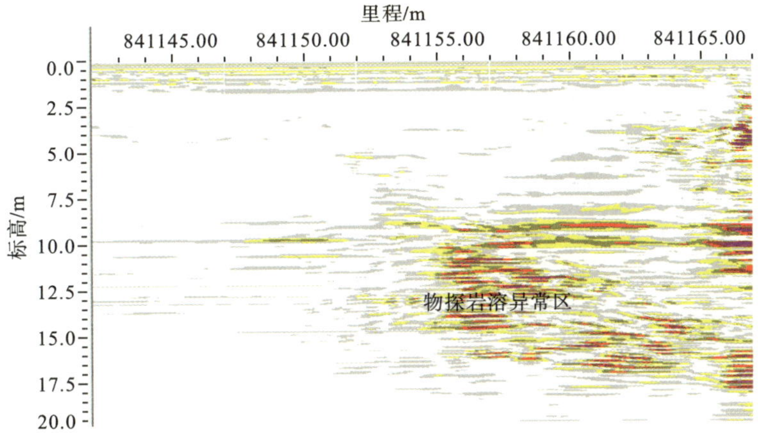

图 3-61　斗磨隧道 D1K841+142～D1K841+167 段隧道中线地质雷达图像

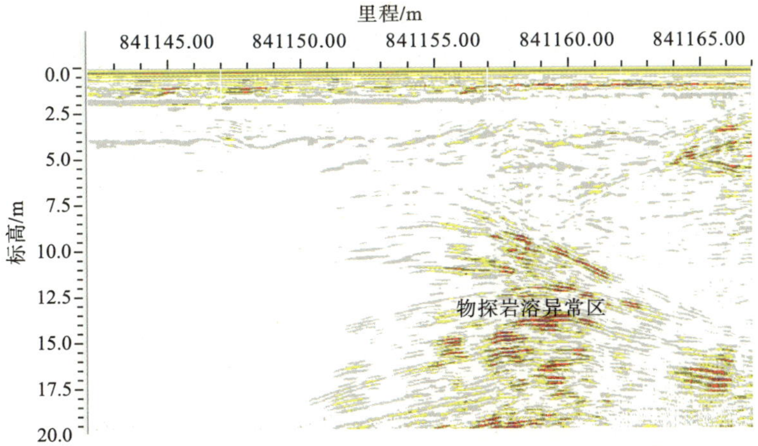

图 3-62　斗磨隧道 D1K841+142～D1K841+167 段隧道右线地质雷达图像

(7)贵广高速铁路三都隧道综合勘察。

贵广高速铁路三都隧道位于贵州省黔南布依族苗族自治州境内，进口里程DK124+915，出口里程DK139+581，全长14666m，最大埋深约660m，洞身浅埋段最小埋深仅为49m，设计为“人”字坡，设置2泄水横洞及3平导排水。

隧道穿越我国地势第二级阶梯贵州高原向广西丘陵地貌的过渡区，地面高程720～1483m，相对高差60～300m，峰丛、峰林等岩溶地貌较发育。隧道洞身穿越中泥盆统独山组(D_2d^{1+2})泥灰岩、砂岩夹页岩，偶夹灰岩，上邦寨组(D_2b)砂岩夹页岩；中志留统翁项组(Swx)页岩、砂岩，偶夹灰岩；下奥陶统大湾组(O_1d)砂岩、泥质灰岩夹页岩，桐梓组及红花园组(O_1t+h)灰岩、白云岩夹泥质白云岩；上寒武统炉山组(Ꞓol)白云岩、灰质白云岩等。测区位于扬子准地台滇黔褶断区黔南拗陷褶断束的东北部，接近南华准地台雪峰迭隆起之西北侧，隧道通过4个向斜、2个背斜和13条断层，地质构造非常复杂。隧道通过寒武系、奥陶系等可溶岩段长6934m，占隧道总长的47.3%，穿越断层构造段长2112m，占隧道总长的14.4%，工程地质、水文地质条件复杂，施工中安全风险高(图3-63)。

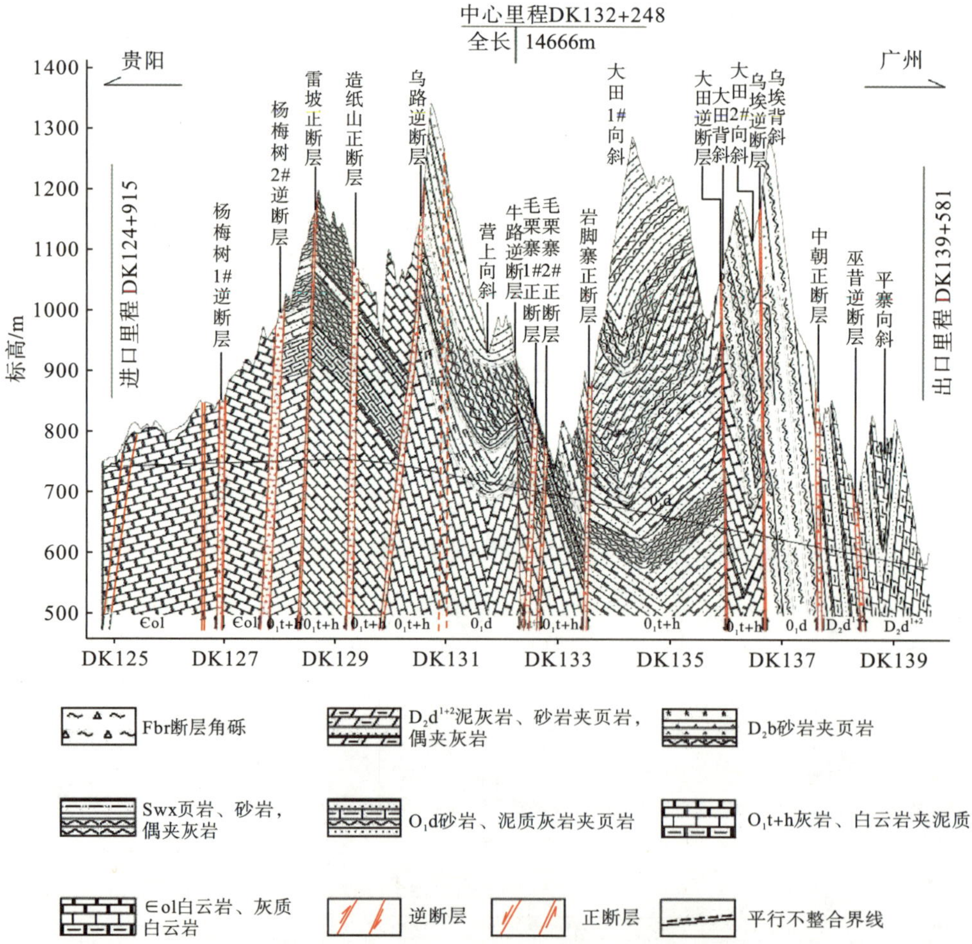

图3-63　三都隧道工程地质纵断面示意图

勘察中采用由粗到细、由面到点的多阶段、多手段相结合的综合勘察方法。初测阶段在大范围卫片、航片解译及工程地质、水文地质调绘基础上，开展大面积地质选线，确定了地质条件最优的线路方案。定测阶段进行了隧道范围详细地质调绘，完成了贯通整个隧道的大地电磁法(V8)地球物理勘探，根据地质调绘及物探资料在进、出口段及洞身浅埋段布置了 19 个浅孔，在洞身布置了 11 个深孔，在深孔内开展了水文地质试验、物探综合测井、地应力测量及取样试验等，并开展了隧道岩溶涌水突泥危险性评价专题研究。补定测阶段，根据初步设计审查意见及对隧道风险认识的进一步加深，再次采取 GDP-32 多功能电法仪对全隧道贯通完成大地电磁法勘探，针对新物探成果所标注的圈状异常，于 DK135+960 处布置了深达 406m 的 8-1 号综合勘探深孔。由于 8-1 号深孔揭示洞身以上有串珠状溶洞及岩溶水存在，分别于平行隧道方向和垂直线路方向布置多条测线补充大地电磁法勘探，累计补充物探达 10km(图 3-64)。

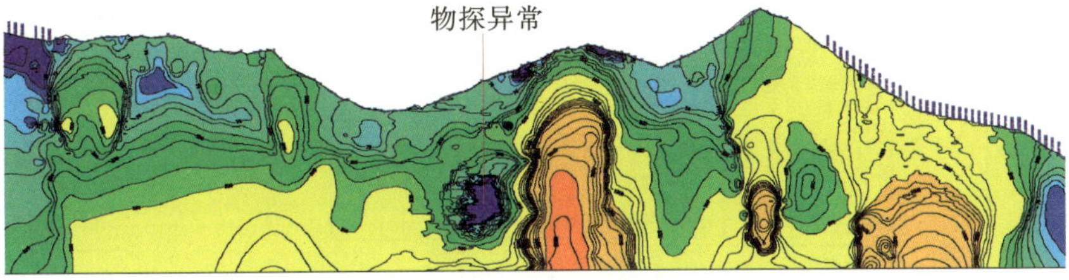

图 3-64　三都隧道一段音频大地电磁法资料

根据采用地质调绘、钻探、综合物探、水文地质试验、室内试验及专题研究等综合地质勘察手段进行勘察查明的隧道地层岩性、地质构造特征，尤其是隧址区的岩溶发育条件和空间岩溶发育规律，将隧道范围划分为 6 个水文地质单元，系统分析了岩溶地下水的补给、径流、排泄条件和富集、运移规律及其水动力特征，分析隧道洞身多处于岩溶水水平径流带内，预测隧道正常日涌水量约 9.5 万 m^3，雨季日最大涌水量约 16.9 万 m^3，洞身水压达 0.5～2.5MPa，对隧道施工中可能出现的集中涌水段，以及不同段落的涌水突泥风险进行了预测评价，划分出极高风险区(Ⅴ)8 个(690m)、高风险区(Ⅳ)16 个(4575m)、中度风险区(Ⅲ)16 个(9301m)、低度风险区(Ⅱ)1 个(100m)，极高风险区(Ⅴ)多出现在断层处，指导隧道防排水设计及施工，为隧道设计提供了可靠的基础资料。在施工中通过采用针对性超前地质预报方法，降低了施工中涌水突泥风险，确保了施工安全。经施工验证，施工揭示地质条件与设计基本吻合，隧道实际日涌水量约 9.1 万 m^3，与预测涌水量相近，通车运营两年多未出现岩溶原因引起的病害。本隧道的勘察为岩溶隧道勘察的成功典范。

3. 平原化岩溶区综合勘察模式

1) 地质特征及主要岩溶问题

平原化岩溶区以溶原-丘峰、岩丘、低山与丘陵、平原等岩溶地貌为主，岩溶水系统以褶皱型为主，部分地方覆土厚。该区地形起伏不大，铁路工程以路基、桥梁为主，长隧道分布较少。主要岩溶工程地质问题是岩溶地面塌陷、桥基成桩困难。

2)综合勘察组合模式

地质勘察应通过航卫片地质遥感判释，查明基本地质构造格局，宏观岩溶地貌，暗河、伏流的分布特征等宏观水文地质特征；以地质调绘为先导，查明地层岩性、地质构造，划分岩溶层组，地下水点，地下水的补径排条件及暗河、伏流的分布特征；采用物探，查明覆盖层厚度，土洞位置，暗河、溶洞分布等隐伏岩溶发育情况；重要构造及岩溶发育地段应用钻探验证，根据工程类型布置钻孔查明地层岩性、地质构造、岩溶发育程度；通过水文地质观测试验，查明地下水的补径排条件，地下水动态变化，水文地质参数；通过取样和原位测试进行岩土物理力学参数测试(图 3-65)。

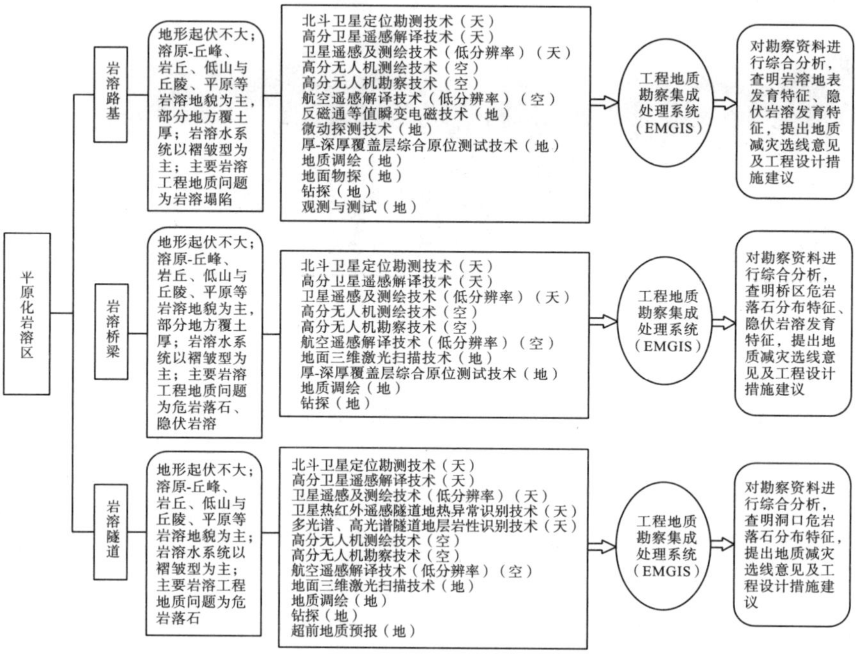

图 3-65　平原化岩溶区综合勘察模式

注：各勘察技术的选择应根据 3.3.1 节选取，实施过程中原则上应遵循“先天后空再地”的顺序，并相互验证综合分析。

(1)路基勘察模式。

通过航片地质遥感判释、地质调绘，查明地质构造、地层岩性，划分岩溶层组。地下水点分布，地下水的补径排条件及暗河、伏流的分布特征；采用物探，查明覆盖层厚度，土洞位置，暗河、溶洞分布等隐伏岩溶发育情况；通过钻孔查明地层岩性，地质构造，含水层厚度，土洞、溶洞位置及溶洞充填物厚度、性质及岩溶发育程度；通过水文地质观测试验，查明地下水动态变化，水文地质参数；通过取样和原位测试进行岩土物理力学参数测试；对勘察资料进行综合分析后，确定地基承载力及变形参数，为岩溶地面塌陷危险性分区和整治提供依据。

(2)桥梁勘察模式。

通过航片地质遥感判释、地质调绘，查明地质构造、地层岩性，划分岩溶层组，地下水点分布，暗河、伏流的分布特征。采用物探查明覆盖层厚度，土洞位置，暗河、溶洞分布等隐伏岩溶发育情况；通过钻孔查明地层岩性，地质构造，含水层厚度，土洞、溶洞位置及溶洞充填物厚度、性质等岩溶发育程度；通过水文地质观测试验，查明地下水动态变化，水文地质参数；通过取样和原位测试进行岩土物理力学参数测试；对勘察资料进行综合分析后，选择持力层，确定基础类型及设计所需的岩土体物理力学参数。

(3)隧道勘察模式。

地质勘察应通过航片地质遥感判释及地质调绘，查明地层岩性、地质构造，划分岩溶层组，地下水点，地下水的补径排条件及暗河、伏流的分布特征；必要时采用物探查明隐伏构造，暗河、溶洞分布等隐伏岩溶发育情况；重要构造及岩溶发育地段应用钻探验证；必要时通过水文地质观测试验，查明地下水的补径排条件、地下水动态变化、水文地质参数。通过取样和原位测试进行岩土物理力学参数测试；对勘察资料进行综合分析后，为围岩分级及稳定性评价提供依据。

3)工程实例

武广高速铁路花都特大桥勘察。该桥位于珠三角平原北缘的广花盆地，沿线分布较多的村镇、厂房、公路、既有铁路。桥址附近覆盖层厚度变化大，可溶岩段岩溶强烈发育，钻探易引起岩溶地面塌陷，工程地质条件差。初测阶段为稳定线路方案，采用了电测深、地震影像两种物探方法并结合少量的钻探，初步查明了该桥覆盖层厚度、分布规律，可溶岩的分布段落，岩溶的发育程度、规律等，为线路方案的稳定提供了地质依据。定测及补定测阶段主要采用了钻探结合声波及剪切波测井的综合地质勘察方法，针对桥梁孔跨、墩台基础类型、桩基布置情况、岩溶发育情况等布置钻孔；查明桥基影响范围内岩溶洞隙、土洞的形态特征、规模、类型，溶洞充填情况及充填物性质，地下水活动情况，场地土类别及场地类型等工程地质、水文地质条件，对可溶岩段场地的稳定性进行了评价，提出了有针对性的工程措施意见，为设计提供了较为准确的地质资料及设计参数(图 3-66 和图 3-67)。

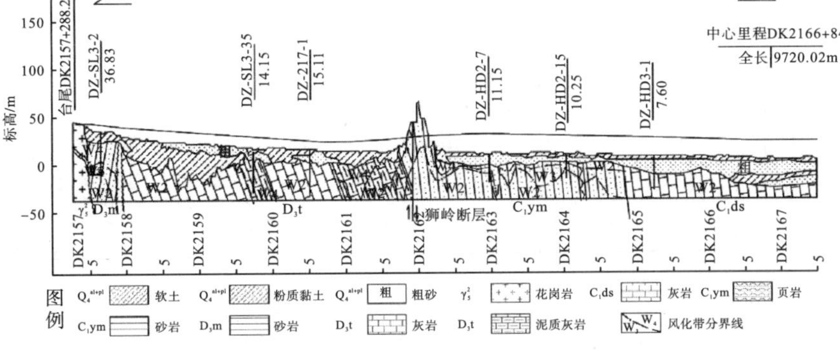

图 3-66　花都特大桥工程地质纵断面图

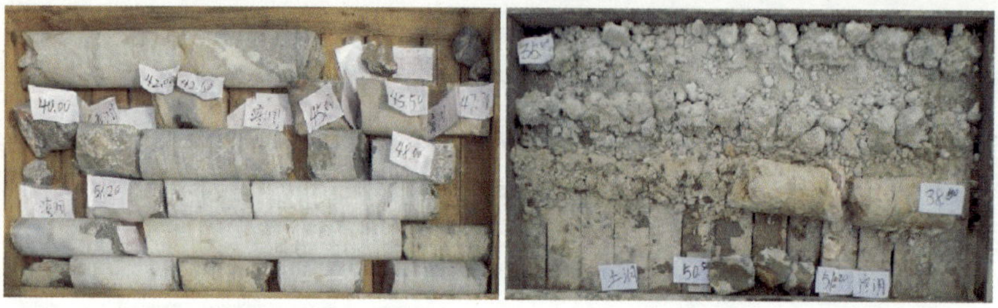

(a)283#墩钻孔揭示串珠状空溶洞　(b)283#墩钻孔揭示12m高土洞

图 3-67　283#墩钻孔岩心照片

3.3.3　各勘察设计阶段岩溶综合勘察模式

本节按不同勘察阶段不同工程类型分别组合勘察手段，形成综合勘察模式。

1. 踏勘阶段岩溶综合勘察模式

岩溶区踏勘阶段工程地质勘察的目的是了解各类岩溶区影响线路方案的岩溶水文地质条件、岩溶塌陷等主要工程地质问题和各线路方案的一般工程地质条件。地质勘察工作主要采用搜集、分析区域地质资料与“空、天”航卫片遥感地质解译(低分辨率)及现场踏勘相结合的工作方法，宏观了解岩溶发育特征及分布规律，并应用工程地质勘察集成处理系统，对勘察资料进行综合分析，评价各方案地质条件(图 3-68)。

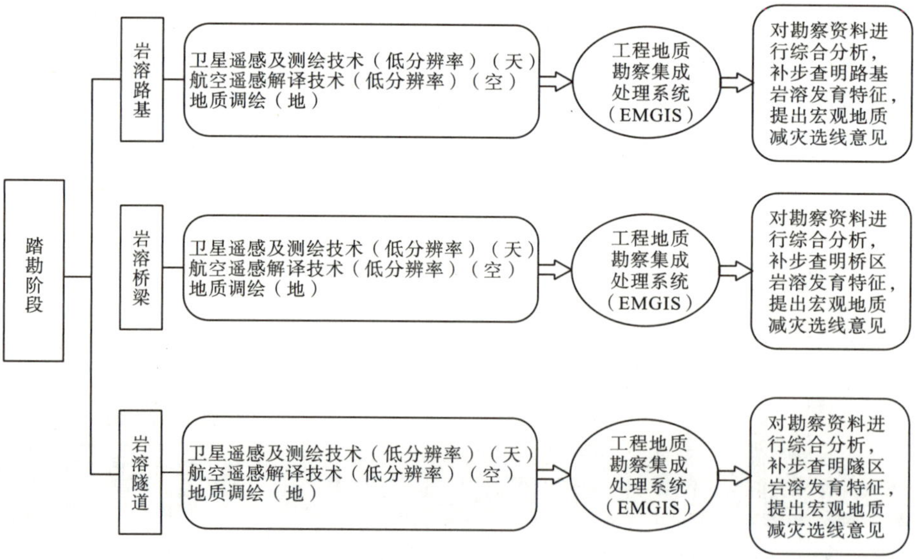

图 3-68　踏勘阶段岩溶综合勘察模式

注：各勘察技术的选择应根据 3.3.1 节选取，实施过程中原则上应遵循“先天后空再地”的顺序，并相互验证综合分析。

2. 初测阶段岩溶综合勘察模式

岩溶区初测阶段工程地质勘察的目的是查明线路通过各类岩溶区的区域地质条件，为工程地质减灾选线和线路方案综合比选提供地质依据。地质勘察工作应充分发挥“空、天”类勘察技术中的高分卫星遥感技术和高分无人机测绘及勘察技术的优势，开展详细的地质调绘，有针对性地开展钻探，查明地表岩溶形态分布特征、水文地质特征、岩溶发育规律，初步查明岩溶区控制和影响线路方案的重大路基、大桥、隧道、区间站及以上大站工程地质条件，应用工程地质勘察集成处理系统，对勘察资料进行综合分析，为各类工程位置选择和工程设计提供地质资料，进而提出方案比选地质减灾选线意见(图 3-69)。

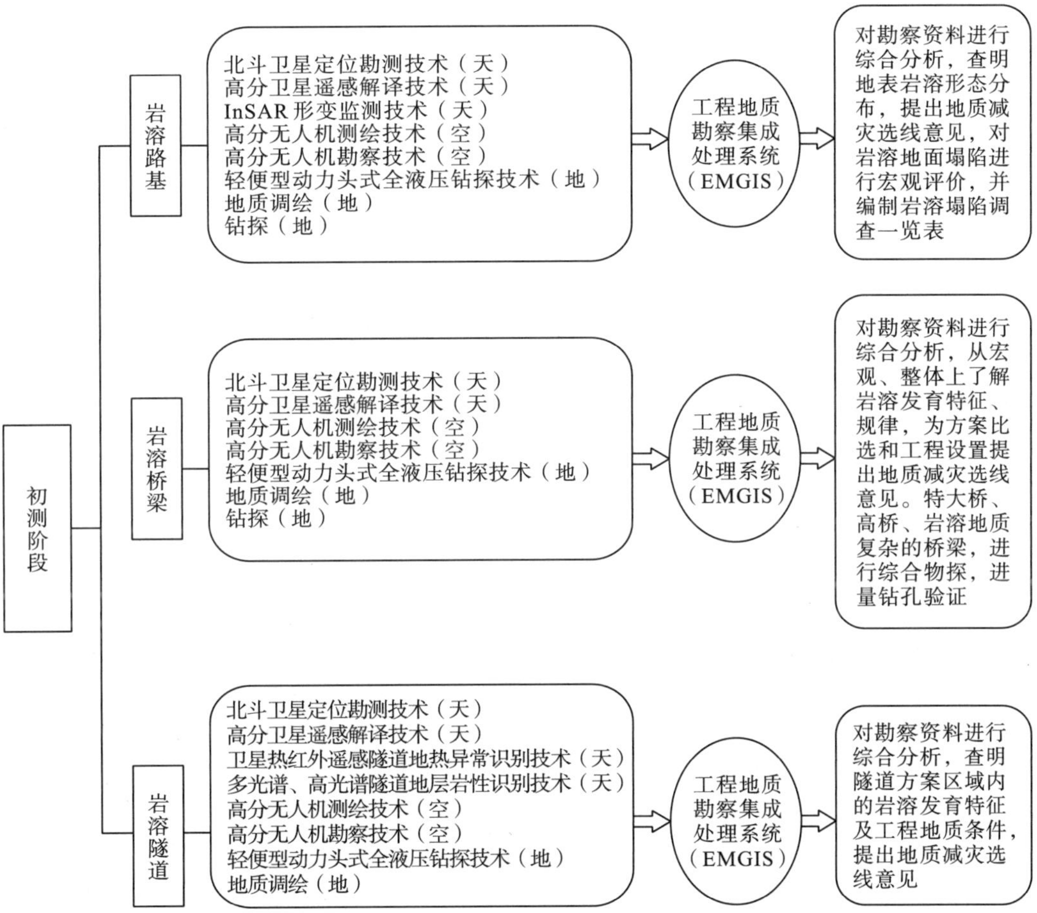

图 3-69　初测阶段岩溶综合勘察模式

注：各勘察技术的选择应根据 3.3.1 节选取，实施过程中原则上应遵循“先天后空再地”的顺序，并相互验证综合分析。

3. 定测阶段岩溶综合勘察模式

岩溶区定测阶段工程地质勘察的目的是查明线路拟订方案的工程地质和水文地质条件，为各类工程初步设计提供地质资料。定测阶段应结合工程类型，以“天、地”类勘察技术为主，采用无人机勘察、地质调绘、详细钻探、地面物探、代表性观测与测试等多种手段开展综合勘察工作，详细查明岩溶地面塌陷危险性分区、地下水补径排特征、不良地质发育特征等，初步评估隧道涌水突泥危险性，获取初步设计需要的物理力学参数，并应用工程地质勘察集成处理系统对勘察资料进行综合分析(图 3-70)。

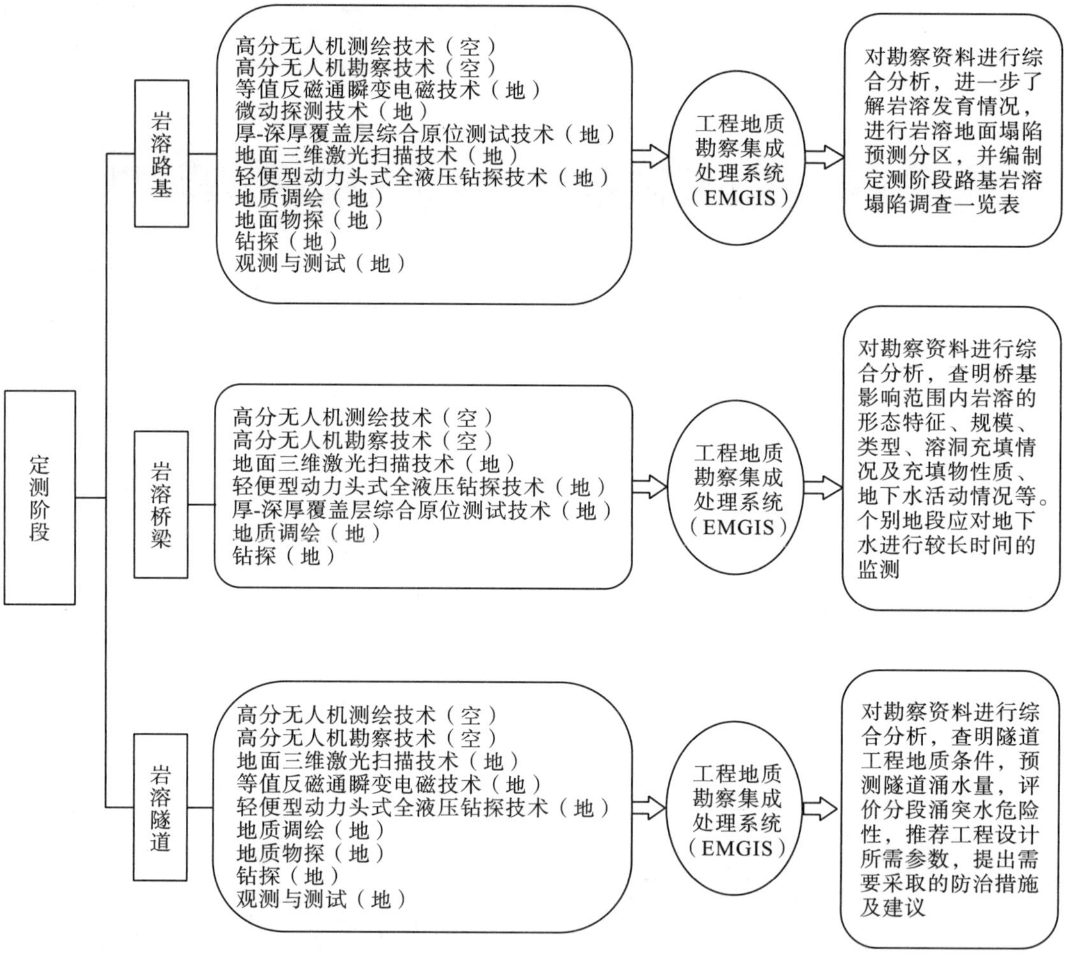

图 3-70 定测阶段岩溶综合勘察模式

注：各勘察技术的选择应根据 3.3.1 节选取，实施过程中原则上应遵循“先天后空再地”的顺序，并相互验证综合分析。

4. 补定测阶段岩溶综合勘察模式

岩溶区补定测阶段工程地质勘察的目的是进一步查明各类工程场地工程地质条

件，为施工图设计提供地质资料。补定测阶段主要采用“地”类勘察技术，对定测阶段勘察工作进行补充完善，补充地质调绘、钻探，并对岩溶路基开展详细物探，进一步查明岩溶地面塌陷危险性分区、地下水补径排特征、不良地质发育特征等，详细评估隧道涌水突泥危险性，获取施工图设计需要的物理力学参数，查明各类工程的场地工程地质条件和工程地质问题，并应用工程地质勘察集成处理系统，对勘察资料进行综合分析(图 3-71)。

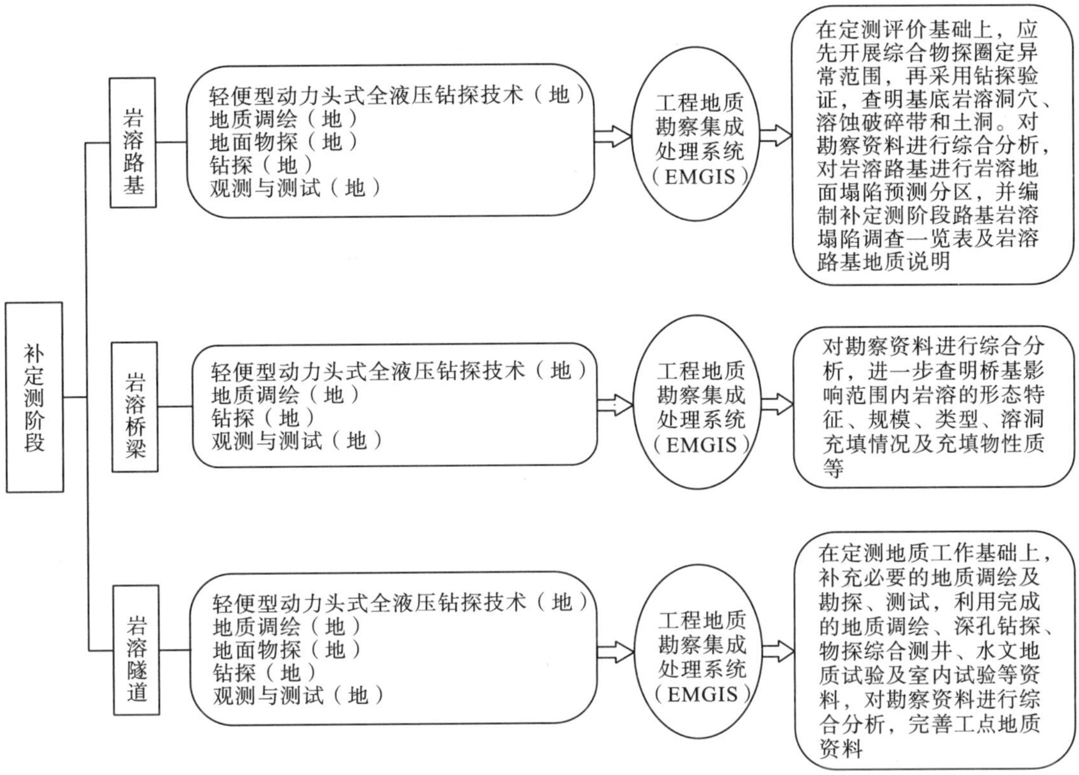

图 3-71　补定测阶段岩溶综合勘察模式

注：各勘察技术的选择应根据 3.3.1 节选取，实施过程中原则上应遵循“先天后空再地”的顺序，并相互验证综合分析。

5. 施工阶段岩溶综合勘察模式

岩溶区施工地质勘察主要采用“地”类勘察技术，针对施工揭示的岩溶洞穴、隧道隧底、洞周隐伏岩溶、路基基底隐伏岩溶开展补充地质调绘、物探、钻探等勘察工作，以及对地质复杂隧道掌子面前方进行超前地质预测预报工作，对岩溶复杂的隧道必要时还需补充水文地质长期观测，应用工程地质勘察集成处理系统，对勘察资料进行综合分析，进一步查明岩溶发育特征(图 3-72)。

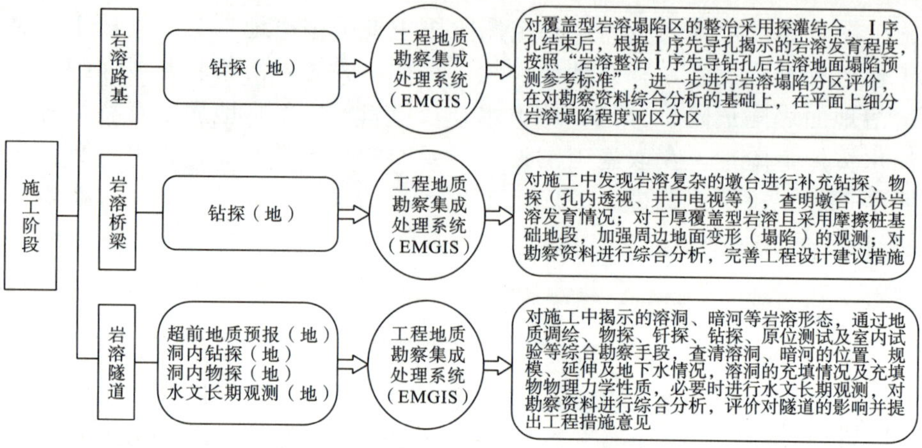

图 3-72　施工阶段岩溶综合勘察模式

注：各勘察技术的选择应根据 3.3.1 节选取，实施过程中原则上应遵循“先天后空再地”的顺序，并相互验证综合分析。

3.3.4　高速铁路工程“空、天、地”一体化综合勘察成套技术体系

1. 综合勘察成套技术体系

岩溶区综合勘探模式是在诸多勘探手段中研究对于各类岩溶区、不同勘测阶段、各类工程的最佳勘察方法组合方式，进而建立有一定通用性和指导性的组合模式。该模式在勘探方法的选择上，要体现从面到点，从宏观到微观，从定性到定量的过渡，解决“空、天、地”勘察技术在岩溶工程地质勘察中的有效应用，使之成为整体工作中的有机组成部分。复杂岩溶区高速铁路工程“空、天、地”一体化综合勘察成套技术体系如图 3-73 所示。

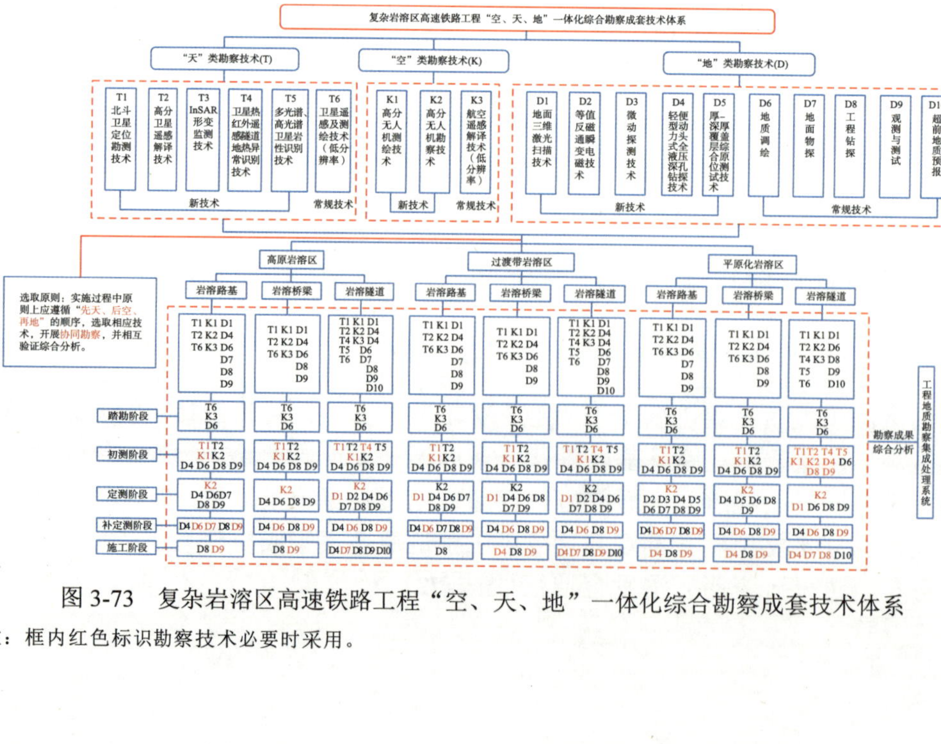

图 3-73　复杂岩溶区高速铁路工程“空、天、地”一体化综合勘察成套技术体系

注：框内红色标识勘察技术必要时采用。

2. 岩溶综合勘察工作流程

岩溶“空、天、地”勘察技术在工序安排上要实现各勘探方法的有机衔接，还要在资料综合分析上实现各勘探成果资料的综合利用、相互渗透和印证(图 3-74)。一般情况下，岩溶综合勘探可采用以下流程，并根据不同勘察阶段的具体要求择优选择勘察方法。在收集、分析区域地质资料的基础上，首先要运用“空、天”遥感技术，查明岩溶区宏观地质背景。应用遥感技术在作业程序上，遥感图像判释必须安排在地面调查之前，要留有充分的预判时间，做好预判工作，提高判释质量，编制预判图件，以遥感成果指导地面调查工作，只有这样才能达到预期效果。

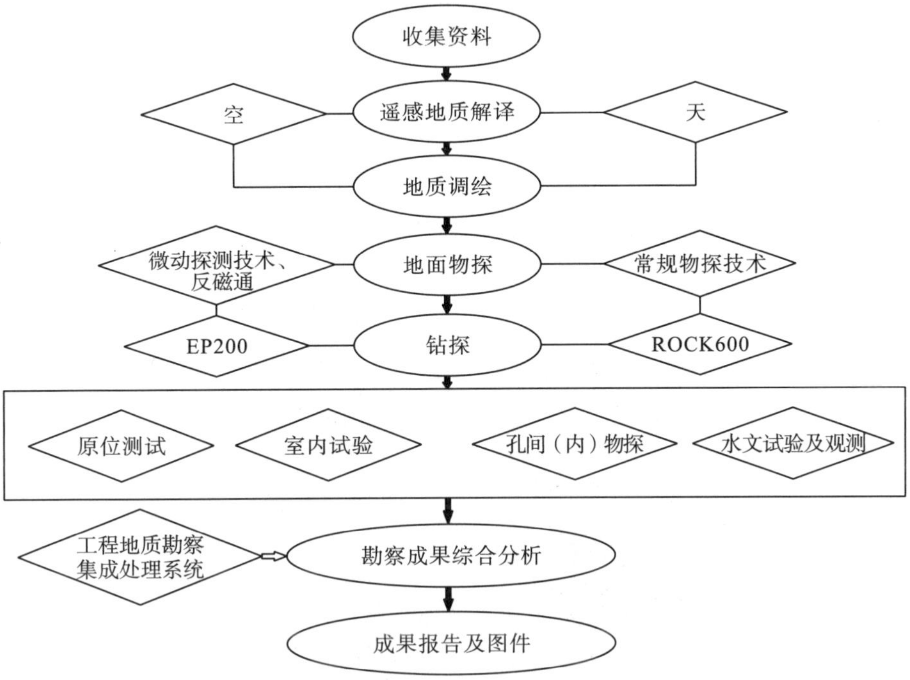

图 3-74　综合地质勘察框图

在遥感解译基础上，开展地面地质调绘，结合已有的地质、水文地质资料，经过综合分析研究，有目的地核实和修正遥感解译成果，编制相应比例尺的地质图件，以指导和布置全局工作。

在遥感判释和地面地质调绘工作的基础上，布置综合物探，包括常规的电测深法与电剖面法、地震折射波法与反射波法勘探，还有地质雷达、大地电磁法等。并配合钻孔取得岩土物性参数。由于物探的适用条件和多解性，对物探圈定的异常体和控制性工程地段，必须经钻探验证。用钻探资料修正、补充物探成果，最终达到提高勘探质量和精度的目的。根据工程设计需要钻探采取岩土试样进行室内试验，或进行原位测试，确定岩土物理力学指标。

对各种勘探资料进行地质综合分析，编制工程地质成果报告，以供工程设计使用。

3. 渝利线方斗山隧道综合勘察

渝利铁路地质勘察过程中，采用 SPOT、QUICKBIRD 卫片遥感地质解译、地质调绘、大地电磁、钻探、综合测井和孔内测试、室内岩土试验等综合勘察手段，通过多方案综合比选，确定方斗山隧道方案并开展设计。

渝利线方斗山隧道穿过方斗山背斜，背斜两翼为三叠系至侏罗系的煤系地层与砂泥岩组成的隔水层，背斜轴部为三叠系和二叠系组成的可溶岩地层，可溶岩地区岩溶和岩溶水发育，该隧道主要的工程地质问题是隧道施工过程中的岩溶涌水突泥与隧道开挖后可能引起大面积地表失水的环境问题。

采用的综合地质勘探方法为遥感地质解译、地质调绘、大地电磁、钻探、综合测井和孔内测试、地质测试。

遥感工作采用的卫片为空间分辨率 5m 的 SPOT 数据进行处理后生成的图像，航摄比例尺 1∶2 万(图 3-75)。

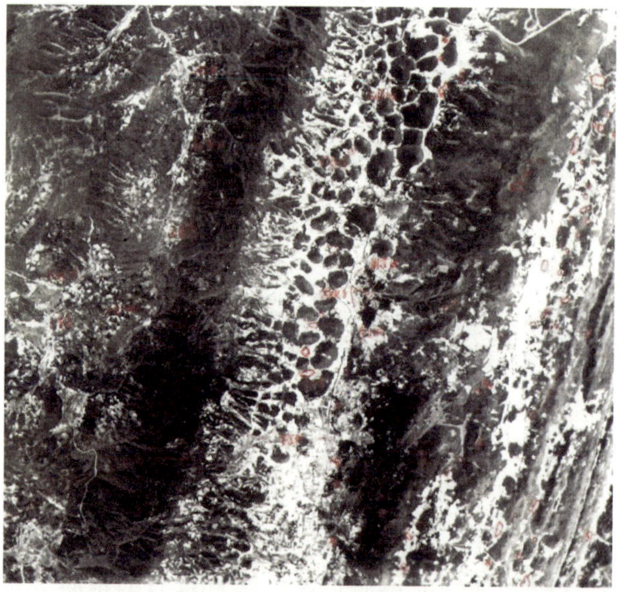

图 3-75　方斗山东西槽谷地貌(SPOT 数据处理后生成的图像)

初步解译了区内可溶岩和非可溶岩的分界线，判释并初步查明了工作区内主要断层的性质、延伸方向和规模以及褶皱构造的位置和规模；解译了工作区内重大不良地质的分布范围、规模、发育特征，地表各种岩溶形态的位置和规模，主要的岩溶大泉和暗河出口。为线路方案选线研究提供了初步依据。

地质调绘在遥感工作的基础上开展，进行了 1∶1 万的地质调绘。通过地质调绘工作，进一步查明了工作区的地质构造特征；各地层的分布与接触关系；调查地表各岩溶形态和岩溶泉、暗河的位置、流量与使用状况，特别是该地区岩溶水的分布发育规律和岩溶分带情况；各种不良地质的分布发育分布特征。

在地质调绘的基础上布置物探工作，综合物探主要采用可控源音频大地电磁法勘探(CSAMT)、钻孔综合测井等。

可控源音频大地电磁法勘探沿隧道轴线拉通布置。采用 V8 仪器，使用赤道偶极装置、标量观测方式，设置供电电极距 AB=2000m，接收电偶极 MN 方向与测线方向一致，MN=20m，磁探头方向与 MN 垂直(图 3-76)。

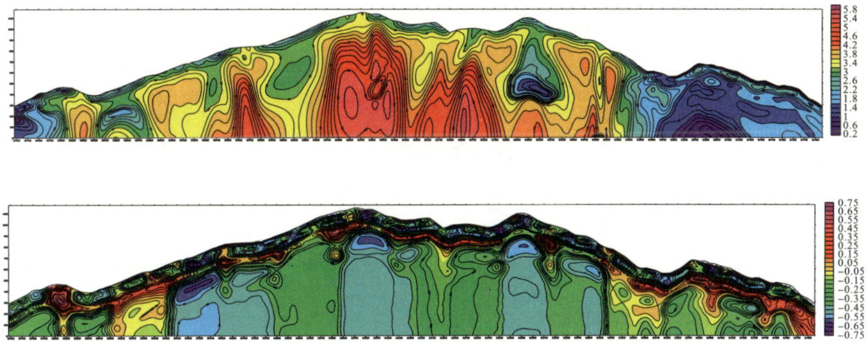

图 3-76　CSAMT 电场虚部概率成像结果(单位：m)

钻探是在以上工作的基础上布置，主要是验证地质调绘和物探的资料，另外在孔内还进行了综合测井和水文地质试验等工作。

地质测试除进行常规的岩、土、水室内试验，为确定地下水的补给关系，还进行了水微量元素分析、水同位素分析(O、D、T)。

通过以上工作查明了测区内工程地质条件和水文地质条件，特别是岩溶水发育特征，确定了沿龙河河岸的岩溶安全带，在该带岩溶相对不发育，岩溶水埋藏较深，隧道标高位于岩溶水位线之上，大大地减轻了隧道开挖过程中可能出现的岩溶涌水突泥的风险，也避免了隧道开挖后引起大面积地表失水的环境风险。

3.4　小　　结

通过分析总结岩溶区“空、天、地”各类勘察技术的适用条件，创建了各类岩溶区各个勘察设计阶段各类工程的勘察技术组合模式，构建了复杂岩溶区高速铁路“空、天、地”一体化综合勘察成套技术体系。

(1)对复杂岩溶区高速铁路常规勘察技术的适用条件、优缺点进行了分析总结，在此基础上重点研究分析了“天——卫星高分遥测遥感新技术”、“空——无人机高分航测遥感新技术”和“地——地面或近地表勘察新技术”的基本原理和应用特点。

(2)创新了无人机高速铁路岩溶勘察技术。在高速铁路岩溶勘察中引入并改进了高分无人机航遥技术，并根据不同阶段要求开展了不同精度下的无人机勘察工作。

在复杂岩溶区高速铁路工程地质勘察中，采用固定翼无人机进行大范围航遥及地质解译，结合区域地质资料判释主要的地层界线及地质构造、岩溶地表形态和危岩落石分布情况，为地质减灾选线提供依据，大幅缩短了勘察周期和提高了工作效率。针对具体的岩溶不良地质工点，采用了多旋翼无人机进行详细勘察，可查明岩溶地表形态和危岩落石的详细特征，实现了数字建模和定量计算、评价。研发了无人工干预的岩体结构面自动识别软件，具有在植被稀疏的地形艰险岩溶山区自动搜索并提取岩层和岩体结构面产状的功能，且后检校效果良好。

(3)研发了逐源多孔对高分辨率跨孔电磁波层析成像方法，利用直射线、逐次线性化的方法实现源函数与介质吸收系数联合反演计算，使反演的结果更加客观，应用于高速铁路路基、桥梁和隧底等隐伏岩溶勘察，提高了勘察精细度、降低了勘察成本。

引入电场“衰减因子”的概念，即介质吸收系数的倒数，建立了关于衰减因子的逐次线性化层析成像方法；引入点源性质的源激励，取代近场处理，代入成像方程同时反演，有效地消除了近场岩石导电性对源的影响，克服了传统电磁波成像方法中对源激励进行简单近似计算的不足；采用源激励与吸收系数同时反演的方法，使用DLSQR 分解法进行线性方程组求解，能够使方程快速收敛；开发了跨孔电磁波层析成像软件系统(CTSoft 1.0)，实现了数据管理(DataManager)、数据预处理(CTPreSoft)、数据反演(CTInvSoft)和反演结果显示(CTViewInvSoft)等功能。

(4)在岩溶勘察中引入并改进了轻便型动力头式全液压钻探技术，适应于在复杂艰险山区高速铁路地质钻探，解决了机具搬运困难问题，提高了岩心采取率和钻进效率，降低了劳动强度和勘探成本。

应用 EP200G 及 ROCK-600 型全液压便携式钻机开展钻探，相比于传统的深孔钻机具有：轻(易于拆卸、单个部件轻、易于搬运、机台尺寸小)、快(钻机动力强、钻进效率高)、安全性增强(全孔跟管钻进、不易出现垮孔等孔内事故)、勘探质量高(在破碎地层、基岩风化层、土层中的岩心采取率高)等优势，可适应复杂艰险岩溶山区勘探。

(5)首次在高速铁路岩溶区超深覆盖层地质勘察中采用三桥静力触探(荷兰GEOMIL 公司 GME-500 型)、自钻式旁压(英国 Cambridge Insitu Ltd.RPM(47mm)型)、扁铲侧胀(意大利 MARCHETTI 公司 DMT 型)等原位测试技术，进行了岩土物理力学多参数测试，解决了岩溶区超深覆盖层岩土物理力学参数测试难题。

针对覆盖层物理及力学参数的测试，静力触探试验、动力触探试验、标准贯入试验及旁压试验等多种原位测试方法已被广泛应用于铁路的工程地质勘察中，但所采用的原位测试设备相对落后。近年来，中铁二院在承担位于深厚覆盖层平原化岩溶区的某大桥的地质勘察中，引进了荷兰三桥静力触探仪、英国剑桥型旁压仪、意大利扁铲侧胀仪等多种国际先进的原位测试技术与设备，并根据现场测试需要进行了改进，集成创新了超深覆盖层综合原位测试技术。

(6)系统梳理了“空”、“天”、“地”三大类勘察技术，剖析了各种方法和手段的特点及适用范围。提出了高原岩溶区、过渡带岩溶区及平原化岩溶区的综合勘察技术组合原则，建立了岩溶区高速铁路勘察不同阶段(踏勘、初测、定测、补定测、施工)各类工程(路基、桥梁、隧道等)岩溶综合地质勘察技术组合模式，构建了复杂岩溶区高速铁路“空、天、地”一体化综合勘察成套技术体系。

参考文献

曹俊兴. 1996. 跨孔地震波及电磁波层析成象研究. 成都: 成都理工大学.

董秀军，王栋，冯涛. 2019. 无人机数字摄影测量技术在滑坡灾害调查中的应用研究. 地质灾害与环境保护，30(3): 77-84.

冯涛，蒋良文，曹化平，等. 2018. 高铁复杂岩溶“空天地”一体化综合勘察技术. 铁道工程学报(总 237): 1-6.

冯涛，蒋良文，刘汉湖，等. 2017. 川藏铁路拉萨段主要岩性光谱特征研究. 川藏铁路建设的挑战与对策——2016 学术交流会: 124-130.

侯杰昌. 1991. 电磁波传播原理. 武汉: 武汉大学出版社.

嵇艳鞠，林君，王忠. 2007. 瞬变电磁接收装置对浅层探测的畸变分析与数值剔除. 地球物理学进展(22): 262-267.

林树海，赵立英. 2007. 井间电磁波层析成像中的高精度时间域正演计算. 地球科学(32): 469-473.

汤井田，任政勇，化希瑞. 2007. 地球物理学中的电磁场正演与反演. 地球物理学进展(22): 1181-1194.

王波，李建强，冯涛，等. 2016. 超深孔压静力触探在工程勘察的应用. 铁道工程学报(总 215): 44-49.

王栋，蒋良文，张广泽，等. 2016. 无人机三维影像技术在铁路勘察中的应用. 铁道工程学报(总 217): 21-24.

王栋，邹杨，张广泽，等. 2018. 无人机技术在超高位危岩勘查中的应用. 成都理工大学学报(自然科学版)，45(6): 754-759.

魏宝君. 2006. 井间电磁场的一维、二维联合反演方法. 地球物理学报(49): 264-274.

吴以仁，邢凤桐. 1982. 钻孔电磁波法. 北京: 地质出版社.

张子玲. 1982. 钻孔电磁波法扩大应用后的资料的处理和解释问题. 物探与化探(1): 85-97.

赵连锋，王卫民，姚振兴. 2004. 逐次线性化衰减层析成像方法研究. 地球物理学报(47): 691-696.

Skempton AW. 1986. Standard. Penetration Test Procedures. Geotechnique, 36(3): 425-557.

第 4 章　高速铁路主要岩溶风险评估

4.1　概　　况

在岩溶区修建高速铁路主要的工程地质问题有隧道涌水突泥、大型溶洞失稳、岩溶地面塌陷、危岩落石等，需要在对复杂岩溶地质条件认识的基础上，针对上述岩溶工程地质问题诱发的地质风险进行定性、定量评估。根据各类岩溶问题的风险控制因素及风险评估方法的适用性，确立岩溶隧道涌水突泥、岩溶地面塌陷、大型溶洞失稳、危岩落石等岩溶地质问题风险的定量评估方法，构建高速铁路主要岩溶风险评估方法体系(图 4-1)，为勘察设计、建设运营风险管理提供技术支撑。

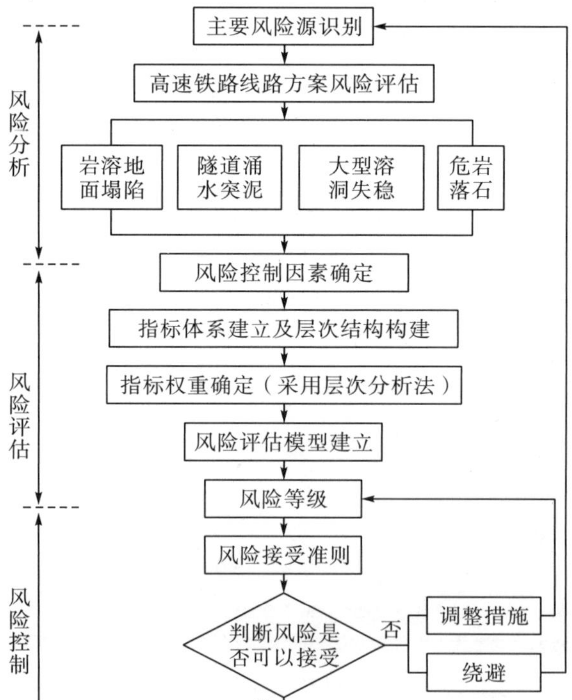

图 4-1　复杂岩溶区高速铁路主要岩溶风险评估流程图

4.2　风险评估方法

4.2.1　专家经验估计法

对于有经验的施工地质人员，“精确的计算往往输于准确的判断”是地质工程施工经验的总结。专家经验估计法是最为简单的定量评价方法，是由专家根据自己的知识及经验，对研究区地质灾害的危险性直接做出判断。能够从探究控制和影响灾害发生的因素入手来预测评价地质灾害危险性的理论前提是，假定某种灾害的发生受控于系统内部统一共同的规律，即在具有相同或相近地质、地形地貌、水动力等条件的地区或区段内(系统内部)，某处已发生或存在潜在的地质灾害，那么在另一处也有可能会发生或存在隐患。

这种方法目前应用较普遍，且评估结果相对比较准确可靠，但从另外的角度来看，判断结果带有较大的主观性，不同的人往往采用的判断标准不同，得出的评价结果也有所差异。

4.2.2　逆序叠加法

基于考虑问题的出发点、研究的详细程度不同，不同层次的评价有不同的服务目的，各因子在不同层次上所处地位不同，所产生的作用大小和作用方式也不同，应将不同问题区别开来，然后选择适当的数学方法，建立确定的评价模型。

一般灾害危险度的评价均采用影响因素综合评判法，首先将影响事物发展的各因素分解为内在基本影响因素(A)和外在动力影响因素(B)两大类，其次对两大类因素再划分为若干基本评价因素($x_1,x_2,\cdots,x_n$)，在必要条件下，每一基本评价因素 x_i 又可进一步划分为若干评价因子($x_{i1},x_{i2},\cdots,x_{in}$)；根据每一基本评价因素或评价因子的量化标准对事物发展的影响进行评分；最后按逆序叠加法求得其综合评价值，并结合实际分析，对其进行最终评判(毛邦燕，2011)。具体方法如下：

$$x_i(j)=f[x_{ik}(p)] \tag{4-1}$$

$$y=g[x_i(j)]=\sum\theta_i x_i(j) \tag{4-2}$$

式中，x_i 为 i 类基本评价因素；$x_i(j)$ 为 x_i 的评价分值；x_{ik} 为 i 类基本评价因素的第 k 个因子；$x_{ik}(p)$ 为 x_{ik} 的评分值；j、p 为序号；f 为综合函数。

风险评估模型为

$$R=\sum_{i=1}^{n}(C_i\cdot W_{ci}) \tag{4-3}$$

式中，R 为灾害危险度值；C_i 为各评价指标的定量打分；W_{ci} 为各评价指标的权重。

评价模型建立后，必须在对研究区地质环境进行系统调查和全面分析的基础上，输入能确切反映环境因素性状的参数(指标量化)，同时由于各评价指标在地质灾害危险性评价中所起的作用有主次之分，还必须考虑因素的权重问题。

4.2.3 模糊综合评判法的数学模型

模糊综合评判法是用多个指标对被评价事物隶属等级状况进行综合评判的一种方法，它把被评价事物的变化区间做出划分，又对事物属于各个等级的程度做出评价(向喜琼，2005)。

1. 一级模糊综合评价

一级模糊综合评价是指按一类中的各因素进行综合评价。设按第 i 类中第 j 个因素 u_{ij} 评价，评价对象隶属于评价集中第 k 个元素的隶属度为 r_{ijk}(i=1,2,…,n；j=1,2,…,m；k=1,2,…,p)，则一级模糊综合评价的单因素评价矩阵为

$$\boldsymbol{R}_i=\begin{bmatrix} r_{i11} & r_{i12} & r_{i1p} \\ r_{i21} & r_{i22} & r_{i2p} \\ \vdots & \vdots & \vdots \\ r_{im1} & r_{im2} & r_{imp} \end{bmatrix},\quad i=1,2,\cdots,n \tag{4-4}$$

矩阵的第 j 行表示按第 i 类中的第 j 个因素 u_{ij} 评价的结果。第 i 类中因素的个数决定了 $\boldsymbol{R}_i$ 矩阵的行数，而评价集内的元素个数决定了 $\boldsymbol{R}_i$ 矩阵的列数。

第 i 类因子的模糊综合评价集为

$$\boldsymbol{B}_i=\boldsymbol{A}_i\cdot\boldsymbol{B}_i=(a_{i1},a_{i2},\cdots,a_{im})\boldsymbol{R}_i=\begin{bmatrix} r_{i11} & r_{i12} & r_{i1p} \\ r_{i21} & r_{i22} & r_{i2p} \\ \vdots & \vdots & \vdots \\ r_{im1} & r_{im2} & r_{imp} \end{bmatrix}=(b_{i1},b_{i2},\cdots,b_{ip}) \tag{4-5}$$

式中，A_i 为第 i 类的因素类权重集，且

$$A_i=\left(a_{i1},a_{i2},\ldots,a_{im}\right) \tag{4-6}$$

$$b_{ik}=\mathop{\vee}_{i=1}^{n}\left(a_{ij}\wedge r_{jk}\right),\quad i=1,2,\cdots,m;\quad k=1,2,\cdots,p$$

2. 二级模糊综合评价

二级模糊综合评价仅是对一类中的各个因素进行综合，进一步再考虑各类因素的综合影响，必须在各类之间进行综合。

二级模糊综合评价的单因素评价矩阵应为一级模糊综合评价矩阵：

$$\boldsymbol{R}=\begin{bmatrix}B_1\\B_2\\\vdots\\B_m\end{bmatrix}=\begin{bmatrix}A_1\cdot R_1\\A_2\cdot R_2\\\vdots\\A_n\cdot R_n\end{bmatrix}=\left[r_{ik}\right]_{n\times p} \tag{4-7}$$

式中，$r_{ik}=b_{ik}$，$i=1,2,\cdots,n$；$k=1,2,\cdots,p$。

二级模糊综合评价集为

$$\boldsymbol{B}=\boldsymbol{A}\cdot\boldsymbol{R}=\boldsymbol{A}\cdot\begin{bmatrix}A_1\cdot R_1\\A_2\cdot R_2\\\vdots\\A_n\cdot R_n\end{bmatrix}=\left(b_1,b_2,\cdots,b_p\right) \tag{4-8}$$

式中，$\boldsymbol{b}=(b_1,b_2,\cdots,b_k,\cdots,b_p)$，$k=1,2,\cdots,p$。

b_k即二级模糊综合评价指标，它表示评价对象按所有各类因素评价时，对评价集中第 k 个元素的隶属度。

根据最大隶属度准则，$b_{i_0}=\max\limits_{1\leqslant j\leqslant n}\left\{b_j\right\}$ 所对应的分级，即危险性等级 b_{i_0}。

4.3　权重确定方法

4.3.1　判断矩阵(*A*)的构建

层次分析法的信息基础是通过人们对各层次中各因素相对重要性给出的判断。这些判断通过引入合适的标度用数值表示出来，写成判断矩阵。判断矩阵表示针对上一层次某因素，本层次与之有关因素之间相对重要性的比较。构造成的判断矩阵呈如下形式(Saaty，1980)：

$$\boldsymbol{A}=\begin{bmatrix}a_{11}&a_{12}&\cdots&a_{1n}\\a_{21}&a_{22}&\cdots&a_{2n}\\\vdots&\vdots&&\vdots\\a_{n1}&a_{n2}&\cdots&a_{nn}\end{bmatrix} \tag{4-9}$$

式中，$a_{ij}=1/a_{ji}\,(i\neq j)$，$a_{ij}=1\,(i=j)$，$a_{ij}$的值由 Saaty(1980)提出的 1～9 比较标度法标定，可以通过表 4-1 查出。

表 4-1　标度方法表(Saaty，1980)

重要性标度	定义	说明
1	i 因素与 j 因素比较，具有同样重要性	两种因素对评价系统的贡献一致
3	i 因素与 j 因素比较，前者比后者稍微重要	二者间的判断差异微弱

续表

重要性标度	定义	说明
5	i 因素与 j 因素比较，前者比后者明显重要	二者间的判断差异明显
7	i 因素与 j 因素比较，前者比后者强烈重要	二者间的判断差异强烈
9	i 因素与 j 因素比较，前者比后者绝对重要	二者间的判断差异非常强烈
2，4，6，8	介于上述相邻判断的中间值	用于需要达成妥协的场合
上述各值的倒数	j 因素与 i 因素比较，得到的判断值为 $a_{ij}=1/a_{ji}$	

4.3.2 层次分析法计算中的方法

关于层次分析法的计算，目前最常用的计算方法有两种(赵焕臣等，1986)。

1. 方根法

(1)计算判断矩阵各行元素的 M_i：

$$M_i=\prod_{i=1}^{n}a_{ij}\text{，}\quad i,j=1,2,\cdots,n \tag{4-10}$$

(2)计算 M_i 的 n 次方根：

$$W_i=\sqrt[n]{M_i} \tag{4-11}$$

(3)对向量 $\overline{\boldsymbol{W}}=\left[\overline{W_1},\overline{W_2},\cdots,\overline{W_n}\right]$ 进行归一化处理：

$$\boldsymbol{W}=\frac{\overline{W_i}}{\sum_{i=1}^{n}\overline{W_i}} \tag{4-12}$$

所得到的 $\boldsymbol{W}=[W_1,W_2,\cdots,W_n]^{\mathrm{T}}$ 即所求的权向量。

2. 和积法

(1)将矩阵 $\boldsymbol{A}=(a_{ij})_{n\times n}$ 的每一列向量进行归一化：

$$\overline{a}_{ij}=\frac{a_{ij}}{\sum_{i=1}^{n}a_{ij}}\text{，}\quad j=1,2,\cdots,n \tag{4-13}$$

(2)对每一列归一化后的判断矩阵按行求和：

$$\overline{W_i}=\sum_{j=1}^{n}\overline{a}_{ij}\text{，}\quad i=1,2,\cdots,n \tag{4-14}$$

(3)对向量 $\overline{\boldsymbol{W}}=\left[\overline{W_1},\overline{W_2},\cdots,\overline{W_n}\right]$ 进行归一化处理：

$$\boldsymbol{W}=\frac{\overline{W_i}}{\sum_{i=1}^{n}\overline{W_i}} \tag{4-15}$$

所得到的 $\boldsymbol{W}=[W_1,W_2,\cdots,W_n]^{\mathrm{T}}$ 即所求的权向量。

3. 计算判断矩阵的最大特征值 $\lambda_{\max}$

经过以上两种方法计算完成后，就可以计算判断矩阵的最大特征值 $\lambda_{\max}$，由矩阵理论可知其有最大特征根：

$$\lambda_{\max}=\sum_{i=1}^{n}\frac{(\boldsymbol{AW})_i}{nW_i}=\frac{1}{n}\sum_{i=1}^{n}\frac{\sum_{j=1}^{n}a_{ij}W_j}{W_i} \tag{4-16}$$

4. 一致性检验

从以上计算过程可以看出，最终通过计算出的各因子的权重值是否能真实地客观反映出其重要性，主要取决于判断矩阵的真实性。因此，必须对判断矩阵进行满意度的一致性评价，如：

$$\mathrm{CI}=\frac{\lambda_{\max}-n}{n-1} \tag{4-17}$$

$$\mathrm{CR}=\frac{\mathrm{CI}}{\mathrm{RI}} \tag{4-18}$$

式中，CI 为一致性指标；CR 为一致性比率；RI 为平均随机一致性指标，可以通过表 4-2 查得。

表 4-2　平均随机一致性指标 RI 查询表(Saaty，1980)

因子数 n	1	2	3	4	5	6	7	8	9
RI 相应取值	0.0	0.0	0.58	0.90	1.12	1.24	1.32	1.41	1.45

若 CR<0.1，则判断矩阵满足一致性，否则需对判断矩阵进行调整，直到满意。

4.4　主复杂岩溶区高速铁路线路方案风险评估

4.4.1　识别风险因素与风险事件

复杂岩溶区高速铁路风险因素(岩溶致灾因子)主要有地层岩性、地质构造、岩溶水环境、气候条件、岩溶形态规模五大类二十多个因素。工程风险事件主要有岩溶塌陷、涌水突泥、地表失水、边坡坍塌(危岩落石、崩塌、滑坡)、有害气体、岩溶水侵蚀与冲刷等十多个风险事件，对这些工程风险的分析评价以及对潜在风险应采取的风险处理方式构成了复杂岩溶区高速铁路风险评估的主要内容。

4.4.2 线路方案风险

岩溶区高速铁路建设一般包括隧道工程、桥梁工程、路基工程、边坡工程几部分，每种工程类型在遭受岩溶灾害影响时所表现出的工程破坏类型各不相同(风险事件不同)，对不同岩溶风险的抵抗能力也各有强弱。各风险因素对各类工程风险事件影响程度见表 4-3。各类工程风险事件与各风险因素相关程度可分为三等：高度相关、较高度相关、不相关。灾害风险等级分为极高、高度、中度、低度四等。

表 4-3 岩溶灾害风险因素对各类工程风险事件影响程度表

风险因素		风险事件													
		隧道工程					桥梁工程			路基工程			边坡工程		
		涌水突泥	有害气体(瓦斯)	围岩渗水	塌顶或围岩失稳	地表失水	桩基沉降或失稳	桩墩受地下水侵蚀	桩墩受水冲刷或泥石撞击	路基不均匀沉降	地面塌陷	坡脚冲刷或变形破坏	危岩落石或风化剥蚀	崩塌	滑坡
地层岩性	可溶岩矿物成分	○	○	●	○	—	●	○	—	●	●	—	○	○	○
	可溶与非可溶岩接触带	●	●	○	●	●	●	—	—	●	●	—	—	○	●
地质构造	褶皱	●	○	●	●	○	—	—	—	○	○	—	●	○	●
	断层	●	●	○	●	●	●	○	—	●	●	●	—	●	●
	节理裂隙	○	○	●	○	○	—	●	—	●	○	●	○	●	●
	地表次生裂隙	—	—	—	—	○	—	●	—	—	—	—	●	—	—
岩溶水环境	水化学成分	—	—	—	—	—	○	●	—	○	—	—	—	—	—
	水流冲刷	—	—	—	—	—	●	—	●	—	—	●	—	—	●
	线路标高与地下水位的关系	●	—	●	●	●	●	●	●	—	—	—	—	—	—
	地下水状态	●	—	—	●	—	●	●	●	○	●	●	—	—	●
气候条件	温度	—	—	—	—	—	—	○	—	—	—	—	●	○	—
	降雨	●	—	●	—	●	—	○	●	●	●	●	○	●	●
	霜雪	—	—	—	—	—	—	—	—	—	—	—	●	○	○
	风	—	—	—	—	—	—	—	—	—	—	—	●	—	—
岩溶形态规模	溶隙、洼地	○	●	●	●	○	○	●	—	○	○	●	—	—	—
	小型溶洞	—	—	—	○	○	○	●	—	○	○	—	—	—	—
	落水洞、漏斗	—	—	—	—	○	—	—	—	—	—	—	—	—	—
	溶洞群	●	○	—	○	●	○	○	●	—	●	—	—	—	—
	大型溶洞	●	●	—	●	●	●	○	●	—	●	—	—	—	—
	暗河	●	—	●	●	●	●	○	●	—	●	—	—	—	—

注：“●”表示该风险事件与风险因素相关程度高度；“○”表示该风险事件与风险因素相关程度较高；“—”表示不相关。

4.5　岩溶地面塌陷风险评估

岩溶地面塌陷是岩溶区修建高速铁路的主要岩溶地质风险之一，勘察设计及施工期间进行岩溶地面塌陷风险评估，采取相应防治措施，对于保证铁路运营安全极为重要。

4.5.1　岩溶地面塌陷的影响(控制)因素分析

岩溶地面塌陷的影响因素包括五个方面的内容：基岩的岩溶发育程度、第四系土层特征、地下水动力特征、地形地貌特征以及人类活动特征。

1. 基岩的岩溶发育程度

下伏基岩岩溶发育是岩溶塌陷形成的必要条件，岩溶越发育的地方越有利于岩溶塌陷的形成。岩溶发育程度受可溶岩的层组类型、地质构造和新构造运动、气候、地貌等因素的综合影响，其中以岩性组合和沉积组合为基础的岩溶层组类型对岩溶发育具有控制性作用。

(1) 岩溶发育程度从强到弱的岩性组合类型如下：①纯碳酸盐岩类(碳酸盐岩矿物含量>90%)，包括灰岩、白云质灰岩、灰质白云岩、白云岩；②次纯碳酸盐岩类，即碳酸盐岩中含有相当数量的不纯碳酸盐岩，如泥质、砂质、硅质灰岩或白云岩、泥灰岩和泥云岩等；③不纯碳酸盐岩类(碳酸盐岩矿物含量50%～90%)，包括泥质灰岩、泥质白云岩、灰质泥岩、白云质泥岩。

(2) 岩溶发育程度从强到弱的沉积组合类型包括均匀状、间层状、互层状、夹层状：①均匀状，碳酸盐岩连续厚度>200m；②间层状，碳酸盐岩连续厚度50～200m；③互层状和夹层状，碳酸盐岩连续厚度<50m。

2. 第四系土层特征

第四系土层特征对塌陷的产生有着重要的影响，主要包括三方面：土层结构、土的类型和土层厚度。

(1) 土层结构。土层结构一般分为一元结构、二元结构和多元结构三种类型。一元结构土层一般分布在岩溶峰丛洼地中，岩性主要是坡积残积成因的黏土，土层厚度一般较薄。二元结构和多元结构土层一般分布在峰林平原地区，主要由黏土层、砂卵石层交互组成，土层厚度一般较厚。相同动力条件下，二元结构和多元结构产生塌陷要比一元结构容易。此外，土层中裂隙在地下水渗流作用下也极易扩展形成扰动带或土洞。

(2)土的类型。对于细粒土、砂类土、砾类土和巨砾土这四大类土，相同条件下，黏土含量越高，越不利于塌陷的产生，即细粒土发生塌陷相对较难，砂类土和砾类土则要容易，但以坡残积为主的细粒土则分布有更多的土洞。

不同土层结构和岩性类型形成塌陷的模式也不同，有些具备成拱条件，有些不具备，形成塌陷的时间也就有快有慢。例如，单层结构土层如果是黏性土，由于其具备成拱条件，往往会形成土洞，土洞不断向上扩展最后形成塌陷，但如果是砂性土，则会直接发生塌陷，很少形成土洞。

(3)土层厚度。从目前研究成果看，土层厚度对塌陷形成的临界条件没有影响，但对形成地面塌陷坑的时间和规模有影响，厚度越小，塌陷越多。土层越厚，塌陷孕育时间越长，所形成的塌陷坑规模往往越大。

3. 地下水动力特征

1)岩溶水

从岩溶水位与基岩面的关系来看，岩溶水的动力条件可以分为三种类型：岩溶水位一直保持在基岩面以下、岩溶水位一直保持在基岩面以上和岩溶水位在基岩面上下波动。岩溶水位在基岩面上下波动最容易诱发塌陷，其次是承压波动、无压波动。土体的破坏主要与岩溶水位下降速度、幅度及土体性质有关，其破坏条件可用临界水力坡度表示。

可以用两个因子来衡量岩溶水对塌陷的影响：一是基岩面附近岩溶管道裂隙系统中水(气)压力的变化速度、幅度；二是作用在基岩面附近土体的水力坡度、岩溶水位的波动或溶洞中岩溶水的流动，都会在岩溶空腔中产生负压或正压，负压或正压的大小与岩溶水位波动或流动速度、下降幅度以及第四系底部土层性质有关，负压的出现会加剧第四系孔隙水的渗流作用，使空腔开口附近土体中地下水渗透坡降急剧增大，当渗透坡降大于土体临界坡降时，土体发生破坏。

2)第四系孔隙水

对于多元结构土层区，其往往存在第四系孔隙水含水层，与下伏的岩溶含水层一起构成双层地下水位。双层水位的存在对塌陷的产生有重要影响，这主要是因为土层孔隙水对岩溶水的补给作用会因岩溶水位的变化而加剧，从而使相对隔水层中水力坡度增大，并发生破坏。两个含水层的水力联系越强，越有利于塌陷的发育。

3)地表水

地表水的存在有利于塌陷的产生，特别是当地表水体附近的下伏基岩岩溶较发育、岩溶水位长期保持在基岩面以下或发生急剧波动时，会加剧地表水体的入渗补给，使土体发生渗透破坏最终形成塌陷，因此当塌陷事件发生时，鱼塘、河道、水渠、有水稻田等往往会首先塌陷。

4) 大气降雨

大气降雨的长期入渗，可以形成地面塌陷。此外，极端降雨的时间造成地表水位的抬升，特别是快速抬升，会大大加速岩溶水的流动，并由此而产生一系列压力效应(正压、负压、压力快速变化)，诱发塌陷的产生。

4. 地形地貌特征

岩溶塌陷主要为土层塌陷，基岩塌陷极少。它们分布于低洼的岩溶平原、岩溶谷地和洼地，分布于山脊上的塌陷较少。因此，不同的岩溶地貌类型对岩溶塌陷的影响程度不一。

5. 人类活动特征

影响、诱发或触发岩溶塌陷的人类活动的作用形式一是改变地下水动力条件，二是改变已有土洞的受力条件，具体如下：

(1) 使地下水排泄增强的人类工程活动，包括抽吸岩溶水、矿山和隧道疏水排水、基坑降水。

(2) 增强地下水的补给，包括地表水库蓄水，灌溉、输水管渠渗水，地面挖方积水。

(3) 地表荷载，包括主要发生在土洞发育的地区，当地面工程加荷，即汽车、列车行驶，甚至行人通过时，土洞顶板承载力不够，造成地面塌陷。

(4) 爆破、冲击，即当爆破或冲孔桩施工活动位于岩溶地下水排泄带等岩溶比较发育的地区时，振动使充水溶洞垮塌，在整个岩溶管道系统产生水击效应，造成岩溶地下水压力急剧升降，地面塌陷。

4.5.2　岩溶地面塌陷评估方法

由于不同勘察阶段工作深度不同，通常情况在可行性研究、初测阶段资料相对比较匮乏，定测、补定测阶段资料比较齐全，因此在进行岩溶地面塌陷风险评估过程中，不同勘察阶段通常采用不同的方法，专家评判法适用于可行性研究、初测阶段、定测前期岩溶地面塌陷风险评估；多指标评判法适用于定测、补定测阶段。

1. 专家评判法

专家评判法适用于对已作了地质调查而未进行详细勘探但又具有岩溶塌陷条件的地段进行初步预测。为场地选择与评价，线路方案选择，环境保护、管理及防治规划提供依据。为发挥专家知识、经验和智慧，但避免屈从权威或多数意见的干扰，采用德尔菲法后演变为专家调查法，得出经验预测指标(表 4-4)。该方法比较适用于勘察阶段地面岩溶塌陷风险评估。

表 4-4 岩溶地面塌陷经验预测指标表

基本条件	影响因素	因素水平	指标
地下水（40）	水位（40）	在土石界面附近活动	40
		在土层或基岩内活动	20
覆盖层（30）	土的性质与土层结构（20）	黏性土	10
		砂性土	20
		风化砂页岩或玄武岩	10
		多元结构	20
	土层厚度（10）	小于 10m	10
		10～20m	7
		大于 20m	5
岩溶（30）	地貌（15）	平原、谷地、溶蚀瓦斯	15
		谷坡、山丘等	5
	岩溶发育程度（15）	漏斗、洼地、落水洞、溶槽、石牙、竖井、暗河、溶洞较多	10～15
		漏斗、洼地、落水洞、溶槽、石牙、竖井、暗河、溶洞较少	5～10

注：①以岩溶地面塌陷的三个基本条件作为判别依据，总指标为 100。②以降雨入渗为主塌陷的地段，水指标为 40。③预测地段近期曾发生塌陷，评价总分值为 100。④判别标准评价总分值≥90，岩溶塌陷风险为极高；71～89，岩溶塌陷风险为高度；≤70，岩溶塌陷风险为低度(本方法危险性等级与《铁路工程不良地质勘察规程》中相应的岩溶塌陷级别相对应)。

2. 多指标评判法

1) 建立层次分析模型

根据各影响因素的特点，建立以下层次分析模型(图 4-2)。

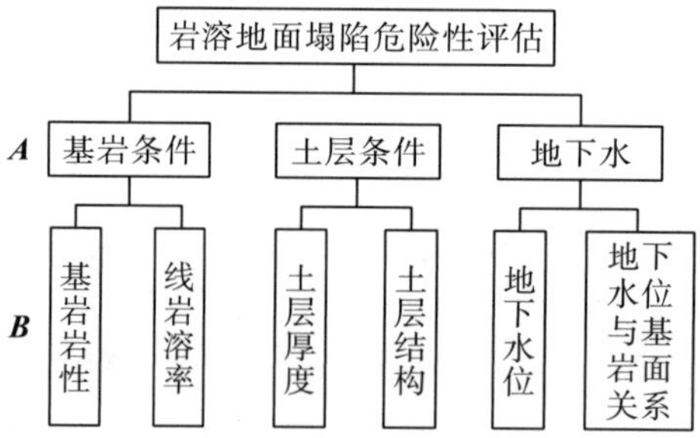

图 4-2 层次划分

2) 构成判断矩阵

根据塌陷发育的规律，以及对塌陷影响的重要性，将各层次中的因素两两对比，得到判断矩阵。

A：基岩条件、土层条件、地下水。

$$\boldsymbol{A}=\begin{bmatrix}1 & 2 & 1\\ 1/2 & 1 & 1/2\\ 1 & 2 & 1\end{bmatrix} \tag{4-19}$$

$\boldsymbol{B}_1$：基岩岩性、线岩溶率。

$$\boldsymbol{B}_1=\begin{bmatrix}1 & 1\\ 1 & 1\end{bmatrix} \tag{4-20}$$

$\boldsymbol{B}_2$：土层厚度、土层结构。

$$\boldsymbol{B}_2=\begin{bmatrix}1 & 3\\ 1/3 & 1\end{bmatrix} \tag{4-21}$$

$\boldsymbol{B}_3$：地下水位、地下水位与基岩面关系。

$$\boldsymbol{B}_3=\begin{bmatrix}1 & 3\\ 1/3 & 1\end{bmatrix} \tag{4-22}$$

3) 权重的确定

采用层次分析法来确定影响权重，通过计算 $\boldsymbol{A}$、$\boldsymbol{B}_1$、$\boldsymbol{B}_2$、$\boldsymbol{B}_3$ 四个判断矩阵的最大特征根及其对应的特征向量，可得到各层次相对于上一层次元素的相对重要性权值，然后用上一层次本身的权值加权综合，就可计算出最低层元素相对于最高层的权值(表 4-5)。

表 4-5　评价指标权重

目标	岩溶塌陷危险性分区					
$\boldsymbol{A}$	基岩条件		土层条件		地下水	
矩阵 $\boldsymbol{A}$ 系数	0.4		0.2		0.4	
$\boldsymbol{B}$	基岩岩性(B_{11})	线岩溶率(B_{12})	土层厚度(B_{21})	土层结构(B_{22})	地下水位(B_{31})	地下水位与基岩面关系(B_{32})
矩阵 $\boldsymbol{B}_1$、$\boldsymbol{B}_2$、$\boldsymbol{B}_3$ 系数	0.5	0.5	0.25	0.75	0.25	0.75
底层相对于目标层权重	0.2	0.2	0.05	0.15	0.1	0.3

4) 岩溶地面塌陷模型

根据以上指标及权重值，确定岩溶地面塌陷评价多指标模型如下：

$$H=0.2\times B_{11}+0.2\times B_{12}+0.05\times B_{21}+0.15\times B_{22}+0.1\times B_{31}+0.3\times B_{32} \tag{4-23}$$

通常利用地理信息系统(GIS)技术进行岩溶地面塌陷网格划分，并逐个进行网格评价值计算，计算值越大，危险性越高。为了更好地反映危险区的分布情况，依据不同单元值中的单元数，将单元值划分为 8.5～7.5、7.5～6.5、6.5～5、5～0 四个等级，分别对应着极高风险、高度风险、中度风险、低度风险。

4.5.3 风险等级划分

根据多个实例，最终确定岩溶地面塌陷风险等级划分，见表 4-6。

表 4-6 岩溶地面塌陷灾害风险评估等级标准列表

风险等级	描述
极高	岩溶地面塌陷发生概率大，对高速铁路工程影响极大
高度	岩溶地面塌陷发生概率较大，对高速铁路工程影响大
中度	岩溶地面塌陷发生概率一般，对高速铁路工程影响中等
低度	岩溶地面塌陷发生概率较小，对高速铁路工程影响小

4.5.4 风险接受准则

风险具有客观性，其大小随时间延续而变化，是一定时期内的风险，不同的承灾体，甚至同一承灾体在不同状态下对风险的承受能力也存在差别。进行风险决策时，并非是风险越小越好，因为风险越小，要付出的代价越高。如何将风险限定在一个合理、可接受的水平，关键的问题就是风险决策中可接受准则的分析以及最优化方法和博弈论思维的应用。岩溶地面塌陷灾害风险接受准则见表 4-7。

表 4-7 岩溶地面塌陷灾害风险接受准则

风险等级	接受准则	处理措施
低度	可忽略	岩溶地面塌陷风险为低度，对高速铁路影响小，选线过程中可以忽略，在施工阶段主要通过探灌结合钻孔进行评价，确定是否需要工程处理
中度	可接受	岩溶地面塌陷风险为中度，对高速铁路影响中等，要引起重视，通常不影响铁路选线，在施工阶段要通过工程处理，把风险至少降低到不期望的程度
高度	不期望	岩溶地面塌陷风险为高度，对高速铁路影响大，必须高度重视，选线过程中通常需要绕避，实在无法绕避的在施工阶段要通过工程处理，把风险至少降低到不期望的程度
极高	不可接受	岩溶地面塌陷风险为极高，对高速铁路影响极大，必须高度重视，选线过程中通常需要绕避，实在无法绕避的在施工阶段要通过工程处理，把风险至少降低到不期望的程度

4.5.5 岩溶地面塌陷风险评估实践

1. 沪昆客专岩溶地面塌陷风险专家评判

本次主要选取沪昆客专贵黄路立交大桥—青苔堡特大桥间路基进行岩溶地面塌

陷风险评估。

1) 概况

本段路基位于贵黄路立交大桥—青苔堡特大桥之间，以路基半填半挖通过；区段属侵蚀构造低中山区，枝状沟谷发育，地形波状起伏，山坡自然斜坡一般 10°～25°。斜坡上基岩多裸露、覆土薄，坡麓及缓坡处覆土相对较厚。

本段地下水主要存在两种类型，即第四系孔隙水和岩溶水。地表覆盖第四系黏性土，透水性差，水量贫乏；下伏基岩为可溶岩，岩溶弱发育，地下水相对较丰富，以岩溶裂隙水为主，地下水埋深一般 1～5m。

本段覆盖层主要为第四系全新统坡洪积层(Q_4^{dl+pl})，下伏基岩为中三叠统关岭组一段(T_2g^1)白云岩、白云质灰岩。

2) 岩溶地面塌陷风险评估

岩溶地面塌陷风险评估见表 4-8。

表 4-8　沪昆客专贵黄路立交大桥—青苔堡特大桥段岩溶地面塌陷预测表

编号	起始里程	总长/m	工程地质及水文地质特征	岩溶发育特征	岩溶发育强度	塌陷评分	风险等级
1	D1K807+915～D1K808+690	775	溶蚀槽谷地貌，覆土厚 1～5m 的黏土，下伏基岩为白云岩、白云质灰岩。地下水埋深 2～2.5m，第四系黏性土含少量孔隙水，岩溶水较发育	据物探资料，该段岩溶强烈发育，主要为溶蚀破碎带、充填溶洞、溶隙	强烈发育	71	高度
2	D1K808+690～D1K808+875	185	浅丘、垅岗地貌，覆土厚 0～1m 的黏土，下伏基岩为灰岩。地下水埋深 10～15m，第四系孔隙水不发育，岩溶水较发育	本路基段为浅丘、垅岗。地表见溶沟、溶槽、洼地等岩溶发育	中等发育	55	低度
3	D1K808+875～D1K809+040	165	溶蚀洼地地貌，地表覆土为黏土，厚 2～7m，下伏基岩为白云岩、白云质灰岩。地下水埋深 3～7m，第四系黏性土含少量孔隙水，岩溶水较发育	溶蚀洼地，地表覆土为黏土，厚度 2～7m；该段路基共钻探 3 孔，均钻至灰岩，岩心局部有溶蚀现象，未揭示有隐伏岩溶发育	强烈发育	85	高度
4	D1K809+040～D1K809+200	160	浅丘、垅岗地貌，覆土厚 0～1m 的黏土，下伏基岩为灰岩。地下水埋深 10～15m，第四系孔隙水不发育，岩溶水较发育	本路基段为浅丘、垅岗。地表见溶沟、溶槽、洼地等岩溶发育。共钻探 6 孔，均钻至灰岩，岩心局部有溶蚀现象，未揭示有隐伏岩溶发育	中等发育	55	低度
5	D1K809+200～D1K810+695	1495	谷地地貌，地表覆土为黏土，厚度 2～6m，下伏基岩为灰岩。地下水埋深 10～15m，第四系孔隙水不发育，岩溶水较发育	据物探资料，该段岩溶强烈发育，主要为溶蚀破碎带、充填溶洞、溶隙	强烈发育	71	高度

2. 武广客专岩溶地面塌陷风险多指标评判

1) 评价范围

评价段大致从武广客专原新沙口站到新英德站，里程 DK2026+740(山下大桥)～DK2064+208(廊步特大桥)，评价区为线路两侧各 15m 的缓冲区，评价范围为长 37468m、宽 30m 的长条形。在此区域内，收集了 2245 个钻孔资料和物探资料，采用泰森网格划分方法(图 4-3)，以这些钻孔、物探点为中心，将长条形区域分成了 2245 个单元。

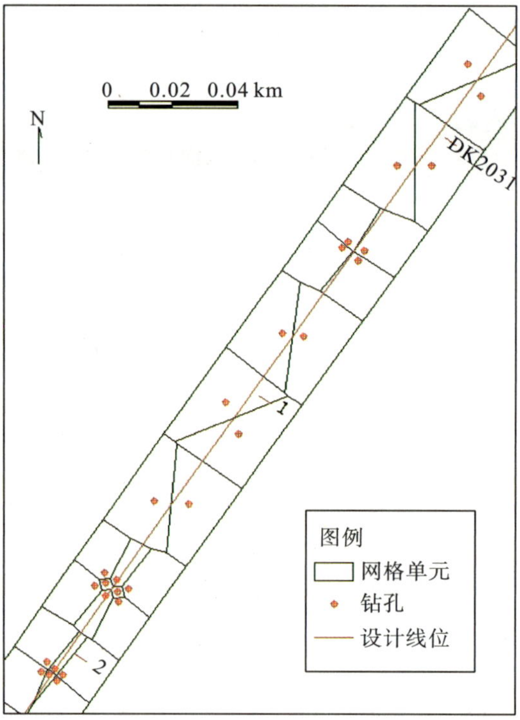

图 4-3 评估单元划分(泰森网格)

2) 评价指标

评价数据主要来源于现场补充调查、线路定测、补定测阶段的钻探、物探、原位测试等资料。

(1) 塌陷点。

评价区塌陷点共有 12 个，主要是钻探诱发的塌陷。

(2) 土洞点。

评价区内钻孔共揭露土洞点 53 个，土洞埋深 1.35～45.9m。85%的土洞出现在基岩面，15%的土洞已向上发展 0.4～7.1m，只有 3 个土洞在地下水位以上 1m 左右，其他的都在地下水位以下(图 4-4)。

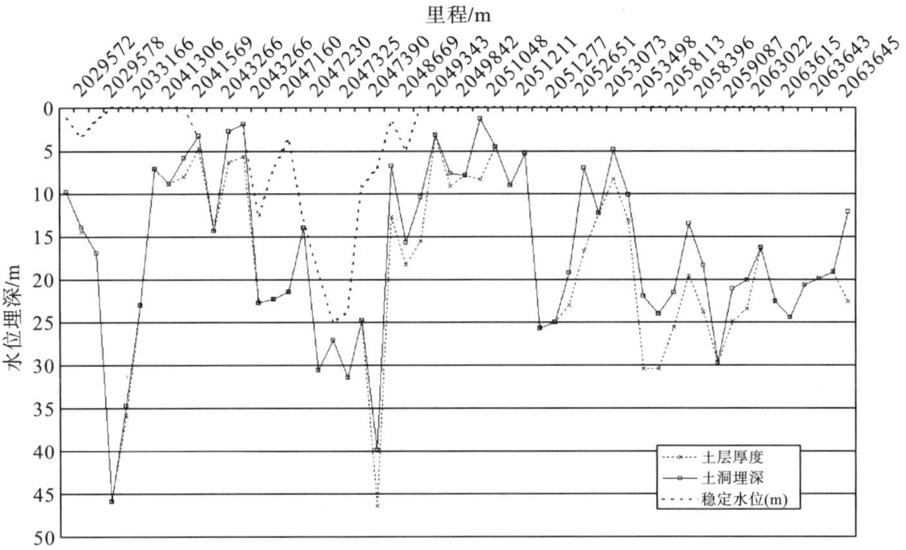

图 4-4　沿线土洞分布与土层厚度、地下水位的关系

(3) 基岩岩性。

根据钻探资料，评价段内的基岩岩性分为 7 类：灰岩、灰岩夹白云岩(或白云质灰岩)、角砾状灰岩、强风化不纯灰岩、弱风化不纯灰岩、埋藏型灰岩和非岩溶区。其中，不纯灰岩主要指泥质灰岩、碳质灰岩、灰岩夹碳质页岩等。

埋藏型灰岩主要是灰岩上覆着古近系—新近系的页岩和砂岩，古近系—新近系的厚度 0.9～47.7m，厚度大于 30m 的古近系—新近系主要分布在里程 DK2026+850～DK2026+886 及 DK2029+880～DK2030+800；其次是新英德站古近系—新近系厚度 5～20m，廊步特大桥古近系-新近系厚度 6.9～24m，官天河大桥的古近系—新近系厚度 0.9～7m。

根据不同类型对塌陷的影响取值见表 4-9。

表 4-9　基岩岩性特征表

基岩岩性	钻孔个数百分比/%	赋值
灰岩	90.2	10
灰岩夹白云岩或白云质灰岩	1.9	7
角砾状灰岩	0.3	7
强风化不纯灰岩	1.2	5
弱风化不纯灰岩	1.4	3
埋藏型灰岩	1.6	1
非岩溶区	3.4	0

(4)线岩溶率。

线岩溶率是指单位长度上岩溶空间形态的百分比，此处统计的是钻孔中溶洞的总高度与基岩钻进的深度之比。共有1154个钻孔遇溶洞，线岩溶率最大值是88.41%，线岩溶率值小于25%的钻孔数达70%以上，据此大致划分为4个等级，各级取值见表4-10。

表4-10 钻孔线岩溶率统计一览表

线岩溶率/%	钻孔个数百分比/%	赋值
[0.5，5)	16	1
[5，25)	62	5
[25，45)	18	7
[45，88.41]	4	10

考虑到局部路段(主要是路基段)钻孔较少，但开展了物探工作，在这里采用物探成果资料对反映岩溶发育程度的线岩溶率进行补充和修正，定测阶段物探解译成果中，圈出了溶洞、溶蚀裂隙、溶蚀破碎带三种异常区，在此，划分为4个等级进行赋值后并入线岩溶率图层(表4-11)。

表4-11 物探解译成果分级

解译成果	赋值
溶洞	10
溶蚀裂隙	7
溶蚀破碎带	5
其他	1

(5)土层结构。

土层结构(从上至下)分为单一结构、二元结构、三元结构，其中单一结构有两类：粉质黏土(A)和卵石土或砂(B)；二元结构也有两类：粉质黏土+卵石土(AB)和卵石土+粉质黏土(BA)；三元结构主要是粉质黏土+卵石土+粉质黏土(ABA)。根据岩溶塌陷的研究成果及已知岩溶塌陷点和土洞点在各种土层结构中的分布，将其定量化打分分类，最大值是10，最小值是1，分别表示最易发生岩溶塌陷的土层结构和较难发生岩溶塌陷的土层结构。表4-12是不同土层结构的钻孔数及其对塌陷影响赋值。

表4-12 土层结构类型划分

土层结构描述	土层结构代码	钻孔个数百分比/%	塌陷点个数	土洞点个数	赋值
粉质黏土+卵石土	AB	5.78	3	1	10
粉质黏土	A	66.14	8	31	7
粉质黏土+卵石土+粉质黏土	ABA	14.15	1	7	5
卵石土+粉质黏土	BA	10.84	—	12	3
卵石土或砂	B	3.09	—	2	1

(6)土层厚度。

在2213个钻孔中，有66%的土层厚度小于15m，最厚达68m，划分为4个等级，各级赋值见表4-13。

表4-13　土层厚度分级及赋值

土层厚度/m	钻孔个数百分比/%	赋值
0～5	16	10
5～15	50	5
15～30	27	3
30～68	7	1

(7)地下水位埋深。

钻孔中有1866个钻孔地下水位埋深资料，地下水位埋深范围在0～29m，划分为4个区间，各区间取值见表4-14。

表4-14　地下水位埋深分级取值表

地下水位埋深/m	钻孔个数百分比/%	赋值
<2	36	10
2～6	40.7	7
6～15	20	3
15～29	3.3	1

(8)地下水位与基岩面关系。

根据1835个钻孔资料，地下水位与基岩面的关系主要分为4类：地下水位在基岩面附近、地下水位高出基岩面2～10m、地下水位高出基岩面10m以上、地下水位在基岩面2m以下。根据岩溶塌陷的发生机理，地下水位在基岩面附近波动最容易产生岩溶塌陷，地下水位在基岩面以下较难发生岩溶塌陷。据新沙口地下水的实测资料，自然条件下，地下水位的波动幅度不超过3m，所以沿线几乎没有自然塌陷(表4-15)。

表4-15　地下水位与基岩面关系及其对塌陷影响取值

地下水位与基岩面关系	钻孔个数百分比/%	赋值
地下水位在基岩面附近	12.7	10
地下水位高出基岩面2～10m	51.0	7
地下水位高出基岩面10m以上	34.9	3
地下水位在基岩面2m以下	1.4	1

(9)深溶槽。

根据钻孔资料，邻近钻孔的距离<10m，基岩面起伏差大于 15m 的位置称为隐伏深溶槽，评价区内满足此条件的区域有 25 处。

(10)土层标贯成果。

收集了 8908 个土层标贯成果，根据现行《工程地质手册(第四版)》，击数小于 2 的土为流塑土，此类地区一般定义为潜在岩溶塌陷危险区，评价区共有此类钻孔 124 个。流塑土的埋深在基岩面以上，地下水位都低于基岩面，流塑土的最大厚度为 14.3m(表 4-16 和图 4-5)。

表 4-16 流塑土分布统计

工程名	里程
英红特大桥	DK2047+160，DK2048+568，DK2048+767
仙桥特大桥	DK2049+743～839，DK2050+072，DK2052+429
田心特大桥	DK2057+990～DK2058+500
安山特大桥	DK2056+425～DK2057+417
官田河特大桥	DK2039+652，DK2039+846
大岭大桥	DK2062+494
猴岩大桥	DK2052+651
杉树下特大桥	DK2031+243
山下特大桥	DK2027+181，DK2027+274，DK2027+540

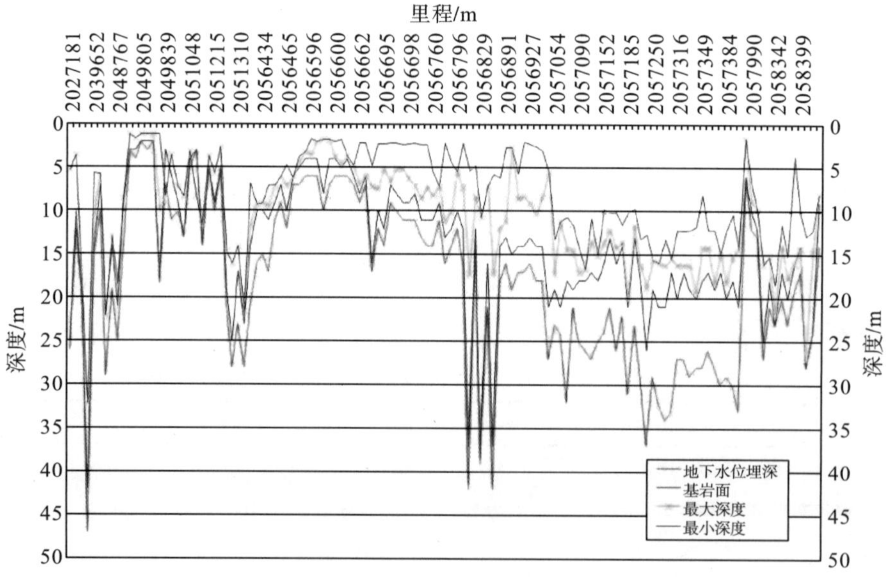

图 4-5 流塑土位置与地下水位、基岩面关系

3) 岩溶塌陷危险性分区

为了更好地反映沿线岩溶塌陷危险性分布情况，采用分段描述的方法，对综合评价结果进行统计，具体做法如下。

(1) 首先运用 GIS 分段技术，按 10m 长度将线路划分成 3489 段。

(2) 每段设置 7m 缓冲区，这样就形成了 3489 个 10m×14m 的长方形单元(图 4-6)。

(3) 运用 GIS 的空间分析功能，统计各长方形单元中包含的、由泰森网格单元表征的不同危险性等级的面积。

(4) 采用“就高”赋值的原则，对长方形单元进行赋值，获得该单元的危险性。

(5) 将危险性相同的相邻单元合并，实现全线危险性分段。

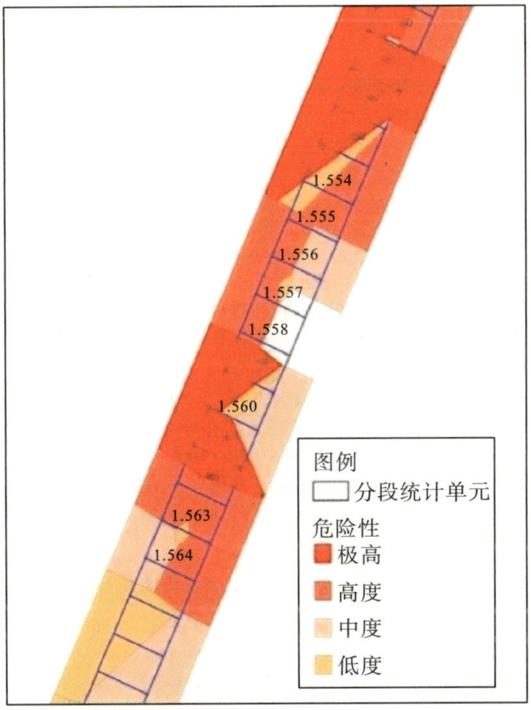

图 4-6　分段统计单元划分与泰森网格关系

由此根据这一分段原则，整个评价线路共分为 748 段，其中：极高风险区 178 段总长 8160m，高度风险区 230 段总长 7580m，中度风险区 219 段长 9010m，低风险区 124 段长 8150m，低度风险区 24 段长 1960m。

表 4-17 和图 4-6 是岩溶塌陷极高风险区、高度风险区的分布情况，其中，长度超过 200m 的就有 9 段，分别是 DK2038+777.18～DK2039+167.19、DK2057+170.48～DK2057+460.47、DK2056+520.47～DK2056+800.48、DK2053+727.19～DK2053+997.19、DK2045+567.19～DK2045+827.19、DK2034+876.86～DK2038+147.18、DK2056+027.19～DK2056+417.19、DK2040+217.19～DK2040+447.18、DK2049+537.19～DK2049+737.19。

4）评价结论

以基于 GIS 的岩溶塌陷预测评价结果为基础，综合地形地貌条件和钻孔岩溶特点，进行岩溶塌陷易塌区的划分，获得全段岩溶塌陷分区的最终结果，大致分为 12 段岩溶塌陷极高风险区、高度风险区。

表 4-17　岩溶塌陷岩溶塌陷极高风险区、高度风险区一览表

序号	里程段	岩溶发育特点	GIS 综合评价结果（岩溶塌陷极高风险区、高度风险区里程）
1	DK2027+740～DK2028+500	该段斜坡上多分布 5～30m 坡积粉质黏土；下伏基岩为灰岩。受附近钟村断层的影响，岩体较破碎，岩溶发育，溶洞大多为空洞，呈串珠状分布	DK2028+421.50～DK2028+471.50
2	DK2031+771～DK2033+165.55	该段斜坡上多分布 3～33m 冲积粉质黏土；下伏基岩为灰岩，岩溶中等发育，根据物探资料共有异常 69 处，其中溶蚀破碎带 28 处，充填溶洞 32 处，充填溶缝 9 处	DK2031+771.00～DK2031+766.86 DK2033+126.86～DK2033+165.55 DK2031+766.86～DK2031+776.86
3	DK2033+963.65～DK2034+315.3	该段斜坡上多分布 11～60m 冲积粉质黏土；下伏基岩为灰岩。据物探揭示 DK2033+960～DK2034+100 段灰岩埋深大于 40m，DK2034+100～DK2034+285 段岩溶强烈发育，共有异常 20 处，其中溶蚀破碎带 8 处，充填溶洞 8 处，充填溶缝 4 处。本段钻孔中多见溶洞，溶洞洞高最大达 4.8m，呈空洞或半充填	DK2034+206.86～DK2034+266.86
4	DK2038+657.70～DK2039+153.8	该段斜坡上多分布 4～20m 冲积粉质黏土、卵石土层；下伏基岩为灰岩。根据钻探揭示，DK2038+655～DK2038+870 段岩溶强烈发育，共有异常 12 处，其中溶蚀破碎带 2 处，充填溶洞 10 处；钻孔中多见溶洞，溶洞洞高 1.5～7.6m，充填及半充填，充填物为流塑状-软塑状的粉质黏土	DK2038+657.7～DK2038+767.18 DK2038+777.18～DK2039+153.8 DK2038+767.18～DK2038+777.18
5	DK2040+245.49～DK2040+647.25	该段斜坡上多分布 5～25m 粉质黏土；下伏基岩为灰岩。该段路基下伏基岩中局部发现有溶洞，洞高 1.2m，充填软塑-流塑状粉质黏土，地表覆土较厚。根据物探资料 DK2040+510～DK2040+650 段岩溶弱发育，共发育溶蚀破碎带 4 处	DK2040+245.49～DK2040+447.18 DK2040+547.18～DK2040+557.18 DK2040+567.18～DK2040+577.19 DK2040+647.18～DK2040+647.25
6	DK2046+573～DK2047+059.49	该段斜坡上多分布 11～18m 冲积粉质黏土，下伏基岩为灰岩、页岩。段内岩溶强烈，根据物探资料共有异常处 41 处，其中溶蚀破碎带 22 处，充填溶洞 19 处。由钻孔 Z3-48 号钻探揭示溶洞洞高 0.8m，多充填棕黄色、褐色松散的饱和状粉砂夹粉质黏土	DK2046+577.19～DK2046+587.19 DK2046+857.19～DK2046+867.19 DK2046+907.19～DK2046+917.19 DK2046+977.19～DK2046+987.19 DK2047+007.19～DK2047+017.19
7	DK2049+000.91～DK2049+343.9	该段斜坡上多分布 12～17m 冲积粉质黏土，下伏基岩为灰岩。段内岩溶中等发育，据物探资料 DK2049+200～DK2049+250 段共有异常 5 处，其中溶蚀破碎带 2 处，充填溶洞 1 处，充填溶缝 2 处。该段路基钻孔中未发现溶洞	DK2049+167.19～DK2049+343.9

续表

序号	里程段	岩溶发育特点	GIS 综合评价结果（岩溶塌陷极高风险区、高度风险区里程）
8	DK2051+514.8～DK2052+000	该段沟槽内多分布 9～18m 冲积、坡积粉质黏土、松软土；下伏基岩为灰岩。段内灰岩岩溶强烈发育，根据物探资料共有异常 28 处，其中溶蚀破碎带 4 处，充填溶洞 24 处。钻孔中多见溶洞，溶洞洞高 2～5.2m，以充填为主，充填物为流塑状-软塑状的粉质黏土	DK2051+757.19～DK2051+817.19 DK2051+857.19～DK2051+797.19 DK2051+817.19～DK2051+907.19 DK2051+937.19～DK2051+947.19
9	DK2052+300～DK2052+577.75	该段沟槽内多分布 5～12m 坡积粉质黏土、松软土及软土；下伏基岩为灰岩。本段岩溶强烈发育，地表可见竖向溶沟、溶槽发育。根据物探资料共有异常 13 处，其中溶蚀破碎带 1 处，充填溶洞 11 处，充填溶缝 1 处	DK2052+300～DK2052+387.19 DK2052+407.19～DK2052+407.19 DK2052+447.19～DK2052+507.19 DK2052+527.19～DK2052+547.19
10	DK2053+989～DK2055+692	该段沟槽内多分布 5～25m 坡积粉质黏土、松软土及软土；下伏基岩为灰岩，岩溶强烈发育。根据物探资料，DK2054+550～DK2054+800 段岩溶强烈发育，以溶蚀破碎带、充填溶洞为主，共判释异常 67 处，其中溶蚀破碎带 28 处，充填溶洞 33 处，充填溶缝 6 处	DK2053+989～DK2053+067.2 DK2054+107.19～DK2054+367.19 DK2054+437.19～DK2054+447.19 DK2053+997.19～DK2054+107.19 DK2054+147.19～DK2054+607.19 DK2054+647.19～DK2054+657.19 DK2054+697.19～DK2054+787.19 DK2055+317.20～DK2055+467.19
11	DK2056+395～DK2056+428.45	覆盖层为红黏土，厚 4～15m，且基岩面以上分布一层 1～6m 厚软土，下伏基岩为灰岩，岩溶中等发育。均为浅表层溶沟、溶槽、溶囊形岩溶，发育深度一般不超过 30m	DK2056+417.20～DK2056+428.45 DK2056+395～DK2056+417.19
12	DK2059+258～DK2060+200	该段沟槽内多分布 5～35m 坡积粉质黏土、松软土及软土；下伏基岩为灰岩，岩溶强烈发育。本次钻探揭示，溶洞洞高最高 2m，多为软塑-流塑状粉质黏土充填，少量无充填，为空洞，个别为砂充填	DK2059+900.47～DK2059+560.47 DK2059+740.47～DK2059+790.47 DK2059+840.47～DK2059+880.47 DK2059+910.46～DK2059+160.47

4.6　岩溶隧道涌水突泥风险评估

4.6.1　岩溶隧道涌水突泥影响因素

从岩溶隧道涌水突泥灾害的形成条件来看，灾害的发生是隧道工程与岩溶水环境相互作用、相互影响的结果。隧道区岩溶发育程度及发育深度与岩溶水的富集运移条件是岩溶隧道涌水突泥灾害形成的内在控制因素。岩溶水的富集分布规律与岩溶发育规律基本一致，即岩溶水的富水性和岩溶发育形态及规模取决于岩性和岩溶水赋存及运移的水动力条件等多种因素的综合影响。另外，隧道的位置、埋深及施工时间等是形成灾害的外在因素。其主要影响因素如下(杨艳娜，2009)。

1. 可溶岩的物质组成

岩石的可溶性是岩溶发育的物质基础。岩石化学成分和结构差异引起的分异作用，使岩层形成了不同直径、形态各异的岩溶空间，而不同层次和不同规模的空隙和空间控水能力不同，造成地下水的富集程度各异，决定着岩溶隧道的充水强度和规模。

碳酸盐岩中可溶性矿物方解石 $CaCO_3$ 的含量(即碳酸盐岩的纯度)控制着岩溶的发育程度。岩石组分中方解石($CaCO_3$)含量越高，岩溶也就越发育，形成的岩溶化空间越大，富水性越强。另外，碳酸盐岩的结构控制了岩石原始孔隙类型、分布以及孔隙度的大小，从而对其可溶蚀性有一定影响。

综合考虑岩性特征及岩石结构对岩溶发育程度的影响，选择“岩石组成成分中方解石($CaCO_3$)的百分含量及岩石的结构类型”作为衡量隧道涌水突泥危险性评价的定量化指标。

2. 地质构造条件

地下水主要在地质构造控制条件下产生富集和运移，决定着隧道区产生涌水突泥的充水水源强度、涌水通道的类型及畅通性。

1)岩溶涌水突泥灾害与断裂构造

断裂部位涌水突泥灾害危险程度与断层的物质组成、活动期次、断层规模以及隧道的开挖方式等均有关系。隧道涌水突泥发生概率的大小可由断裂的导水性能和断裂规模，即破碎带和影响带的宽度等来决定，断裂的规模越大，影响带越宽，节理裂隙越密集，导水性能也就越好，隧道涌水突泥发生的概率也越大。从断裂控制地下水的运移特性来看，可分为导水断裂和阻水断裂，导水断裂相对于阻水断裂对灾害发生的影响更大。

通过对已发岩溶涌水突泥灾害的特征分析，约 19 个大型涌水突泥灾害部位是由断裂构造因素控制形成的，其中有 16 个灾害点发生在导水性断裂部位，3 个灾害点发生在相对阻水的断裂部位。依据涌水突泥量定性判定危险级别的标准来看，断层处多发生大中规模的涌水，中度危险程度以上的涌水突泥灾害占 83%。

2)岩溶涌水突泥灾害与褶皱构造

岩溶涌水突泥灾害的发生与褶皱不同部位受到地质构造作用而形成的富水特征有关。从空间上来看，褶皱构造中岩溶水的富集一方面取决于地下水系统的储存能力

(地下岩溶的发育程度)，另一方面受地表汇水条件控制。圆梁山隧道酉阳向斜虽为中缓闭合型褶皱，但受多期构造影响，各方向断裂与裂隙较为发育且分布极为不均，使得褶皱核部整体溶蚀-构造裂隙相当发育，岩溶发育程度高度不均一，隧道开挖中通过向斜地段岩溶地层时，发生了多次岩溶涌水突泥灾害，其中发育大型地下溶洞 5 处(图 4-7)。

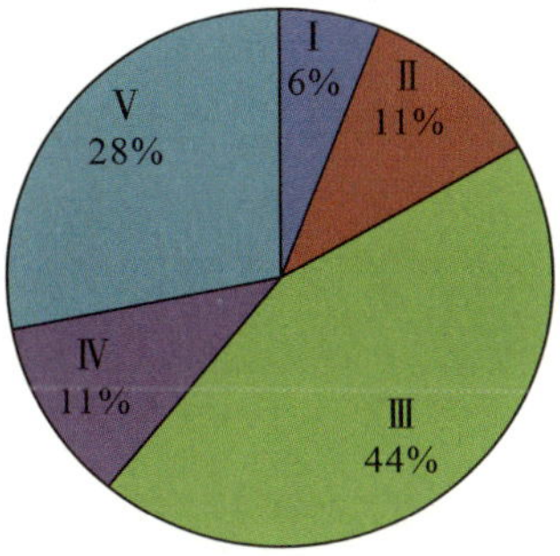

图 4-7　断裂构造部位岩溶涌水突泥量级别特征(Ⅰ～Ⅴ代表涌水突泥危险级别)

3) 单斜构造

在单斜构造部位，岩溶发育程度不同的岩溶含水岩组中，涌水突泥灾害发生的概率差异显著。岩层的组合类型、岩层厚度和岩层倾斜程度等均影响着隧道涌水突泥发生概率及危险程度，影响程度不一。控制地下水流动方向的首要构造因素是岩石中的层面裂隙，缓倾岩层中地下水流动的水力坡度小，流速慢，所以缓倾的岩层在一定程度上比陡倾岩层更利于岩溶的发育，地下水的富集程度更高。

通过发生在倾斜程度不同的单斜构造中近 70 个已发灾害点的统计分析结果(图 4-8)来看，倾斜程度越小的岩层，灾害发生的个数越多，但是差异不明显，说明岩层产状在一定程度上对灾害有影响，但是影响程度不高。

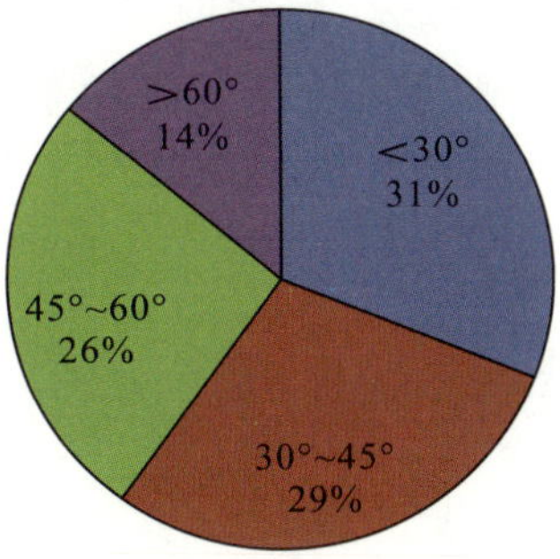

图 4-8　不同倾斜程度单斜地层中的灾害点发生数目对比图

考虑断裂构造、褶皱构造及单斜构造等不同构造条件对地下水运移富集的控制作用，选择断裂构造的性质、规模和影响范围，褶皱的形态，非断裂构造部位岩体的层理构造特征(岩层的厚度及倾斜状况)来描述地质构造中地下水的富集程度和岩溶涌水突泥灾害的危险程度。单斜构造一级评价指标又可分解为三个二级指标来反映不同构造类型条件对岩溶发育程度及蓄水构造富水程度的影响。

3. 地表汇水条件

岩溶地貌条件与地下岩溶空间的形成与发展相互促进、相互作用，主要表现在：①补给区地表岩溶洼地、槽谷等汇水面积，是影响地下水量大小的基本物质来源条件；②补给区落水洞的分布与排泄区暗河出口等位置则基本控制了区域岩溶水迁流途径，从而决定了与隧道的空间联系。因此，隧道涌水突泥灾害的发生与隧道区地表汇水的地形地貌条件密切相关。

采用地表岩溶形态组合、负地形的面积百分比及斜坡坡度三项指标来刻画地表的汇水条件好坏，确定地表汇水条件(地貌组合类型)对地下岩溶发育程度及蓄水构造富水程度的影响程度。

4. 场效应条件

场效应条件主要包括地下水循环交替条件、地下水承压性、地下水位、温度场等内容。地下水循环交替条件的好坏取决于地下岩溶化程度的高低，地下水的水化学特征是地下水循环速率快慢的表现。地下水系统中 Ca^{2+} 的饱和程度对地下岩溶空间的扩展具有决定作用，同时水中 Ca^{2+} 的饱和程度也反映了地下岩溶空间的发育程度。考虑到评价指标的易操作性和获取的难易程度，选取地下水的水化学指标中碳酸钙的饱和指数(SIC)作为地下岩溶发育程度评价的定量化指标(毛邦燕，2008)。

不同垂向分带中岩溶发育程度不同，决定着越岭隧道深埋段穿越不同的垂向分带时，涌水突泥灾害发生的概率和危险程度也有不同。铁路和公路隧道一般修建在垂直渗流带，涌水突泥风险小，修建在水平流动带，深部循环带的涌水突泥风险高。隧道穿越地段的岩溶水垂向分带与局部排泄基准面的最低高程等决定了地下水向新开挖通道排泄的畅通程度，因此选取“隧道和地下水排泄基准面及地下水位的相对位置关系”来刻画地下水循环条件及水压等对深埋隧道涌水突泥灾害发生的影响程度(毛邦燕，2008)。

4.6.2 岩溶隧道涌水突泥评估模型的建立

由于不同勘察阶段勘察深细度不同，通常情况在可行性研究、初测阶段资料相对比较匮乏，定测、补定测阶段资料比较齐全，因此在进行岩溶隧道涌水突泥风险评价过程中，不同勘察阶段通常采用不同的方法，基于涌水量的岩溶隧道涌水突泥风险评估方法适应于可行性研究、初测阶段风险评估；涌水突泥多级模糊风险评估适用于定测、补定测阶段风险评估。

1. 基于涌水量的岩溶隧道涌水突泥风险评估

1) 隧道涌水量计算方法

铁路岩溶隧道涌水量预测是铁路工程勘察设计中至关重要的工作，甚至可以说是决定岩溶隧道能否顺利施工的关键工作之一，同时岩溶隧道涌水量计算也是水文地质学科中一个重要的理论问题。但是由于岩溶介质的不均一性、各向异性，预测的涌水量往往与施工揭示的涌水量相差较大，甚至有时会在数量级上有差别。目前岩溶隧道涌水量预测方法主要有数学模型、近似法、随机理论、非线性理论四大类方法，各大类方法又有若干种计算方法，各种方法优缺点、适用性及使用阶段见表 4-18。

表 4-18　各种涌水量计算方法明细表

涌水量预测方法		基本原理	优缺点	适用条件	运用阶段	备注
数学模型	地下水动力学法	根据地下水动力学原理、利用数学解析方法对给定边界值和初值条件下地下水运动建立解析式，从而预测隧道涌水量	优点：各种经验公式较多，不同的水文地质边界条件均可找到对应的计算公式。缺点：公式中的参数如 K、H、M 等对于涌水量计算较为敏感，但往往实际操作中很难获取较为真实的值	岩溶发育程度相对较低，岩溶地下水主要以层流为主的区域	定测、补定测、施工阶段，运营阶段	
	数值模拟法	以地下水动力学法为基础，根据相应的水文地质条件建立地下水模型，利用有限元、有限差分等方法进行计算机模拟	优点：模拟中的参数可以分区给定，与实际情况匹配性较好；各参数可以通过反演给定、验证；计算速度、能力较强。缺点：模型边界条件的确立存在一定的假设性，与实际情况存在一定的差别；岩溶强烈发育区域匹配性较差	水文地质资料较齐全的工点，岩溶发育程度相对较低，岩溶地下水以层流为主的区域	定测、补定测、施工阶段，运营阶段	
	降水入渗法	利用岩溶隧道穿越段落年平均降水量、集水面积并考虑地形地貌、植被、地质和水文地质条件选取合适的降水入渗系数经验值计算隧道涌水量	优点：理论成熟，方法简单，需要的参数较少，且易于获得。缺点：入渗系数的获取具有一定的随意性和经验性，计算结果离散性较大	有降水量资料的地区均可以适用	各阶段	
	水均衡法　地下水径流模数法	采用假设地下径流模数等于地表径流模数的相似原理，根据大气降水入渗补给的下降泉流量或由地下水补给的河流流量，求出隧道通过地段的地表径流模数，作为隧道流域的地下径流模数，再确定隧道的集水面积，便可宏观、概略地预测隧道的正常涌水量	优点：理论成熟，方法简单，需要的参数较少，且易于获得。缺点：计算中主要的参数径流模数 M 取值具有一定的随意性和经验性，计算结果离散性较大。尤其是洪水期与枯水期 M 值差别最大可达 10 倍以上	适用于所有地区的隧道涌水量预测	各阶段	
	水均衡法　地下水径流深度法	地下水径流深度法适用于某一流域内，大气降水是地表水、地下水、蒸发/蒸腾和地面滞水的总源	优点：理论成熟，方法简单。缺点：计算需要的年地下水径流深度的获取较难，通常需要流域年地表径流深度、流域年蒸发量、流域年地表滞水深度等参数来计算获取	适用于流域相关资料齐全的地区	各阶段	
	地球化学法	根据含水体的地下水流向，沿水平方向或垂直方向，在较短距离内采取水样测定氚的含量，求出相对时间差，据此可求出地下水实际运动速度和大概的涌水量	优点：计算方法简单。缺点：需要进行地下水的氚同位素含量测定；对于含水层结构较复杂、岩溶管道发育的岩溶隧道预测结果精度较差	适用于含水层结构相对简单、岩溶弱—中等发育的岩溶隧道	定测、补定测、施工阶段	

续表

涌水量预测方法		基本原理	优缺点	适用条件	运用阶段	备注
近似法	水文地质比拟法	利用类似隧道的水文地质资料进行计算，立足于勘探区与比拟的施工区条件一致	优点：计算过程中不用实质的水文地质参数，勘探费用较为节省。缺点：该法的基础就是要在既有隧道附近有水文地质条件相似的既有隧道，能满足的条件很少	适用于山岭隧道，当新建隧道附近有既有隧道（坑道），且地质、水文地质条件相当、水文地质参数相近的岩溶隧道	初测、定测、补定测、施工阶段	
	Q-S曲线法	以勘探阶段抽（压）水试验的成果为依据。以稳定抽水试验时每个落程的流量 Q 及水位降深 S，根据图解法或计算曲度值确定反映抽水流量和水位降深的方程，来推算该地区较大降深时的流量或较大流量时的降深的一种经验方法	优点：根据勘察阶段的抽（压）水试验数据即可预测出整个隧道的涌水量。缺点：钻孔的抽（压）水试验，仅能代表某一点或者某一段隧道的实际涌水量，若用来代表全隧道的涌水量，则结果较为粗略	抽（压）水试验点与隧道水文地质条件基本一致的岩溶隧道	定测、补定测、施工阶段	
随机理论	灰色理论	一般认为影响隧道涌水的因素很多，且其中有很多因素具有不确定性，带有明显的灰色特征	优点：计算涌水量时模型所需信息少；对无规律或服从任何分布的任意光滑离散的原始序列，通过有限次的生成即可转化为有序序列。缺点：需要有观测数据作为支撑，且预测段落与观测段落水文地质条件要基本一致	信息量较少、对涌水量影响因素不确定的情况	施工阶段	
	模糊数学	利用模糊数学的方法判断出影响岩溶隧道涌水量各因素的比重大小，根据专家评判法来判断涌水量级别，概略地预测岩溶隧道涌水量	优点：可以考虑涌水量的多种因素影响，不需要具体的水文地质参数。缺点：只能概略地、宏观地预测岩溶隧道涌水量	水文地质资料较少、对隧道涌水量精度要求不高的岩溶隧道	定测、补定测阶段	
	数理统计法	根据隧道掘进历史和当前的水文地质资料，建立隧道涌水量与其影响因素之间的内在联系，并利用这种内在联系预测隧道未来的涌水量及其状态变量的变化规律	优点：计算过程中不用实质的水文地质参数，勘探费用较为节省。缺点：需要有较为详细的涌水量数据作为数理统计的基础资料	需要有涌水量观测数据的岩溶隧道	配合施工	
非线性理论	神经网络	该方法具有很强的非线性映射和自学习能力，对隧道涌水量影响因素进行简化、抽象，并利用神经网络来模拟隧址区地下水系统，用已有的隧道涌水的监测资料来训练网络，当网络训练完成后，将需要预测段隧道的资料作为输入层输入网络后，输出层就可以反映出预报的隧道涌水量	优点：该方法考虑了岩溶隧道涌水的非线性规律，对于岩溶化程度较高的隧道涌水量预测与实际一致性较强。缺点：该方法需要对岩溶隧道水文地质条件进行简化、抽象，可能丢失重要信息；算法本身具有收敛速度较慢、稳定性较差等特点；需要既有涌水量资料作为输入学习基础	需要有涌水量观测数据的岩溶隧道	配合施工	
	系统识别	对隧道的岩溶水进行系统识别与划分，根据各个系统与隧道的空间关系及其他相关信息，确定系统向隧道供水的可能性，根据可能成为隧道充水水源的系统的径流量及导水通道的水力学特征，对隧道涌水量做出预测	优点：该方法考虑的涌水量因素较多，与实际符合程度较为一致。缺点：需要的资料较多，且需要资料丰富、扎实、精确，预测的隧道涌水量为宏观的、半定量的。该方法目前仅处于探索阶段	资料丰富、扎实、精度高的复杂岩溶隧道	补定测、配合施工	

2)隧道涌水量的风险级别划分

利用隧道涌水量进行隧道涌水突泥风险评估，主要依据隧道单点或者分段涌水量预测大小来确定灾害的风险程度。结合目前复杂岩溶隧道的施工技术和被工程界普遍接受的风险接受准则，将隧道岩溶涌水突泥风险性划分为四个等级，即极高风险、高度风险、中度风险、低度风险。其中涌水量大小与风险等级划分详见表 4-19(铁道部第一勘测设计院，1999)。

表 4-19　岩溶隧道涌水量与风险等级对应表

风险等级	单点(分段)涌水量 $Q/(m^3/d)$	描述
极高	$Q \geqslant 100000$	大规模涌水
高度	$100000 > Q \geqslant 10000$	较大规模涌水
中度	$10000 > Q \geqslant 1000$	中等规模涌水
低度	$Q < 1000$	小规模涌水

值得注意的是，利用涌水量来评估岩溶隧道涌水突泥风险评价对于风险的本身仅概化为涌水量，而忽略了岩溶的诸多因素，该方法在实际工作中一般在踏勘、初测阶段应用广泛。

2. 涌水突泥多级模糊风险评估

1)指标体系的确定

根据指标的选取原则确定了 4 个一级指标及 13 个二级指标，采用定量、半定量及定性相结合的原则，再对各指标体系进行信息的量化级提取。根据以往地质灾害风险评价的成熟经验，将隧道涌水突泥风险性划分为五个等级(毛邦燕，2008)，其风险程度从高到低分别为极高风险区、高风险区、中风险区、较低风险区、低风险区，相应的级别为Ⅴ、Ⅳ、Ⅲ、Ⅱ、Ⅰ，见表 4-20。

表 4-20　指标因子及分级标准

类型	指标因素	级别				
		Ⅰ	Ⅱ	Ⅲ	Ⅳ	Ⅴ
可溶岩的物质组成	可溶岩成分(方解石含量)/%	0～10	10～25	25～50	50～75	75～100
	可溶岩的结构特征	微晶	细晶	粉晶	亮晶	泥晶
	岩层厚度	薄层不纯碳酸盐岩与碎屑岩呈互层或夹层	中厚不纯碳酸盐岩与碎屑岩呈互层或夹层	中薄层灰岩白云岩与不纯碳酸盐岩或碎屑岩呈互层及夹层	中厚层灰岩夹白云岩	厚层块状灰岩及白云岩

续表

类型	指标因素	级别				
		Ⅰ	Ⅱ	Ⅲ	Ⅳ	Ⅴ
地质构造条件	断裂破碎带宽度/m	<0.2	0.2～5	0.5～1.0	1.0～1.5	>1.5
	断裂影响带宽度/m	<1.5	1.5～3	3～5	5～8	>8
	褶皱构造形态	其他	缓倾开阔褶皱翼部	陡倾紧密褶皱翼部	缓倾开阔褶皱核部	陡倾紧密褶皱核部
场效应条件	地下水水化学特征(SIC)	<0	0～0.1	0.1～0.30	0.35～0.65	>0.65
	承压水压力条件/MPa	<0.3	0.3～0.5	0.5～1.0	1.0～1.5	>1.5
	潜水地下水位/m	<30	30～50	50～90	90～140	>140
	温度场特征(水温/℃)	>60 或者<0.5	0.5～17	17～25	25～40	40～60
其他条件因素	地形地貌特征(地表出露封闭负地形面积比例/%)	<5	5～20	20～40	40～60	>60
	隧道埋深/m	<50	50～100	100～200	200～300	>300
	隧道长度/km	<2	2～7	7～11	11～14	>14

2)各指标权重确定

利用层次分析法，对一级指标和二级指标分别进行判断矩阵的建立，在此基础上计算出各因子在该级中的权重值，并计算 CR 进行检验。各指标因子在相应层次的权重分配见表 4-21(毛邦燕，2008)。

表 4-21 指标因子权重分配综合表

一级指标因素	二级指标因素	级别	
		二级权重值	一级权重值
可溶岩的物质组成	可溶岩成分(方解石含量)	0.575	0.493
	可溶岩的结构特征	0.082	
	岩层厚度	0.343	
地质构造条件	断裂破碎带宽度	0.360	0.350
	断裂影响带宽度	0.128	
	褶皱构造形态	0.512	
场效应条件	地下水水化学特征(SIC)	0.103	0.106
	承压水压力条件	0.553	
	潜水地下水位	0.302	
	温度场特征(水温)	0.042	
其他条件因素	地形地貌特征(地表出露封闭负地形面积比例)	0.444	0.051
	隧道埋深	0.472	
	隧道长度	0.084	

3) 隶属度的构造

从以上各指标的等级划分范围来看，一些指标因子的取值是定量的，而另外一些指标因子的取值则是定性的，如果统一采用定量的方法计算隶属度，势必造成定性因子无法求取隶属度的问题，这就给隶属度的确定增加了难度。鉴于此，将定性指标和定量指标分开求取隶属度。

(1) 定量指标隶属度确定。

根据隧道涌水突泥评价体系的实际情况，以及指标信息情况，对于定量化的因子，本书采用岭形隶属函数作为确定隶属度的方法，构建如下隶属函数(毛邦燕，2008)：

$$f(x)=\begin{cases}1, & x\leqslant a_1 \\ \dfrac{1}{2}-\dfrac{1}{2}\sin\dfrac{\pi}{a_2-a_1}\left(x-\dfrac{a_1+a_2}{2}\right), & a_1< x\leqslant a_2 \\ 0, & x>a_2\end{cases} \tag{4-24}$$

$$f(x)=\begin{cases}0, & x\leqslant a_1 \\ \dfrac{1}{2}+\dfrac{1}{2}\sin\dfrac{\pi}{a_2-a_1}\left(x-\dfrac{a_1+a_2}{2}\right), & a_1< x\leqslant a_2 \\ 1, & a_2< x\leqslant a_3 \\ \dfrac{1}{2}-\dfrac{1}{2}\sin\dfrac{\pi}{a_1-a_2}\left(x-\dfrac{a_1+a_2}{2}\right), & a_3< x\leqslant a_4 \\ 0, & x>a_4\end{cases} \tag{4-25}$$

$$f(x)=\begin{cases}0, & x\leqslant a_3 \\ \dfrac{1}{2}+\dfrac{1}{2}\sin\dfrac{\pi}{a_4-a_3}\left(x-\dfrac{a_3+a_4}{2}\right), & a_3< x\leqslant a_4 \\ 1, & a_4< x\leqslant a_5 \\ \dfrac{1}{2}-\dfrac{1}{2}\sin\dfrac{\pi}{a_6-a_5}\left(x-\dfrac{a_5+a_6}{2}\right), & a_5< x\leqslant a_6 \\ 0, & x>a_6\end{cases} \tag{4-26}$$

$$f(x)=\begin{cases}0, & x\leqslant a_5 \\ \dfrac{1}{2}+\dfrac{1}{2}\sin\dfrac{\pi}{a_6-a_5}\left(x-\dfrac{a_5+a_6}{2}\right), & a_5< x\leqslant a_6 \\ 1, & a_6< x\leqslant a_7 \\ \dfrac{1}{2}-\dfrac{1}{2}\sin\dfrac{\pi}{a_8-a_7}\left(x-\dfrac{a_7+a_8}{2}\right), & a_7< x\leqslant a_8 \\ 0, & x>a_8\end{cases} \tag{4-27}$$

$$f(x)=\begin{cases}1, & x\leqslant a_7\\ \dfrac{1}{2}+\dfrac{1}{2}\sin\dfrac{\pi}{a_8-a_7}\left(x-\dfrac{a_7+a_8}{2}\right), & a_7<x\leqslant a_8\\ 0, & x>a_8\end{cases} \tag{4-28}$$

式中，a_1、a_2、a_3、a_4、a_5、a_6、a_7、a_8为评价因素相对应级别上、中、下限值，形成的区间与评价结果相对应，分别为极高、高度、中度、低度和较低度五个档次。

(2)定性指标隶属度确定。

在本次的评价体系中，某些因子无法用具体的数字来量化，如可溶岩的结构特征、褶皱构造形态等。这些因子具有其本身不可量化性，且其划分标准非常明显，就可溶岩的结构特征来说，本次将其划分为微晶、细晶、粉晶、亮晶、泥晶五类，对已经划分的隧道某段岩体来说，如果属于泥晶，就属于第五级，其隶属度就为 1，就不存在隶属度的区间值了，也就是说其他区间的隶属度取值为 0。同样，其他定性指标隶属度的确定也采用此方法(毛邦燕，2008)。

4.6.3 隧道涌水突泥风险分级

根据40余座隧道涌水突泥风险实践，最终确定隧道涌水突泥风险等级划分见表4-22。

表 4-22 隧道涌水突泥风险等级划分

风险等级	描述
极高	发生为大规模突发性涌水突泥灾害，短时间淹没施工掌子面和坑道中的施工设施，迫使施工停止，造成人员伤亡及财产损失，引起非常大范围地下水疏干
高度	发生较大规模突发性涌水突泥灾害，短时间淹没施工掌子面和坑道中的施工设施，在短时间内地下水量达到稳定，迫使施工停止，一般不危及施工人员安全，引起很大范围的地下水疏干
中度	发生中等规模突发性涌水突泥等，造成一定财产损失，不危及施工人员安全，引起较大范围地下水疏干
低度及以下	发生小规模涌水突泥，造成一定财产损失，无人员伤亡，引起较小范围地下水疏干

4.6.4 灾害风险接受准则

风险具有客观性，其大小随时间延续而变化，是一定时期内的风险，不同的承灾体，甚至同一承灾体在不同状态下对风险的承受能力也存在差别。进行风险决策时，并非是风险越小越好，因为风险越小，要付出的代价越高。如何将风险限定在一个合理、可接受的水平，关键的问题就是风险决策中可接受准则的分析以及最优化方法和博弈论思维的应用。工程全寿命周期内的风险接受准则和等级研究是灾害风险评估研究的一个重要方向(表 4-23)。

表 4-23　隧道涌水突泥灾害接受准则

风险等级	接受准则	处理措施
低度	可忽略	涌水突泥风险较小，不需要采取风险处理措施和监测
中度	可接受	涌水突泥风险中等，不需要采取风险措施，但需予以监测
高度	不期望	涌水突泥风险大，必须采取风险处理措施降低风险并加强监测，且满足降低风险的成本不高于风险发生的损失
极高	不可接受	涌水突泥风险极大，必须高度重视，一般应规避，否则不惜代价将风险至少降低到不期望的程度

4.6.5　岩溶隧道涌水突泥风险评估实践

1. 云桂铁路小寨隧道基于涌水量的涌水突泥风险评估

1) 概况

云桂铁路小寨隧道(DK407+890～DK414+387)全长 6497m，最大埋深约 250m，为单洞双线隧道。处于亚热带气候，潮湿多雨。区内主要碳酸盐岩地层为中寒武统龙哈组($\epsilon_2 l$)的深灰色厚层状白云质灰岩夹泥质条带灰岩，局部夹黄色砂岩及泥质粉砂岩。隧道洞身发育了六条断层破碎带。

2) 基于涌水突泥量隧道风险评估结果

结合小寨隧道隧址区的实际工程地质条件，对 PDK408+710～PDK408+828 段涌水量进行了计算，PDK408+710～PDK408+828 段属于水平流动带，根据前面涌水量适宜性分析，水平流动带的隧道铁路勘测规范计算方法更适宜，利用铁路勘测规范进行了该段涌水量计算，其最大涌水量为 1544m^3/d。根据表 4-19 判断，该段涌水突泥风险性等级为中度。

3) 可靠性验证

云桂铁路小寨隧道 PDK408+710～PDK408+828 段在施工阶段揭示的最大涌水量为 1151.68m^3/d，根据表 4-19 判断，实际施工阶段该段涌水突泥的风险性等级为中度，与实际风险等级评估结果一致。

2. 圆梁山隧道毛坝向斜段隧道涌水突泥风险评估

1) 隧道涌水突泥风险评估因子信息提取

因子信息提取是隧道涌水突泥风险评估至关重要的一步，为了使评估结果高效、准确、经济适用，在信息提取前对隧道进行细化是非常必要的。细化过程的主要依据是隧址区的地层岩性、地质构造等方面特征。根据这一思路将该隧道划分了 13 个小段，其中包括 1 个断裂带。依据表 4-20，各段各因子信息见表 4-24。

表 4-24 圆梁山隧道毛坝向斜段隧道涌突水风险性评价因子信息表

里程	层位	可溶岩成分/%	可溶岩的结构特征	岩层厚度	断裂破碎带宽度/m	断裂影响带宽度/m	褶皱构造形态	地下水水化学特征(SIC)	承压水压力条件/Pa	潜水地下水位/m	温度场特征/℃	地形地貌特征/%	隧道埋深/m	隧道长度/m
DK353+360～DK353+579.5	P_1l+q	45	细晶	中厚层灰岩与泥岩互层			陡倾紧密褶皱翼部	−0.2843	2.1	0	12	40	750	166
DK353+579.5～DK353+825	P_1m	65	粉晶	厚层状灰岩			陡倾紧密褶皱翼部	−0.3353	2.1	0	10	60	712	219.5
DK353+825～DK353+925	F_{02}	65	亮晶		18.31	100	陡倾紧密褶皱翼部	0.0949	2.1	0	12	75	654	245.5
DK353+925～DK354+95.4	P_1m	65	亮晶	厚层状灰岩			陡倾紧密褶皱翼部	−0.7268	2.1	0	9.5	70	643	100
DK354+95.4～DK354+254	P_2w	70	亮晶	薄至中厚层灰岩与硅质灰岩互层			陡倾紧密褶皱核部	−0.1388	1.45	0	13	75	590	170.3
DK354+254～DK354+300	P_2w	70	泥晶	薄至中厚层灰岩与硅质灰岩互层			陡倾紧密褶皱核部	−0.2569	1.45	0	12	75	602	158.7
DK354+300～DK354+461.7	P_2w	70	泥晶	薄至中厚层灰岩与硅质灰岩互层			陡倾紧密褶皱核部	−0.5203	1.33	0	12	75	623	46
DK354+461.7～DK354+502.2	P_2w	73	亮晶	薄至中厚层灰岩与硅质灰岩互层			陡倾紧密褶皱核部	−0.5564	1.33	0	12	73	651	161.7
DK354+502.2～DK354+730.6	P_2w	71	亮晶	薄至中厚层灰岩与硅质灰岩互层			陡倾紧密褶皱核部	0.0949	1.21	0	12.5	72	653	40.5
DK354+730.6～DK354+860	P_1m	66	粉晶	厚层状灰岩			陡倾紧密褶皱核部	0.0846	1.25	0	10	73	642	228.4
DK354+860～DK354+970	P_1m	65	粉晶	厚层状灰岩			陡倾紧密褶皱核部	−0.0792	1.19	0	11	77	671	129.4
DK354+970～DK355+028.5	P_1m	63	粉晶	厚层状灰岩			陡倾紧密褶皱核部	−0.0616	1.42	0	8	72	681	110
DK355+028.5～DK355+297	P_1l+q	45	粉晶	中厚层灰岩与泥岩互层			陡倾紧密褶皱核部	0.2846	1.19	0	10	40	692	58.5

2)隧道涌水突泥风险模糊评价结果

信息提取后，把所有的数据输入隧道涌水突泥风险分级系统中，计算出各段最终的风险等级，见表 4-25。

表 4-25　圆梁山隧道毛坝向斜段隧道涌水突泥风险模糊评判结果

分段里程	I	II	III	IV	V	评价等级
DK353+360～DK353+579.5	0.2496	0.0411	0.4333	0.1399	0.1361	3
DK353+579.5～DK353+825	0.2532	0.0056	0.2105	0.2424	0.2883	5
DK353+825～DK353+925	0.0673	0.0321	0.1786	0.3892	0.3328	4
DK353+925～DK354+95.4	0.2588	0.0003	0.1783	0.2556	0.307	5
DK354+95.4～DK354+254	0.2377	0.0211	0.0113	0.4616	0.2683	4
DK354+254～DK354+300	0.2474	0.0114	0.0113	0.2962	0.4337	5
DK354+300～DK354+461.7	0.1412	0	0.0113	0.3203	0.5272	5
DK354+461.7～DK354+502.2	0.2588	0	0.0113	0.4857	0.2442	4
DK354+502.2～DK354+730.6	0.2267	0.0321	0.0113	0.4857	0.2442	4
DK354+730.6～DK354+860	0.2268	0.032	0.0432	0.3203	0.3777	5
DK354+860～DK354+970	0.2333	0.0255	0.0434	0.3201	0.3777	5
DK354+970～DK355+028.5	0.2321	0.0306	0.0393	0.3079	0.3901	5
DK355+028.5～DK355+297	0.2267	0	0.3302	0.2362	0.2069	3

注：5 代表极高，4 代表高度，3 代表中度，2 代表低度。

评价结果表明，圆梁山隧道毛坝向斜段共有 7 个极高风险区(V)，占总数的 53.85%；4 个高风险区(IV)，占总数的 30.77%；2 个中风险区(III)，占总数的 15.38%(图 4-9)。

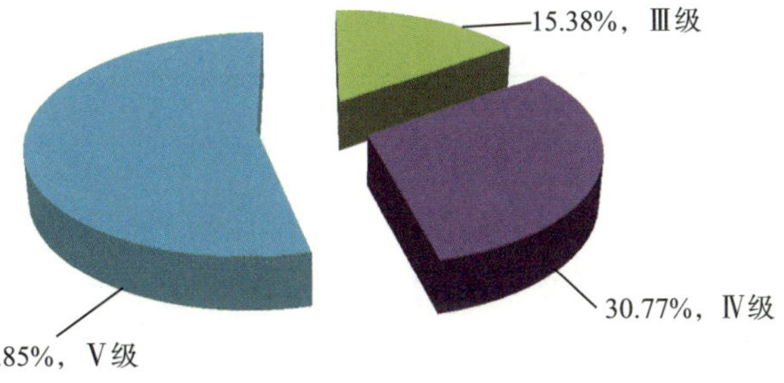

图 4-9　圆梁山隧道毛坝向斜段隧道涌水突泥风险等级结果统计图(按级别统计)

3) 系统可靠性验证

目前，圆梁山隧道毛坝向斜段已经施工完毕，为了检验评估结果的可靠性，特收集了正洞施工过程中涌水突泥风险性与评价结果进行可靠性验证。

对圆梁山隧道毛坝向斜段施工过程中揭露的现代深部岩溶及涌水突泥情况的统计表明(表4-26)，利用隧道涌水突泥风险分级系统对现代深部岩溶发育段进行评价，其评价结果较真实地反映了现代深部岩溶区段本身的风险程度。例如，圆梁山隧道涌水突泥发生段 DK354+879，在风险评估分段中位于 DK354+860～DK354+970，其评价的最终结果为 5 级，属于极高风险区，吻合较好。

表 4-26 施工揭露现代深部岩溶及涌水突泥情况与评价结果对比表

里程	施工揭露情况	涌突水情况简述	评价等级	备注
DK354+255～DK354+285	揭露 2 个充填软塑状粉质黏黏土的岩溶腔体。上部腔体厚度 6～10m，两侧厚 2～3m；下部岩溶腔体厚 2～10m。DK354+237 拱顶有直径为 1.5～2m 的竖向岩溶管道	涌水量 50～70m^3/h	5	
DK354+461～DK354+492	充填溶洞	2002 年 10 月 22 日，DK354+475 右侧下导坑边墙底发生涌水涌砂，涌水量达 1500m^3/h，冒水处的涌水浪高最高达 1m。2002 年 11 月 10 日和 14 日，此处再次发生涌水涌砂，涌水量达 4000m^3/h；总涌水量达 68000m^3/d 左右	4	含砂量 50%～60%
DK354+580～DK354+840	节理裂隙发育，相对密集，呈张开状	DK354+580～DK354+610 段裂隙水多处沿拱顶层面及节理面流出，最大流量约 1.0L/s	5	清水
DK354+870～DK354+920	形成大型的岩溶管道	在 2002 年 9 月 10 日，正洞中导坑掘进至 DK354+879 时，在该掌子面右下方开始缓慢挤压涌出硬塑状黏土，在此现象 3 小时 50 分左右后，突然发生爆响，出现爆喷型涌水突泥，瞬间爆突出大量硬塑-可塑状黏土及黏稠状泥浆约 4200m^3，迅速充满 244m 长的正洞下导坑空间	5	

注：5 代表极高，4 代表高度，3 代表中度，2 代表低度。

另外，利用评价结果进行长度验证，见表 4-27，利用模糊综合评价系统进行的岩溶涌水突泥风险评价长度上可靠性为 68.7%。另外，评价结果与实际结果不一致的地方级别大都相差一级，差别较小。分析其误差的原因，主要受一些客观因素影响较大，如承压水水位、潜水水位以及岩石成分等因素在数据获取时与实际存在一定的差别。

表 4-27　圆梁山隧道毛坝向斜段涌水突泥评价与实际对比表

分段里程	长度/m	评价等级	灾害实际等级
DK353+360～DK353+579.5	219.5	3	3
DK353+579.5～DK353+825	245.5	5	3
DK353+825～DK353+925	100.0	4	3
DK353+925～DK354+95.4	170.3	5	5
DK354+95.4～DK354+254	158.7	4	4
DK354+254～DK354+300	46.0	5	5
DK354+300～DK354+461.7	161.7	5	4
DK354+461.7～DK354+502.2	40.5	4	5
DK354+502.2～DK354+730.6	228.4	4	4
DK354+730.6～DK354+860	129.4	5	5
DK354+860～DK354+970	110.0	5	5
DK354+970～DK355+028.5	58.5	5	3
DK355+028.5～DK355+297	268.5	3	3

注：5 代表极高，4 代表高度，3 代表中度，2 代表低度。

4.7　隧道穿越大型溶洞失稳风险评估

溶洞按充填情况可分为全充填、半充填、无充填三种类型。全充填、半充填洞穴，由于其特殊的沉积环境，堆积物具有松软、下沉量大、强度低等工程特性，工程穿越时需清除、加固或桩基础处理，若工程措施不当，堆积物流失、失稳后将直接影响结构安全，因此评价充填物是否流失、稳定对工程措施的选择至关重要。无充填溶洞，包括基岩中溶洞及第四系松散覆盖层中洞穴，其顶板常因失去稳定而致坍塌。前者顶板坍塌突然，时间短暂，事先几乎无任何直观信息。后者在一个地区常成群塌陷，延续多年，坍塌之前虽或多或少有些信息，但是一旦发生，则数量多，规模大，造成的威胁相当严重。上述两类顶板坍塌因其发生的时间和空间很难预测，对行车安全可构成严重威胁。因此，在隧道揭示大型溶洞后对隧道穿越大型溶洞进行风险评估意义重大。

4.7.1　隧道穿越大型溶洞失稳风险控制因素

1. 溶洞底堆积物流失性

溶洞堆积物主要包括化学沉积形成的各种形态的碳酸钙沉积物，以及以冲积、洪积、崩塌等机械搬运形成的碎屑沉积物。由于其特殊的沉积环境和工程特性，在地下水作用下易流失，直接影响工程结构安全。岩溶洞底堆积物流失应从水动力作用、堆积物组成、堆积物沉积年代三个方面综合考虑(毛邦燕等，2019)。

1)水动力作用对洞穴堆积物流失性的影响

水是溶洞及洞穴堆积物形成的关键，那么要判断洞穴堆积物是否流失，地下水是最主要的控制因素。由于山区铁路可溶岩隧道较多，隧道施工过程中遇到溶洞较为普遍，地下洞穴及堆积物是成千上万年才形成的，应该说在地下水径流途径或水流状态不发生改变的情况下，洞穴堆积物一般不会发生流失。但是山区铁路隧道所贯彻的理念是“以排为主”，那么隧道开挖必将形成一个积水廊道，原有的地下水径流体系就将被打破，部分原有的径流通道地下水流动将减弱，部分岩溶通道、洞穴将逐渐被堆积物堵塞，原有的充填洞穴、裂隙部分将受地下水作用而被逐渐洗通，直至形成新的径流体系。施工期间揭示的部分溶洞往往水量较小或无水，甚至在施工揭示后的几年也无水，突发暴雨时水流量加大将原堵塞通道洗通，若排水系统排水不及时，隧道洞周水压上升，造成仰拱充填、轨道等起鼓或衬砌结构开裂，近几年高速铁路隧道频频出现的水害多是此原因造成的。

隧道排水高程以上的洞穴、溶隙充填物在隧道开挖后重新形成的径流通道的地下水作用下产生了流失，一方面隧道洞周的原洞穴堆积物流失后将对隧道结构产生影响，另一方面若隧道上方存在其他工程，其工程周边的洞穴堆积物流失后也将对工程产生影响。例如，长昆客专斗磨隧道 D1K843+046～D1K843+087 段隧底发育充填溶洞，因施工遇暗河于隧道出口右侧增设一泄水洞，距正洞 30m，标高较正洞低约 20m，泄水洞施工至 XDK843+064 时左侧拱腰遇溶隙有股状水涌出，分析该水流经正洞充填溶洞，导致正洞溶洞充填物产生流失、掏空，正洞 D1K843+065～D1K843+074 段隧底发生局部开裂、塌陷，深度 0.2～0.5m，裂缝最宽达 20cm，并牵引至线路左侧边墙脚。

2)堆积物组成对洞穴堆积物流失性的影响

溶洞洞穴碎屑沉积物，主要包括黏性土、砂、卵砾石、碎块石等。流塑状的黏性土由于其本身具有流动性，在有地下水流动情况下，极易被水流带走而产生流失，此类土质一般情况下应考虑具有流失可能；软塑状的黏性土由于其本身具有一定的沉积年代，可结合沉积年代测定及地下水环境分析其流失性可能；硬塑、坚硬状的黏性土由于沉积时间较长，一般情况下不考虑其流失可能；砂类土，由于颗粒细小，在地下水流动情况下，极易被水流带走而产生流失，因此当洞内存在地下水流动时应考虑其流失可能；卵砾石及碎块石类土，由于其粒径较大、过水能力较强，小量的地下水流动不会引起整体失稳，但水流流动可能带走土中的细小颗粒而造成土体下沉。当这些充填物位于暗河附近时，由于暗河水流较大，所有充填物类型均存在流失可能。

3)堆积物沉积年代对洞穴堆积物流失性的影响

洞穴发育及充填物堆积过程都需要成千上万年的日积月累，洞穴堆积物年代鉴定和对比是判定其流失性的重要依据。年代越久说明其堆积时间越长，无地下水径流作用，堆积物稳定不易流失，反之年代越短越易流失。目前由于研究时间较短，尚无判断是否流失的具体时间界限，有待今后长期实践积累。

目前采用的绝对年龄测定手段有放射性碳同位素法、放射性同位素法、热释光法、裂变径流法、电子自旋共振法、古地磁法及应用氨基酸测定化石地质年龄等方法(徐复兴和曾克峰，1999)。例如，贵广铁路高天隧道 D3K273+630～D3K273＋720 段溶洞充填物主要为软塑状淤泥质黏土、黏土及砂层，为确定溶洞充填物年代，采用放射性碳测年代，测试成果显示岩溶充填物形成年代已达 31510±220 年，在铁路运营期内因地壳重新上升而形成地下运移通道带走岩溶充填物的可能性很小。

2. 溶洞底堆积物稳定性

1) 碳酸钙沉积物的稳定性

碳酸钙沉积物包括洞穴内各种碳酸钙沉积形态，如石钟乳、石笋、石柱、石幔、石灰华等，因具有多孔、性脆的特点，在施工中稍有振动、撞击即易掉块坍落，造成危害。例如，长昆客专光照隧道 D1K882+838～D1K882+920 溶洞内石钟乳、石笋、石柱极发育，施工爆破揭开后，溶洞右侧靠线路处有多处钟乳石断裂塌落，多处石柱开裂并有外移现象(图 4-10)。因此，碳酸钙沉积物强度低、稳定性差，一般不能置放建筑物基础。

图 4-10　长昆客专光照隧道 D1K882+838～D1K882+920 溶洞石钟乳断裂位移图

2) 碎屑沉积物稳定性

碎屑沉积物主要包括黏性土、砂、砾石、卵石、碎块石等。砂土多沉积在早期的干洞穴之中，沙砾、卵石多沉积于暗河漫滩、竖井底部、溶蚀管道及早期的干洞穴。碎块石主要是洞内坍塌物质，干洞及充水溶洞内均有。这些沉积物由于松散，易下沉、坍塌。隧道施工揭示溶洞充填物出现坍塌现象较为普遍，当隧道顶部为溶洞充填物时，施工揭示支护不及时便会引起坍塌。当揭穿有充填大量堆积物的落水洞、竖井等垂直洞穴时，坍塌甚至牵引至地表出现塌陷坑。尤其当充填物含水量高、洞穴直径大，大施工振动时，更易发生大规模的坍塌，威胁性更大。例如，长昆客专刘家庄隧道D1K917+604～D1K917+665段溶洞充填碎块石土，施工开挖后洞穴充填物出现大面积坍塌，并伴有股状流水，该处隧道埋深145m，由于竖向通道中充填物与溶洞洞壁摩阻力低，充填物下沉导致地表D1K917+650隧道中线左侧约18m出现塌陷坑，直径约24m、深3～5m，且大里程及右侧地表牵引裂缝远达30m。

溶洞由于其特殊的形态特征，规模较小时一般可不考虑产生整体滑移失稳的情况；当规模较大时，溶洞底板倾斜，应考虑整体滑移失稳。由于洞穴堆积物具有松软、下沉量大、强度低等特点，一般不易直接作为构筑物基础，多采取清除、复合地基或桩基穿过溶洞处理。例如，长昆客专朱砂堡2#隧道于D2K473+784斜交67°通过克麻塘暗河，暗河溶腔最宽约35m，最高约86m，形成的溶腔顶板距隧顶最近仅约4m，隧底溶腔深达72m，在线路方向跨度为20～35m，底部有部分坍落的碎块土堆积，厚20～35m，部分地段基岩面斜坡20°～30°，在暗河地下水冲刷作用下存在失稳的可能。

3. 溶洞顶板稳定性

溶洞顶板稳定性主要由内外两个因素控制：一是内在因素，是指洞穴顶板岩层固有的几何特征，地质条件、构造及岩性特征，也包括洞穴顶板的厚度、洞穴的跨度及形态，岩层产状，节理、裂隙状况，以及由岩性决定的岩石的物理力学指标等；二是外在因素，包括洞穴顶板的受载状况(时间长短、荷载大小、动载或静载)，岩石含水量及温度变化的影响，洞内水流搬运的机械破坏作用以及振动作用等。此外，洞穴的坍塌有一个发展变化的过程，一般分为三个阶段，以水平顶板为例：①变形阶段，开始顶板在静载作用下产生初始应力；②坍落阶段，变形过大，顶板拉裂，处于松动状态，继而逐步坍塌；③成拱阶段，坍落成拱形后，顶板可以自承其上的压力，而趋于稳定。因此，评价洞穴稳定性问题是一个复杂的问题。

根据洞穴顶板岩体的完整程度，将洞穴顶板分为完整顶板和非完整顶板。完整顶板是指未被节理裂隙切割或虽被切割但胶结良好，可视为整体的洞穴顶板，否则为不完整顶板。

影响溶洞顶板稳定性的因素固然很多，但最主要的有四个：顶板的完整程度、顶板形态(水平或拱形)、顶板厚度及建筑物跨过溶洞的长度。其中又以水平洞顶板受力条件最为不利。因此，当洞顶板都属完整时，则可将实例中水平洞顶板的厚度h与跨长l之比最小者作为评价完整顶板安全厚度的判别值。大于此比值的水平顶板或拱形顶板都属于安全的。

4. 溶洞洞壁稳定性

溶洞洞壁稳定性总体来说主要受洞壁岩性、洞壁岩体完整性、结构面及其组合等因素影响。岩性是溶洞洞壁稳定性的内在因素，岩石的物理力学性质及矿物成分、结构与构造，对整体岩层而言，是影响溶洞洞壁稳定性的主要因素之一。通常情况下，溶洞洞壁由多种岩性组成，在研究洞壁稳定性时不但要考虑各类岩石的特征，还需格外注意不同岩层的组合状况。洞壁失稳往往是沿最软弱层面发生，相间成层的岩层，其厚度、产状及在洞壁内所处的部位不同，稳定性也不同。

岩体结构是影响溶洞洞壁稳定性的外因之一，岩体结构主要包括结构面和结构体，岩体中结构面的存在是影响溶洞洞壁稳定性的重要因素之一。岩体中结构面的存在，降低了岩体的整体强度，增大了岩体的变形性能，加强了岩体的流变力学特性和其他时间效应，并且加深了岩体的不均匀性、各向异性和非连续性等性质。岩体结构面的组数及其组合形式，对溶洞洞壁稳定性影响尤其重要，如溶洞洞壁有多组结构面，且结构面充填和胶结均较差，致使溶洞洞壁岩体极其破碎，那么溶洞洞壁稳定性较差，极易坍塌。

另外，地下水对于溶洞洞壁稳定性的影响也是其重要的外因之一。地下水不但会增加岩体的容重，也会使溶洞洞壁结构面物理力学性质降低，通常会引起夹层软化，使岩层裂隙间的摩擦力减小，稳定性大大降低。

4.7.2　隧道穿越大型溶洞失稳风险评估模型建立

1. 指标的确立及层次构建

前面研究表明，隧道穿越大型溶洞风险主要受溶洞底堆积物流失性、溶洞底堆积物稳定性、溶洞顶板安全性、溶洞洞壁稳定性四个因素控制，因此把受溶洞底堆积物流失性、溶洞底堆积物稳定性、溶洞顶板安全性、溶洞洞壁稳定性、其他条件因素指标作为一级评价指标，每个一级指标再分别考虑若干个二级指标，最终组成整个评价体系的评价因子。根据选定的一级、二级评价指标体系，以及它们之间相互依存和隶属关系，建立了隧道穿越大型溶洞风险指标体系层次结构图(图 4-11)(毛邦燕等，2019)。

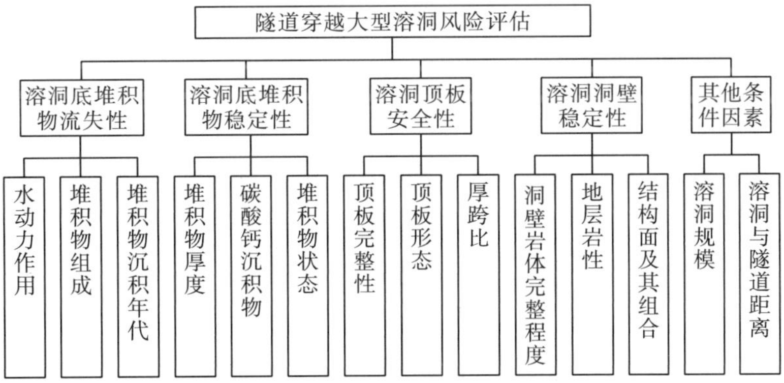

图 4-11　评价指标体系构成层次图

2. 指标量化

根据对沪昆高速铁路朱砂堡 2#溶洞、成贵高速铁路玉京山隧道大溶洞风险评估的研究分析，以及各种因素对隧道穿越大型溶洞风险贡献，确立各指标量化明细(表 4-27)。

3. 指标权重确定

利用层次分析法，对一级指标和二级指标分别进行判断矩阵的建立，在此基础上计算出各因子在该级中的权重值，并计算 CR 进行检验。指标因素及分级标准见表 4-28，各因子在相应层次的权重分配见表 4-29(毛邦燕等，2019)。

表 4-28 指标因素及分级标准

一级指标	二级指标	特征值描述	指标量化及打分				
			<35	35～50	50～75	75～90	>90
溶洞底堆积物流失性	水动力条件	地下水发育情况	无地下水	滴水	渗水	线状水	股状水
	堆积物组成	粒径	块石	碎石	卵砾石	黏性土	砂
	堆积物沉积年代	时间	Q_{1+2+3}			Q_4	
溶洞底堆积物稳定性	堆积物厚度	m	<1	2～5	5～10	10～20	≥20
	碳酸钙沉积物	发育程度	不发育		弱发育	中等发育	强烈发育
	堆积物状态	砂类土	密实	中密		稍松	松散
		黏性土	坚硬	硬塑	可塑	软塑	流塑
溶洞顶板安全性	顶板完整性	裂隙及充填	完整			不完整	
	顶板形态	形态	拱形	不规则型		水平型	
	厚跨比	比例	≥0.87	0.7～0.87	0.6～0.7	0.5～0.6	0.5≤
溶洞洞壁稳定性	洞壁岩体完整程度	完整性	完整	较完整	较破碎	破碎	极破碎
	地层岩性	岩性组合	灰岩	白云质灰岩	灰质白云岩、白云岩	泥质灰岩、泥灰质白云岩	泥质白云岩
	结构面及其组合	结构面组合及胶结	发育1～2组结构面，结合较好，产状反倾	发育1～3组结构面，结合一般，产状平缓	发育1～3组结构面，结合差，产状平缓	发育3组以上结构面，结合差，产状倾洞内	结构面无序，顺层
其他条件因素	溶洞规模（溶洞最大长度）	单位 m	<7	7～15	15～25	25～35	≥35
	溶洞与隧道距离（边缘距离）	单位 m	>17	12～17	12～7	7～3.5	≤3.5

注：①指标划分为 5 级的在提取过程中按照各指标数值或者程度在分值进行内插值获取分数；②指标未划分为 5 级的在提取过程中按照对应的区间进行内插值。

表 4-29 指标因子权重分配综合表

一级指标	二级指标	权重值	
		二级权重	一级权重
溶洞底堆积物流失性	水动力作用	0.277	0.103
	堆积物组成	0.300	
	堆积物沉积年代	0.423	
溶洞底堆积物稳定性	堆积物厚度	0.381	0.128
	碳酸钙沉积物	0.118	
	堆积物状态	0.501	

续表

一级指标	二级指标	权重值	
		二级权重	一级权重
溶洞顶板安全性	顶板完整性	0.361	0.298
	洞顶板形态	0.388	
	厚跨比	0.251	
溶洞洞壁稳定性	洞壁岩体完整程度	0.382	0.279
	地层岩性	0.344	
	结构面及其组合	0.274	
其他条件因素	溶洞规模（溶洞最大长度）	0.460	0.192
	溶洞与隧道距离（边缘距离）	0.540	

4. 模型建立

根据式(4-1)～式(4-3)，建立隧道穿越大型溶洞风险性的数学模型(TKCR)为

$$\mathrm{TKCR}_x = \sum_{i=1}^{n}(F_{ik} \cdot W_{ik}) \tag{4-29}$$

式中，TKCR_x为各方案 x 级指标体系综合评价值，其中第一级指标体系综合评价值为各方案最后评价值；F_{ik}为第 i 个方案第 k 个指标统一后特征值；W_{ik}为各评价指标的权重。

4.7.3　风险等级划分

在工程实际中，隧道穿越大型溶洞往往地质条件均较为复杂，因此在实际评估过程中，往往将一个大型溶洞分为多个段落进行风险评估。结合目前复杂岩溶隧道的施工技术和被工程界普遍接受的风险接受准则，根据风险分级相关规程、规范，将隧道穿越大型溶洞失稳风险划分为四级，见表 4-30。

表 4-30　隧道穿越大型溶洞失稳风险分级

风险等级	分值范围	描述
极高	$F \geqslant 90$	大型溶洞失稳概率大，主要发生大规模的洞壁、洞顶坍塌，洞底堆积物流失，建构筑物通过溶洞发生沉降的失稳风险
高度	$70 \leqslant F < 90$	大型溶洞失稳概率较大，主要发生局部的洞壁、洞顶坍塌，洞底堆积物流失，建构筑物通过溶洞发生较大沉降的失稳风险
中度	$50 \leqslant F < 70$	大型溶洞失稳概率一般，偶尔发生局部的洞壁、洞顶坍塌，洞底堆积物流失，建构筑物通过溶洞发生小的沉降的失稳风险
低度	$F<50$	大型溶洞失稳概率较小，个别发生局部的洞壁、洞顶坍塌，洞底堆积物流失，建构筑物通过溶洞发生较小的沉降的失稳风险

4.7.4 风险接受准则

风险具有客观性，其大小随时间延续而变化，是一定时期内的风险，不同的承灾体，甚至同一承灾体在不同状态下对风险的承受能力也存在差别。进行风险决策时，并非是风险越小越好，因为风险越小，要付出的代价越高。如何将风险限定在一个合理、可接受的水平，关键的问题就是风险决策中可接受准则的分析以及最优化方法和博弈论思维的应用。制定隧道穿越大型溶洞失稳风险灾害接受准则见表 4-31。

表 4-31 隧道穿越大型溶洞失稳风险灾害接受准则

风险等级	接受准则	处理措施
低度	可忽略	隧道穿越大型溶洞失稳风险低，一般不需要采取措施，但应加强监测，确保隧道洞身、隧底符合相关设计要求
中度	可接受	隧道穿越大型溶洞失稳风险中等，应重视，并采取相应的工程措施降低风险并加强监测，确保隧道洞身、隧底符合相关设计要求
高度	不期望	隧道穿越大型溶洞失稳风险大，必须重视，并采取相应的工程措施降低风险并加强监测，确保隧道洞身、隧底符合相关设计要求
极高	不可接受	隧道穿越大型溶洞失稳风险极大，必须高度重视，并采取相应的工程措施降低风险并加强监测，确保隧道洞身、隧底符合相关设计要求

4.7.5 大型岩溶大厅风险评估实践

1. 朱砂堡 2#隧道大型溶洞风险评估

1) 大型溶洞概况

隧道穿越地层为下寒武统清虚洞组(ϵ_1q)薄层灰岩，地质构造简单，地层单斜，岩层产状近水平，发育两组垂直“共轭”节理。

D2K473+500～D2K473+600 段为岩溶大厅，大厅底部纵向长约 90m，横向宽约 53m，溶洞呈“梨”状，向上收窄变小，高约 58m，隧道靠近该溶洞边顶部通过，隧底距溶洞底板约 45m，洞内无水。洞壁为清虚洞组(ϵ_1q)薄层灰岩，岩层产状近水平，洞壁稳定性差，易坍落。溶洞底 D2K473+570～D2K473+616 段右侧 23～47m 为一大斜坡，大斜坡往下为一落水洞，直径 13～25m，向下约 45m 与暗河相通。D2K473+538 右 48m 发育一溶洞，溶洞长约 44m，宽约 26m，高约 15m，调查时洞内无水，降雨时可能有少量水流入。

2) 溶洞顶板稳定性评估

对隧底存在完整顶板地段采用厚跨比法进行评估。

D2K473+495～D2K473+533 段：D2K473+495～D2K473+522 段 $h/l>1$，隧底溶洞顶板是安全的；D2K473+522～D2K473+531 段 h/l=0.2～0.3，隧底溶洞顶板是不安全的。

D2K473+573.2～D2K473+725 暗河平行段：D2K473+573.2～D2K473+605及D2K473+725～D2K473+740 段 h/l=0.1～0.5，隧底溶洞顶板是不安全的；D2K473+605～D2K473+725 段 h/l=0.5～2.0，隧底溶洞顶板是安全的。

3) 溶洞洞壁稳定性评估

溶洞洞壁均为薄层状灰岩，岩层倾角为 16°～21°，较为平缓，岩层节理裂隙发育，主要发育两组垂直节理，受节理切割及卸荷作用影响，洞壁岩体极为破碎，在施工放炮振动下极易坍落，D2K473+500～D2K473+600 段大型溶腔及暗河上部的大型溶腔均为洞壁坍塌逐渐形成。

(1) D2K473+495～D2K473+600 段大型岩溶大厅。

该溶腔已坍塌形成较为稳定的“葫芦”状，岩体整体较为稳定，但洞壁岩体极为破碎，仍易坍落，施工放炮时洞壁掉块严重。

(2) D2K473+600～D2K473+740 段暗河平行段。

该段暗河大致与线路平行，暗河形成的溶腔巨大，溶腔最宽约 40m，最高约 78m。经进洞调查，因洞内无光线，溶洞上部洞壁情况无法观测，从溶洞下部情况看，洞壁岩体破碎，极易坍落，部分地段呈倒悬状，隧道施工放炮时洞壁掉块极为严重，溶洞稳定性差。

(3) D2K473+784 跨暗河段。

该段暗河大致与线路斜交 67°通过，暗河形成的溶腔巨大，溶腔最宽约 35m，最高约 86m。经进洞调查，因洞内无光线，溶洞上部洞壁情况无法观测，从溶洞下部情况看，洞壁岩体破碎，极易坍落，底部有部分坍落的碎块土堆积，部分地段呈倒悬状，溶洞稳定性差。

4) 朱砂堡 2#隧道大型溶洞岩溶风险评估

(1) 评估指标因子提取。

根据现场揭示朱砂堡 2#隧道大型溶洞情况，根据表 4-27 的规则提取相关指标，并进行打分，详见表 4-32。

表 4-32　朱砂堡 2#隧道大型溶洞指标因子提取评分表

一级指标	二级指标	特征值描述	特征值提取及评分			
			溶洞大厅段		暗河交叉段	
			描述	评分	描述	评分
溶洞底堆积物流失性	水动力作用	地下水发育情况	无地下水	35	暗河水	95
	堆积物组成	粒径	碎石 70%，黏土 30%	80	块石 65%，碎石 35%	20
	堆积物沉积年代	时间	Q_4(推测)	90	Q_4(推测)	90

续表

一级指标	二级指标	特征值描述	特征值提取及评分			
			溶洞大厅段		暗河交叉段	
			描述	评分	描述	评分
溶洞底堆积物稳定性	堆积物厚度	单位 m	≥20	95	2～5	45
	碳酸钙沉积物	发育程度	中等发育	80	不发育	30
	堆积物状态	砂类土	中密-密实	55	稍密为主	75
		黏性土	碎石土夹透镜状硬塑黏性土	45	可塑-硬塑	50
溶洞顶板安全性	顶板完整性	裂隙及充填	较完整-不完整	75	较完整	60
	洞顶板形态	形态	拱形	40	不规则	70
	厚跨比	比例	0.3	95	0.8	40
溶洞洞壁稳定性	洞壁岩体完整程度	完整程度	极破碎	92	破碎	86
	地层岩性	岩性组合	薄层泥质灰岩、灰岩	80	薄层泥质灰岩、灰岩	80
	结构面及其组合	结构面组合及胶结	结构面无序	91	发育 3 组结构面	82
其他条件因素	溶洞规模（溶洞最大长度）	单位 m	最宽约 120m，最大深度 91m	95	最高约 30m	85
	溶洞与隧道距离（边缘距离）	单位 m	相交	100	相交	95

(2) 评估结果。

根据式(4-29)及表 4-29 权重值计算，溶洞大厅段计算评估分值为 79.9 分，风险等级为高度；暗河交叉段评估分值为 72.8 分，风险等级为高度。

2. 玉京山隧道大型岩溶溶洞风险评估

1) 大型溶洞概况

成贵铁路玉京山隧道全长 6306m，D3K279+515～D3K280+310 段(长 795m)穿越二叠系栖霞-茅口组(P_1q+m)灰岩地层，岩溶强烈发育，该段隧道埋深 55～275m，岩层产状 N70°～75°E/39～55°NW，岩层走向与线路夹角 68°～73°由大里程倾向小里程，该段无大型构造。前期勘察资料预测隧区发育玉京山大型暗河，全长约18km，推测暗河与线路相交于 D3K279+990 附近，在线路相交处位于轨面标高约 71m 以下，该段隧道施工可能遇到岩溶大厅。

横洞工区正洞大里程端 D3K279+948 施工开挖揭示一大型溶洞，隧道靠近该岩溶大厅顶部通过。经实测岩溶大厅底部纵向长约 93m，横向宽约 230m，溶洞呈“蜂巢”状，高 50～90m，底部呈 15°缓坡接 35°陡斜坡向下发育，岩溶大厅底部为溶洞垮塌及充填物，表层为风化黏土(软塑为主)及大型孤石，直径 1～15m，下部为中密-密实状碎块石土，局部夹软黏土透镜体之堆积层，总厚度 30～97m。在位于线路左侧，岩溶大厅斜坡底部发育暗河，与线路在 D3K280+020 处呈约 70°斜交，由线路右侧向左侧排泄(NW 向 SE)，暗河水面距隧道轨面高差约 120m，暗河形态呈 S 形，存在分支及多处高位干溶洞，暗河管道空间高 4～50m，宽度在 5～15m，可测长度为 740m，岩溶大厅内暗河流量 5～21m^3/s，暗河出口总流量 50～70m^3/s，暗河沿岩层走向发育。

2) 溶洞顶板稳定性评估

对隧底存在完整顶板的 D3K279+831.5～D3K279+904 段采用厚跨比法进行评价，D3K279+831.5 断面 h/l=1.1，D3K279+835 断面 h/l=0.37，D3K279+840～D3K279+855 段 h/l=0.67～1.4，隧底溶洞顶板大多是安全的，局部不规则溶洞顶板不安全；D3K279+855～D3K279+904 段 h/l=0.02～0.5，隧底溶洞顶板是不安全的。

3) 岩溶大厅洞壁稳定性评估

溶洞大厅基岩为下二叠统栖霞-茅口组(P_1q+m)厚层-巨厚层夹中厚层层状灰岩，岩层走向和大厅长轴走向夹角为 31°，现场实测裂隙多呈闭合状，对洞壁稳定性有利；洞底多处为小丘状的坍塌物堆积体，表层为大小不一的碎块石，表层偶见有小型石笋发育，局部见有钙化现象，且表层还有的坍落块石在表层滑行的残留划痕，洞顶部分段落岩面较新鲜，说明在岩溶大厅内近期发生过坍塌；在 D3K279+856 右侧 63m 附近洞顶和洞壁有竖向发育岩溶管道，为季节性过水通道，底部有卵砾石堆积，在 D3K279+920 左侧 80m 洞顶附近有两股季节性裂隙水，总体来看大厅顶部季节性地下水发育，对围岩稳定性有影响。

岩溶大厅中部的小里程端洞壁岩面呈土黄色，且有石钟乳发育，底部表层堆积的落石较少，洞壁相对较稳定，为稳定性相对较好区；大里程端洞顶部分受炮损影响大，稳定性差，易产生掉块或坍塌，为洞壁稳定性差区；其余部分洞壁和洞顶岩面相对较新鲜，且有季节性裂隙水的作用，为稳定性相对较差区。在线路 D3K279+860 左侧 50m 发育一宽 1～4cm 的层间裂缝，无充填，进一步说明该溶洞洞壁存在掉块或坍落风险。

4) 玉京山隧道大型溶洞岩溶风险评估

(1) 评估指标因子提取。

根据现场揭示玉京山隧道大型溶洞情况，根据表4-28 的规则提取相关指标，并进行打分，详见表 4-33。

(2) 评估结果。

根据式(4-29)及表 4-29 权重值计算，半充填段计算评估分值为 70.6 分，风险等级为高度；暗河段评估分值为 54.1 分，风险等级为中度。

表 4-33 玉京山隧道大型溶洞指标因子提取评分表

一级指标	二级指标	特征值描述	特征值提取及评分			
			半充填段		暗河段	
			描述	评分	描述	评分
溶洞底堆积物流失性	水动力作用	地下水发育情况	滴水-线状水	80	暗河水	95
	堆积物组成	粒径	块石 60%，碎石 30%，黏土 10%	38	卵砾石 70%，块石 20%，碎石 10%	50
	堆积物沉积年代	时间	Q_3(推测)	50	Q_3(推测)	50
溶洞底堆积物稳定性	堆积物厚度	单位 m	30～90	95	10～30	80
	碳酸钙沉积物	发育程度	强烈发育	95	中等发育	85
	堆积物状态	砂类土	中密-密实	65	稍密为主	75
		黏性土	表层为硬塑，下部含软塑透镜	65	可塑-软塑	75
溶洞顶板安全性	顶板完整性	裂隙及充填	较完整-不完整	50	较完整	45
	洞顶板形态	形态	不规则	60	不规则	65
	厚跨比	比例	0.5	75	7	10
溶洞洞壁稳定性	洞壁岩体完整程度	洞壁岩体完整程度	破碎	82	较破碎	70
	地层岩性	地层岩性	灰岩夹碳质灰岩	30	灰岩夹碳质灰岩	30
	结构面及其组合	结构面及其组合	3 组结构面，结合一般	81	2 组结构面，结合一般	73
其他条件因素	溶洞规模(溶洞最大长度)	单位 m	最宽约 230m	97	最高约 30m	85
	溶洞与隧道距离(边缘距离)	单位 m	相交	100	位于隧底下最浅约 58m	10

4.8 岩溶区高陡边坡危岩落石风险评估

岩溶区高陡边坡多发育危岩落石，这主要是由于岩溶地层多为硬质岩，同时由于岩溶区易形成暗河和溶洞，在其坍塌后易形成高陡斜坡，这些高陡斜坡在后期风化和溶蚀作用下，其临坡部分岩体易发生崩塌落石。落石灾害风险评估就是量化测评危岩失稳造成受威胁对象损失的可能程度，并对后果严重程度划分评价等级和标准，落石灾害的防治需要根据不同的风险等级制定相应安全经济的对策(刘伟鹏和毛邦燕，2018)。

4.8.1 岩溶区高陡边坡危岩落石灾害控制因素

1. 地形地貌

地形地貌为危岩落石，从空间上为动能累积提供了必要条件。大量的天然斜坡和人工边坡的落石灾害历史调查表明，陡峻的斜坡是形成崩塌落石必不可少的条件之一，斜坡越陡，越容易发生崩塌落石灾害。根据宝成线凤州工务段统计（胡厚田，1989a）：75.4%的崩塌落石发生在坡度大于 45°的陡坡。发生崩塌落石的陡峻斜坡，通常是位于海、湖、河谷和冲沟的岸坡、陡峻山坡及人工边坡，其坡形可能是凸曲坡、凹曲坡、阶梯形坡。

此外，边坡高度对落石形成也有显著影响，一般高度越大越容易形成落石灾害，落石绝大多数发生在边坡高度大于 20m 的边坡上，同时边坡高度越大落石灾害的规模与危险性也越大。河流的峡谷岸坡是产生大规模崩塌落石的重要地区，峡谷地貌地区通常具有强烈的地质运动特征，容易形成与河流平行的卸荷裂隙，这些易使峡谷岸坡陡峻且多为裸露的坚硬基岩。河曲凹岸由于山坡坡脚遭受河流的冲刷作用极易形成陡峻山坡，在河流冲刷的动力作用下，褶曲强烈且多张开节理，坡面极不稳定，因此山区河曲的凹岸也是崩塌落石的集中多发区域。

根据以往资料，这里选取的地形地貌因子主要有斜坡高度、斜坡坡度、坡面形态和植被特征。

2. 可溶岩物质组成与结构

岩性对岩质边坡落石有明显的控制作用，花岗岩、灰岩、砾岩、砂岩、辉长岩、辉绿岩、厚板岩等块状或厚层状坚硬脆性岩体较易发生落石灾害，坚硬脆性岩体容易形成较陡峻的边坡，且往往构造节理较发育，而软质的柔性岩层中，如千枚岩和页岩容易发生风化剥蚀，崩塌较少。

根据以往勘察资料，通常灰岩地区因溶蚀塌陷易形成陡崖，结构面也由于溶蚀作用而易形成危岩体。对于岩溶区，高陡边坡危岩落石的形成和发育过程主要与可溶岩的物质组成结构有关，因此在评价中将可溶岩物质组成结构作为一级评价因子，其二级因子主要包括可溶岩成分含量（方解石百分含量）、可溶岩结构特征和岩层厚度三个二级因子。

3. 岩体构造

岩层在各种地质构造作用下都会受到不同程度的破坏，完整的岩体被切割成大小形状各异的碎裂体，为落石灾害提供了必要条件。若线路方向与区域构造线平行或小角度斜交，破坏山体原有平衡，会使得沿线落石灾害分布广泛。在多组断层交汇的区域常发生大规模的崩塌落石灾害，这是由于断层密集分布区通常构造节理发育，岩石破碎，高陡边坡落石灾害频繁发生。

岩体结构直接影响危岩落石发生的可能性和规模，其主要体现在结构面发育程度、结构面组合和坡面的关系、岩体崩落方向等。从既有勘测资料分析，通常岩体结构为散体结构和碎裂结构的岩体不易发生危岩落石，这是由于这两个类型岩体容易因风化作用而产生快速剥蚀，通常以滑坡和坍塌为主；层状结构和块状结构岩体则容易发生危岩落石，层状和块状岩体在受到构造结构面或表生裂隙切割后易形成潜在不稳定危岩体。从本质上说，正是岩体受到了结构面切割才能够使得岩体脱离母岩而产生落石现象，因此结构面是危岩体产生的必要条件。

4. 岩溶发育程度

岩溶越发育的地方越有利于岩溶塌陷的形成。岩溶发育程度受可溶岩的层组类型、地质构造和新构造运动、气候、地貌等因素的综合影响。对于岩溶地区，岩溶发育强度直接影响了地表地形地貌，通常情况下岩溶发育区由于前期暗河发育，因此更易发生大型塌陷，使得地貌更加陡峻，为危岩落石发育提供有利条件。

5. 气象水文

降雨对落石灾害的影响显著，胡厚田(1989b)对宝成铁路选择的三个工务段的崩塌落石次数和降雨量的关系研究结果表明，80%以上的崩塌落石都发生在雨季，特别是雨中和雨后不久最易发生；连续降雨时间越长，暴雨强度越大，崩塌落石次数越多；连续阴雨天气比大暴雨天气危岩落石要多。

地下水对危岩体稳定性有较大影响，主要表现为充满裂隙中的水及其流动对危岩产生静水压力、动水压力及向上的浮托力。危岩两侧裂隙中的水使危岩与稳定岩体之间的侧向摩擦力减小，裂隙和其他结构面中的充填物在水的浸泡下，抗剪强度大大降低，同时也减小了不稳定岩体和稳定岩体之间的侧向摩擦力。

6. 动力作用和人类工程活动

动力作用主要包括高烈度地震区的地震作用、施工过程中的爆炸振动和机车运营期间的振动作用。地震作为一种突发的自然灾害，对边坡稳定性具有十分重要的影响。地震对边坡岩体稳定性的影响表现为累积效应和触发效应两个方面，前者主要表现为地震作用引起边坡岩体结构松动，破裂面、弱面错位和孔隙水压力累积上升等；后者主要表现为地震的作用使处于临界状态或目前虽处于基本稳定状态，但在不利荷载组合下易失稳的危岩体瞬间失稳。地震往往会引发落石灾害，落石灾害的规模与地震烈度的大小有密切关系，位于西南地区的几次地震都诱发了大规模的山体崩塌落石灾害，造成交通中断以及大量的人员财产损失。

施工过程中的爆破振动会影响周边欠稳定岩体的稳定性，往往容易诱发岩体发生崩塌落石，如宜万铁路巴东木龙河段的爆破使得岩体崩塌造成了重大人员伤亡。

7. 落石历史

落石历史主要是指已经发生了的崩塌落石等情况。在进行落石灾害风险度评价时，要考虑已经发生过的落石灾害，这是因为地质灾害往往具有群发性、灾害链等特点，在已经发生了灾害的局部区域及其附近往往很可能产生新的灾害。落石历史因素主要需要考虑历史落石频率、落石粒径和堆积体厚度。

4.8.2　危岩落石灾害风险评估模型建立

1. 评估指标的确立及层次构建

层次分析法是运筹学家 Saaty 提出的，该方法可利用信息定量刻画，把原来模糊性的、文字性的决策要素数学化，该方法可为多目标、多准则复杂决策问题提供方便的决策或评估手段。层次分析法将与决策相关的因素分解成目标、准则、子准则等层次，在此基础之上进行定性和定量分析。前面研究表明，高陡边坡危岩落石所受到的影响因素十分复杂，各影响因素部分还有关联性，为了能够应用层次分析法对其灾害风险进行评估，建立一个合理且实用的评估模型，这里需假设各个评估指标无关联性。根据前述对危岩落石灾害风险影响因素进行分析，获得了 7 个一级评估指标，这 7 个一级评估指标又细分为 20 个二级评估指标，各级评估指标层次构成如图 4-12 所示。

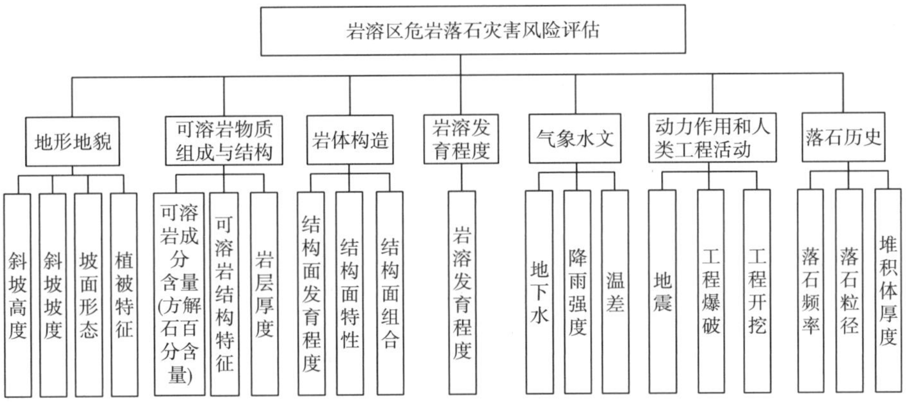

图 4-12　评价指标体系构成层次图

2. 评价指估的量化

在野外地质调查及有关报告描述中，通常对危岩落石的评估指标都是基于现场描述进行的，这些指标有些可以利用数值进行表征，而大多数只能通过文字进行定性表述。为了能够利用数值进行相关计算，通常可以对定性描述建立一个标准等级表，同时利用打分法对各个指标进行量化描述。下面根据以往勘测经验和文献总结提出危岩落石各评价指标的标准等级，结果如表 4-34 所示(刘伟鹏和毛邦燕，2018)。

表 4-34　评价等级指标标准表

评价等级 评价要素		安全	欠安全	危险	极危险
		[0，40]	(40，60]	(60，80]	(80，100]
地形地貌	斜坡高度	<15m	15～30m	30～50m	>50m
	斜坡坡度	<20°	20°～45°	45°～65°	>65°

续表

评价等级 评价要素		安全	欠安全	危险	极危险
		[0，40]	(40，60]	(60，80]	(80，100]
	坡面形态	阶梯曲线，上凸下凹形，坡表起伏多大于 0.3m	凹形坡，坡表起伏多位于 0.1～0.3m	凸形坡，坡表起伏多位于 0.1～0.3m	直线形、上凹下凸形，坡表起伏大多小于 0.1m
	植被特征	植被十分茂密，多发于大灌木	植被较茂密，发育小型灌木和藤条类植物，局部无植被	植被较稀松，多为藤条植物或者杂草类植物	无植被或发育零星灌木、藤条和草类植物
可溶岩物质组成与结构	可溶岩成分含量(方解石百分含量)	0～10	10～25	25～50	50～75　75～100
	可溶岩结构特征	微晶	细晶	粉晶	亮晶　泥晶
	岩层厚度	薄层不纯碳酸盐岩与碎屑岩呈互层或夹层	中厚不纯碳酸盐岩与碎屑岩呈互层或夹层	中薄层灰岩白云岩与不纯碳酸盐岩或碎屑岩呈互层或夹层	中厚层灰岩夹白云岩　厚层块状灰岩及白云岩
岩体构造	结构面发育程度	完整或松散(极破碎)，结构面大于 3 组，间距小于 0.2m	破碎，结构面组数大于 3 组，间距 0.2～0.4m	较破碎，结构面组数 2～3 组，间距 0.2～0.6m	较完整，结构面组数 2～3 组，间距 0.5～1m
	结构面特性	结构面以构造型为主，表层少量多数间距小于 0.2m，结构面闭合，结构面结合好，多为紧闭，少量为无充填或具有硅质充填	结构面以构造和风化型为主，多数间距小于 0.2m，局部间距有 0.2～0.4m，结构面微张，结构面结合一般，具有铁质或钙质胶结充填	结构面以构造结构面和溶蚀裂隙为主，多数间距 0.2～0.6m，结构面张开，结构面结合差，具有泥质或钙质胶结充填	结构面以卸荷裂隙和溶蚀裂隙为主，多数间距 0.5～1m，结构面张开，结构面结合很差，无充填或具有泥质充填，充填层厚大于起伏差
	结构面组合	1 组结构面为反倾；多组为杂乱无序，结构体小且均匀	1 组结构面为反倾或者与坡面走向近垂直；多组为杂乱无序，主控结构面反倾	1 组结构面为大角度正倾；多组结构面中有一组大角度正倾，其余结构面反倾或与坡面近垂直	1 组结构面为顺层；多组结构面组合中有一组以上顺层或者两组结构面交线顺层
岩溶发育程度	岩溶发育程度	岩溶微弱发育	岩溶弱发育	岩溶中等发育	岩溶强烈发育
气象水文	地下水	常年无水	潮湿或雨季有少量水	常年有水	常年有水且渗透不畅
	降雨强度	低降雨区(<500mm)	中降雨区(500～1000mm)	高降雨区(1000～1500mm)	高降雨区且常有暴雨(>1500mm)
	温差/℃	[0，5)	[5，10)	[10，15)	≥15
动力作用和人类工程活动	地震	震级<6	震级 6～7	震级 7～8	震级>8
	工程爆破	无爆破	少量小规模爆破	大量小规模，或少量大规模爆破	大量大规模爆破
	工程开挖	未扰动	轻微扰动	中等扰动	大工程扰动
落石历史	落石频率	少发生	偶尔发生	常发生	频繁发生
	落石粒径	小块落石	小型崩塌落石	中等规模崩塌落石	大规模崩塌落石
	堆积体厚度/m	无堆积体或<1	[1，3)	[3，8)	>8

3. 指标权重的确定

前述提到利用层次分析法，可对各指标权重进行分配和检验。在评价指标层次构建完成后，可通过对一级指标和二级指标分别进行判断矩阵的建立，在此基础上计算出各指标在该级中的权重值，并计算 CR 进行检验。

根据以往勘察经验、大量文献统计，对危岩落石发生影响因素的重要程度按照判断矩阵标度标准进行划分，获得一级指标及其对应的二级指标的标度矩阵，并计算各因子在对应级别中的权重值和一致性检验判断情况。通过指标量化，并检验一致性，最终汇总危岩落石灾害发生风险评估各级指标权重值，见表 4-35（刘伟鹏和毛邦燕，2018）。

表 4-35　各级指标权重分配表

一级指标	一级权重	二级指标	二级权重	综合权重
地形地貌(x_1)	0.2083	斜坡高度(x_{11})	0.2642	0.0550
		斜坡坡度(x_{12})	0.5067	0.1055
		坡面形态(x_{13})	0.0863	0.0180
		植被特征(x_{14})	0.1428	0.0297
可溶岩物质组成与结构(x_2)	0.1127	可溶岩成分含量(方解石百分含量)(x_{21})	0.4286	0.0483
		可溶岩结构特征(x_{22})	0.1429	0.0161
		岩层厚度(x_{23})	0.4285	0.0483
岩体构造(x_3)	0.4168	结构面发育程度(x_{31})	0.2764	0.1152
		结构面特性(x_{32})	0.5953	0.2482
		结构面组合(x_{33})	0.1283	0.0535
岩溶发育程度(x_4)	0.0489	岩溶发育程度(x_{41})	1	0.0489
气象水文(x_5)	0.0927	地下水(x_{51})	0.1576	0.0146
		降雨强度(x_{52})	0.7608	0.0705
		温差(x_{53})	0.0816	0.0076
动力作用和人类工程活动(x_6)	0.0778	地震(x_{61})	0.5	0.0389
		工程爆破(x_{62})	0.25	0.0195
		工程开挖(x_{63})	0.25	0.0195
落石历史(x_7)	0.0428	落石频率(x_{71})	0.25	0.0107
		落石粒径(x_{72})	0.5	0.0213
		堆积体厚度(x_{73})	0.25	0.0107

4. 模型建立

根据式(4-1)～式(4-3)，岩溶区高陡边坡危岩落石灾害风险评估的数学模型(RHRA)为

$$\mathrm{RHRA}_x = \sum_{i=1}^{n}(x_{ik} \cdot W_{ik}) \tag{4-30}$$

式中，RHRA_x为各方案x级指标体系综合评估值，其中第一级指标体系综合评估值为各方案最后评估值；x_{ik}为第i个方案第k个指标统一后特征值；W_{ik}为各评估指标的权重。

4.8.3 风险等级划分

结合目前高陡边坡危岩落石发生后的安全、经济和社会危害性以及目前危岩落石防治施工技术水平和被工程界普遍接受的风险接受准则，可将危岩落石风险划分为四个等级，见表4-36。

表4-36 岩溶区高陡边坡危岩落石灾害风险评估等级标准列表

等级描述	分值区间	灾害描述
极高	$F \geqslant 85$	危岩落石发生概率极高，会发生完整危岩落石或大规模和特大规模崩塌，发生后会对人身造成极严重伤害或死亡、可摧毁车辆，对建筑或构筑物形成极大破坏，破坏后需重新修建。需要进行绕避或采取防护措施加固或拦截
高度	$65 \leqslant F < 85$	危岩落石发生概率高，会发生大型完整危岩落石或中等规模崩塌，发生后会对人身造成伤害或致极少量人员伤亡；对车辆造成较大破坏、对建筑或构筑物形成很大破坏，无法正常使用。需要进行防护措施加固或拦截
中度	$35 \leqslant F < 65$	危岩落石发生概率中等，会发生完整危岩落石或小规模崩塌，发生后会对人身或车辆造成伤害、对建筑或构筑物形成较大破坏。需要进行防护措施加固或拦截
低度	$F<35$	危岩落石发生概率低，发生规模极小，发生后其能量小，不会对人身、建筑或机车造成伤害或破坏。无须防治

4.8.4 风险接受准则

风险具有客观性，其大小随时间延续而变化，是一定时期内的风险，不同的承灾体，甚至同一承灾体在不同状态下对风险的承受能力存在差别。进行风险决策时，并非是风险越小越好，因为风险越小，要付出的代价越高。如何将风险限定在一个合理、可接受的水平，关键的问题就是风险决策中可接受准则的分析以及最优化方法和博弈论思维的应用。制定岩溶区高陡边坡危岩落石风险灾害接受准则见表4-37。

表 4-37　岩溶区高陡边坡危岩落石风险灾害接受准则

风险等级	接受准则	处理措施
低度	可忽略	选线过程中可忽视，不需要采取措施，但需要监测，防止在施工影响下诱发零星落石
中度	可接受	选线过程中可忽略，施工中需采取一定的工程措施，如清楚零星孤石，并且加强监测
高度	不期望	需要重视，并且采取必要的措施，如增加主、被动防护网等，加强监测
极高	不可接受	需要高度重视，往往在选线过程中应绕避，实在无法绕避，在施工中需高度重视，且采取强的工程措施，如隧道接长明洞，增加主、被动防护网等，加强监测

4.8.5　岩溶区危岩落石风险评估实践

1. 郑万高速铁路新华隧道纸厂沟浅埋段工程概况

新华隧道全长18630m，最大埋深 1023m，进口位于湖北省宜昌市兴山县新华镇附近，出口位于榛子乡附近。纸厂沟浅埋段为 DK543+480～DK543+600。该浅埋段地表发育一条常年流水冲沟，流量较大。沟内以块石为主，沟两侧基岩出露，下伏基岩为前震旦系神农架群石槽河组 (Pt_2s) 白云岩，属构造溶蚀、侵蚀中山地貌区，边坡主要呈上陡下缓地形。研究区内可溶岩发育且可见地下暗河出口，主要工程地质问题为岩溶、高地温、危岩落石；可溶岩与非可溶岩界线附近易发生涌水突泥。

2. 危岩落石控制因素分析

1) 地形地貌

该边坡位于纸厂沟，测区属构造剥蚀中低山区，地形起伏较大，地面高程 752～750m，坡脚高程约 752m，自然横坡 15°～60°，右侧斜坡坡顶高程约 940m，相对高差 200m，该边坡上陡下缓，上部裸露岩壁坡角 70°～80°，植被发育较差，崖壁浅表面及崖顶发育有大量危岩体；中部和下部崩落危石零散堆积，坡角 40°～45°，植被茂密，难以穿行。该边坡属顺向坡，边坡倾向约 210°，坡面岩层倾向为 245°，岩层倾角 70°～80°，而陡坎及边坡 NW 侧边界近于直立。由于岩层倾角较陡，该斜坡表面有大量孤石，NW 侧坡面可见基岩裸露，基岩未出露的部位植被较茂密。

2) 地层岩性

测区分布岩性主要为前震旦系神龙架群石槽河组 (Pt_2s) 白云岩及大量洪坡积物 (Q_4^{dl+pl})，含粉质黏土、碎石土、块石土，其中白云岩 (Pt_2s) 为灰白色，隐晶结构，薄-中厚层状，岩质坚硬，性脆易碎。强风化带较薄，多小于 1m，以下为弱风化带。洪坡积物中粉质黏土为褐黄色，硬塑状，土质较纯，黏性较强。在测区内广泛分布，厚 2～5m。碎石土呈灰色、青灰色，松散-稍密，潮湿，碎石粒径 2～10cm，磨圆度差，分选性差，原岩为砂岩、白云岩，厚 2～6m。块石土呈灰色、青灰色，松散-稍密，稍湿-潮湿，石质以变质砂岩、白云岩为主，呈棱角状，质硬，粒径 200～800mm，主要分布于地表冲沟内，厚 2～4m。

3）岩体构造

根据现场调查，区内边坡岩体风化卸荷强烈，节理裂隙发育，岩体中不仅存在沿剪节理张开的节理，而且还存在许多粗糙起伏、岩体在自重应力作用下拉开形成的张节理。

由于边坡地形复杂，节理裂隙发育，危岩体主要分布在隧道洞口上方的两个危岩体群，而大量危石已滚落、崩落在坡体表面嵌入覆盖层中，露出部分呈非原生产状，因此仅对岩体内的结构面进行了统计，根据结构面统计结果可做出节理等密度图(图 4-13)。

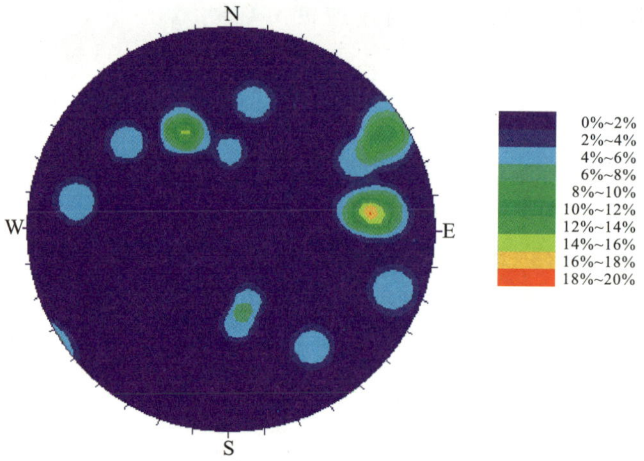

图 4-13 调查区节理等密度图

从等密度图和节理玫瑰花图中可以看出，边坡岩体内结构面较发育，其中有三组结构面为主控结构面，其主要特征见表 4-38。

表 4-38 边坡优势结构面特征

编号	性质	产状	特征描述
1	层面	N0°～10°W/70°～75°SW	结构面闭合，延伸较好，分布范围广，结构面平直光滑
2	节理	N20°～25°W/75°～80°SW	结构面闭合，延伸较好，分布范围广，结构面平直光滑
3	节理	N63°～68°E/40°～45°NW	结构面闭合，延伸条件好，分布范围广，结构面平直光滑

4) 气象水文

测区位于湖北省兴山县，属亚热带大陆性季风气候。春季冷暖多变，雨水较多；夏季雨量集中，炎热多伏旱；秋季多阴雨；冬季多雨雪、早霜。由于地形复杂，高低悬殊，气候垂直差异大，这种特殊的气候特征为多种植物的生长提供了适宜的条件。区内年平均降水量为 900~1200mm，绝对降水量充沛，但时空分布差异大，北部多于南部，高山多于低山，夏季多于秋冬春季。

5) 风化作用

区内岩性主要为白云岩和泥灰岩，表层以局部溶蚀为主，1～5m 厚为强风化层。白云岩和泥灰岩存在差异风化，使得下部泥灰岩形成风化凹腔，有利于上部白云岩形成危岩体。

6) 动力作用和人类工程活动

区内主要地质构造为新华断裂区域性大断裂，属滨太平洋构造武陵断裂系的一部分，发育一条较宽的、时断时续的、呈雁行排列的断裂。断裂延伸方向为北东 20°，局部为北东 30°，为正断层。区内边坡危岩体较发育，在地震作用下很有可能失稳。该处人类工程活动较少，只有一条狭窄的乡间小路可供行走，目前为止危岩体的破坏主要是在雨水、河流以及自重作用下发生。

7) 历史灾害情况

根据调查，勘察区边坡的坡面上及右侧山沟内，大量孤石散落。陡崖下方发育有大面积的岩堆，部分危岩陡壁上仍可见部分危岩发生落石后的新鲜岩壁，由此推断区内危岩落石常有发生，但落石规模不是很大，为中等崩塌落石。

3. 影响危岩落石的评价因子量化

根据对新华隧道区内进行地质调查，结合前述危岩落石量化评估指标标准表，根据调查结果对该段危岩的各级指标评分，如表 4-39 所示。

表 4-39　纸厂沟浅埋段危岩落石评估指标量化表

一级指标	二级指标	指标描述	评分
地形地貌(x_1)	斜坡高度(x_{11})	构造溶蚀、侵蚀中山地貌区。河床高程 730m 左右，坡顶高程 960m 左右，最大高差 230m	90
	斜坡坡度(x_{12})	上部裸露岩壁坡角 70°～80°，中部和下部崩落危石零散堆积，坡角 40°～45°	85
	坡面形态(x_{13})	测区纸厂河两岸边坡主要呈上陡下缓地形，上部近直立，下部缓坡，起伏较小，属凹形坡	80
	植被特征(x_{14})	上部植被不发育，下部植被发育，多为灌木	75

续表

一级指标	二级指标	指标描述	评分
可溶岩物质组成与结构(x_2)	可溶岩成分含量(方解石百分含量)(x_{21})	白云岩质纯，方解石、白云石含量可达90%	85
	可溶岩结构特征(x_{22})	灰白色，隐晶结构，岩质坚硬，性脆易碎	50
	岩层厚度(x_{23})	薄-中厚层状	70
岩体构造(x_3)	结构面发育程度(x_{31})	节理裂隙发育，主控结构面三组，陡崖灰岩被层面及节理面切割成较为规则的块体，下伏泥灰岩由于风化严重在上部灰岩的底部形成岩腔，处于临空状态岩体被切割成独立的块体，稳定性极差	95
	结构面特性(x_{32})	层面和节理面较平滑，层面贯通性好；卸荷裂隙产状没有明显的规律性，贯通性较好，局部为张开，呈粗糙起伏状	82
	结构面组合(x_{33})	结构面交切分布，岩体结构破碎，多为层状结构局部为块状结构，有倾向坡外结构面	85
岩溶发育程度(x_4)	岩溶发育程度(x_{41})	区内可见溶蚀现象，附近暗河和岩溶泉发育，岩溶极发育	80
气象水文(x_5)	地下水(x_{51})	含孔隙水和岩溶水，存在一个泉点	78
	降雨强度(x_{52})	年平均降水量为900～1200mm，绝对降水量充沛	80
	温差(x_{53})	春季冷暖多变，夏季炎热多伏旱；秋季多阴雨；冬季多雨雪、早霜，最大昼夜温差10°～15°	75
动力作用和人类工程活动(x_6)	地震(x_{61})	附近发育一段断裂，距离400～800m，区内地震动峰值加速度为0.05g，对应特征周期为0.35s	70
	工程爆破(x_{62})	隧道开挖和桩基开挖爆破，爆破次数较频繁，单次爆破当量约0.5t，为C级爆破	75
	工程开挖(x_{63})	隧道开挖，仰坡开挖	80
落石历史(x_7)	落石频率(x_{71})	常发生，岩壁可见新近发生落石产生的新鲜岩面	78
	落石粒径(x_{72})	勘察区边坡的坡面上及右侧山沟内，大量孤石散落，陡崖下方发育有大面积的岩堆，落石粒径为中等	80
	堆积体厚度(x_{73})	于边坡中下部堆积有坡崩积体，厚度可达10m，多为块石	90

4. 危岩落石风险等级评估

根据各量化评分指标，利用式(4-30)通过计算得到新华隧道纸厂沟浅埋段危岩落石灾害风险评估分值为82.24，该段危岩落石风险等级为高度。

4.9 小　　结

针对岩溶区高速铁路线路方案风险、岩溶地面塌陷、隧道涌水突泥、大型溶洞失稳、高陡边坡危岩落石等工程地质问题，系统地研究了风险源识别、指标量化及权重确定，构建了各类岩溶工程地质问题的风险评估模型，创建岩溶区高速铁路岩溶地面塌陷、隧道涌水突泥、大型溶洞失稳、危岩落石四大岩溶风险评估体系。

(1)在系统研究风险评估理论基础上，提出了高速铁路岩溶地质问题风险评估的主要方法，即专家评判法、逆序叠加法以及模糊综合评判法；根据高速铁路主要岩溶地质问题的客观实际以及各种权重确定方法的利弊，确定了岩溶地质问题风险评估权重确定的方法为层次分析法。

(2)提出了复杂岩溶区高速铁路风险致灾因子主要有地层岩性、地质构造、岩溶水环境、岩溶发育现状、气候条件五大类二十多个因素。工程风险事件主要有岩溶塌陷、涌水突泥、地表失水、边坡坍塌(危岩落石、崩塌、滑坡)、有害气体、岩溶水侵蚀与冲刷等十多个风险事件。构建了岩溶灾害风险因素对各类工程风险事件的影响程度表。

(3)岩溶地面塌陷的主要受控因素有岩溶发育程度、第四系土层特征、地下水动力特征、地形地貌特征、人类活动等。构建了岩溶地面塌陷专家评判法、多指标法等风险评估体系，提出了岩溶地面塌陷的风险等级划分及风险接受准则，并在沪昆客专、武广客专岩溶地面塌陷风险评估中成功应用。

(4)从可溶岩的物质组成、地质构造、地表汇水、场效应等方面对岩溶隧道涌水突泥控制因素进行了深入研究。基于专家系统、多级模糊评价等理论，构建了基于涌水规模、多级模糊评价等多种方法有机组合的岩溶隧道涌水突泥危险性评估体系，以小寨隧道、圆梁山隧道为例，进行了隧道涌水突泥风险评估、验证。

(5)基于溶洞底堆积物流失性、溶洞底堆积物稳定性、溶洞顶板安全性、溶洞洞壁稳定性四个方面对隧道穿越大型溶洞风险控制因素进行了深入的研究，制定了穿越大型溶洞风险评估各项指标量化标准，采用逆序叠加法建立了隧道穿越大型溶洞风险评估模型。以玉京山隧道、朱砂堡隧道穿越大型溶洞为例，进行了隧道穿越大型溶洞风险评估，为复杂岩溶区高速铁路隧道大型溶洞的整治提供了可靠的技术支撑。

(6)揭示了岩溶区高陡斜坡危岩落石风险的控制因素主要为地形地貌、可溶岩物质组成与结构、岩体构造、气象水文、岩溶发育程度、动力作用和人类工程活动以及落石历史 7 个方面，主要因素又可细分为 20 个二级指标。以郑万客专为例，提出了一级、二级指标的量化标准，确定了各级指标的权重值，建立了岩溶区危岩落石风险评估模型，为高速铁路岩溶区高陡岸坡危岩落石防治提供了科学依据。

参 考 文 献

白明洲，许兆义，王连俊，等. 2006. 复杂岩溶地区隧道施工突水地质灾害研究. 中国安全科学学报，16(1): 114-118.

韩行瑞. 2004. 岩溶隧道涌水及其专家评判系统. 中国岩溶，23(3): 213-218.

胡厚田. 1989a. 成昆线共和-尼日岩质边坡崩塌落石强度等级预测的研究. 西南交通大学学报，24(1): 52-59.

胡厚田. 1989b. 崩塌与落石. 北京: 中国铁道出版社.

刘伟鹏，毛邦燕. 2018. 基于发生概率和致灾性的危岩落石灾害风险评价. 铁道勘察，44(6): 47-53.

毛邦燕. 2008. 现代深部岩溶形成机理及其对越岭隧道工程控制作用评价. 成都: 成都理工大学.

毛邦燕. 2011. 沪昆客专黄果树至北盘江段地质选线方案研究. 铁道工程学报，28(10): 19-24，29.

毛邦燕，蒋良文，王科，等. 2019. 高速铁路穿越大型溶洞风险评估研究. 铁道工程学报，2: 21-26.

铁道部第一勘测设计院. 1999. 铁路工程地质手册. 北京: 中国铁道出版社.

王广坤，叶四桥. 2014. 基于泊松分布的落石灾害风险评估与决策. 路基工程(2): 19-23.

王玉锁，杨国柱. 2010. 隧道洞口段危岩落石风险评估. 现代隧道技术，47(6): 33-39.

相志强. 2013. 高陡边坡隧道洞口段危岩落石灾害防护技术. 成都: 西南交通大学.

向喜琼. 2005. 区域滑坡地质灾害危险性评价与风险管理. 成都: 成都理工大学.

徐复兴，曾克峰. 1999. 岩溶地区洞穴堆积物研究. 云南水力发电，4: 5-8.

杨艳娜. 2009. 西南山区岩溶隧道涌突水灾害危险性评价系统研究. 成都: 成都理工大学.

叶四桥，陈洪凯. 2010. 隧道洞口坡段落石灾害危险性等级评价方法. 中国铁道科学，31(5): 59-65.

张路青，杨志法，张英俊. 2005. 公路沿线遭遇滚石的风险分析——方法研究. 中国岩石力学与工程学会-边坡、基坑与地下工程新技术新方法研讨会: 1-10.

张民庆，黄鸿健，田四明. 2007. 岩溶隧道安全设计、施工与管理. 铁道工程学报，104(5): 75-81，85.

赵焕臣，许树柏，和金生. 1986. 层次分析法——一种简易的新决策方法. 北京: 科学出版社.

郑黎明. 1994. 宝成线略广段崩塌落石灾害发展速度的预测. 水文地质工程地质(1)： 13-15.

Colebrook C F，White C M. 1937. The reduction of carrying capacity of pipes with age. Journal Institute of Civil Engineers，9(7)： 1.

Dreybrodt W. 1988. Processes in Karst Systems—Physics，Chemistry，and Geology. Berlin：Springer-Verlag.

Lee I M，Nam S W. 2001. The study of seepage forces acting on the tunnel lining and tunnel face in shallow tunnels. Tunnelling and Underground Space Technology，16：31-40.

Saaty T L. 1980. The Analytic Hierarchy Process. New York：McGraw-Hill.

Shin J H，Potts D M，Zdravkovic L. 2005. The effect of pore-water pressure on NATM tunnel linings in decomposed granite soil. Canadian Geotechnical Journal，42(6)：1585-1599.

Shoemaker W B，Kuniansky E L，Birk S，et al. 2008. Documentation of a conduit flow process (CFP) for MODFLOW—2005. U.S. Geological Survey.

Vennard J K，Street R L. 1975. Elementary Fluid Mechanics. 5th ed. New York：John Wiley and Sons.

第 5 章　复杂岩溶区高速铁路防灾减灾实践

5.1　复杂岩溶区高速铁路减灾选线实践

控制岩溶区线路选择的致灾因子很多，必须多方面进行分析，拟定所有可能的线路方案，进行技术经济比较，权衡利弊后决定取舍。就地质条件而言，可溶岩地区虽然有岩溶风险，但一经查清并妥善处理，线路的安全还是有保障的。而非碳酸盐岩地区也有不少工程地质问题，如软质岩隧道围岩强度低、稳定性差，易发生围岩变形且容易遗留病害。线路通过岩溶地区，岩溶越发育，溶洞及岩溶水的危害越大，克服障碍越困难，工程处理费用越高，减灾选线过程中越应仔细考量，避重就轻。

通过武广客专、贵广高速铁路、云桂铁路、南广高速铁路、渝利铁路等项目勘察设计实践，总结出了“绕避强烈发育岩溶，选择相对安全位置，设置合理工程设施”的减灾选线指导方针，制定了岩溶区线路减灾选线指导原则：“先绕避、短通过、抬高程、傍河边、靠既隧、顺坡排、浅覆盖、防崩滑”（图 5-1）。

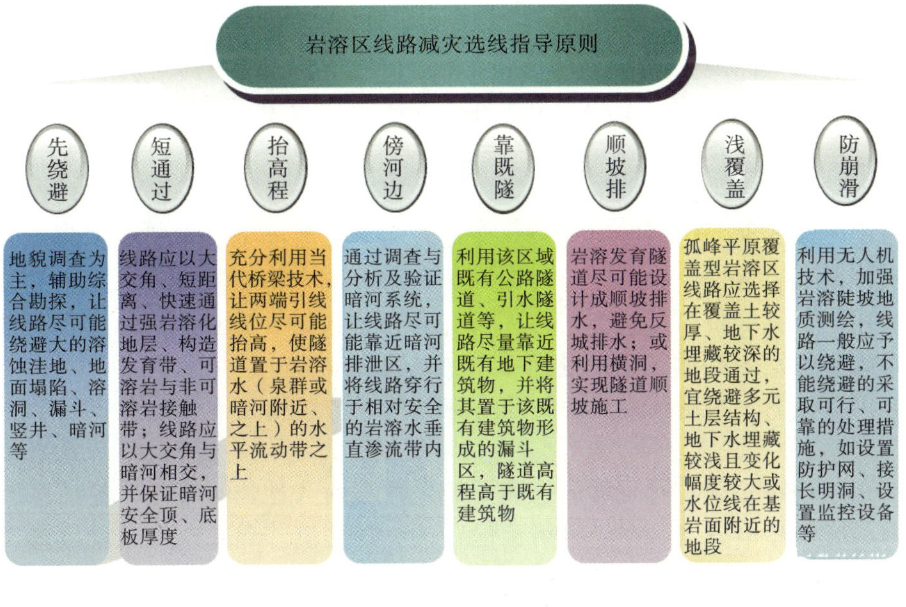

图 5-1　岩溶区减灾选线指导原则

5.1.1 武广高速铁路韶关至花都段减灾选线

1. 概况

武广高速铁路(350km/h)韶关至花都段北起粤北重镇韶关市，南止珠江三角洲平原的广州市花都区，属平原化岩溶区。线路长度159.24km，其中桥梁总长70.44km，隧道总长51.86km，桥隧比76.8%，设车站2个。全线通过可溶岩地段总长约64.84km，占线路总长的40.72%，其中路基段长23.44km。碳酸盐岩主要分布于韶关至新英德车站、狮岭至花都间，为石炭系及泥盆系灰岩、泥质灰岩、碳质灰岩。沿线上泥盆统天子岭组、中上石炭统壶天群、下石炭统石磴子组灰岩岩溶较发育，其次下石炭统岩关阶孟公坳组灰岩岩溶也有发育。该段可溶岩段基本为孤峰平原或峰林谷地，以覆盖型岩溶为主，仅在孤峰或峰林灰岩裸露。

沿线河流阶地下伏灰岩一般埋深 5～20m，地下水位埋深浅，主要岩溶形态有溶洞、溶隙、溶蚀破碎带等，规模不等。溶洞为勘察中所揭示的主要岩溶形态，大小不一，埋深不同，有的呈串珠状，多层次发育。溶洞洞高一般1～8m，最大洞高达40.7m，溶洞多充填软塑-流塑状黏性土，局部间夹砂、卵砾石；少量为空洞或土洞。覆盖型岩溶对路基及桥梁基础影响较大。

2. 岩溶致灾因子与灾害风险评估

段内可溶岩段多以桥梁、路基及短隧道通过，可溶岩隧道多穿越孤峰，地表发育较多的落水洞、溶蚀洼地、竖井等岩溶致灾因子，岩溶一般中等-强烈发育；隧道一般位于岩溶水垂直渗流带，因此地下水对隧道施工影响总体较小，但雨季集中降雨时，仍可能出现涌水突泥现象；运营阶段如果隧道排水不畅，集中降雨时仍可能出现施工缝渗水，严重时短时间的水压骤增也可能引起隧道底板上拱，危及运营安全。

由于可溶岩段岩溶一般中等-强烈发育，岩溶形态主要表现为溶隙、溶洞、溶蚀破碎带、暗河等。线路多走行于溶原、孤峰平原段，沿线覆盖层较厚，部分段落为二元土层结构，地下水变化幅度随季节的变化较大，覆盖层中发育较多土洞，地质钻探及施工极易导致岩溶地面塌陷。地质钻探过程中分别在樟市特大桥、眼镜塘特大桥、石塘河特大桥、英红特大桥、猴岩特大桥、廊步特大桥等工点共 14 处出现岩溶地面塌陷，塌陷一般发生在钻孔施钻过程中，陷坑直径一般 1～4m、深 1～6.5m，坑壁向内斜，形成上小下大的葫芦形。桥梁桩基施工过程中这些工点也出现了较多的岩溶地面塌陷。

由于高速铁路必须具有足够的强度、稳定性和耐久性，能够抵抗各种自然因素作用的影响，确保列车高速、安全和平稳运行，对基础沉降和安全性要求极高，因此沿线岩溶地面塌陷对桥梁和路基工程的影响较大。

3. 减灾选线指导原则

通过分析本线技术标准、自然条件与当代土建工程技术水平，根据减灾选线指导方针，制定了本线岩溶区线路减灾选线指导原则：“先绕避、短通过、抬高程、傍河边、靠既隧(图 5-2)、顺坡排、浅覆盖”，并在线路方案优化设计中加以实际应用。

图 5-2　岩溶发育区线路靠近既有隧道

4. 线路选线优化过程分析

可行性研究阶段对韶关至樟市 DK1998+500～DK2049+000 段线路方案进行了大范围的比选，研究了樟市东、中、西 3 个方案，推荐樟市东方案。补充可行性研究阶段在分析研究了区域地质资料，进行了详细的地质调绘、控制性钻探后，认为可行性研究阶段推荐的樟市东方案可溶岩分布长度较长，且 CK2014+000～CK2021+500 约 7.5km 走行于灰岩与非可溶岩接触带附近，发育较多溶洞、溶蚀洼地、岩溶地面塌陷、落水洞、岩溶大泉等岩溶致灾因子，岩溶及岩溶水强烈发育，地质条件复杂，施工及运营中安全隐患大，建议采用樟市中或樟市西方案(图 5-3)。

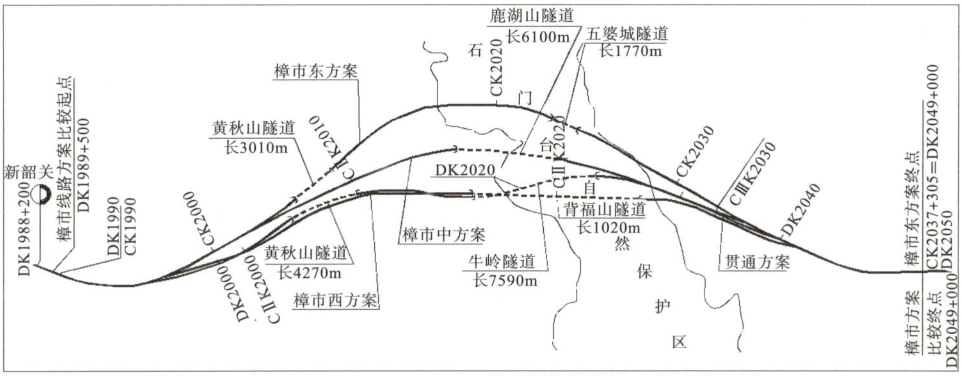

图 5-3　樟市线路方案比选示意图

针对这种情况，初步设计阶段补充研究了综合樟市中、西方案的优化方案——经牛岭隧道的贯通方案(DK方案)(图5-3)。贯通方案牛岭隧道穿越以石英砂岩、花岗岩为主的地层，岩质坚硬，构造较简单，岩体较完整。线路优化后规避了存在较大岩溶隐患的地段，地质条件极大改善，缩短了勘察工期，减少了勘探量；从线型上比较，贯通方案更顺直，更符合客运专线选线原则。

5. 减灾选线理论应用效果评价

由于在勘察过程中较好地贯彻了减灾选线的指导原则，绕避了可溶岩与非可溶岩接触带，绕避或短距离通过岩溶强烈发育区及地表塌陷、土洞分布密集地带和多元土层结构地段，岩溶灾害风险、工期投资风险等级由极高或高度降低到中低度，达到了减灾的目的。

5.1.2 渝利铁路减灾选线

1. 概况

渝利铁路(200km/h)地处我国中、西部地区的接合部，属过渡带岩溶区(又称斜坡过渡带岩溶区)，全长264.406km。全线通过可溶岩地段总长约31.711km，占线路总长的12%。线路需要以隧道工程形式穿越明月峡、苟家场、方斗山、齐耀山四个南北向条状中低山背斜，其核部均为灰岩、白云质灰岩等可溶岩，地表漏斗、落水洞、溶沟、溶槽、溶蚀洼地等岩溶地貌发育，多顺构造线串珠状分布；特别是嘉陵江组地层，岩溶现象最为发育，在地貌上多为岩溶槽谷负地形，槽谷地表水均通过漏斗、落水洞、溶蚀裂隙等流入地下，而未形成地表水系，反映出地下溶洞比较发育，地下岩溶水十分丰富，隧道施工中可能遇到大型溶洞和涌水突泥，特别是通过齐耀山背斜段落，需充分借鉴宜万铁路建设经验，在这四个条状背斜的南北向几十公里范围内选择合适线路穿越位置，以达到铁路工程建设与运营安全可靠、技术经济合理的目标。

2. 岩溶隧道致灾因子及环境影响评价

渝利铁路横穿4个核部为灰岩、白云质灰岩等可溶岩的明月峡、苟家场、方斗山、齐耀山背斜，经预可行性研究、可行性研究，初步确定了线路穿越的通道，如何通过地质勘察选定穿越隧道的平面位置与标高是局部选线设计的关键，勘察过程中对横穿这四个背斜区域的排花洞、尖峰顶、方斗山和余家四座可溶岩隧道进行了工程地质与环境影响分析总结，见表5-1。

表 5-1　渝利铁路岩溶隧道致灾因子与环境影响分析表

致灾因子与环境影响	排花洞隧道	尖峰顶隧道	方斗山隧道	余家隧道
地层岩性与地质构造	隧道穿越明月峡背斜南段。背斜核部地层为 T_2l、T_1j 可溶岩，岩溶强烈发育，地貌多为低洼槽谷和溶蚀洼地	隧道穿越苟家场背斜。背斜核部地层为 T_2l、T_1j 可溶岩，两翼地层为砂泥岩非可溶岩。背斜轴部张性裂隙极为发育	隧道穿越方斗山背斜。背斜核部岩溶发育、背斜中部发育一断裂，同时各种构造节理、风化裂隙和层理发育	主体构造为齐耀山背斜，岩溶发育在背斜核部，地层产状东翼陡，局部直立、倒转；西翼缓
与地下水位关系判识	位于岩溶水垂直渗流带	位于岩溶水水平流动带及深部循环带	位于岩溶水垂直渗流带或水平流动带	位于岩溶水垂直渗流带
地下水位及水压	地下水潜水位高于隧道设计标高，最大水压 1.95MPa	地下水位标高 340～500m，高于隧道设计标高，最大水压 2.4MPa	地下水潜水位高于隧道设计标高，最大水压 3.1MPa	地下水潜水位高于隧道设计标高，最大水压 1.22MPa
最大涌水量 Q	预测隧道最大涌水量 $6.3\times10^4m^3/d$	预测隧道最大涌水量 $4.2\times10^4 m^3/d$	预测最大涌水量 $18.9\times10^4 m^3/d$	预测最大涌水量 $3.8\times10^4 m^3/d$。若遇岩溶管道水，涌水量将成倍增加
岩溶	地表岩溶形态为溶蚀洼地、漏斗、岩溶槽谷，地下岩溶形态为暗河、溶洞	地表可见大型溶洞、溶蚀洼地、落水洞、漏斗等岩溶形态，暗河发育	岩溶沿层面裂隙发育，其岩溶形态有溶洞、落水洞、溶蚀洼地、暗河等	岩溶沿层面、构造裂隙发育，岩溶呈串珠状分布，岩溶形态为溶蚀洼地、漏斗、落水洞等
环境影响	影响范围内共计人口 8900 人。耕地：农田约 3700 亩，旱地约 7200 亩；水塘 36 亩，蓄水量 $30\times10^4 m^3$。该镇人口比较集中的雷波、长湾、中槽沟等地共修建了 18 个深水提灌站解决饮用水及灌溉用水。隧道离排花洞风景区 860m	DK109+295～DK112+548 段通过可溶岩，DK111+800 左侧 200m 处有岩溶泉，为当地村民的灌溉及生活用水。DK110+850 左 826m 处有金星水泥厂，DK111+850 左 980m 有石坝湾水库，常年蓄水面积 $0.31km^2$，总库容 $29.32\times10^4m^3$，灌溉面积 400 亩	山上有 2 个大岩溶泉，主要用于白布滩电站及农业灌溉。线路左侧有江山水库，积水面积 $0.34km^2$，库容 $14.3\times10^4m^3$；冉家槽水库积水面积 $0.52km^2$，库容 $15\times10^4m^3$，最大的老官坝水库积水面积 $0.9km^2$，库容 $52\times10^4 m^3$	山上地表有零星泉眼，规模较小，有泉水流出，水量不大。影响范围内有村民约 3800 人，牲畜约 7500 头，农田 3900 亩，旱地约 7000 亩。隧道附近有星斗山国家级自然保护区

注：1 亩≈$666.7m^2$。

3. 岩溶隧道风险分析与评估

排花洞、尖峰顶、方斗山和余家四座可溶岩隧道风险分析与评估见表 5-2。

表 5-2　渝利铁路岩溶隧道风险分析与评估表

序号	致灾因子及环境影响分析汇总	可能引起的主要风险
1	四座岩溶隧道均穿越背斜构造，背斜核部为二叠系、三叠系的可溶岩，背斜翼部为砂泥岩非可溶岩。部分背斜核部岩溶强烈发育，存在断裂，同时各种构造节理、风化裂隙和层理发育	涌水突泥风险
2	四座岩溶隧道均为背斜蓄水构造。地表可见大型溶洞、溶蚀洼地、落水洞、漏斗等岩溶形态，岩溶呈串珠状分布，地下暗河发育	涌水突泥风险
3	四座岩溶隧道地下水位均高于隧道设计标高，最大静水压力为 1.22～3.1MPa，水压力极高	涌水突泥风险、工期投资风险、地表失水(第三方损失)风险

续表

序号	致灾因子及环境影响分析汇总	可能引起的主要风险
4	四座岩溶隧道预测最大涌水量 3.8～18.9×10^4 m^3/d，若遇岩溶管道水，涌水量将成倍增加，涌水量极大	涌水突泥风险、工期投资风险、地表失水(第三方损失)风险
5	排花洞隧道、余家隧道位于岩溶水垂直渗流带，方斗山隧道位于垂直渗流带或水平流动带，尖峰顶隧道位于岩溶水水平流动带及深部循环带。在垂直渗流带内隧道所遇岩溶形式以垂直发育的溶洞、溶缝、岩溶管道为主；而在水平流动带内，可能遇到以水平发育的溶洞、岩溶管道形式为主，并有可能遇到暗河	涌水突泥风险、地表失水(第三方损失)风险
6	四座隧道不同程度地穿过须家河组或吴家坪组含煤地层，可能产生瓦斯危害。重庆市开采二叠系煤层的部分矿井，在长兴组或茅口组灰岩中曾经突然遭遇岩溶孔隙内储集的瓦斯气体而引发事故	瓦斯风险、工期投资风险
7	隧道穿越盐溶角砾岩夹石膏，珍珠冲组泥岩、页岩，具膨胀性，节理发育，岩体破碎，隧道通过这些软质岩或软弱夹层，可导致冒顶、塌方、偏帮、坍塌等	塌方风险
8	四座岩溶隧道地表均分布水田、旱地、水塘、水库等，地表居民点分布密集，共计数万居民在利用岩溶水作为生活和农业生产用水，同时尖峰顶隧道地表还有水泥厂、榨菜厂、养猪场，采用岩溶水作为生产用水，如地表发生失水，将严重影响附近居民的生产生活，存在严重的环保问题	地表失水(第三方损失)风险
9	隧道开挖可能揭穿暗河、溶洞，需对部分段落进行注浆及其他岩溶治理措施，会减慢施工进度，且几个岩溶隧道都为全线的主要工期控制点，工期紧张	工期投资风险

总结表 5-1 和表 5-2，分析得出风险比较如图 5-4 所示。

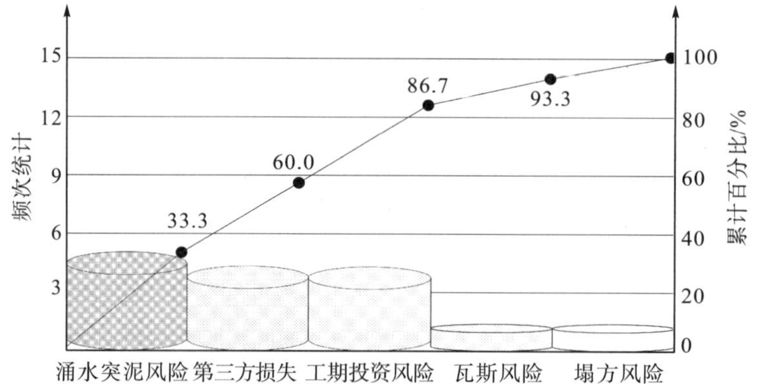

图 5-4 岩溶风险频次排列比较图

由以上分析可见，渝利铁路岩溶隧道风险中的岩溶涌水突泥风险、第三方损失和工期投资风险出现频次比例较高，三者占据了全部频次的 86.7%，是选线总体设计的关键。

4. 减灾选线指导原则

通过分析渝利铁路技术标准、自然条件与当代土建工程技术水平，根据减灾选线指导方针，制定了本线岩溶地区选线设计的指导原则：“先绕避、抬高程、傍河边、靠既隧、顺坡排”，并在线路方案优化设计中加以实际应用。

5. 线路选线优化过程分析

根据指导性原则之“先绕避”，在施工图阶段，经过进一步详细地质调绘和线路方案优化后，方斗山隧道绕避了莲花洞、岩风洞和礁窝梁三处大暗河(图 2-95)。

根据指导性原则之“傍河边”，在施工图阶段，排花洞隧道线路平面尽可能地靠近暗河排泄区御临河(图 5-5)，方斗山隧道线路平面尽可能地靠近暗河排泄区龙河(图 2-95)。

根据指导性原则之“抬高程”和“顺坡排”，在施工图阶段，方斗山隧道从初步设计的 280m 标高抬高到施工图设计的 300m 标高，尖峰顶隧道由低线长隧方案优化为高线短隧方案，从初步设计的 280m 标高抬高到施工图设计的 335m 标高(图 5-6)，使隧道置于岩溶水水平流动带之上。尖峰顶隧道从初步设计的单面坡优化设计为“人”字坡(顺坡排)，余家隧道由小“人”字坡优化设计为大“人”字坡。

根据指导性原则之“靠既隧”，在施工图阶段，经过进一步分析论证后方斗山隧道尽量靠近了已建成的鱼剑口水电站的引水隧道，余家隧道尽量靠近了在建泸蓉西高速公路齐耀山隧道(图 2-97)，充分利用已建成和在建工程形成的地下水降水漏斗区，减少了灾害发生概率或降低了灾害影响程度。

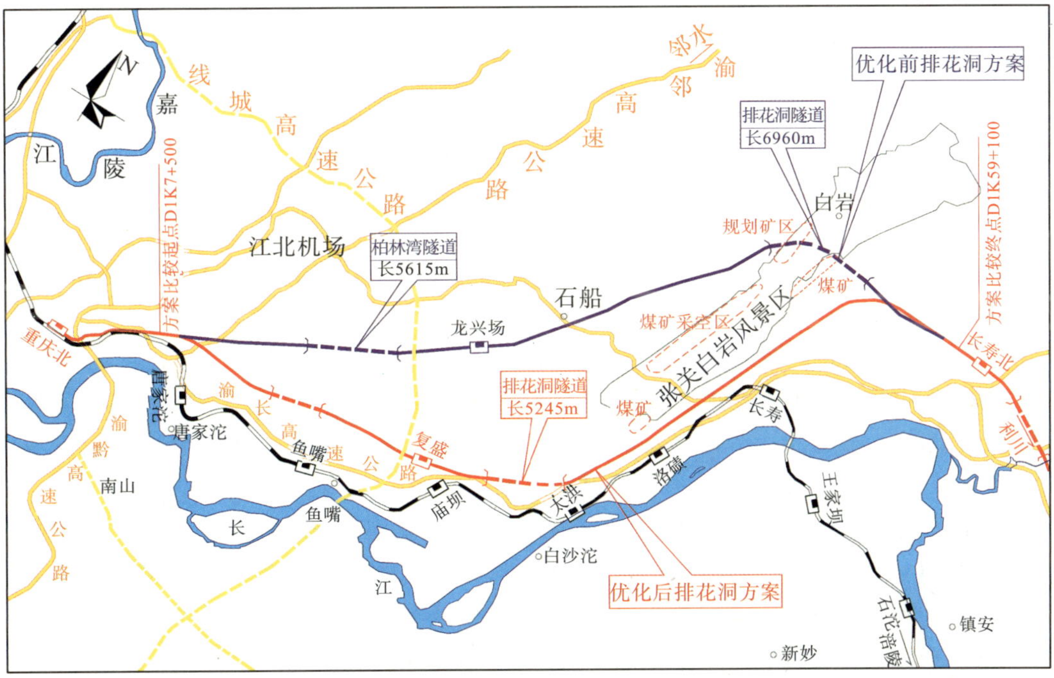

图 5-5　排花洞隧道线路方案优化示意图

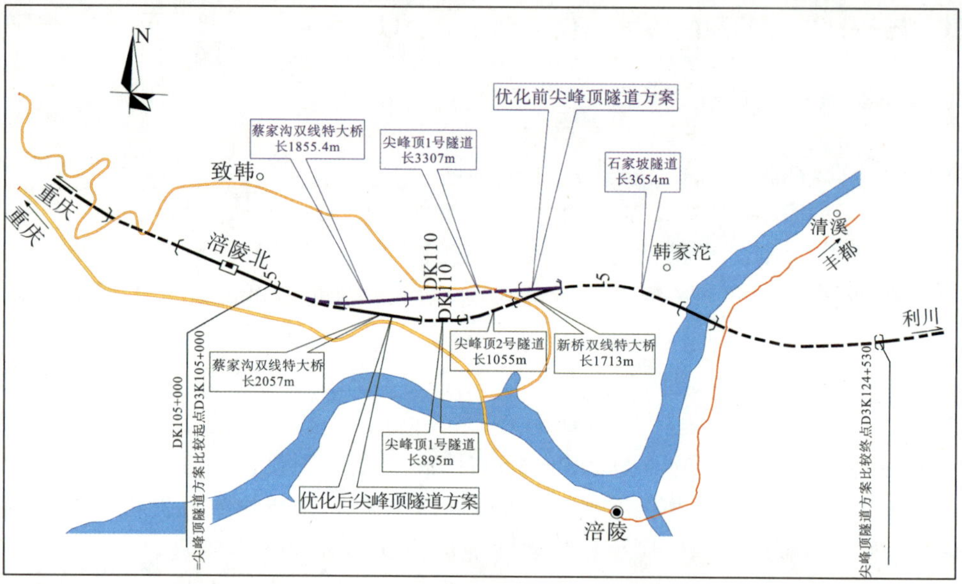

图 5-6 尖峰顶隧道线路方案优化示意图

6. 减灾选线理论应用效果评价

经施工验证，优化后的线路方案将涌水突泥风险、地表失水风险、地面塌陷风险、工期投资风险等级由高度或极高降低到中低度，达到了减灾的目的，受到各方的好评。

5.1.3 贵广高速铁路桂林雄村至贺州段减灾选线

1. 概况

贵广高速铁路(300km/h)地处过渡带岩溶区-平原化岩溶区，正线长度 856.899km，建筑长度 833.304km。全线通过可溶岩地段总长约 312km，占线路总长的 36.4%，其中岩溶路基占可溶岩地段总长的 45%，岩溶隧道占 29.5%，岩溶桥占 25.5%。影响铁路工程的溶洞、落水洞、溶蚀洼地、隐伏溶洞、暗河等岩溶致灾因子众多，高速铁路建设可能发生的岩溶灾害主要有岩溶塌陷、涌水突泥、地表失水、危岩落石等。

桂林雄村至贺州段线路主要行进于平原化岩溶区桂林峰林-谷地典型岩溶地区，长约 150km，区内碳酸盐岩分布广泛，一方面岩溶地面塌陷、溶洞及隧道通过山岭区的涌水突泥等岩溶地质灾害对铁路工程产生严重威胁和影响；另一方面，桂林典型峰林-谷地岩溶地貌景观属于世界级的风景名胜区，是国家重点保护风景区，如果不选择好通过该景区的线路方案，铁路工程的修建将对景区产生不可逆的影响，进而造成不良的社会影响。因此，本区段的岩溶地质条件对线路方案的选择及铁路工程设置具有重大控制作用。

为确保桂林雄村至贺州段岩溶地质及岩溶风景区线路方案选线的成功，中铁二院与中国地质科学院岩溶地质研究所、广西水文地质工程地质勘察院、中国地质科学院地球物理地球化学勘探研究所和同济大学等单位联合开展了本区段岩溶地质及减灾选线方法专题研究。

由多家单位联合组成的项目组在充分收集、整理前人工作成果资料的基础上，对区段进行了详细的水文地质、岩溶工程地质调查，采用自动化监测技术和高密度电法等先进的技术手段，对峰林谷地区岩溶塌陷动力条件和隐伏岩溶特点进行监测和探测，最后运用地理信息系统和多因素分析处理技术，对不同来源的数据进行综合处理，实现对潜在岩溶塌陷危险性、岩溶地质条件对线路影响的综合评价，为方案比选提供了支撑材料。

2. 减灾选线指导原则

本区段影响铁路工程的溶洞、落水洞、溶蚀洼地、隐伏溶洞、暗河等岩溶致灾因子众多。为了达到防灾减灾的目的，根据减灾选线指导方针，制定了本区段线路减灾选线指导原则：“先绕避、短通过、抬高程、顺坡排、浅覆盖、防崩滑”。

3. 线路选线优化过程分析

本区段内有 3 个主要比较方案：一是走行于阳朔、二塘及漓江、桂江左岸，穿越峰丛-谷地地貌的临河短隧道方案，该方案工程量较小，但线路较长；二是走行于恭城、星寨附近，穿越桂林北部中低山区的长隧道方案，该方案线路顺直，但工程量较大，含两座特长隧道；三是在长隧道方案的基础上，线路坡度调整为 18‰的长隧道方案(图 2-88)。

临河短隧道方案通过岩溶发育区的长度为 84.45km，其中沿河谷地段线路走行于可溶岩与非可溶岩接触地带，岩溶强烈发育，谷地覆盖层较薄、地下水埋深浅，多处发生岩溶地面塌陷，孤峰地段竖井、落水洞、岩溶泉、消水洞等岩溶致灾因子十分发育，该方案将对漓江沿线岩溶风景产生严重破坏，因此该方案地质条件最差、环境影响最大。长隧道方案及 18‰长隧道方案大部分地段线路基本一致，甚至重合，通过岩溶发育地段长 44～60km，其中近一半为岩溶中等发育区，更主要是线路走向短距离垂直通过覆盖层较厚、地下水埋深较深的岩溶发育区，尽可能减小了岩溶对线路工程的影响。因此，长隧道方案及 18‰长隧道方案地质条件及对环境的影响明显优于短隧道方案。而 18‰长隧道方案抬高了线位，越岭的长隧道减短至 13km 左右，隧道有利于在地下水垂直渗流带通过，有利于设置顺坡排，有利于减少涌水突泥、地表失水、危岩落石等灾害；另外，从施工难度及投资上考虑，18‰长隧道方案优于长隧道方案。因此，最终推荐 18‰长隧道方案。

4. 减灾选线理论应用效果评价

经施工验证，优化后的线路方案将涌水突泥风险、地表失水风险、地面塌陷风险、岩崩风险、工期投资风险等级由高度或极高降低到中低度，达到了减灾的目的。

5.1.4 沪昆高速铁路北盘江区域减灾选线

1. 概况

沪昆高速铁路(350km/h)玉屏至昆明段主要位于云贵高原艰险山区，属高原岩溶区-过渡带岩溶区，全长744.288km。全线通过可溶岩地段总长约510km，占线路总长的69%。影响铁路工程的溶洞、落水洞、溶蚀洼地、隐伏溶洞、暗河等岩溶致灾因子众多，主要发育于二叠系、三叠系和石炭系的灰岩和白云岩中，泥盆系、寒武系和震旦系地层中，也有岩溶分布。沿线长大可溶岩隧道多，其洞身部分段落位于地下水水平流动带，岩溶及岩溶水问题突出，隧道施工中可能遇较大型溶洞和涌水突泥，勘察中针对岩溶水文地质极为复杂的13座岩溶隧道开展了岩溶水系统及涌水突泥危险性专题研究，对隧道进行岩溶涌水突泥危险性分段、分级评价，为隧道防排水设计、施工提供可靠依据。特别是过渡带岩溶区北盘江区域，地形地质条件极为复杂，需在南北向几十公里范围内选择穿越位置。

2. 岩溶隧道致灾因子及环境影响分析

北盘江区域需横穿石炭系、二叠系、三叠系灰岩、白云质灰岩等可溶岩，经预可行性研究、可行性研究，初步确定了线路穿越的通道，如何通过地质调绘、勘察、分析等手段选定穿越隧道的平面位置与标高是局部选线设计的关键，该区域范围内主要有斗磨、丫口寨、大独山、岗乌、光照、何家寨和捧古七座较长的可溶岩隧道，对这七座可溶岩隧道进行了工程地质与环境影响分析总结，见表5-3。

表5-3 沪昆高速铁路北盘江区域岩溶隧道致灾因子与环境影响分析表

致灾因子与环境影响	斗磨隧道	丫口寨隧道	大独山隧道	岗乌隧道	光照隧道	何家寨隧道	捧古隧道
地层岩性及地质构造	地质构造简单，地层单斜，洞身穿越三叠系（T_1yn^1、T_1yn^2、T_1y）、二叠系(P_2c+d、P_2l、P_1m)地层，P_1m灰岩岩溶强烈发育，T_1y、T_1yn^1灰岩岩溶中等发育	隧址地质构造发育，主要有丁头山背斜、麻龙宫断层、燕子岩断层。穿越三叠系(T_2g、T_1yn^2、T_1yn^1、T_1y)可溶岩地层为主，岩溶中等-强烈发育	洞身穿越7条断层，穿越三叠系（T_2y、T_2g^2、T_2g^1、T_1yn、T_1y)可溶岩地层为主，隧道穿越可溶岩与非可溶岩接触带较多，岩溶强烈发育，地貌多为低洼槽谷和溶蚀洼地	位于法郎向斜北东翼，发育葫芦井-樱桃窝断层，洞身穿越三叠系(T_2z、T_2y、T_2g、T_1yn)可溶岩地层为主，岩溶中等-强烈发育，多为垂直发育	位于法郎向斜西端，洞身穿越坡头上向斜、燕子岩断层、黄龙沟断层。洞身穿越三叠系(T_2y、T_2g、T_1yn、T_1f)地层，可溶岩约占50%，岩溶中等-强烈发育	坡头上向斜西端，发育木城断层、四寨断层、江家坳断层。洞身穿越三叠系(T_1yn、T_1f)、二叠系(P_2c+d)地层，以非可溶岩为主，仅出口段位于可溶岩中，约占18.1%，岩溶中等-强烈发育	位于坡头上向斜西端，发育木城断层、四寨断层、江家坳断层，洞身穿越三叠系(T_1yn、T_1f)及二叠系(P_2c+d)地层，可溶岩约占45.9%，岩溶中等-强烈发育

续表

致灾因子与环境影响	斗磨隧道	丫口寨隧道	大独山隧道	岗乌隧道	光照隧道	何家寨隧道	捧古隧道
与地下水位关系判识	位于岩溶水垂直渗流带或水平流动带	进出口可溶岩段隧道位于岩溶水垂直渗流带，隧道中部可溶岩段位于水平流动带	D1K855+300～D1K860+050 段位于岩溶水水平流动带，其余段落位于垂直渗流带或水平流动带	D1K872+686～D1K875+935 段位于岩溶水水平流动带，其余段落位于垂直渗流带或水平流动带	位于岩溶水垂直渗流带或水平流动带	主要位于地下水水平流动带，进、出口段位于垂直渗流带	D1K898+970～D1K899+600、D1K900+000～+705 段位于地下水水平流动带，其余段落位于垂直渗流带或水平流动带
地下水位及水压	可溶岩段地下水潜水位高于隧道设计标高，最大水压约 0.9MPa	可溶岩段地下水潜水位高于隧道设计标高，最大水压约 1.5MPa	地下水潜水位高于隧道设计标高，最大水压约 1.9MPa	地下水潜水位高于隧道设计标高，最大水压约 3.5MPa	地下水潜水位高于隧道设计标高，最大水压约 2.1MPa	可溶岩段地下水潜水位高于隧道设计标高，最大水压约 1.5MPa	地下水潜水位高于隧道设计标高，最大水压约 1.8MPa
最大涌水量 Q	预测隧道最大涌水量 $1.88\times10^4m^3/d$	预测隧道最大涌水量 $7.46\times10^4m^3/d$	预测隧道最大涌水量 $16.8\times10^4\ m^3/d$	预测隧道最大涌水量 $15.7\times10^4m^3/d$	预测隧道最大涌水量 5.1×104m3/d	预测隧道最大涌水量 $5.54\times10^4\ m^3/d$	预测隧道最大涌水量 $9.7\times10^4m^3/d$。若遇岩溶管道水，涌水量将成倍增加
岩溶	P_1m 灰岩岩溶强烈发育，主要发育标高 1120～1200m。地表岩溶形态主要为落水洞、溶蚀洼地、溶洞、溶沟、溶槽、溶蚀裂隙等	隧道洞身地表溶蚀洼地、漏斗、竖井、落水洞等岩溶形态发育，且多呈串珠状排列，发育 3 条暗河	地表岩溶形态为溶蚀洼地、落水斗、溶沟、溶槽、石芽、溶洞，地下暗河、溶洞发育	山间槽谷地带溶蚀洼地、落水洞、溶洞等岩溶形态较发育，地下岩溶管道、溶洞发育	地表岩溶形态有溶洞、落水洞、溶蚀洼地等，地下岩溶管道、溶洞发育	地表岩溶形态主要有溶蚀裂隙、溶沟、溶槽、石芽、溶洞、暗河出口等，发育标高一般在 1100～1250m	地表岩溶形态主要为溶蚀洼地、落水洞、溶沟、溶槽、溶洞，发育标高一般 1260～1400m，最低标高约 850m。D1K 903 南侧 200m 发育一暗河
环境影响	山上地表有零星泉眼，规模较小，有泉水流出，水量不大	影响范围内共计人口 357 户。D2K845+885～D2K846+295 段穿越一条河流，河宽 15～20m，深 1.5～3m，上游 1.4km 为高寨水库，主要为水库放水至下游灌溉用，埋深较浅，最浅处洞顶上只有 22m	影响范围内共计人口 1390 户。隧道中部 D1K859+500～D1K862+000 右 2.0～2.5 km 分布石板桥水库，为岗乌镇及附近村庄饮用水源，库容 $20\times10^4m^3$。隧道左侧张家寨附近为张家寨暗河出口，流量约 $1.3m^3/s$	山上地表有零星泉眼，水量不大。影响范围内共计人口 2000 户，尤其 DK873+400 右 400m 分布岗乌镇，人口密集，饮用石板桥水库地表水	山上地表有零星泉眼，规模较小，有泉水流出，水量不大。影响范围内共计人口 1100 户	影响范围内共计人口 1290 户。D1K891+250 左 610m 马场公路附近大暗河入口高约 8m，宽约 10m	影响范围内共计人口 1800 户。田坝头（D1K903+250 左 260m 附近）至官田小寨（D1K901 +700 左 990m 附近）发育岩溶管道

3. 岩溶隧道灾害风险分析与评估

斗磨、丫口寨、大独山、岗乌、光照、何家寨和捧古七座可溶岩隧道风险分析与评估见表 5-4。

表 5-4 沪昆高速铁路北盘江区域岩溶隧道灾害风险分析表

工程名称	初始风险类型						
	涌水突泥	塌方	岩爆	软质岩大变形	地表失水	有害气体	危岩落石
斗磨隧道	极高风险段落 2 处，高风险段落 1 处	高风险段落 3 处	无	无	无	极高风险段落 1 处	中度风险
丫口寨隧道	极高风险段落 3 处，高风险段落 3 处	极高风险段落 1 处，高风险段落 6 处	无	无	无	无	中度风险
大独山隧道	极高风险段落 10 处，高风险段落 13 处	高风险段落 14 处	低度风险	无	中度风险	无	中度风险
岗乌隧道	极高风险段落 2 处，高风险段落 3 处	高风险段落 4 处	高风险段落 1 处	高风险段落 1 处	中度风险	无	中度风险
光照隧道	极高风险段落 5 处	高风险段落 4 处	无	中度风险	中度风险	无	中度风险
何家寨隧道	极高风险段落 3 处，高风险段落 3 处	高风险段落 3 处	中度风险	中度风险	中度风险	无	中度风险
捧古隧道	极高风险段落 7 处，高风险段落 10 处	极高风险段落 6 处	中度风险	中度风险	中度风险	无	中度风险

总结表 5-3 和表 5-4，分析比较得出隧道初始风险比例如图 5-7 所示。

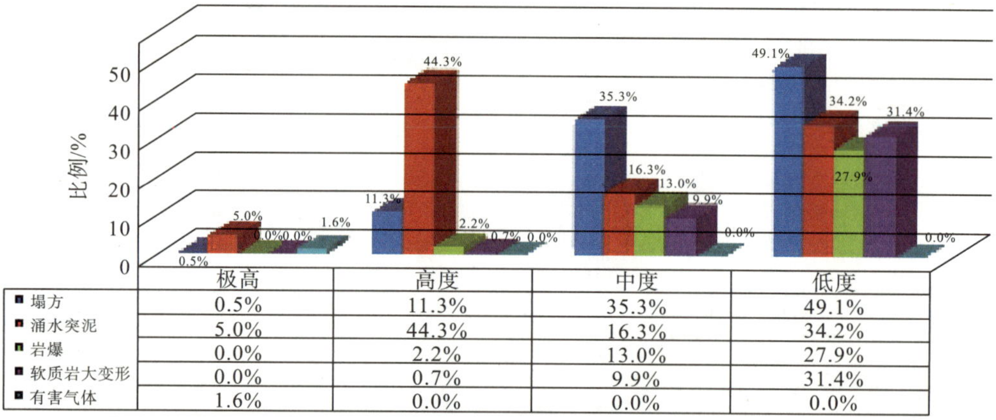

	极高	高度	中度	低度
塌方	0.5%	11.3%	35.3%	49.1%
涌水突泥	5.0%	44.3%	16.3%	34.2%
岩爆	0.0%	2.2%	13.0%	27.9%
软质岩大变形	0.0%	0.7%	9.9%	31.4%
有害气体	1.6%	0.0%	0.0%	0.0%

图 5-7 隧道初始风险比例图

由以上分析可见，沪昆高速铁路北盘江区域岩溶隧道风险中的岩溶涌水突泥、塌方出现极高风险、高度风险频次比例最高，而发生涌水突泥极高、高度风险段落长度占隧道全长的 49.3%，是选线总体设计的关键。

4. 减灾选线指导原则

通过分析沪昆客专技术标准、自然条件与当代土建工程施工技术水平，根据减灾选线指导方针，制定了该区域减灾选线指导原则：“先绕避、抬高程、傍河边、防崩滑、顺坡排”，并在线路方案优化设计中加以实际应用。

5. 线路选线优化过程分析

沪昆客专北盘江区域线路穿行于云贵高原中低山及峡谷区，各方案地形地质条件均极为复杂。在可行性研究阶段，经过北、中、南三个方案的区域地质调绘，北、中线方案通过地层多为二叠系栖霞-茅口组灰岩，岩溶强烈发育，南线方案通过地层以三叠系白云岩、泥灰岩、泥质灰岩夹灰岩为主，岩溶发育程度较北线方案的栖霞-茅口组灰岩弱很多，隧道施工遇岩溶涌水突泥的风险相对较小，根据指导性原则之“先绕避”，推荐采用南线方案(图 5-8)。

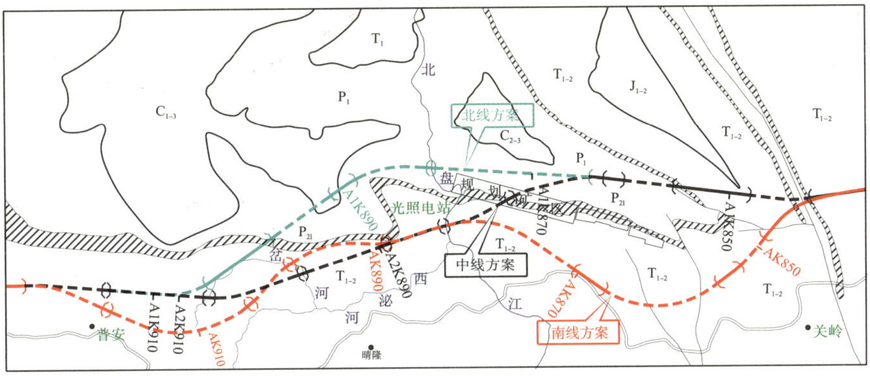

图 5-8　北盘江区域线路方案研究示意图

根据指导性原则之“抬高程”，在可行性研究阶段，经过详细地质调绘和线路方案优化后，采用大跨桥梁跨越坝陵河、北盘江、岔河等深切峡谷，其中北盘江特大桥是世界上跨度最大的钢筋混凝土拱桥，桥面距谷底高近 300m、主跨 445m，为改善隧道的岩溶水文地质条件，尽可能抬高线路标高，使隧道尽可能置于岩溶水的水平流动带之上(图 5-9)。

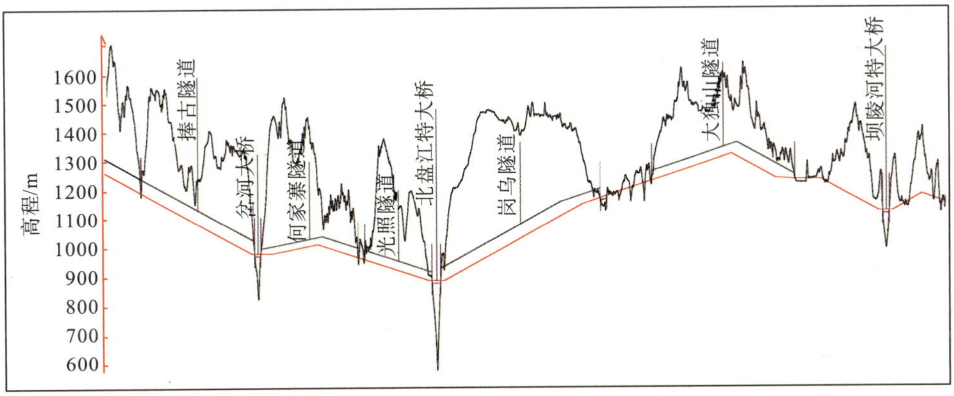

图 5-9　北盘江区域线路方案纵断面示意图

根据指导性原则之“傍河边”，在可行性研究阶段，岗乌隧道线路平面尽可能地靠近岩溶地下水排泄区北盘江及支流大盘江、小盘江，大独山隧道进口段尽可能靠近岩溶地下水排泄区罗秧河并高于雨洪期岩溶水排泄高程(图 5-10)。

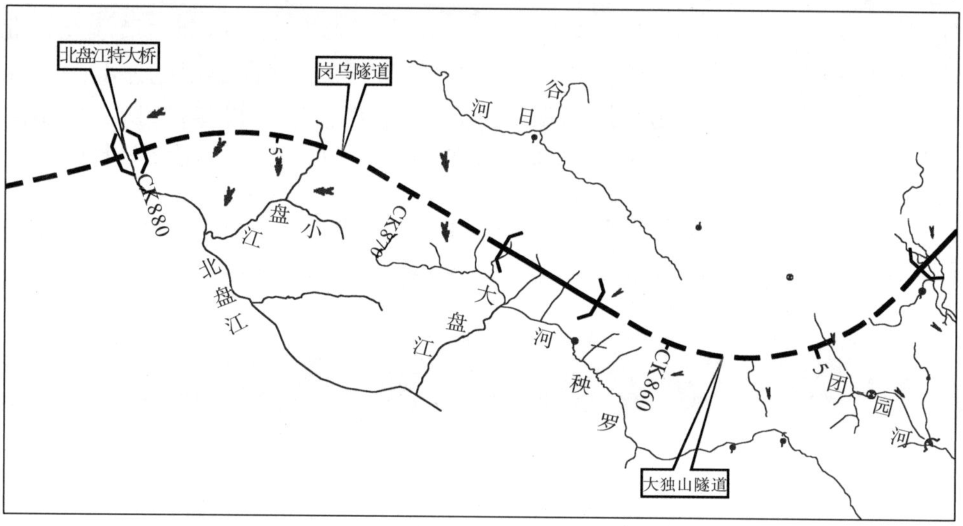

图 5-10　大独山隧道平面示意图

根据指导性原则之“顺坡排”，在可行性研究阶段，岩溶发育隧道尽可能设计成顺坡排(“人”字坡)，避免反坡排水；对不具备顺坡排条件的岗乌隧道、捧古隧道则利用横洞，实现隧道顺坡排水施工。

6. 减灾选线理论应用效果评价

经施工验证，优化后的线路方案将涌水突泥风险、地表失水风险、地面塌陷风险、岩崩风险、工期投资风险等级由高度或极高降低到中低度，达到了减灾的目的，受到各方的好评。

5.1.5　云桂铁路减灾选线

1. 概况

云桂铁路(现南昆高速铁路，200km/h)位于广西西部、云南东南部地区，连接南宁、昆明两大城市，全线穿越平原化岩溶区、过渡带岩溶区和高原岩溶区，全长 710km。全线通过可溶岩地段总长约 344.4km，占线路总长的 48.5%。岩溶强烈发育区集中于云南富宁、广南、丘北、弥勒、石林等云贵高原低中山区域，表现为溶沟、溶槽、漏斗、溶蚀洼地、落水洞、岩溶泉、暗河等岩溶形态，地下岩溶水十分丰富，隧道施工中可能遇大型溶洞和涌水突泥。在勘察过程中，中铁二院联合成都理工大学，对云南境内岩溶水文地质条件进行研究，并针对全线水文地质极为复杂的 9 座岩溶隧道开展了隧道岩溶涌水突泥危险性评价专题研究，通过对隧道进行岩溶涌水突泥危险性分段、分级评价，为隧道防排水设计、施工提供可靠依据。

云桂铁路岩溶区属热带、亚热带湿润气候型侵蚀-溶蚀、溶蚀地区，溶蚀作用占主导地位，高温多雨使化学风化作用强烈，形成各种规模的地表及地下岩溶现象，并以具有封闭负地形为特征。线路跨越华南褶皱带及扬子地台两大构造单元，地形自东向西呈阶梯状抬升，从广西的溶原-峰林平原区、溶洼-峰林山地区，过渡到云南的溶原-峰林高原区、溶原-丘峰高原区，受构造、岩性、地形等因素控制，岩溶水赋存条件、出露特征、规模及岩溶发育特征具有复杂性和特殊性。

2. 岩溶隧道致灾因子及环境影响评价

云桂铁路云南境内经预可行性研究、可行性研究，初步明确线路须经过的经济城市据点、可行的南盘江桥位等控制因素后，确定了可穿越的线路通道，如何通过地质调绘、勘察、分析等手段选定穿越岩溶区的隧道平面位置与标高是局部选线设计的关键，特别对新哨隧道、石林隧道、老石山隧道三座可溶岩隧道进行了工程地质与环境影响分析总结，见表 5-5。

表 5-5 云桂铁路岩溶隧道致灾因子与环境影响分析表

致灾因子与环境影响	新哨隧道	石林隧道	老石山隧道
地层岩性及地质构造	隧道穿越小雨盖向斜，乍尾-大雨邦断层、大山-老隐坡断层、恨坎-阿岱断层、阿楼-小普特断层、小石城断层等断裂构造，通过地层为三叠系灰岩、砂岩等	隧道穿越法雨哨断裂、大坪地断裂，通过地层为二叠系、泥盆系碳酸盐岩，层理产状平缓，垂直向节理裂隙发育	隧道通过老石山向斜，以及小江活动断裂西支，轴部地层为 P_1q+m 的可溶岩，两翼为可溶岩与非可溶岩相间分布
与地下水位关系判识	位于岩溶水水平流动带及深部循环带	位于岩溶水垂直渗流带或水平流动带	位于岩溶水水平流动带
地下水位及水压	地下水潜水位高于隧道设计标高，最大水压可达 3MPa	雨季通过溶蚀洼地渗水，最大水压可达 2MPa	地下水潜水位高于隧道设计标高，最大水压约 2.5MPa
最大涌水量 Q	预测隧道正常涌水量 $8.5\times10^4\text{m}^3/\text{d}$，雨季最大涌水量 $11\times10^4\text{m}^3/\text{d}$	预测隧道极端暴雨季节最大涌水量为 $28.3\times10^4\text{m}^3/\text{d}$	预测隧道一般涌水量 $5\times10^4\text{m}^3/\text{d}$，雨季最大涌水量 $7.5\times10^4\text{m}^3/\text{d}$
岩溶	地表见溶隙、溶沟、溶槽、溶蚀洼地、漏斗、落水洞，岩溶中等-强烈发育	地表溶蚀洼地、漏斗、落水洞等密布，地下为溶隙、溶腔、溶洞等岩溶形态，岩溶强烈发育	老石山向斜为蓄水构造，岩溶主要沿层间发育。地表岩溶形态有溶蚀洼地、岩溶泉等，地下有高度超过 45m 的岩溶大厅，岩溶中等-强烈发育
环境影响	地表分布多处岩溶泉，隧道降水漏斗影响范围内均会被疏干	附近有花口龙潭、洗洒水库，为弥勒县城及附近村镇约 15 万人的生活饮用水源	洞身地表发育多处岩溶泉，隧道降水漏斗影响范围内均会被疏干；阳宗海位于隧道出口右侧约 3km

3. 岩溶隧道灾害风险分析与评估

新哨隧道、石林隧道、老石山隧道三座可溶岩隧道风险分析与评估见表 5-6。

表 5-6 云桂铁路岩溶隧道风险分析表

隧道名称	涌水突泥风险等级为高度、极高	塌方风险等级为高度、极高	地表失水风险
新哨隧道	极高风险段落 6 处，高风险段落 3 处	高风险段落 9 处	中度风险
石林隧道	极高风险段落 6 处，高风险段落 29 处	高风险段落 9 处	中度风险
老石山隧道	极高风险段落 2 处，高风险段落 2 处	高风险段落 7 处	中度风险

新哨隧道初始风险等级为高度的风险单元有 12 处，极高风险有 6 处。其中涌水突泥为极高风险有 6 段，为穿越断层带，涌水突泥为高度风险有 3 处，为穿越向斜、可溶岩与非可溶岩接触带、隧道出口可溶岩段；塌方为高度风险有 9 段，为穿越断层及隧道进出口浅埋段；隧道其余段落风险均在中度及以下。全隧涌水突泥风险为高度及以上的段落占隧道总长的 36.9%，塌方风险为高度及以上的段落占隧道总长的 12.8%。主要典型风险事件类型为涌水突泥、塌方及地表失水风险。

石林隧道初始风险等级为高度的风险单元有 38 处，极高风险有 6 处。其中涌水突泥为极高风险有 6 处，为穿越断层破碎带，涌水突泥为高度风险有 29 处，分别为强富水地块中的Ⅳ、Ⅴ类物探异常带及其余富水地块中的Ⅴ类物探异常带；塌方风险等级为高度的有 9 处，为隧道进出口及洞身浅埋段、洞身溶洞发育段、断层带等；隧道其余段落风险均在中度及以下。全隧涌水突泥风险为高度及以上段落占隧道总长的 28.3%，塌方风险为高度及以上段落占隧道总长的 6.7%。主要典型风险事件类型为涌水突泥、塌方及地表失水风险。

老石山隧道初始风险等级为高度的风险单元有 9 处，极高风险有 2 处。其中涌水突泥为极高风险有 2 处，为穿越处于岩溶水平循环带内的断层破碎带，涌水突泥为高度风险有 2 处，为穿越断层带；塌方风险为高度的有 7 处，为隧道进出口、洞身浅埋段及可溶岩与非可溶岩接触带、断层带；隧道其余段落风险均在中度及以下。全隧涌水突泥风险为高度及以上段落占隧道总长的 9.9%，塌方风险为高度及以上段落占隧道总长的 12.0%。主要典型风险事件类型为涌水突泥、塌方及地表失水风险。

由以上分析可见，云桂铁路岩溶隧道风险中的岩溶涌水突泥风险等级为高度、极高约占总频次的 65.8%，是选线总体设计的关键。

4. 减灾选线指导原则

通过分析云桂铁路运输需求、运输条件、技术标准、自然条件与当代土建工程技术水平，根据减灾选线指导方针，制定了该线减灾选线指导原则：“先绕避、抬高程、傍河边、顺坡排”等，并在线路方案优化设计中加以实际应用。

5. 线路选线优化过程分析

根据减灾选线指导性原则之“先绕避”，在可行性研究阶段，通过调查分析富宁至砚山岩溶强烈发育，地表溶蚀洼地、漏斗、落水洞、暗河分布较多，属岩溶水补给-径流区，经富宁、砚山方案线路从富宁盆地以 51km 单面上坡特长隧道至砚山岩溶高原，涌水突泥现象突出，反坡段施工风险大，该方案被舍弃，转而选择岩溶发育相对较弱的经富宁、广南、丘北方案(图 5-11)。

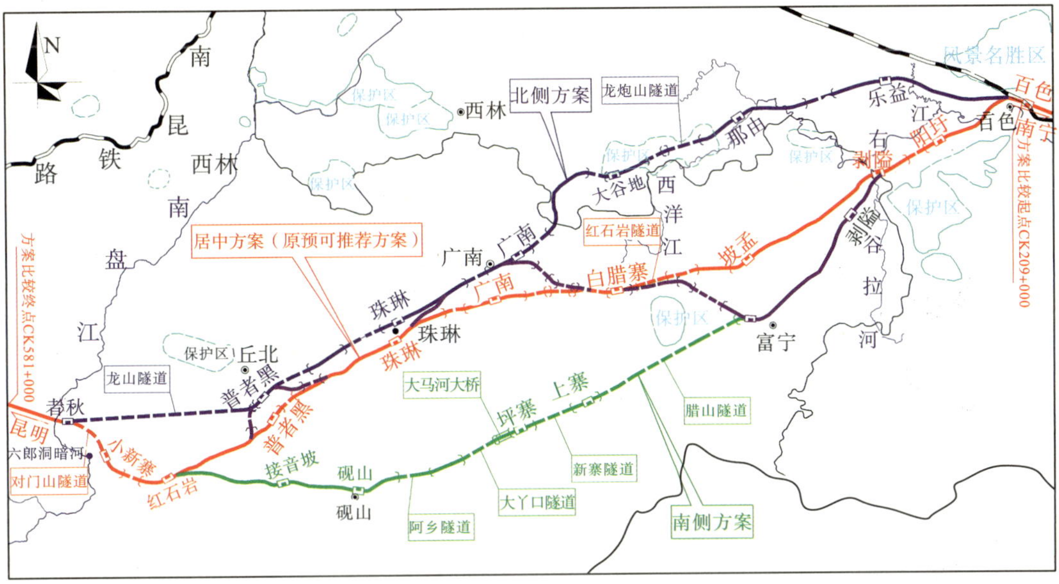

图 5-11　富宁至砚山线路方案比选示意图

根据减灾选线指导性原则之“傍河边”，在可行性研究阶段，通过分析西洋河为富宁至广南段线路区域岩溶侵蚀基准面，河谷为暗河排泄区，本段线路沿西洋河及其支流响水河岸行进，革朗隧道、红石岩隧道等穿行于相对安全的岩溶水垂直渗流带内(图 5-12)。

根据减灾选线指导性原则之“抬高程”，在可行性研究、初步设计阶段，通过调查分析弥勒盆地西缘为暗河排泄区，发育花口龙潭、白支古龙潭、黑龙潭、疯龙潭等一系列岩溶大泉，排泄高程自北向南逐渐降低，弥勒至石林段东线方案、中线方案石林隧道均位于岩溶水水平流动带内，岩溶管流、涌水突泥等现象突出，选择西线方案，线路沿盆地西南缘提前起坡，抬高隧道高程，使石林隧道置于岩溶水水平流动带之上(图 5-13)。

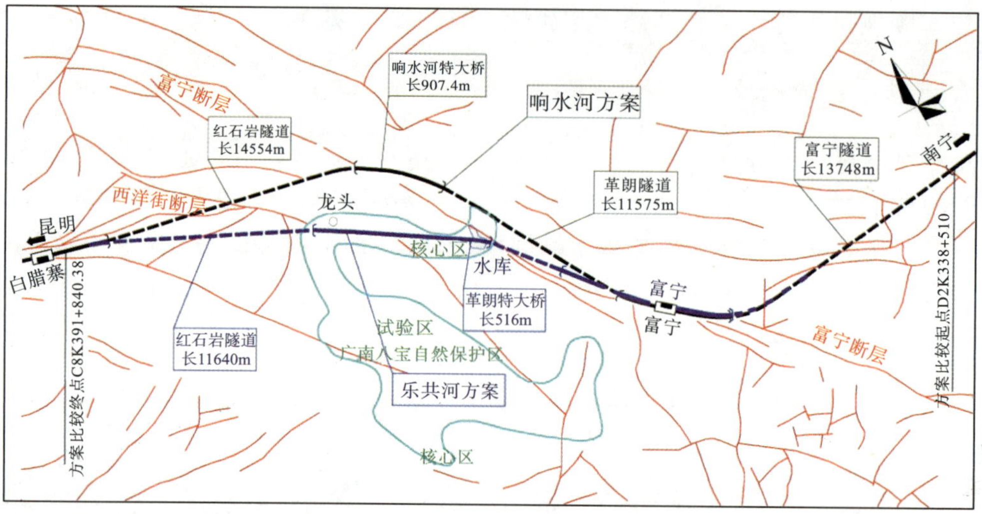

图 5-12　富宁区域线路方案比选示意图

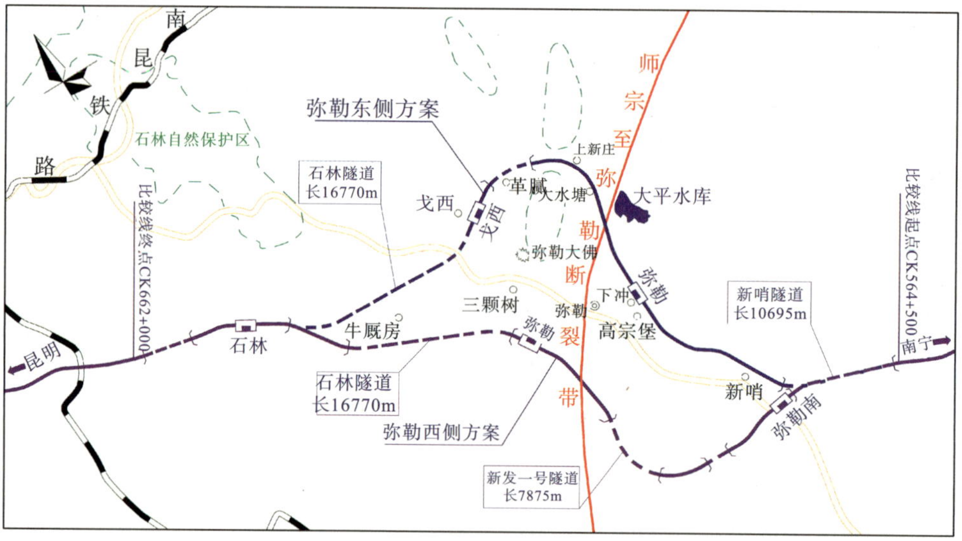

图 5-13　弥勒至石林线路方案比选示意图

根据减灾选线指导性原则之“顺坡排”，在初步设计、施工图设计阶段，经过调查、勘探发现新哨隧道出口段、老石山隧道出口段存在非可溶岩与可溶岩接触带，可溶岩均位于水平流动带，新哨隧道发育龙潭哨暗河，老石山隧道与阳宗海存在水力联系，通过设置顺坡排（“人”字坡），变坡点位于非可溶岩内，使新哨隧道处于暗河之上，阳宗海水不会经岩溶管道倒灌老石山隧道（图 5-14）。

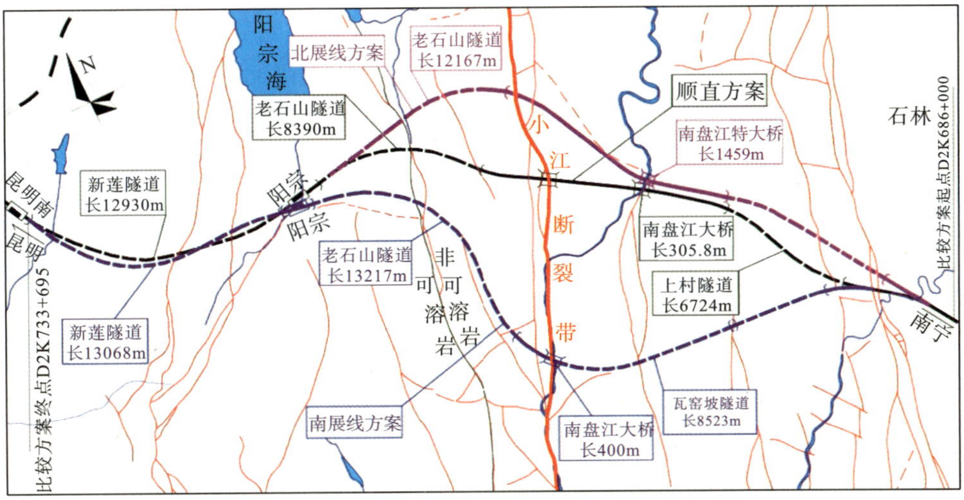

图 5-14　南盘江区域线路方案比选示意图

6. 减灾选线理论应用效果评价

经施工验证，优化后的线路方案将涌水突泥风险、地表失水风险等级由高度或极高降低到中低度，达到了减灾的目的。

5.1.6　成贵高速铁路减灾选线

1. 概况

成贵高速铁路(250km/h)地处四川盆地南缘向云贵高原西北部的过渡地带，穿越云贵川三省，云南、贵州境内主要穿过过渡带岩溶区，全长 515km。全线通过可溶岩地段总长约 197km，占线路总长的 38.25%。岩溶发育地段地形相对高差大，多见深切河谷、溶蚀丘陵和洼地等岩溶地貌。区内致灾因子多样，既有溶隙、溶蚀洼地、落水洞、漏斗等竖向岩溶形态，也有溶洞、暗河等水平岩溶形态，地下岩溶水发育丰富，隧道施工中可能遇较大型溶洞和涌水突泥、地表失水等灾害，岩溶及岩溶水问题严重影响铁路施工及运营安全。

在成贵高速铁路新坝至威信段岩溶区地质选线中，综合考虑了工程建设与运营安全性、可靠性、经济性、合理性，充分体现了岩溶地区铁路选线设计的技术创新。

2. 岩溶隧道致灾因子及环境影响评价

成贵高速铁路新坝至威信段为四川盆地进入云贵高原的斜坡过渡地带，属于南广河流域，线路高差约 1100m，区域地层岩性主要为二叠系、三叠系灰岩，白云岩，砂泥岩夹煤层。由于受构造作用影响，岩体破碎，加之测区雨量充沛，受泥质岩类相对隔水层的夹持，有利于地下水的补给和对可溶岩成分的溶蚀、溶解作用，造成了该区岩溶强烈发育。本段范围应山岩隧道、天蓬隧道、玉京山隧道岩溶发育，岩溶水丰富。经预可行性研究、可行性研究，初步确定了新坝至威信段线路穿越的通道，并对该段岩溶工程地质条件及环境影响进行了分析总结，见表 5-7。

表 5-7 成贵高速铁路岩溶隧道致灾因子与环境影响分析表

致灾因子与环境影响	应山岩隧道	天蓬隧道	玉京山隧道
地质岩性及地质构造	隧道穿越猪槽井、长官司断层、宽缓的石栗坪背斜，隧道洞身主要穿行在 T_2l、T_1j 可溶岩内，岩溶强烈发育	隧道进口端位于文昌阁背斜核部。轴部地层为 T_1j，两翼地层为 T_2l，均为可溶岩	线路多大角度穿越构造线，总体上穿越天堂上背斜的两翼，共穿过了 7 条断层，洞身中部穿越 P_1q+m、T_1m、O_{2+3} 等多套可溶岩地层
与地下水位关系判识	除隧道进口附近外，DK255+275～DK260+250 位于水平流动带	DK262+800～DK267+250 段位于岩溶水水平流动带	位于岩溶水垂直渗流带或水平流动带
地下水位及水压	地下水潜水位高于隧道设计标高，最大水压约 3.0MPa	地下水潜水位高于隧道设计标高，最大水压约 1.5MPa	水平流动带内最大水压约 2.5MPa
最大涌水量 Q	预测隧道最大涌水量 $9.3\times10^4m^3/d$	预测隧道最大涌水量 $6.6\times10^4m^3/d$	预测隧道最大涌水量 $8.3\times10^4m^3/d$
岩溶	地表岩溶形态为岩溶漏斗、槽谷，地下岩溶形态为暗河、溶洞	地表可见多个岩溶泉、暗河和漏斗	地表岩溶强烈发育，暗河、落水洞、漏斗、溶蚀洼地、溶洞等均有发育，发现的岩溶现象主要有：推测有一长约 18km 的暗河管道和线路大角度相交于 DK279+990
环境影响	隧区洞顶有村舍、农田及少量地表沟溪，其余为林地及旱地，开挖将引起地下水位下降，可能造成地表水、泉水漏失，影响当地村民的正常生活，影响范围为：DK255+350～DK256+500 段左 0.7～1km，右 0.8～1km；DK258+700～DK261+200 段左 0.4～1.3 km，右 0.4～0.8km	隧道 DK262+800～DK267+ 250 段洞身岩溶强烈发育，洞顶居民较密集，开挖将引起洞顶地表水漏失，影响当地村民的正常生活，影响范围为：DK262+595～DK264 +400 段左 0.25～2km，右 1.4km；DK264+400～DK266 +900 段左 0.25～2km，右 0.23km，经调查影响地表井泉点 17 处	隧道出口端标高低于威信县备用饮水扎西水库水源库底标高，可能引起渗漏；隧道中部开挖将可能导致位于隧顶地表 DK281+ 426 左 651m 的威信县天野山泉、DK281 +707 左 638m 威信县天鑫山泉、D3K281+787 左 1206m 扎西山泉的渗漏失水。还可能将导致地表溶蚀洼地塌陷等灾害

3. 岩溶隧道风险分析与评估

应山岩、天蓬、玉京山三座可溶岩隧道风险分析与评估见表 5-8。

表 5-8 成贵高速铁路兴文至威信段岩溶隧道风险分析表

序号	工程地质及环境影响分析汇总	可能引起的主要风险
1	三座岩溶隧道均穿越背斜构造及诸多断裂构造，同时各种构造节理、风化裂隙和层理发育	涌水突泥风险、地表失水风险
2	三座岩溶隧道地表可见大型溶洞、溶蚀洼地、落水洞、漏斗等地貌，岩溶呈串珠状分布，地下暗河发育	涌水突泥风险
3	三座岩溶隧道均有可溶岩段落，地下水位均高于隧道，水压力较大	涌水突泥风险、工期投资风险、地表失水风险
4	三座岩溶隧道遇到暴雨或岩溶管道水，涌水量还将成倍增加，涌水量极大	涌水突泥风险、工期投资风险、地表失水风险

续表

序号	工程地质及环境影响分析汇总	可能引起的主要风险
5	应山岩隧道、天蓬隧道位于岩溶水水平流动带，玉京山隧道位于垂直渗流带或水平流动带。在垂直渗流带内隧道所遇岩溶形式以垂直发育的溶洞、溶缝、岩溶管道为主；而在水平流动带内，可能遇到以水平发育的溶洞、岩溶管道形式为主，并有可能遇到暗河	涌水突泥风险、地表失水风险
6	应山岩隧道、天蓬隧道不同程度地穿过须家河组或龙潭坪组含煤地层，为高瓦斯及瓦斯突出隧道，可能产生瓦斯危害	瓦斯风险、工期投资风险
7	应山岩隧道、天蓬隧道穿越盐溶角砾岩夹假晶膏岩地层，岩体差异风化严重，隧道通过这些软质岩或软弱夹层，可导致冒顶、塌方等	塌方风险
8	三座岩溶隧道地表均分布水田、旱地、水塘、水库等，地表居民点分布密集，共计数万居民利用岩溶水作为生活和农业生产用水，同时玉京山隧道地表还有矿泉水场、县城备用水源，如地表发生失水，将严重影响附近居民的生产生活，存在严重的环保问题	地表失水风险
9	隧道开挖可能揭穿暗河、溶洞，需对部分段落进行注浆及其他岩溶治理措施，会减慢施工进度，且几个岩溶隧道都为全线的主要工期控制点，工期紧张	工期投资风险

由以上分析可见，成贵高速铁路新坝至威信段岩溶隧道风险中的岩溶涌水突泥风险、工期投资风险、地表失水风险出现频次比例较高，三者占据了全部频次的91%，是选线总体设计的关键。

4. 减灾选线指导原则

通过分析成贵高速铁路运输需求、运输条件、技术标准、自然条件与目前土建工程技术水平，根据“绕避强烈发育岩溶，选择相对安全位置，设置合理工程设施”减灾选线指导方针，制定了该线减灾选线指导原则：“抬高程、顺坡排”，并在线路方案优化设计中加以实际应用。

5. 线路选线优化过程分析

根据指导性原则，在施工图阶段，经过详细地质调绘，考虑到应山岩隧道、天蓬隧道、玉京山隧道穿越可溶岩段落长且长段落位于水平流动带内，水压较大，线路设计标高将可能揭穿玉京山大型暗河、导致威信县扎西水库渗漏等影响，同时受控于花家坝煤矿采空区标高、线路曲线半径要求，最终抬高应山岩隧道至天蓬隧道段原“人”字坡坡度(图 5-15)，而南广河至威信段即玉京山隧道则采用 30‰抬坡方案(图 5-16)。

综上所述，新坝至威信段采用 30‰坡度方案，桥隧总长减短并缩短了可溶岩段落及穿越水平流动带的长度，降低了通过威信扎西水库范围的隧道水压力，有效缓解岩溶涌水突泥、扎西水库渗漏等不利因素，同时也达到上跨玉京山大型暗河、降低工程风险的目的。

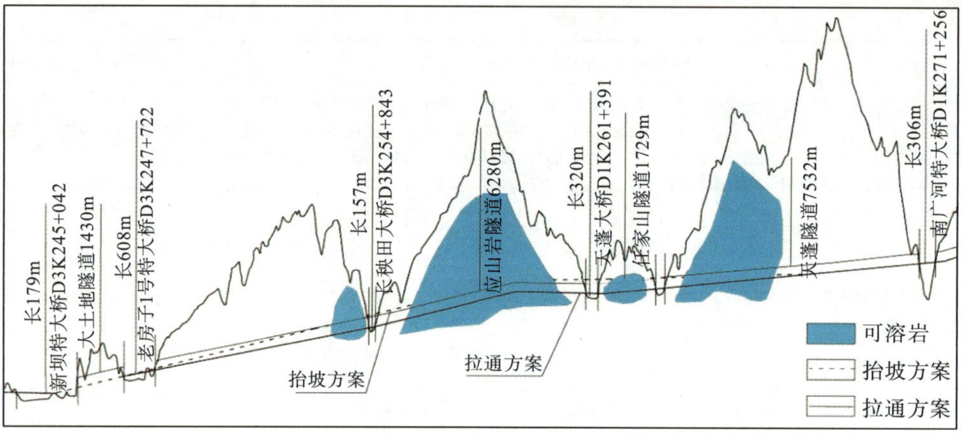

图 5-15　应山岩至天蓬隧道抬坡方案

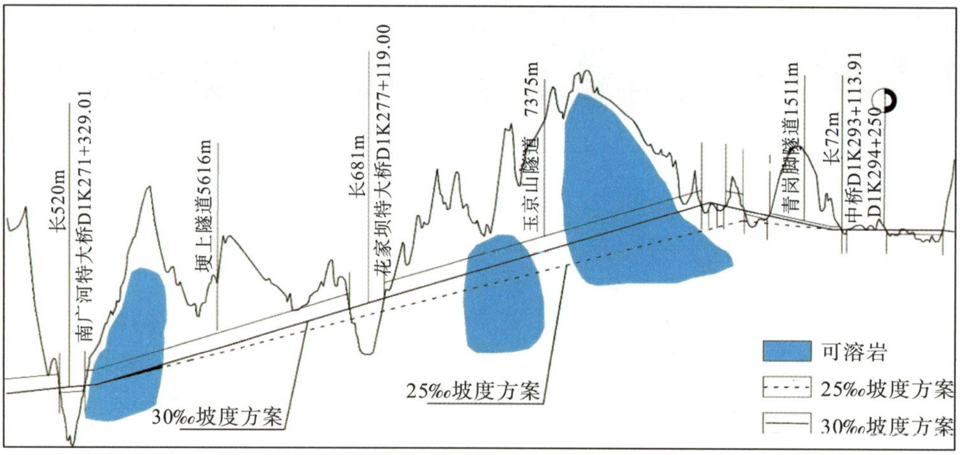

图 5-16　南广河至玉京山隧道抬坡方案

6. 减灾选线理论应用效果评价

经施工验证，优化后的线路方案将涌水突泥风险、地表失水风险、地面塌陷风险、工期投资风险等级由高度或极高降低到中低度，达到了减灾的目的。

5.1.7　郑万高速铁路减灾选线

1. 概况

郑万高速铁路鄂渝段（350km/h）位于鄂西北和渝东北过渡带岩溶区，正线长度469.771km。全段可溶岩地段长 92.482km，占线路总长的 19.69%。其中岩溶隧道 23 座，可溶岩段落总长 72.516km，占隧道总长的 21.52%。

郑万高速铁路沿线构造运动频繁、强烈，构造规模巨大，多具造山运动性质，地质条件极为复杂。沿线可溶岩地层分布广泛，可溶岩地层出露齐全，从前震旦系至三叠系可溶岩均有分布，且大部分可溶岩岩性属于岩质较纯的灰岩、白云岩、白云质灰岩等。下二叠统、下三叠统岩溶强烈发育，溶洞、暗河、落水洞、溶蚀洼地、溶蚀槽谷等岩溶致灾因子发育；奥陶系、寒武系和震旦系等由于受到区域地形地貌条件、地质构造等多方面因素的影响，岩溶发育程度也相当高，溶洞、暗河、落水洞、溶蚀洼地、岩溶槽谷等岩溶致灾因子较发育。聚龙山复式向斜区域、新华断裂带 SE 盘、齐耀山背斜区域、横石溪背斜区域面岩溶率一般大于 5%，局部地方甚至达到 20%以上。

区域内岩溶地下水利用率非常高，利用暗河、岩溶泉群修建了多座水库、大鲵养殖基地、冷水鱼养殖基地等一系列地方经济项目。铁路的修建可能造成岩溶水漏失，疏干该区域部分暗河、泉群等岩溶地下水，对当地环境造成巨大影响，给居民的生产、生活及地方经济造成严重损失。因此，岩溶及岩溶水问题将成为控制郑万铁路襄阳至兴山段内的主要工程地质问题，对线路方案的走向起决定性作用。

为确保郑万高速铁路在复杂岩溶地区的合理选线，中铁二院联合成都理工大学、湖北省地质调查院、重庆一三六地质队等单位开展了本区段岩溶地质及线路方案选择专题研究，查明了研究区可溶岩的分布特征、岩溶形态、岩溶发育受控因素等，完成了岩溶含水岩组划分、岩溶强度分区及岩溶水文地质单元划分等岩溶水文地质分析，为本地区铁路选线提供了可靠的依据。

2. 岩溶隧道致灾因子及环境影响分析

郑万高速铁路襄阳至奉节段为全线岩溶集中分布区，如何通过地质调绘、勘察、分析等手段选定穿越岩溶区的隧道平面位置与标高是局部选线设计的关键，本线在选线研究中对长大隧道逐一进行了工程地质与环境影响分析，以下通过楚烽隧道、新华隧道、荣家湾隧道、小三峡隧道四座代表性隧道进行了工程地质与环境影响分析总结，见表 5-9。

表 5-9　郑万高铁岩溶隧道致灾因子与环境影响分析表

致灾因子与环境影响	楚烽隧道	新华隧道	荣家湾隧道	小三峡隧道
地层岩性及地质构造	隧址区位于神农架穹窿构造和黄陵背斜复合部位，地质构造发育，隧址区内发育 3 个背斜(前山背斜、茅蜡池背斜、龙潭村背斜)和 4 条断层(横溪断层、杜家坡断层、龙口河断层、龙潭垭断层)，穿越可溶岩为奥陶系灰岩，寒武系和震旦系白云岩	隧址区位于神农架穹窿构造和黄陵背斜复合部位，地层岩性复杂，地质构造发育，隧道通过 2 个背斜(黄家沟复背斜、青山包复背斜)、1 个向斜(水井湾向斜)和 4 条断层(王家老屋、郭家垭、石屋头、景家坪断裂)。穿越可溶岩主要为前震旦系和震旦系白云岩	隧址区位于横石溪背斜北翼，岩层以单斜构造为主，局部地段发育小褶皱，隧道穿越可溶岩为三叠系嘉陵江组(T_1j)	主体构造为齐耀山背斜，褶皱为主，齐耀山背斜西北翼褶皱密集发育，隧道穿越可溶岩为三叠系嘉陵江组(T_1j)
与地下水位关系判识	本隧可溶岩段共有 3700m 位于水平流动带，1840m 位于垂直渗流带-水平流动带	本隧可溶岩段共有 3400m 位于水平流动带，1370m 位于垂直渗流带-水平流动带	本隧可溶岩段共有 3500m 位于垂直渗流带，隧道中部 2670m 位于垂直渗流带-水平流动带	本隧可溶岩段共有 4785m 位于水平流动带，1700m 位于垂直渗流带-水平流动带，进口 800m 位于垂直渗流带
地下水位	可溶岩段地下水潜水	可溶岩段地下水潜水	地下水潜水位高于隧	地下水潜水位高于隧道

续表

致灾因子与环境影响	楚烽隧道	新华隧道	荣家湾隧道	小三峡隧道
及水压	位高于隧道设计标高，最大水压约 1.5MPa	位高于隧道设计标高，最大水压约 0.4MPa	道设计标高，最大水压约 0.1MPa	设计标高，最大水压约 0.6MPa
最大涌水量 Q	预测隧道最大涌水量 $11.7\times10^4\ m^3/d$	预测隧道最大涌水量 $7.2\times10^4\ m^3/d$	预测隧道最大涌水量 $12.9\times10^4\ m^3/d$	预测隧道最大涌水量 $16.9\times10^4\ m^3/d$
岩溶	岩溶中等-强烈发育，地表岩溶形态为溶蚀洼地、岩溶槽谷、落水洞，地下溶洞及岩溶管道发育，岩溶管道以短途径为主	岩溶中等发育，地表岩溶形态主要有溶蚀洼地、岩溶槽谷，地下岩溶形态为溶洞，暗河主要发育线路对侧，线路一侧暗河不发育	岩溶强烈发育，地表岩溶形态为溶蚀洼地、落水洞、溶沟、溶槽、石芽、溶洞，地下暗河、溶洞发育，暗河管道以中距离为主，地下水文系统已成网状发育	岩溶强烈发育，地表岩溶形态为溶蚀洼地、落水洞、溶沟、溶槽、石芽、溶洞，地下暗河、溶洞发育，暗河系统以长距离为主
环境影响	本隧经过地段分布少量村落，隧道下穿 2 条岩溶管道以及经过 2 个溶蚀洼地，隧道施工给当地居民生活饮用、农田灌溉等方面带来一定影响	穿越可溶岩段地表有零星泉眼，水量不大，隧道施工对地表动植物及居民影响较小。隧道洞身沟槽为新华镇一级水源保护区	隧道范围内分布较多村庄，村庄饮用水及灌溉用水主要为地表降雨，泉点分布少，规模小，水量较小	山上地表有零星泉眼，规模较小，有泉水流出，水量不大。隧道附近有小三峡国家森林公园

3. 岩溶隧道灾害风险分析与评估

楚烽隧道、新华隧道、荣家湾隧道、小三峡隧道四座可溶岩隧道风险分析与评估见表 5-10。

表 5-10　郑万高速铁路岩溶隧道灾害风险分析表

工程名称	初始风险类型					
	涌水突泥	塌方	地表失水	危岩落石	洞口及边坡失稳	有害气体
楚烽隧道	穿越断层破碎带、可溶岩水平流动带风险为高度，穿越可溶岩垂直渗流带-水平流动带风险为中度，其余地段风险为低度	高风险段落 15 处，分别为进出口和洞身浅埋段、断层破碎带、地层岩性接触带、物探异常段	穿越 4 处浅埋及断层处风险为高度，其余可溶岩段落风险为中度	无	初始风险等级进口为中度，出口为高度	无
新华隧道	初始风险为高度的段落 4 处，分别穿越断层破碎带、可溶岩水平流动带，穿越可溶岩垂直渗流带-水平流动带风险为中度	分别为进出口段、断层破碎带、地层岩性接触带、物探异常段、褶皱核部	初始风险为中度的有 2 处	初始风险等级进口为高度	初始风险等级进口为高度，出口为中度	无
荣家湾隧道	整个可溶岩段初始风险均为高度	初始风险为高度的 4 处，分别为进出口段、浅埋段、物探异常段、下穿高速公路段	该类风险为高度	无	初始风险等级进出口均为高度	无
小三峡隧道	穿越断层破碎带、可溶岩水平流动带风险为高度，穿越可溶岩垂直渗流带-水平流动带风险为中度，其余地段风险为低度	高风险段落 13 处，分别为进出口段、浅埋段、物探异常段和齐耀山核部	高风险段落 2 处，主要为穿越中硐河及齐耀山核部	初始风险等级进口、出口为高度	初始风险等级进口、出口为中度	风险等级为中度

4. 减灾选线指导原则

通过分析高速铁路技术标准、自然条件与当代土建工程技术水平，根据减灾选线指导方针，制定了该线减灾选线指导原则：“先绕避、抬高程、傍河边、防崩滑、顺坡排”，并在线路方案优化设计中加以实际应用。

5. 线路选线优化过程分析

1) 襄阳至巴东段方案研究

襄阳至巴东段研究了经南漳—保康—兴山方案、经宜城—远安—兴山方案、经南漳—兴山取直方案。三方案沿线岩性众多、构造复杂，存在大量的不良地质现象，工程地质条件复杂。经南漳—兴山取直方案线路径直穿越聚龙山复式储水向斜，同时穿越寺坪—牛头山复式倒转向斜和聚龙山复式向斜，岩溶及岩溶水复杂，隧道涌水突泥风险高；经南漳—保康—兴山方案和经宜城—远安—兴山方案均对聚龙山复式向斜、寺坪—牛头山倒转向斜岩溶及岩溶水强烈发育地段进行了绕避或走行于相对有利地段，但经远安方案线路存在穿越小煤窑采空区的风险。根据指导性原则，推荐采用经南漳—保康—兴山方案（图 5-17）。

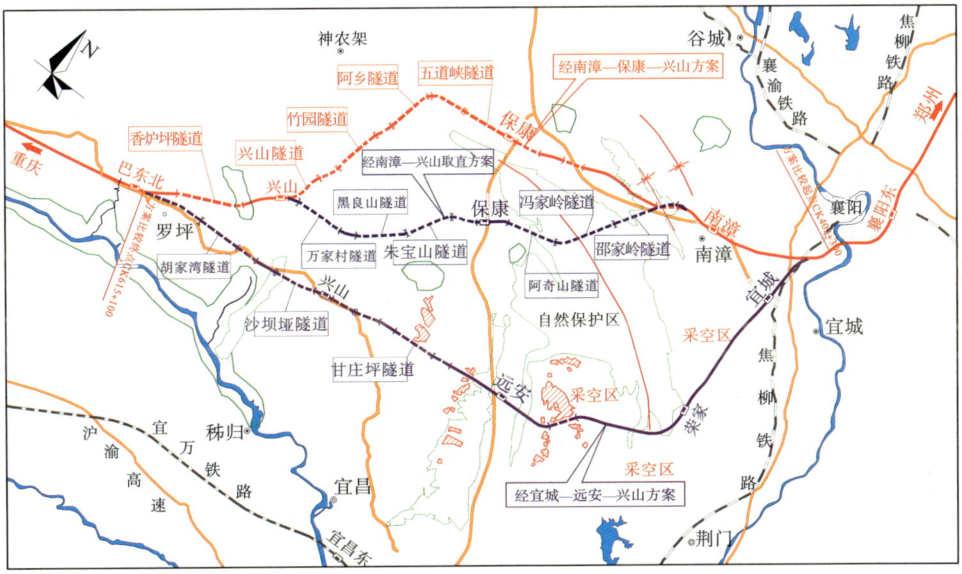

图 5-17　襄阳至巴东线路方案研究示意图

2) 罗家山至楚烽段线路方案研究

罗家山至楚烽段线路方案共研究了 5 个方案（图 5-18），分别为经白竹磷矿北侧方案（方案一）、下穿白竹磷矿方案（方案二）、线路取直方案（方案三）、经两河口抬坡方案(方案四)和经两河口方案(方案五)。

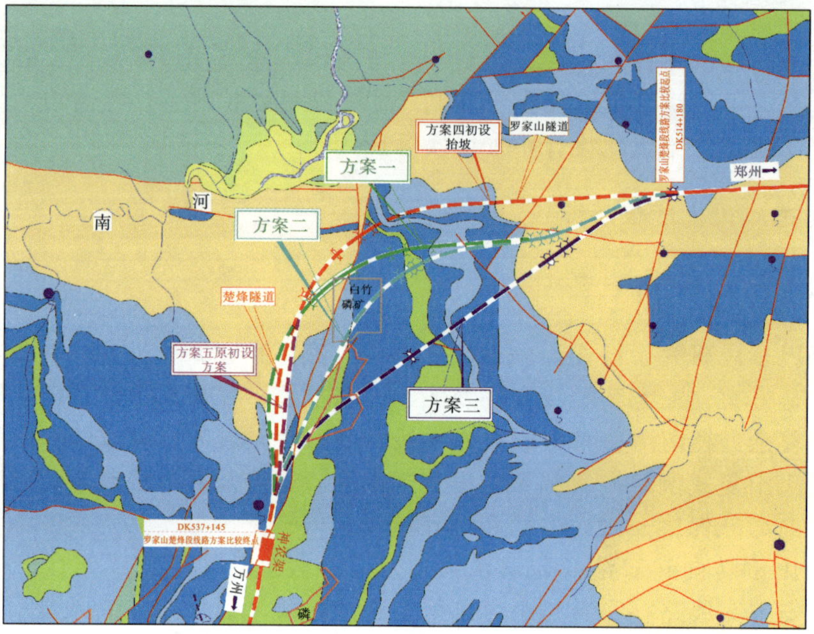

图 5-18 罗家山至楚烽段线路方案研究示意图

经综合比选如下：

从岩溶及岩溶水地质条件讲，方案三隧道远离河谷，隧道埋深大，洞身位于地下水水平流动带长度最长，最大水头高度最大，岩溶水文地质条件最差，隧道涌水突泥的风险最高。其余方案穿越可溶岩长度、岩溶发育程度大致相当，因傍河行进，岩溶水文地质条件优于方案三。

方案一、二、三多处隧道洞口危岩落石、崩塌、滑坡发育，处理困难，同时方案二和方案三均穿越了保康最大矿区—白竹磷矿，压覆磷矿超过 3000 万吨，且方案二线路标高和开采标高重叠，存在采空问题。

方案四和方案五对危岩落石进行了绕避，走在相对有利位置，且方案四线路标高抬高后水头高度有所降低，水文地质条件有所改善，同时实现了“顺坡排”（“人”字坡)施工。根据指导性原则，为经两河口短通过、傍河、抬坡方案(方案四)地质条件最优，推荐该方案。

3) 巫山小三峡段方案研究

巫山小三峡段位于长江北岸过渡带岩溶区，穿越隔槽式褶皱-齐耀山背斜，岩溶强烈发育，岩溶水复杂，且周边为小三峡、瞿塘峡等国家自然保护区、风景区，环境敏感点多。本区域主要研究了齐耀山北侧方案和齐耀山南侧方案(图 5-19)，由于南侧方案穿越可溶岩段落长，且不可避免需下穿清水洞暗河(图 5-20)，水文地质条件复杂，南侧方案需穿越的崩塌、滑坡、泥石流工点较北侧多，故推荐采用了齐耀山北侧方案作为初设方案。

图 5-19　巫山小三峡段线路方案研究示意图

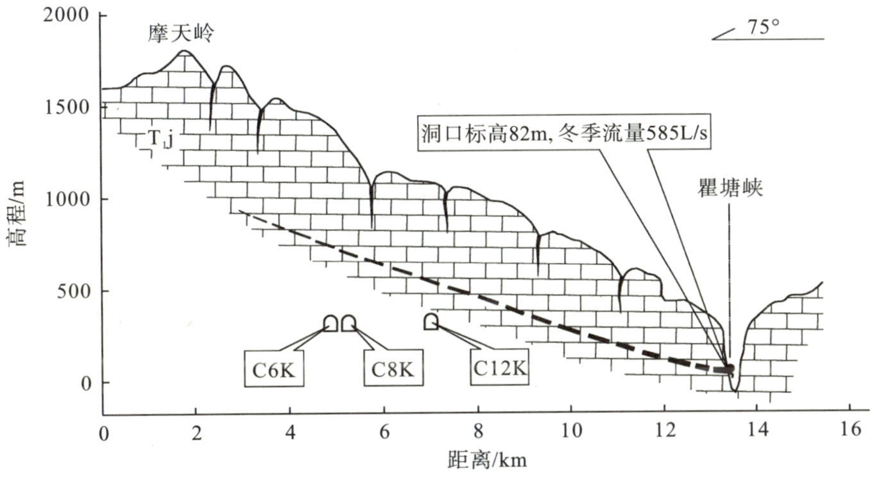

图 5-20　清水洞暗河与南线各方案位置关系示意图

通过综合比选，施工图阶段对线路方案进一步优化，调整线路平面位置，并抬高线路高程，D2K 方案穿越可溶岩段落比 DK 方案短(图 5-21 和图 5-22)，岩溶工程地质条件最好，推荐采用短通过、傍河或隧道纵断面上避开可溶岩的 D2K 方案。

6. 减灾选线理论应用效果评价

优化后的线路方案通过加强工程措施后将涌水突泥风险、地表失水风险、地面塌陷风险、工期投资风险等级由高度或极高降低到中低度，达到了减灾的目的。

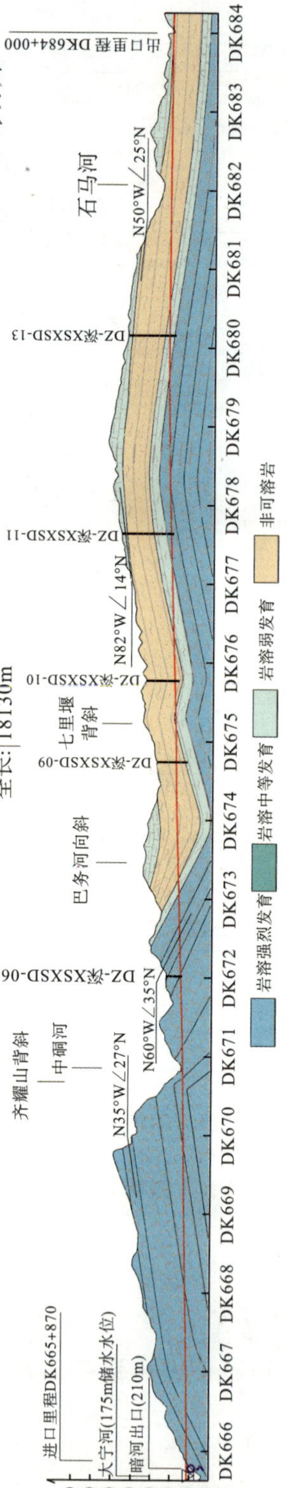

图5-21　齐耀山北侧DK方案小三峡隧道地质纵断面示意图

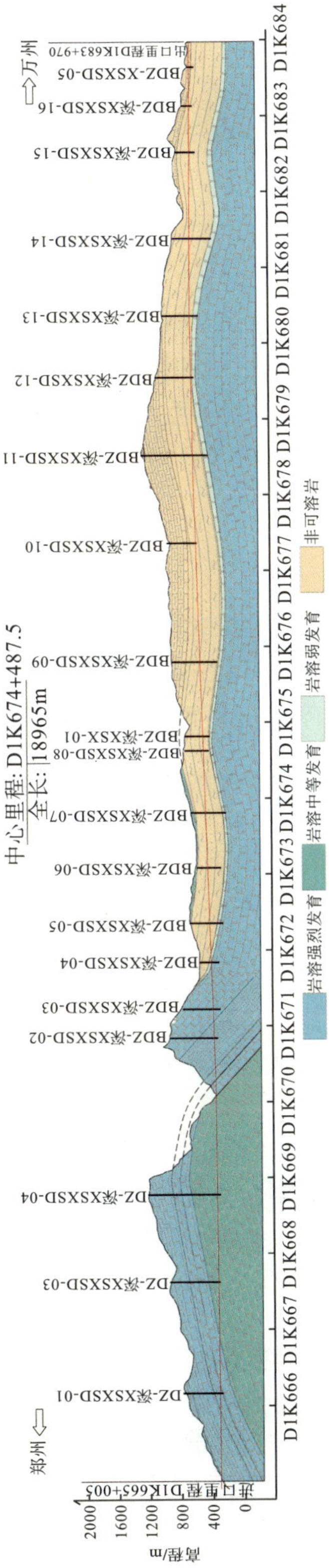

图5-22　齐耀山北侧D2K方案小三峡隧道地质纵断面示意图

5.2 高速铁路工程岩溶灾害防治

5.2.1 路基岩溶灾害防治

近年来，中铁二院针对高速铁路的特点，因地制宜，在以往岩溶灾害防治技术的基础上，不断完善和提高，逐步建立了高速铁路路基岩溶灾害防治新技术，其中关键技术“分序钻孔注浆的探灌结合地基防塌加固技术”于 2009 年首次采用，并纳入了《铁路工程地基处理技术规程》(TB 10106—2010)；“桩板控沉防塌技术”之“岩溶区轻型框架路基桩板结构构造”获得国家实用新型专利。

1. 分序钻孔注浆的探灌结合地基防塌加固技术

注浆处理是防止岩溶地面塌陷灾害较为常用的处理方法，具有充填地下空间(土洞和小型溶洞)、隔水帷幕和增强岩土体强度等作用。对于路基岩溶中等发育或强烈发育，用岩溶地面塌陷判据综合评分判别，对岩溶塌陷高风险区、极高风险区的溶洞，连通性较好且垂直发育的溶蚀破碎带，地下水位在基岩与覆盖层接触界面附近波动的段落，均需采取整治措施。

1) 技术要点

为增强岩溶注浆的加固和堵水效果，通过长期研究总结和实践，提出了分序(Ⅰ序、Ⅱ序、Ⅲ序)钻孔注浆的探灌结合地基防塌加固技术，具体如下。

(1) 分序钻孔注浆。

对勘察阶段判定的路基岩溶塌陷高风险区、极高风险区进行钻孔注浆整治，采用探灌结合、分序施工的动态设计原则，分别实行两序(Ⅰ序、Ⅱ序)、三序(Ⅰ序、Ⅱ序、Ⅲ序)钻孔注浆。

(2) 施工整治岩溶塌陷风险动态评估。

在地质调绘、物探及钻探资料综合分析的基础上，施工中首先实施Ⅰ序先导探灌孔，并完善施工图，按表 5-11 标准完成先导钻孔岩溶地面塌陷评分，划分塌陷分区(A-岩溶塌陷极高风险亚区，B-岩溶塌陷高风险亚区，C-岩溶塌陷低风险亚区)。

表 5-11 施工整治岩溶塌陷风险动态评估指标体系

基本条件	主要影响因素	因素水平	指标分	备注
水——塌陷动力	地下水位(25 分)	钻孔稳定水位标高与土石界面标高差值$\Delta d \leqslant 5$m	25	
		钻孔稳定水位标高与土石界面标高差值$\Delta d > 5$m	15	
覆盖层——塌陷物质	土的性质与土层结构(15 分)	黏性土(黏土、粉质黏土)	10	
		粉土、砂层	15	
		全风化砂页岩	10	

续表

<table>
<tr><th>基本条件</th><th>主要影响因素</th><th colspan="2">因素水平</th><th>指标分</th><th>备注</th></tr>
<tr><td rowspan="5"></td><td rowspan="2"></td><td colspan="2">单一的圆砾土、卵石土、角砾土、块石土</td><td>10</td><td></td></tr>
<tr><td colspan="2">多元结构(黏性土与砂卵石层混合)</td><td>15</td><td></td></tr>
<tr><td rowspan="3">土层厚度
(10 分)</td><td colspan="2">$0<h\leqslant 10$m</td><td>10</td><td></td></tr>
<tr><td colspan="2">$10<h\leqslant 30$m</td><td>7</td><td></td></tr>
<tr><td colspan="2">$h>30$m</td><td>5</td><td></td></tr>
<tr><td rowspan="10">岩溶——塌陷与储运条件</td><td rowspan="2">地貌
(15 分)</td><td colspan="2">平原、谷地、溶蚀洼地</td><td>15</td><td></td></tr>
<tr><td colspan="2">斜坡地带</td><td>5</td><td></td></tr>
<tr><td rowspan="8">岩溶发育程度
(35 分)</td><td colspan="2">钻孔见溶洞</td><td>35</td><td></td></tr>
<tr><td rowspan="4">循环液消耗情况</td><td>孔口不翻水</td><td>25</td><td></td></tr>
<tr><td>孔口部分翻水</td><td>10</td><td></td></tr>
<tr><td>循环液基本不消耗</td><td>0</td><td></td></tr>
<tr><td></td><td></td><td></td></tr>
<tr><td colspan="2">钻孔见溶蚀破碎带(含强风化)、RQD≤50%或基岩采取率(TCR)≤50%</td><td>25</td><td></td></tr>
<tr><td colspan="2">50%＜RQD≤75%或 50%＜基岩采取率(TCR)≤80%</td><td>25～0</td><td>内插</td></tr>
<tr><td colspan="2">RQD＞75%或基岩采取率(TCR)＞80%</td><td>0</td><td></td></tr>
</table>

注：(1)以上表格判定标准必须剔除钻孔人工填筑层。

(2)对于裸露型岩溶，即覆盖层为 0m 的钻孔判定按以下标准执行：

①勘探未见溶洞的钻孔(即岩溶发育程度 5 分)按岩溶塌陷低风险判定，评分为 65 分。

②钻孔见溶洞(即岩溶发育程度为 35 分)，根据厚跨比确定分值(溶洞顶板厚度 b，钻孔溶洞直径 d)。

a. $5d<b$，钻孔判定为岩溶塌陷低风险，分值 65 分；

b. $d<b\leqslant 5d$，钻孔判定为岩溶塌陷高风险，分值 85 分；

c. $b\leqslant d$，钻孔判定为岩溶塌陷极高风险，分值 95 分；

d. 顶板厚度小于 2m 者判定为岩溶塌陷极高风险，分值 95 分。

(3)钻孔土层中遇到土洞的判定为岩溶塌陷极高风险，分值 100 分。

(4)施工区段附近近期产生过塌陷，根据调查资料结合Ⅰ序施工钻孔资料划分岩溶塌陷极高风险区范围(分值 100 分)。

(5)地表降水入渗致塌陷区，水的指标为 25 分。

(6)终孔未见稳定水位，该孔稳定水位采用前后钻孔稳定水位平均值。

(7)循环液消耗情况与岩心破碎程度分别作评价，相互验证，取较可信的一组资料。

(8)岩心采取率与 RQD 值判定时，应注意钻进时机械破碎对岩心完整程度的影响，分别作评价，相互验证，取较可信的一组资料。

(9)本评分参考标准适用于路堤和已设计的路堑，未设计的路堑待施工开挖补充勘察后再行评判。

(10)判别标准∑指标≥90 岩溶塌陷极高风险亚区；71～89 岩溶塌陷高风险亚区；≤70 岩溶塌陷低风险亚区。

(3)岩溶塌陷高风险亚区、极高风险亚区注浆孔实施要求。

岩溶塌陷高风险亚区：Ⅰ序孔注浆实施中，在有溶洞、溶蚀破碎带、溶缝等，或注浆出现明显漏浆(单位时间内注浆量超过正常的一倍以上)的岩溶异常区域，实施Ⅱ序钻孔注浆。其中Ⅰ序孔为注浆孔兼先导孔，主要起充填岩溶及先导勘探作用，按照 7.0m 间距、正方形布置；Ⅱ序孔为注浆孔，对岩溶发育区起充填岩溶作用，在Ⅰ序孔正方形中心及溶洞位置插点加密，Ⅰ、Ⅱ序孔形成菱形布置，间距 5.0m。

岩溶塌陷极高风险亚区：连续实施Ⅰ序和Ⅱ序钻孔注浆，在有溶洞、溶蚀破碎带、溶缝等岩溶密集发育区域，实施Ⅲ序加密钻孔注浆。其中Ⅰ序孔为注浆孔兼先导孔，主要起充填岩溶及先导勘探作用，按照 7.0m 间距、正方形布置；Ⅱ序孔为注浆孔，对岩溶发育区起充填岩溶作用，在Ⅰ序孔正方形中心及溶洞位置插点加密，Ⅰ、Ⅱ序孔形成菱形布置，间距 5.0m；Ⅲ序孔为加密注浆孔，对岩溶密集发育区域起压密注浆作用，在Ⅰ、Ⅱ序孔菱形中心插点加密，Ⅰ、Ⅱ、Ⅲ序孔形成正方形布置，间距 3.5m。

2) 应用实践

(1) 武广高速铁路韶关至花都段路基厚覆盖型岩溶地基加固工程实践。

工程概况：韶关至花都段地处粤北艰险山区，正线长度 159.240km，路基长 37.116km，其中岩溶路基长 18.577km。段内可溶岩主要为石炭系和泥盆系灰岩、泥质灰岩、碳质灰岩，大多以覆盖型岩溶为主，覆盖层厚度一般大于 15m，以坡积和冲洪积粉质黏土为主。

岩溶发育情况：北江及其支流为当地溶蚀基准面，线路位于溶蚀基准面以上，基本处于岩溶垂直渗流带-水平流动带中。岩溶形态主要为溶蚀破碎带、溶洞、溶缝。地表水主要为沟水、塘水，地下水埋深浅，岩溶水发育。物探、钻探揭示本段覆盖型岩溶在斜坡和沟槽中均有分布，其中位于斜坡地段岩溶路基共 18 段，位于沟槽地段共 11 段，其代表性段落如下。

DK2046+573～DK2047+059 段斜坡上分布 11～18m 冲积粉质黏土，下伏基岩岩溶强烈发育，物探资料显示异常带 41 处，其中溶蚀破碎带 22 处，充填溶洞 19 处，充填物为饱和状粉砂夹粉质黏土，为岩溶塌陷极高风险区。

DK2051+514～DK2052+000 段沟槽内分布 9～18m 冲积、坡积粉质黏土、松软土，下伏基岩岩溶强烈发育，物探资料显示异常带 28 处，其中溶蚀破碎带 4 处，充填溶洞 24 处。钻孔中多见充填溶洞，洞高 2～5.1m，为岩溶塌陷极高风险区（图 5-23）。

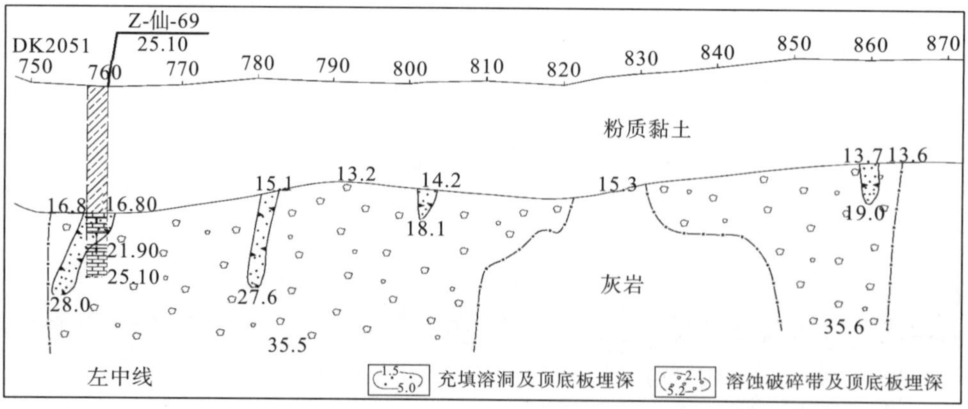

图 5-23 DK2051+750～DK2051+870 段路基物探剖面图

岩溶整治措施：厚覆盖型岩溶加固是通过钻孔注浆堵塞地表水渗流通道，阻断土石界面的岩溶通道，对覆盖层进行加固，阻止上部土层颗粒迁移。

①注浆加固深度：最大为 30m，深入基岩内 5m(图 5-24)。当溶洞顶板厚度大于 5m 时，需单独设计；当基岩面下溶洞洞径大于 7 m 且覆盖层厚度小于 10m 时，基岩段注浆深度应加深。

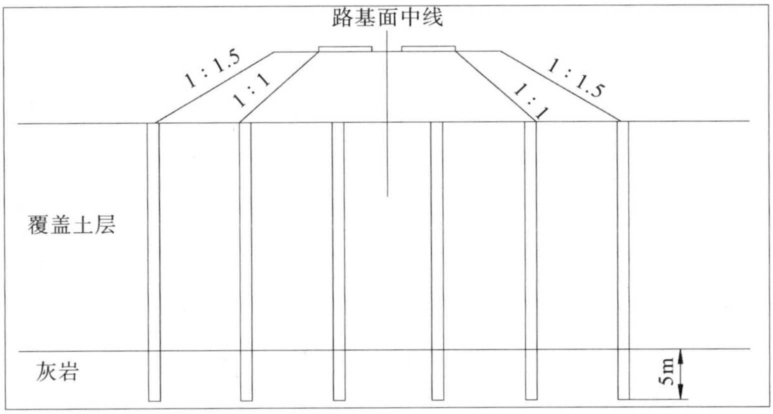

图 5-24　岩溶钻孔注浆深度设计图

②注浆加固范围及宽度：对岩溶塌陷高风险区和极高风险区的溶洞、连通性较好且垂直发育的溶蚀破碎带、地下水位在基岩与覆盖层接触界面波动的段落，均需采取加固措施。整治宽度为新建铁路路堤坡脚外 2m，路堑侧沟平台外缘，当坡脚(堑顶)外有明显岩溶形态危及边坡稳定时，适当加宽加固范围，见图 5-25 和图 5-26。

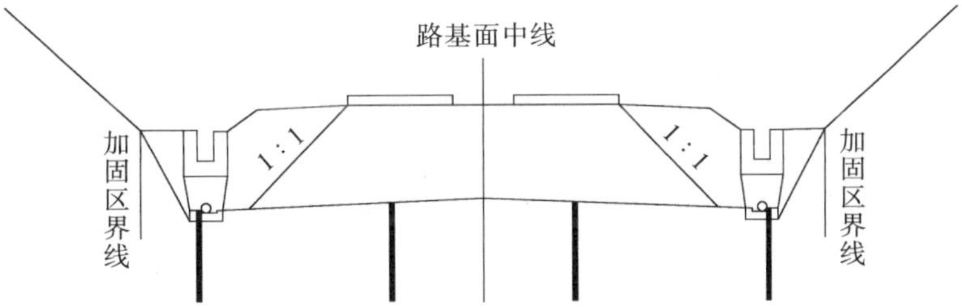

图 5-25　路堑地段岩溶注浆宽度示意图

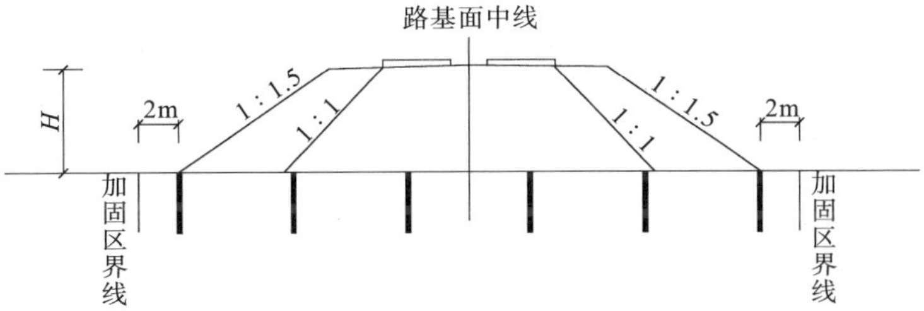

图 5-26　路堤地段岩溶注浆宽度示意图

注浆钻孔平面布置如图 5-27 所示。

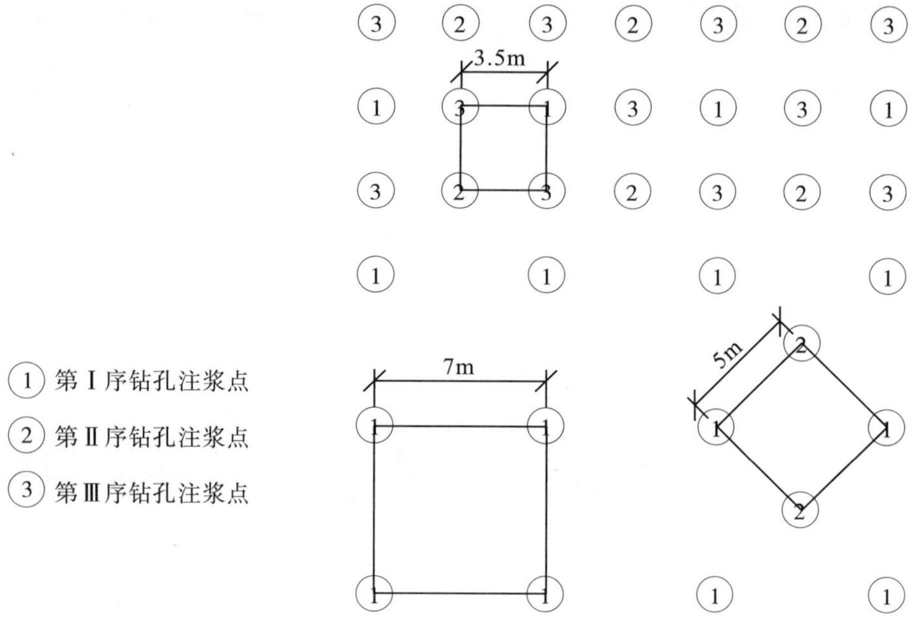

图 5-27 钻孔注浆平面布置示意图

针对覆盖型岩溶大面积钻孔注浆加固，武广高速铁路韶关至花都段设计首次采用按孔间距由大到小分两序或三序布置的原则和方法，钻孔按施工顺序和用途分先导孔和注浆孔两类。根据Ⅰ序孔实施揭示岩溶发育情况，按照表 5-13 综合判定，细化岩溶塌陷风险亚区。针对岩溶塌陷极高风险亚区，原则采用 7m→5m→3.5m 三序内插加密布置；岩溶塌陷高风险亚区原则采用 7m→5m 两序内插加密布置。

(2)沪昆高速铁路 DK1086+500～DK1086+600 段路基岩溶注浆加固工程实践。

工点概况：该段路基以挖方通过，属剥蚀构造低中山地貌，地形起伏较小。上覆第四系土层厚 2～6m，下伏基岩为下寒武统龙王庙组(ϵ_1l)灰岩、泥质灰岩。地表水不发育，主要为沟、塘水。地下水位较深，主要受大气降水和地表水补给。

岩溶发育情况：该工点为溶丘谷地地貌，覆土较厚，地表岩体见溶隙、溶孔等岩溶现象。地下岩溶强烈发育，勘察阶段钻孔见洞率为 47%，最大溶洞高度 3.7m，充填率 90%，地下水动力条件较弱，溶洞为硬塑状粉质黏土全充填；区内排泄基准面较低，地下水位埋藏较深。物探揭示岩溶强烈发育(图 5-28)。综合分析，本段路基岩溶强烈发育，为岩溶塌陷高风险区，潜在塌陷机制为降雨入渗致塌。

岩溶整治措施：根据本段岩溶发育特征、塌陷分区及塌陷机制，为封堵降雨导致土层迁移的通道和赋存空间，避免塌陷影响路基稳定，本段路基岩溶整治主要采用注浆充填基岩表层岩溶空间的治理措施。

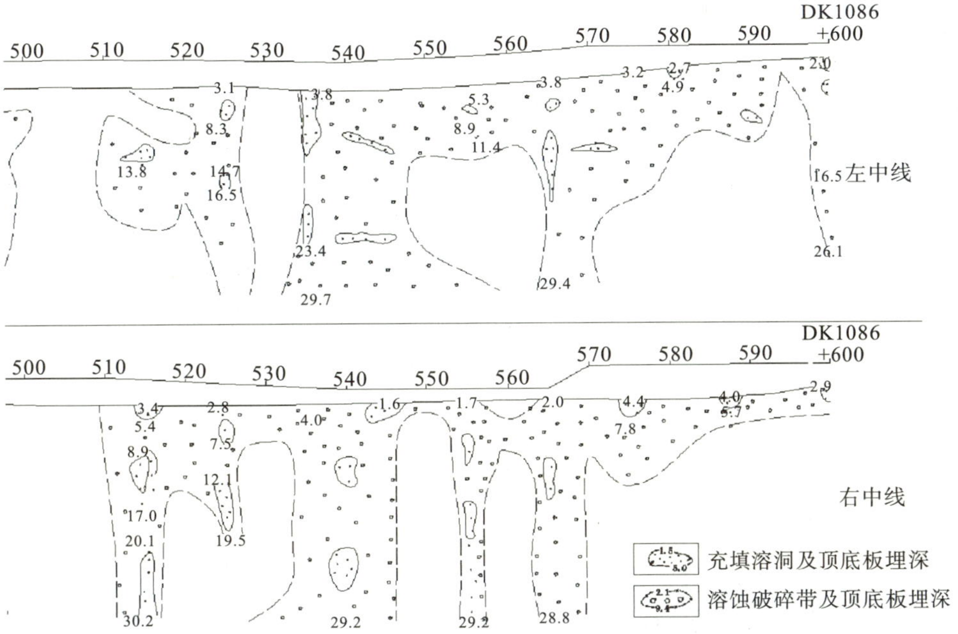

图 5-28　DK1086+500～DK1086+600 段路基物探剖面图

①岩溶一期工程整治设计：依据沪昆高速铁路岩溶路基动态设计原则，本段岩溶路基分两期进行设计，一期勘探设计平面钻孔布置及根据一期工程探灌孔的钻探资料完成的塌陷评价如图 5-29 所示。

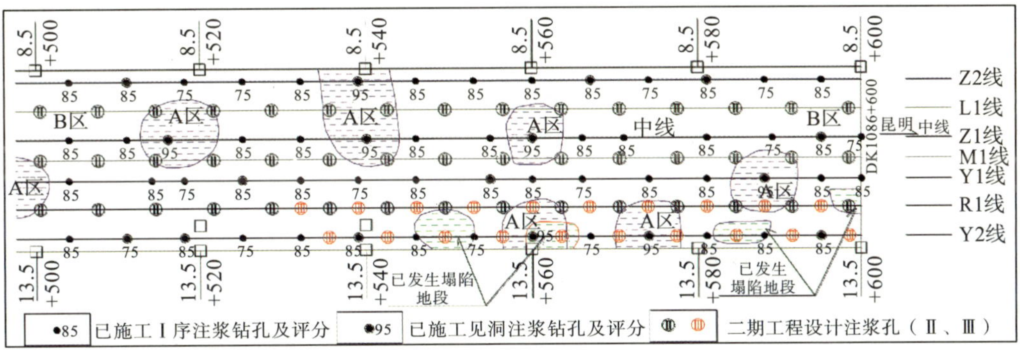

图 5-29　一、二期工程整治设计平面图及塌陷分区

该段开挖过程中，基岩中发育溶槽或溶洞，局部见空溶洞(图 5-30 和图 5-31)，D1K1086+560～D1K1086+573 段线路右侧 6m 外开挖时揭示土洞(图 5-32)，发生过塌陷，D1K1086+590～D1K1086+600 段线路右侧边墙处揭示一溶洞(图 5-33)，雨季路基排水均由此洞排走，岩溶强烈发育。对于揭示的充填溶槽或溶洞，进行了换填加固处理，空溶洞、汇水溶洞和土洞回填碎石及注浆封闭处理，并对溶洞周边范围

内路基进行钻孔注浆处理。

图 5-30 开挖揭示的空溶洞

图 5-31 开挖揭示的充填溶洞

图 5-32 开挖揭示的土洞

图 5-33 开挖揭示的汇水溶洞

②岩溶二期工程整治设计：根据岩溶整治探灌结合动态设计原则，该段在岩溶一期整治后，结合一期工程探灌孔的钻探资料，进行了岩溶塌陷分亚区加深评价。二期工程平面分区设计如图 5-29 所示。从二期工程塌陷分区可以看出，该段岩溶路基主要分为岩溶塌陷高风险亚区(B 区)和极高风险亚区(A 区)。对岩溶塌陷高风险亚区和极高风险亚区，在Ⅰ序孔中间内插Ⅱ序注浆处理；发生过塌陷的区域，在Ⅱ序孔中间内插Ⅲ序孔注浆处理。

2. 桩板、桩网控沉防塌技术

路基下方规模较大的溶洞和溶蚀破碎带，岩溶塌陷条件复杂，塌陷无常，难以预测塌陷点地段，宜采用桩板、桩网等结构物跨越的方法，防止塌陷对路基工程造成影响。

1) 桩板控沉防塌技术

(1) 桩板结构构造。

桩板结构构造如图 5-34 和图 5-35 所示。

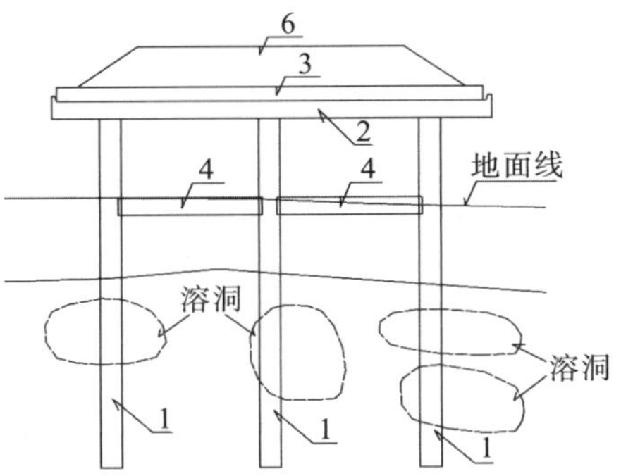

图 5-34　桩板结构构造横断面

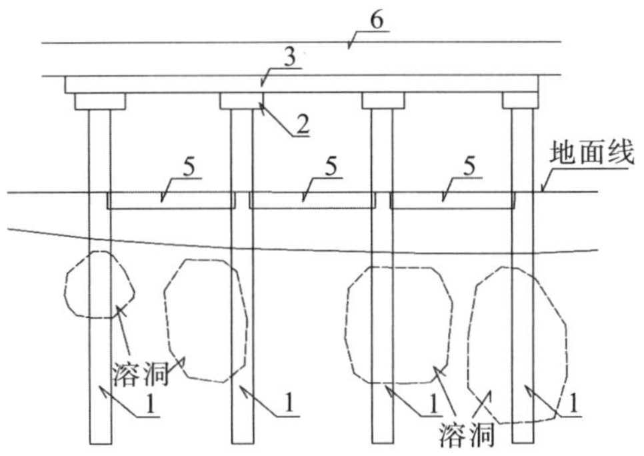

图 5-35　桩板结构构造纵断面

(2) 技术要求。

①基础桩 1、托梁 2、承台板 3、横系梁 4、纵系梁 5 均采用钢筋混凝土浇筑，基础桩 1 竖向主钢筋需深入托梁 2 或承台板 3 内并与之连接成一个整体。

说明：基础桩 1，沿铁路横向间隔成排，纵向间隔成列设置；托梁 2，横向置于成排基础桩 1 顶部且与之刚性连接；承台板 3，置于基础桩 1 或托梁 2 顶部且与之刚性连接；横系梁 4，设置于同排基础桩 1 之间且与之刚性连接；纵系梁 5，设置于同列基础桩 1 之间且与之刚性连接。通过基础桩 1 承受路基填筑土 6、列车及轨道结构产生的竖向重力，通过基础桩 1、横系梁 4、纵系梁 5 组成空间框架体系，承受列车水平荷载和温度荷载，避免了路基填土压力对岩溶地基的影响，横系梁 4、纵系梁 5 与基础桩 1 刚性连接，增大了基础桩横向和纵向的刚度，可有效减轻岩溶地基塌陷对基础桩稳定性的影响。

②承台板 3 每 3～5 跨一联，相邻联之间在托梁 2 中部设置伸缩缝一处，伸缩缝采用沥青木板填塞。承台板 3 上在车站道岔区设长度 1～3m 的路基填筑土，区间路基可不设路基填筑土。

③横系梁 4、纵系梁 5 布置于地面处，当纵向刚度不足时，可在纵系梁 5 以上，在同排基础桩 1 之间设置与之刚性连接的第二排横系梁。

(3) 适应性。

其适用于较大规模的溶洞和溶蚀破碎带路基地段，解决高速铁路路基的沉降和稳定性问题，具有整体性强、稳定性好、坚固耐用、变形小等特点，施工工艺简单，质量可控，并符合环保要求。

(4) 应用实践。

①贵广高速铁路 DK568+949.53～DK569+040.51 路基岩溶桩板结构跨越工程实践。

工点概况：该段地处平原化岩溶区，属溶蚀平原地貌，地形较为平缓，地面高程 135～145m，相对高差约 10m，为填方地段，最大填高约 6m；地表多被垦为旱地。地表上覆第四系软黏土、松软土、膨胀土，厚 15～25m，下伏基岩为下石炭统尧云岭组 (C_1y) 灰岩。

岩溶发育情况：工点处于平原区水动力单元内的径流区，钻探、物探揭示土层下基岩约 10m 范围内岩溶强烈发育(图 5-36)，溶洞、溶隙发育，岩体较破碎，钻孔见洞率约 90%。溶洞多为空洞，个别溶洞充填黏土，发育多层溶洞，溶洞最大垂直高度约 8m。最深溶洞底板距地表约 40m。测段地表水主要为沟水，受大气降雨补给。地下水较丰富，埋深距地表约 15m。测段岩溶强烈发育，为岩溶塌陷高风险区。

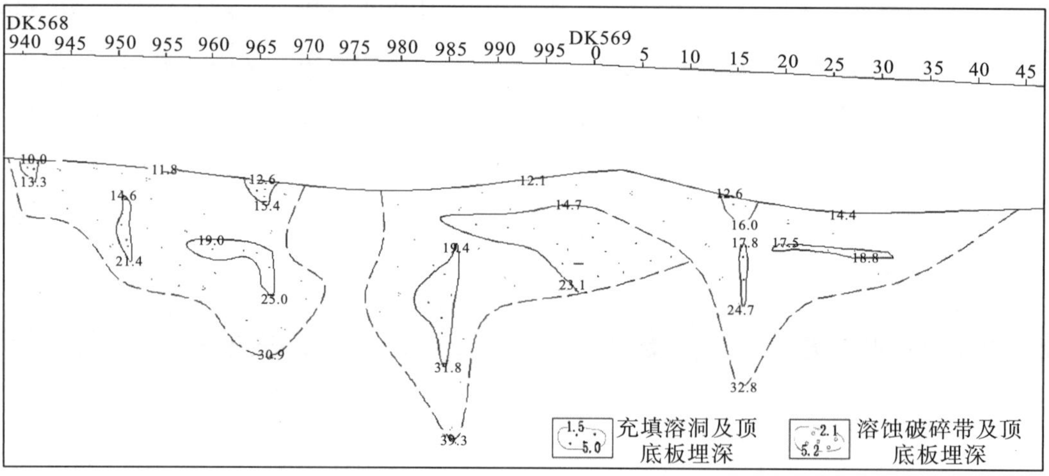

图 5-36 路基岩溶发育代表性物探剖面图

岩溶整治措施：

a. DK568+949.53～DK568+995.01 段，长 45.48m，采用非埋式路基桩板结构处理，为 2 联 5 跨，第 1 联为 2 跨，第 2 联为 3 跨；DK568+995.01～DK569+040.53 段，长 45.52m，采用埋入式路基桩板结构处理，为 2 联 6 跨，每联 3 跨(图 5-37)。

b. 桩板结构由承台板、托梁和钻孔灌注桩组成，均采用 C35 钢筋混凝土现浇。

c. 承台板共设置 4 联，厚 1.0～1.1m。承台板底设 0.1m 厚 C25 混凝土垫层。

d. 非埋式路基桩板结构承台板下设置托梁，托梁长 10m，宽 1.6m，高 1.2m；埋入式桩板结构承台板下无托梁。

e. 基桩为钻孔灌注桩，共设 44 根，桩径均为 1.25m，桩长 25～40m，桩端嵌入灰岩完整岩层(弱风化)内不小于 1m。纵向桩间距为 6.0～7.5m(中-中)，横向桩间距为 4.8～5.0m。

②云桂铁路 HDK19+500～HDK19+731 路基岩溶桩板结构跨越工程实践。

工点概况：该段地处高原岩溶区山间盆地，地形较为平缓，地面高程 1710～1740m，相对高差约 30m；缓坡多被垦为旱地，沟槽为水田。地表上覆第四系人工填土、粉质黏土、松软土，下伏基岩为下二叠统茅口组(P_1m)灰岩、白云岩。

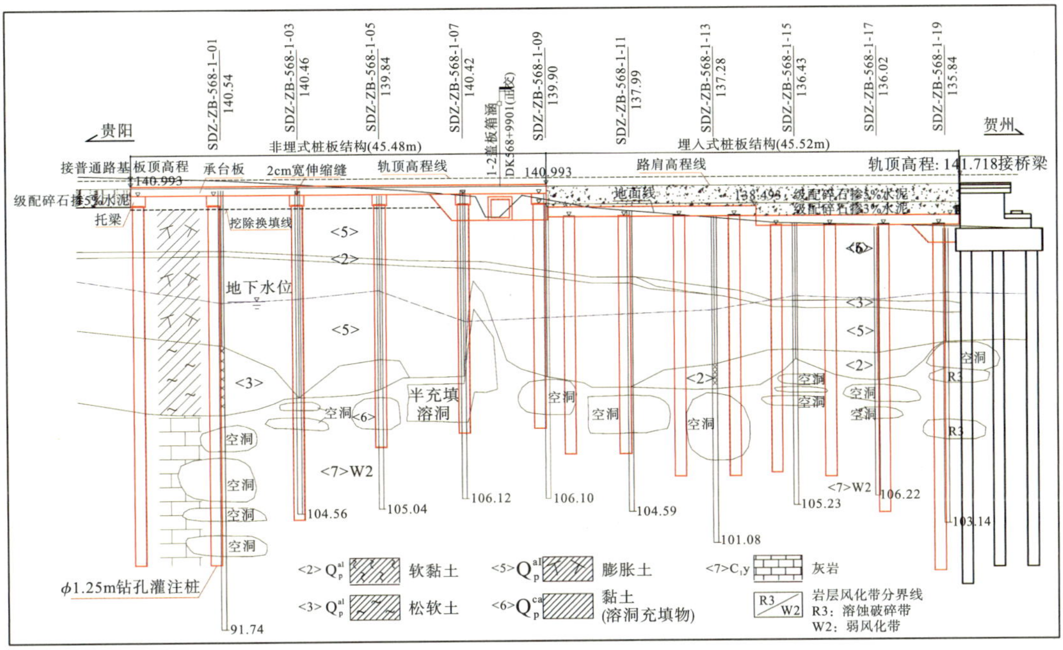

图 5-37　DK568+949.53～DK569+040.51 桩板结构设计纵断面图

岩溶发育情况：工点处于石林盆地水动力单元内的径流区，钻探揭示基岩上部 20m 内溶隙、溶洞发育，岩溶强烈发育，岩体较破碎；下部岩体普遍较完整。测段地表水主要为农田灌溉沟渠水，受渠水及大气降雨补给；地下水主要为岩溶水，埋藏较深。勘察期钻孔见洞率 29.5%，多层溶洞发育，溶洞高 0.3～8.9m，规模差异较大(图 5-38)；物探揭示岩溶强烈发育(图 5-39)，综合分析本段岩溶中等-强烈发育，为岩溶塌陷高风险区。

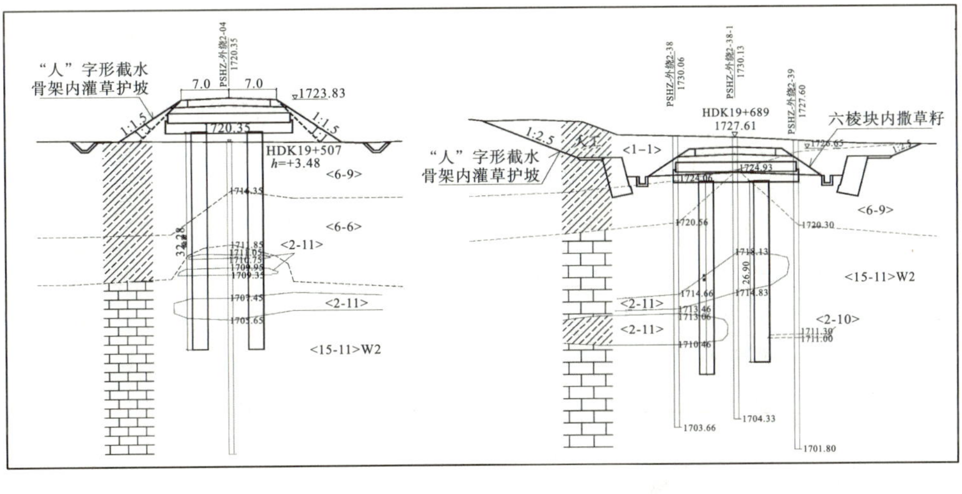

图 5-38　钻孔揭示岩溶发育代表性横断面

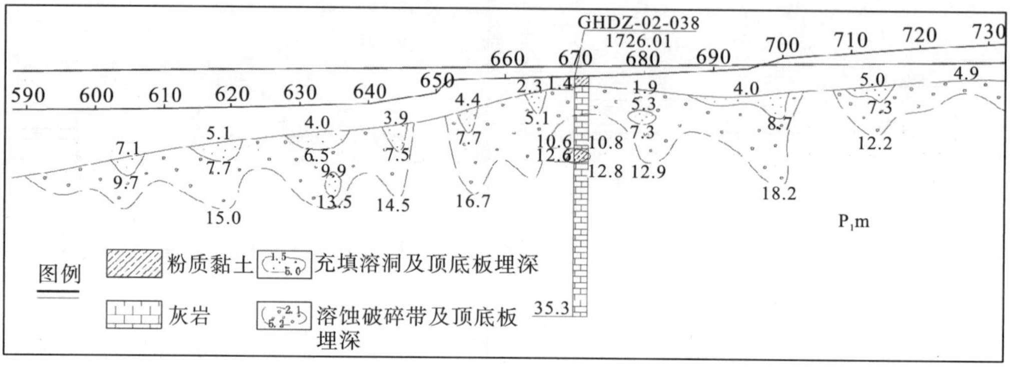

图 5-39 路基岩溶发育代表性物探剖面图

岩溶整治措施：根据本段Ⅰ序孔中揭示溶洞密集发育，多有串珠状溶洞发育，而且位于地形低洼地段，若采用注浆加固则阻断铁路范围的地下水排泄，引起路基范围积水，影响路基稳定。综合对比研究后 HDK19+500～HDK19+731 段岩溶路基采用桩板结构跨越通过。桩板结构设计纵断面如图 5-40 所示。

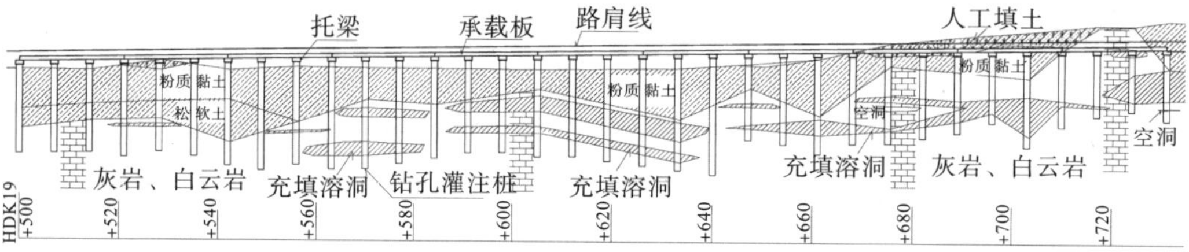

图 5-40 HDK19+500～HDK19+731 桩板结构设计纵断面图

主要工程措施如下：

a. HDK19+500～HDK19+731 段，长 231m；地基采用钢筋混凝土桩板结构加固，为 11 联 33 跨，每 3 跨一联，每联纵向桩间距均为 7.0m(中-中)。

b. 桩板结构由承台板、托梁和钻孔灌注桩组成，均采用 C40 钢筋混凝土现浇。

c. 承台板板厚 0.8m，每联长 21m(沿线路方向)，宽 10m(垂直于线路方向)。

d. 托梁高 0.85m，宽 1.6m(沿线路方向)，长 10.4m(垂直于线路方向)，其中托梁与桩均刚性连接，桩主筋伸入托梁。托梁底铺设 0.1m 厚 C25 素混凝土找平层。

e. 基桩为钻孔灌注桩，共设 68 根，桩径均为 1.25m。桩顶伸入托梁不小于 0.1m。基桩采用行列式排列，纵向桩间距为 7.0m(中-中、沿线路方向)，横向桩间距为 4.6m，桩长 12～24m。

HDK19+500～HDK19+731 桩板结构现场施工情况如图 5-41 所示。

(a)桩板结构现场钢筋绑扎

(b)桩板结构现场混凝土浇筑

图 5-41　HDK19+500～HDK19+731 桩板结构现场施工情况

2) 桩网控沉防塌技术

(1) 桩网结构构造。

桩网结构构造如图 5-42 所示，包括钢筋混凝土桩(群)、桩帽及加筋垫层。

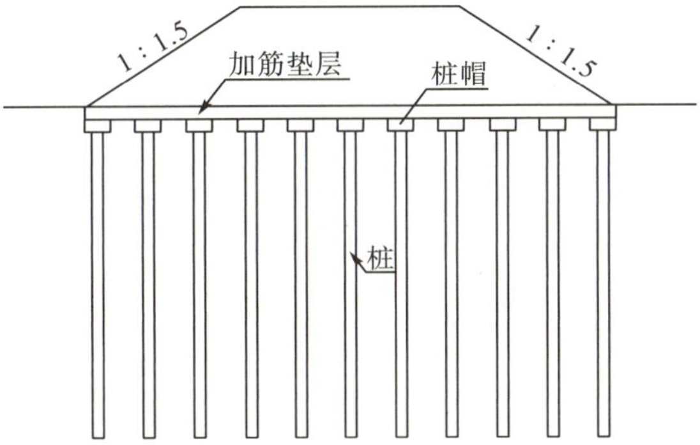

图 5-42　桩网结构构造横断面

(2) 技术要求。

钢筋混凝土桩(群)沿铁路横向间隔成排，纵向间隔成列设置，可选用机械成孔灌注桩或预制打入桩；桩帽置于钢筋混凝土桩顶部且与之刚性连接；加筋垫层置于钢筋混凝土桩或桩帽顶部。桩(群)按矩形布置，桩间距根据荷载大小和地基岩土参数确定，宜为桩径的 4～5 倍。桩帽顶加筋垫层宜采用碎石等垫层，厚度为 400～600mm，并夹铺 1～2 层双向高强度低应变土工格栅。通过钢筋混凝土桩(群)承受路基填筑土、列车及轨道结构产生的竖向重力，通过加筋垫层承受列车水平荷载和温度荷载，可有效减轻岩溶软土地基塌陷及沉降的影响。

(3) 适应性。

适用于岩溶塌陷高风险-极高风险区且上覆中厚层软土的路基地段，解决高速铁路路基的沉降和稳定性问题，具有稳定性好、坚固耐用、变形小等特点，施工工艺简单。

(4)应用实践。

贵广高速铁路DK414+035～DK414+180岩溶地基桩网结构加固工程实践具体如下。

工点概况：DK414+035～DK414+180段地处平原化岩溶区，属剥蚀丘陵、槽谷地貌，为无砟轨道道岔区路基，四线平行，以高填方通过，最大填方高度约13m。地表上覆软粉质黏土，软塑-流塑状，一般厚7～11m；下伏基岩为灰岩、白云质灰岩夹白云岩，局部钻孔揭示溶洞发育，属岩溶塌陷高风险区。岩溶地基、软土地基并存，严重影响路基工程安全，传统的CFG桩、水泥搅拌桩处理措施难以满足设计要求。

岩溶整治措施：根据本工点特点，采用桩网、桩筏结构及桩板结构综合比选，推荐桩网结构为最佳方案。

自正线路肩或轨道板混凝土底座外边缘以下1:1坡率范围内，采用桩网结构加固(图5-43)，桩网结构由C35钢筋混凝土桩、C35钢筋混凝土桩帽、上部加筋垫层组成。桩基采用桩径60cm钻孔灌注施工，正方形布置，桩间距2.4m，桩长为7.1～18m，桩穿过软土区支撑于完整岩石持力层上，有溶洞的地段桩穿过溶洞，空溶洞采用黄泥夹片石或灌砂注浆填实。钻孔桩桩顶设置边长1.4m的正方形桩帽，桩帽高0.57m。桩网结构两侧至坡脚范围内采用水泥土多向搅拌桩加固，桩径0.5m，桩间距1～1.2m，采用正三角形布置，桩长4.5～12m。桩网结构桩帽顶部及水泥土多向搅拌桩顶设置0.6m级配碎石垫层，垫层内铺设夹两层土工格栅。

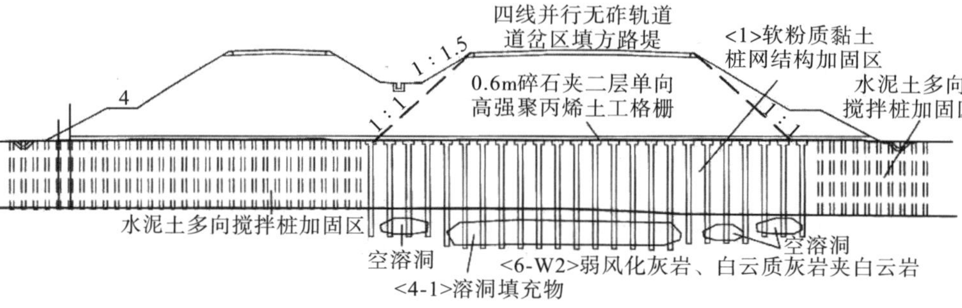

图5-43 桩网结构代表性横断面设计图

5.2.2 桥基岩溶灾害防治

1. 复杂岩溶区成桩

岩溶地区桩基穿越串珠状溶洞时，容易产生掉钻、斜孔、坍孔及漏浆、串浆等现象，造成桩基成桩困难，可采用回填片石、黏性土、灌混凝土和注浆等工程措施处理，对于较大的溶洞采用钢护筒跟进措施穿过。

郑万高速铁路神农溪大桥桥基全孔钢护筒护壁施工实践具体如下。

神农溪大桥位于湖北省巴东县，地处斜坡过渡带岩溶区，属溶蚀中低山河谷地貌，跨越神农溪，全长457.1m，最大跨为220m的钢管混凝土拱，最大桥高约160m，最大墩高约 75m。主桥采用连续刚构-拱桥组合形式，桥跨为 109m+220m+109m。下伏基岩为下三叠统嘉陵江组三段(T_1j^3)灰岩夹泥质灰岩，两岸基岩出露，岩溶强烈发育。桥址工程地质纵断面见图 5-44。地下水埋深大，以岩溶管道水为主，桥址区为地下水排泄区，最低排泄基准面受三峡水库水位(145～175m)控制。

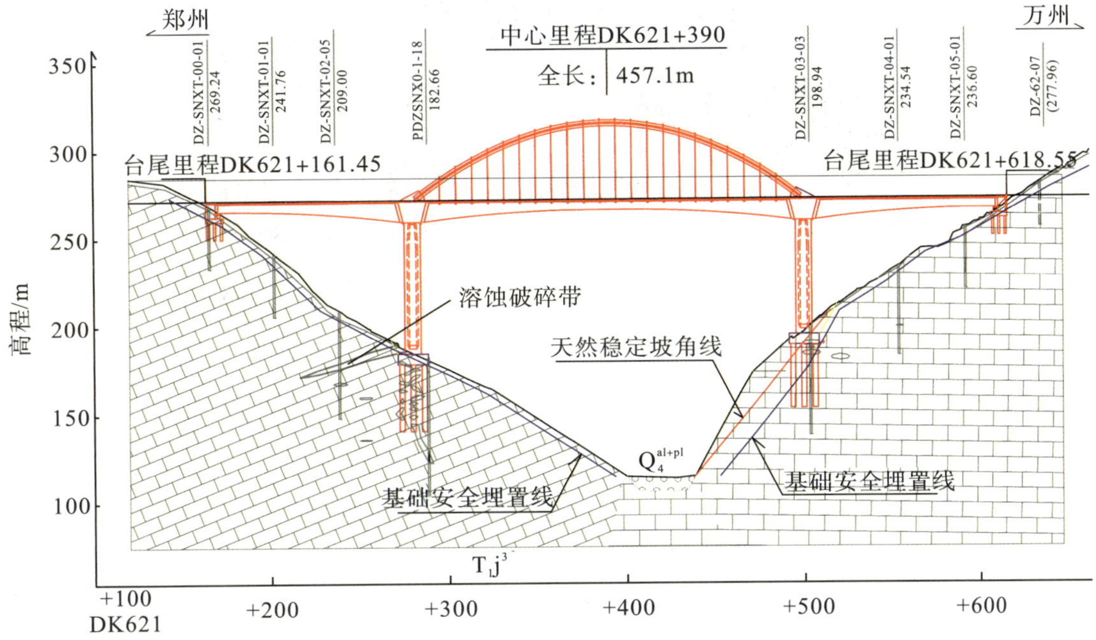

图 5-44　神农溪大桥工程地质纵断面图

勘察中完成钻孔 84 孔，揭示溶洞的钻孔 56 个，钻孔遇洞率为 66.7%，洞径大小不一，以空溶洞为主，共揭示溶洞 204 个。其中郑州岸 1 号墩处层状、串珠状、网状溶洞发育，发育标高 110～180m，原为无水溶洞，但在三峡蓄水后，175m 以下成为充水溶洞。

根据勘察资料，本桥 1 号、2 号主墩地下水位与神农溪河面水位一致，说明地下水与地表水水力联系密切，大部分桩身位于地下水位以下，采用挖孔桩难以抽排地下水，且空溶洞密集发育，安全风险高，建议采用钻孔桩。

神农溪大桥位于长江三峡风景名胜区神农溪风景区(恩施州水生生物自然保护区)的核心景区，为环境敏感点，加之岩溶管道发育，岩溶管道和神农溪的连通性较好，传统的冲击钻进和旋挖钻进均需采用泥浆护壁，存在漏浆风险；而干作业的人工挖孔则存在涌水突泥风险。针对本桥各墩台不同的地质条件，0 号、1 号、3 号墩台由于岩溶呈串珠状发育，采用干作业旋挖钻进，钢护筒护壁(图 5-45)；2 号墩岩溶不发育，岩体完整性较好，采用人工挖孔桩。通过采取以上处理措施，截至 2017 年 11 月，1 号、2 号墩桩基已顺利施工完成。

图 5-45 神农溪大桥 1 号墩全孔钢护筒护壁施工

2. 岩溶塌陷区防塌

对于地下水活动强烈、覆盖土层中发育土洞、桩基施工过程中振动及地下水位的变化可能引起地面塌陷的区域，应在桩基施工前对覆盖土层和基岩影响范围内进行注水泥浆，桩基影响范围内尽量减小地下水的抽排，减小水位波动。

武广高速铁路花都特大桥岩溶塌陷、成桩困难桥基防治工程实践具体如下。

花都特大桥位于广州市花都区市郊，桥梁中心里程 D2K2166+836.251，桥长 9675.99m，最大墩高约 21m，于 D2K2166+836 附近跨越既有京广铁路。全桥共有 287 个墩台，其中 175 个桥墩基础为可溶岩。全桥均采用钻孔桩基础，可溶岩段桥墩均采用端承桩基础，最大桩长达 86m。

该桥地处平原化岩溶区，可溶岩地段岩溶强烈发育。钻孔中多次揭示土洞、空洞及充填溶洞，一般发育于基岩面附近，溶洞在竖向上多呈串珠状。充填溶洞最大洞高达 17.70m，空溶洞最大洞高达 18.48m，土洞最大洞高达 7.23m。在定测、补定测阶段钻探过程中，50 号、54 号、286 号墩共有 4 处出现地面塌陷。陷坑呈椭圆形，一般深 1～2m，直径 1～10m。

对于岩溶强烈发育的段落采用了逐桩钻探，设计根据钻探揭示的溶洞情况，采取了合理控制桩底溶洞底板厚度、相邻桩长度差、串珠状溶洞累计灰岩厚度等措施，选取合理桩长，优化结构设计，控制桩基应力和沉降变形。同时采用钢护筒跟进措施穿过软土、砂层和较大的溶洞，采用抛填片石和压浆等工程措施处理较小溶洞，确保了工程的安全和质量。

该桥 283 号墩(D2K2166+784)、284 号墩(D2K2166+887.65)上跨既有京广铁路，附近的 286 号墩岩溶强烈发育且勘察阶段附近出现较严重的地面塌陷(图 5-46)，因此为保证既有铁路的安全，桩基施工前采用了岩溶注浆及打入工字钢防护等措施。

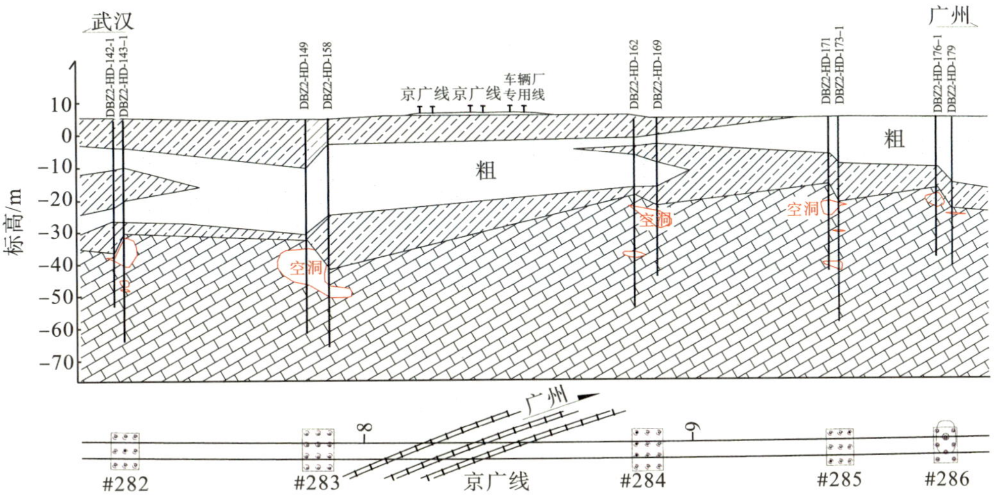

图 5-46　花都特大桥 282～286 号墩地质纵断面示意图

3. 防止基础下沉、倾斜

在岩溶发育地区，尽量采用桩基础。根据钻探揭示的溶洞情况，采取合理桩基类型，选取合理桩长，满足高速铁路对桥梁桩基础的沉降及变形要求。根据不同的地质条件、覆盖层厚度及岩溶特征，将桩基础设计分为三种类型。

第一种类型：岩溶弱发育或溶洞层数少，有完整的岩溶支撑顶板厚度，则设计为不等桩长的柱桩基础，桩底必须嵌入岩层一定深度。桩长差别较大时，需考虑长短桩的内力分布。

第二种类型：覆盖层较厚，岩溶埋藏较深，溶洞内有充填物，则设计为短桩大承台基础，桩支撑在覆盖层内，群桩按摩擦桩计算，但应首先对场地稳定性进行评价，对于岩溶塌陷高风险区、极高风险区，不宜采用摩擦桩基础。

第三种类型：发育多层串珠状溶洞且发育较深，且各层溶洞顶板较薄，无稳定基岩作为桩的持力层，此时桩身连续穿透几个溶洞(槽)，其累计岩壁厚度达到一定数值，桩身受力按柱桩计算，桩承载力则按摩擦桩理论计算。应考虑基础的不均匀沉降。必要时对桩基以下的溶洞进行注浆加固处理。

贵广高速铁路甘棠江特大桥桥基下沉、倾斜防治工程实践具体如下。

甘棠江特大桥地处平原化岩溶区，中心里程 D3K420+619.16，全长 2988.351m。全桥共有 91 个墩台，均采用钻孔桩基础，69 个墩台采用柱桩基础，22 个桥墩采用摩擦桩基础，其中 17 个桥墩桩尖置于粗圆砾土中，最短桩长 18m。

南宁铁路局高速铁路段对甘棠江特大桥右线无砟轨道进行轨道精调数据采集时发现，18～21 号墩区间无砟轨道的标高出现不同程度的变化，最大比设计标高低 46mm，19 号墩累计沉降量 103mm，20 号墩累计沉降量 62mm。

沉降发生后，经地质补勘查明基础下沉原因是：该桥上覆较厚的互层状、交错分布的砂卵砾石土夹粉质黏土(图 5-47)，土层中地下水发育，加之覆盖土下灰岩岩溶发育，地下水季节性波动较大，造成卵砾石土中大量细颗粒土流失，19 号、20 号墩采用了短摩擦桩基础，细颗粒土流失后，桩基侧壁摩擦阻力急剧下降，导致摩擦桩基础下沉。

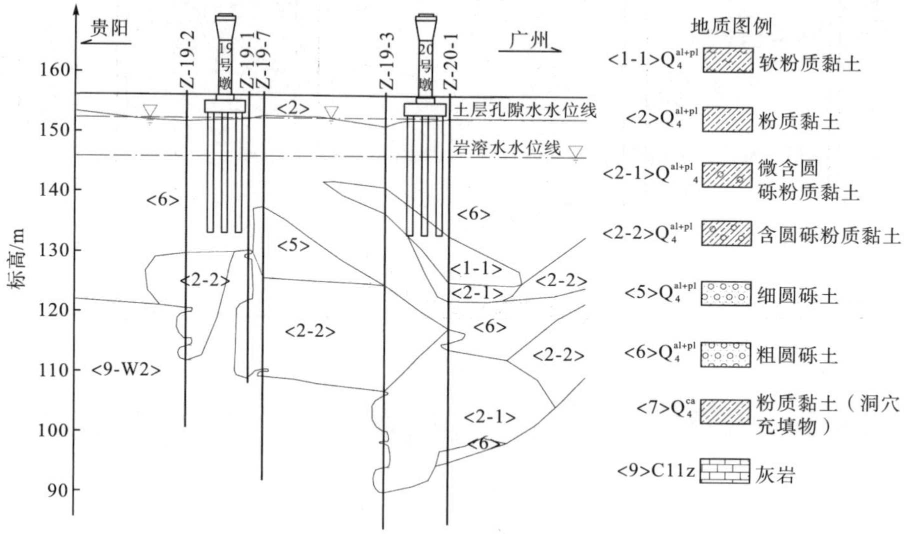

图 5-47　19 号、20 号墩地质纵断面示意图

沉降整治方案主要对 19 号、20 号桩基础采取了补强措施，同时也对该桥 17 个置于圆砾土层中的摩擦桩基础进行了补强(图 5-48)。补强的混凝土灌注桩基础采用柱桩穿越松散土层置于下伏较完整可溶岩之中。

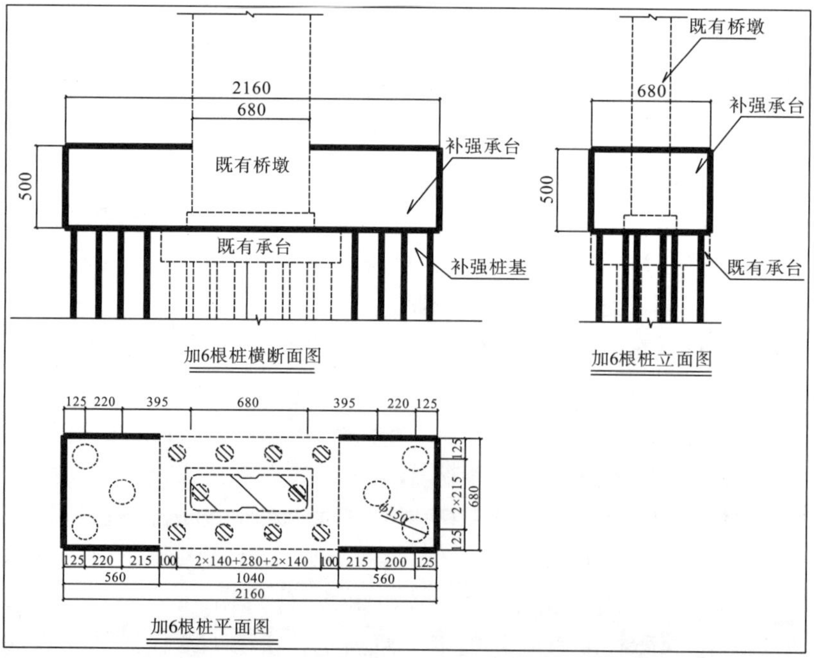

图 5-48　19 号、20 号桥墩桩位布置图(D=1.5m)(单位：cm)

5.2.3 隧道岩溶灾害防治

针对前面所提及的隧道岩溶(高压)涌水突泥，强岩溶化洞段围岩失稳，隧底大型溶洞处理，中铁二院集成创新了隧道岩溶灾害防治成套技术。

1. 综合超前地质预报

岩溶隧道存在涌水突泥风险，超前地质预报应以钻探法为主，采用地质调查法、TSP 法、地质雷达、瞬变电磁等综合超前地质预报方法，预报掌子面前方岩溶发育情况、充填情况及充填物性质，围岩完整程度，地下水情况。

1) 各种超前地质预报方法适宜性及优缺点

各种超前地质预报方法适宜性及优缺点见表 5-12。

2) 超前地质预报方法组合

岩溶隧道超前地质预报应根据岩溶及岩溶水发育程度，合理选择预报方法，各种方法应相互验证，并对各种预报成果进行地质综合分析，提高预报的准确率(表 5-13)。

表 5-12　各种超前地质预报方法适宜性及优缺点

预报方法	预报距离/m	适宜性	优点	缺点
TSP	100～120	TSP 法为长距离预报物探方法，可以作为任何地质情况下的普查手段。适合于划分断层破碎带、节理裂隙或溶蚀裂隙密集带、不同岩性的接触带等，对部分溶洞的预报(特别是具有一定规模的溶洞)也有较为显著的效果	预报距离长，对绝大多数不良地质体具有较高的分辨率，宏观地质异常的把握较为准确	在可溶岩地区，对岩溶的预报受岩溶发育形态和规模的影响较大，对个别岩溶的预报易发生漏报的情况
地质雷达	20～30	适用于任何地层及岩性的短距离预报，特别是在可溶岩隧道、煤窑采空区。一般情况下，在电导率较小的灰岩隧道掌子面上探测，地质雷达法能获得更远的探测距离，从而优于其他短距离超前预报方法	野外施测方便快捷，占用掌子面的时间短，探测资料分辨率高，对岩溶、小煤窑等不良地质异常体可以进行大致的三维空间定位	测线布置受现场情况影响较大，常常只能在掌子面上布置一条水平测线，得到的地质资料信息有限。探测距离短，而且仪器操作人员靠近掌子面工作，安全风险高
瞬变电磁	60～90	瞬变电磁法适用于任何地层条件下查找低阻异常体(如对水的探测)，为了提高预报的针对性，应在 TSP 法预报异常段落及地质角度分析易发生突涌水的地段和 TSP 法合理搭配使用	探测图像直观，对低阻体(如水等)较为敏感。探测成果有明显的场源分布，可以进行大致的三维空间定位	探测存在盲区，当采用开放式收发线圈进行测量时易受周边环境因素的干扰
激发极化	30	适用于富水区隧道中距离超前地质预报，尤其适用于高(极高)风险隧道富水段的超前地质预报，可定位并直观展示裂隙、溶洞、岩溶管道等含水构造的三维空间位置与展布形态，对探测区域内的静水量	可对探测区域内的低阻异常区域进行提取，精确定位并直观展示裂隙、溶洞、岩溶管道等含水构造的三维空间位置与展布	现场测试周期较长，只是对静水储量进行估算，对水量的估算不尽准确

续表

预报方法	预报距离/m	适宜性	优点	缺点
		进行估算	形态，对探测区域内的静水量进行估算	
水平钻探（取心）	30～60	岩溶超前地质预报基本技术手段，可查明地质条件，验证地质素描以及物探方法手段的推断、解释	可直观鉴定地层岩性，采样进行物理力学试验	一孔之见，可能存在漏判岩溶的风险。钻进速度慢，占用掌子面时间长
水平钻探（不取心）	30～60	岩溶超前地质预报主要技术手段，可查明地质条件，验证地质素描以及物探方法手段的推断、解释	较取心钻探钻进速度快，探测岩溶空洞	一孔之见，可能存在漏判岩溶的风险
加深炮孔	5	岩溶超前地质预报短距离预报的主要技术手段，可查明地质条件，验证地质素描以及物探方法手段的推断、解释	钻进速度较快，炮孔数量多，可探测岩溶空洞	探测距离短，占用掌子面时间长，当加深炮孔与溶洞壁同向发育时也有可能漏报岩溶溶洞

表 5-13 岩溶区超前地质预报方法组合

序号	岩溶发育程度	地质复杂程度分级	超前地质预报方法组合						备注
			水平钻探	加深炮孔	TSP	地质雷达	瞬变电磁	激发极化	
1	微弱发育	简单	☑	☑	☑				岩溶发育程度需根据预报及开挖情况动态调整
2	弱发育	中等复杂	☑	☑	☑	☑			
3	中等发育	较复杂	☑	☑	☑	☑	☑	☑	
4	强烈发育	复杂	☑	☑	☑	☑	☑	☑	

3）超前地质预报实施流程

岩溶地区超前地质预报采取长距离指导短距离预报，短距离预报验证长距离预报的指导思路实施，实施过程中，应根据预报情况及地质条件动态调整预报方法。岩溶区超前地质预报流程如图 5-49 所示。

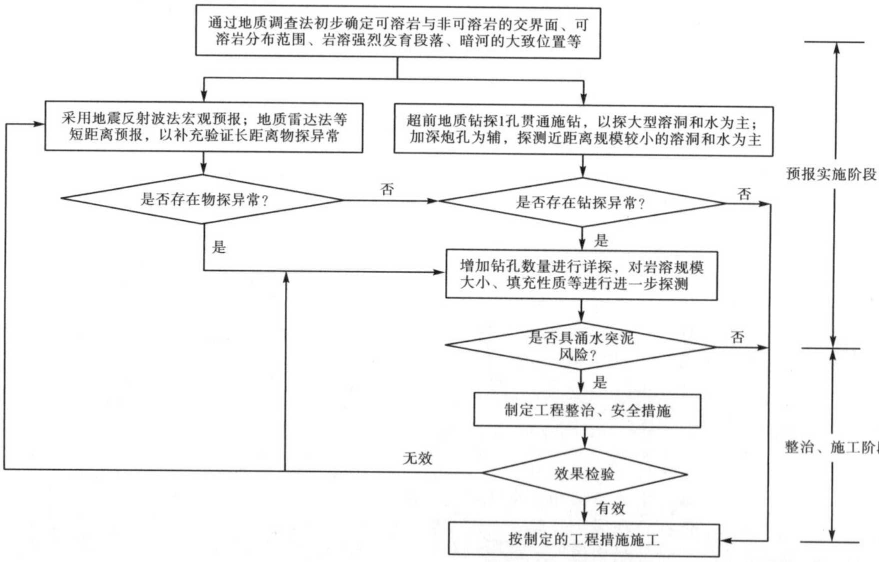

图 5-49 岩溶区超前地质预报流程图

4) 技术要点

(1) 超前水平钻孔的布置原则上应按设计文件要求的孔数、孔位、孔径及孔深实施，当现场掌子面出现裂隙增多、夹泥、含水等异常情况时，可结合掌子面开挖揭示的地质情况对钻孔位置进行动态调整。在岩溶富水段落，钻孔应终孔于隧道断面轮廓线以外 5～8m。当发现异常，且现场实施的孔数仍无法探明实际岩溶发育情况时，则需增加超前钻孔孔数，增加的孔数以满足安全施工和岩溶处理所需资料为原则。

(2) 加深炮孔应尽量在隧道断面轮廓线上均匀布置，可溶岩地区加深炮孔必须带有外插角，以对隧道洞周 3m 深度范围内的岩溶发育情况进行探测，同时，加深炮孔的深度应较循环进尺深 3m 以上。当加深炮孔探测发现异常时，应适当加密加深，必要时应增加径向 5m 探孔进一步探测岩溶发育情况。加深炮孔严禁在爆破残眼中实施。

(3) TSP 法原始数据采集质量必须满足规范规程要求，原始数据质量不合格的严禁进入数据处理环节。数据处理过程中，应做好数据处理环节的质量控制，处理结果应综合速度图低速异常、反射界面密集程度等综合判定，需有较好的一致性和对应关系。

(4) 地质雷达探测时，应做好质检测线，同一测线位置前后两次的探测资料应确保异常不移位。

(5) 采用瞬变电磁法预报时，应移开掌子面附近台车、机械设备等干扰源，探测数据的形态应符合衰减曲线基本形态要求，当数据出现畸变时，应查明原因并采用增加叠加次数等方法重复观测。

5) 沪昆高速铁路大独山隧道岩溶综合超前地质预报工程实践

(1) 工程地质概况。

大独山隧道位于过渡带岩溶区，为双线单洞隧道，进口里程 D1K852+772，出口里程 D1K864+654，全长 11882m，最大埋深约 380m。本次预报里程段属构造剥蚀、溶蚀中低山地貌。隧道主要穿越下三叠统永宁镇组一段 (T_1yn^1) 灰岩、泥灰岩。受区域构造影响，该段断层发育，次级断层及褶曲较发育，岩体均较破碎，岩溶强烈发育，地下水发育。

(2) 预报实施、资料解释成果及综合物探预报结论。

①TSP 法。

根据现场实际情况，在 D1K855+883 掌子面往大里程方向进行 TSP 法超前地质预报。经数据处理，P 波、SH 波速度分析和二维成果如图 5-50 和图 5-51 所示。

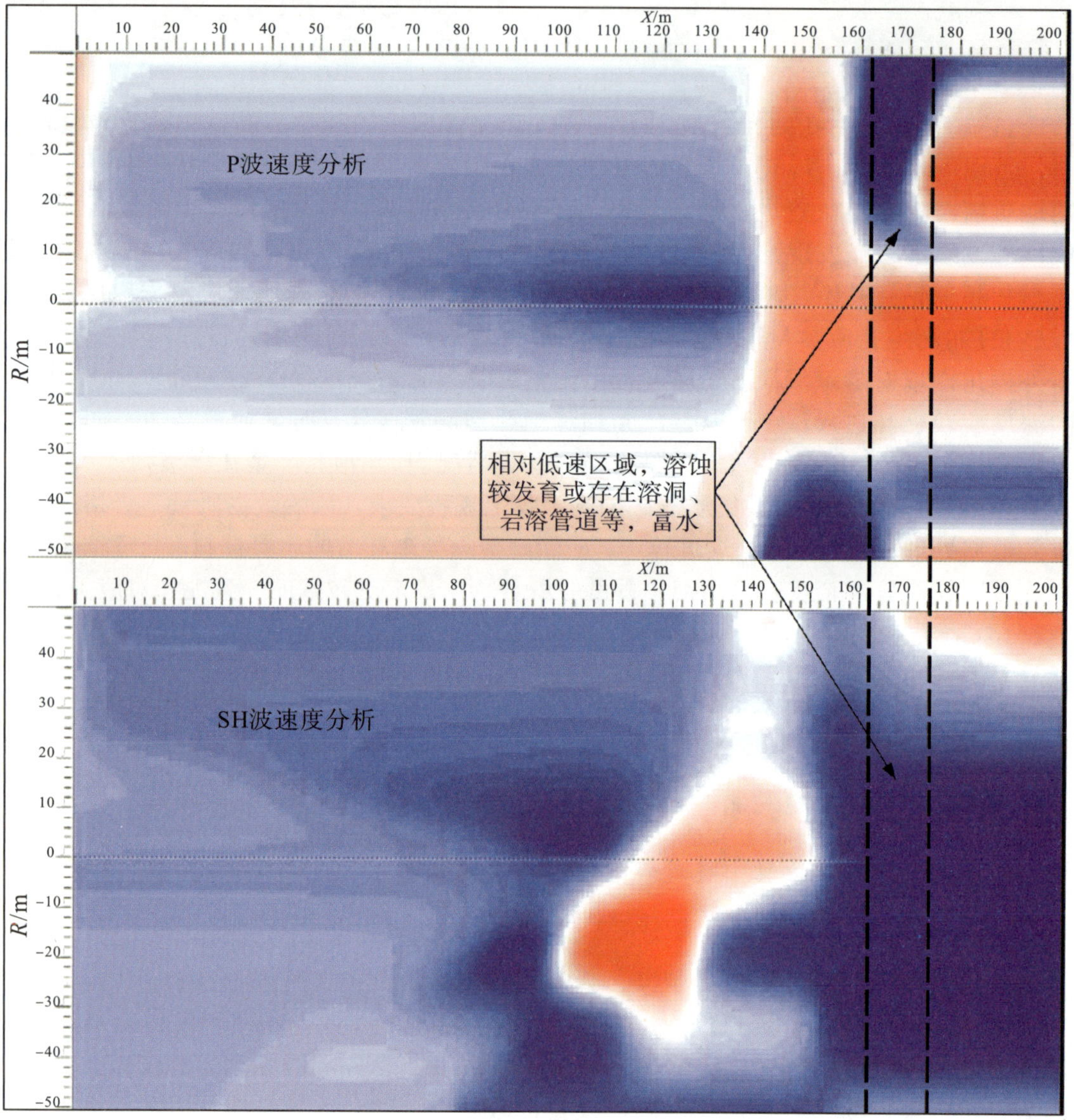

图 5-50 P 波和 SH 波速度分析结果

对比图 5-50 中 P 波和 SH 波速度分析结果，信号接收器前方 160～170m 范围出现相对低速区域，且 SH 波速度变化较为明显，图 5-51 中对应里程位置泊松比明显增高，结合该区域地质情况和施工现场实际，推测：D1K855+967～D1K855+998 段围岩较破碎，溶蚀裂隙较发育-发育，局部存在溶洞、岩溶管道(特别是 D1K855+967～D1K855+982 和 D1K855+989～D1K855+998 两段)，富含水。

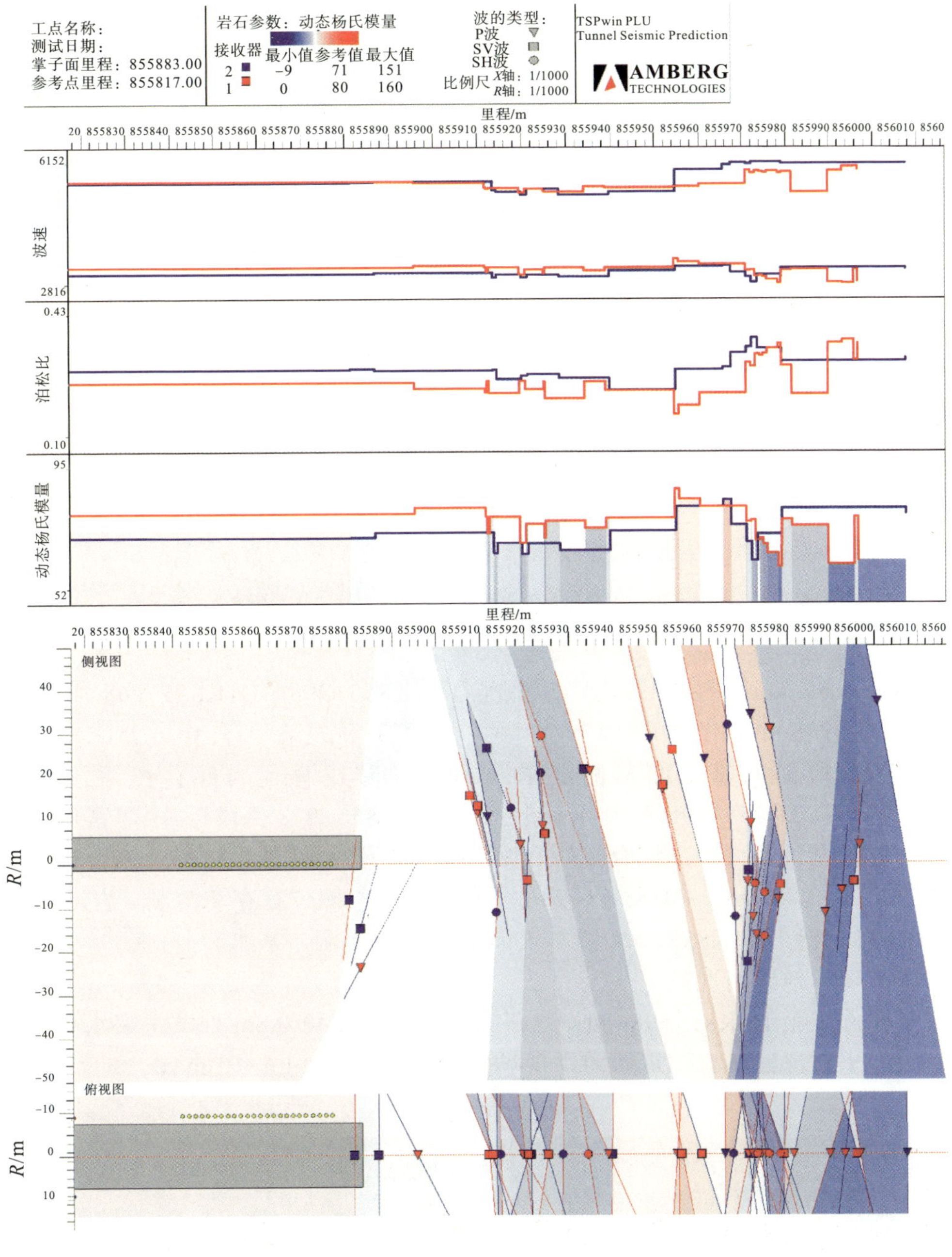

图 5-51 TSP 法反射层位及物理力学参数成果图

②地质雷达探测。

由于该隧道另一掌子面往小里程方向掘进，且已接近 TSP 法异常区域，为了进一步验证、确认 TSP 法物探异常，在隧道 D1K855+998 掌子面水平布置两条雷达测线，往小里程方向进行探测，探测结果如图 5-52 所示。

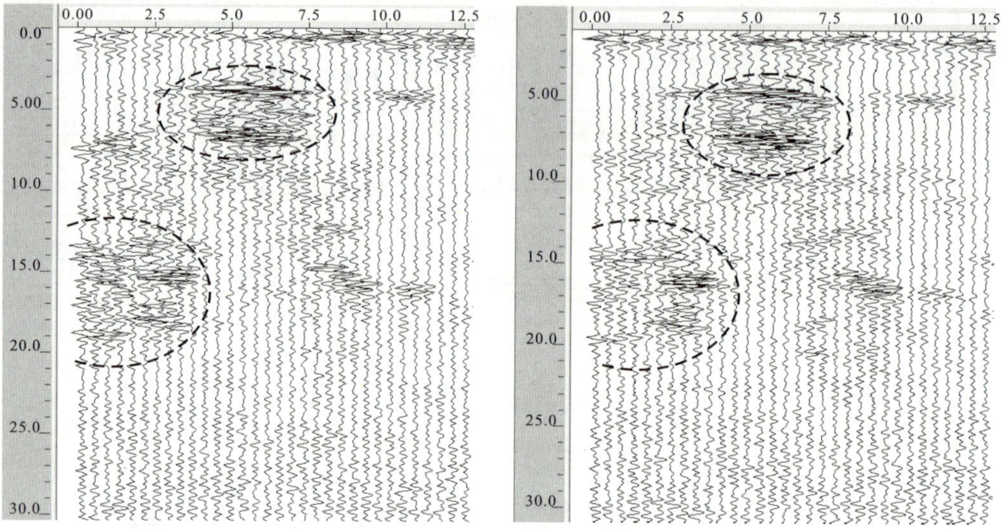

图 5-52 D1K855+998 掌子面地质雷达探测图像(单位：m)

横坐标表示测线长度，纵坐标表示往掌子面前方的距离，虚线位置为雷达异常

根据图 5-52 雷达图像和现场实际情况，D1K855+998～D1K855+968 段雷达测线范围内围岩较破碎，节理裂隙较发育，岩溶中等发育。其中：D1K855+994～D1K855+978 段面向掌子面左侧至中部溶蚀裂隙发育、局部存在溶洞(特别是 D1K855+994～D1K855+990 和 D1K855+985～D1K855+978 两段)，中等富水。

综合分析结论及评价：综合 TSP 法和地质雷达法超前预报资料，结合现场情况，得出结论：D1K855+967～D1K855+986 段右边墙及外侧位置存在溶洞、岩溶管道，富水；D1K855+989～D1K855+994 段掌子面前方存在溶洞，富水。

③施工揭示地质情况。

掌子面施工至 D1K855+986 处，线路右侧边墙距墙角 0.8m 处发生突水(图 5-53)，水量较大，水质浑浊，有一定压力，现场实测涌水量约 $14.6\times10^4 m^3/d$。

图 5-53 D1K855+986 处涌水情况

2. 深埋隧道高水压富水区综合防控

岩溶涌水突泥会危及施工安全，甚至造成灾害。因此，隧道岩溶水的处治应遵循下列原则：

(1) 岩溶隧道应尽量采用“人”字坡，辅助坑道采用横洞，实行顺坡排水。

(2) 岩溶水宜以疏导为主，应尽量恢复或维持既有排泄通道；当对其下流排泄能力、防淤、上游来水量难以确定时，宜另设具维护功能的人工排泄通道引排。

(3) 当排水对邻近隧道的水利设施(如水库、水塘)、地表生态环境或居民生产生活用水有较大影响时，宜采取以堵为主、限量排放的原则。

(4) 对地下水发育且存在涌水突泥风险的地段，应进行注浆堵水与排水减压方案的技术可行性分析和安全、环境影响评估，根据评估结果确定相应的处理措施。

(5) 隧道处于岩溶水垂直渗流带内，如果围岩发育较多的溶缝、溶腔，雨季有大量地表水入渗形成较大的地下水，危及隧道施工乃至将来运营安全，施工中可在溶隙、溶腔发育地段设置导流管将水引排至侧沟之中，减轻地下水危害。

(6) 隧道处于岩溶水水平流动带，岩溶及岩溶水发育，若岩溶水排放不会产生较大的环境地质问题，可实施泄水洞降低地下水位，确保正洞隧道不受岩溶水危害。

重庆歌乐山隧道注浆堵水工程实践具体如下。

隧道位于重庆市区，地表为歌乐山森林公园，被誉为重庆市自然生态环境绿色屏障，地表有约 6.4 万居民生产、生活。隧道近垂直穿越歌乐山山脉，隧道的地貌、地层特征受观音峡背斜控制。该背斜为区域性地质构造，轴线近南北走向，与山脉的走向基本一致。背斜两翼为泥岩夹砂岩及须家河组煤系地层(隧道穿越 1600m)，核部为中三叠统雷口坡组及下三叠统嘉陵江组、飞仙关组灰岩、白云岩、泥灰岩及泥岩等可溶岩地层(隧道穿越 2450m)。隧道最大埋深为 280m。

隧道地下水在背斜两翼的非可溶岩中以基岩裂隙水为主，核部可溶岩地层中以岩溶水为主。隧道可溶岩段地表溶蚀洼地、漏斗、落水洞、溶洞、溶沟、溶槽等岩溶现象发育，且岩溶水水位较高，隧道最高水头 220m。预测最大涌水量为 $5.3\times10^4 m^3/d$。

隧道堵水设计原则：非可溶岩段对地表生态无影响的地下裂隙水以排为主，但不排除对个别流水量较大的出水点进行局部堵水；可溶岩段地下水以堵为主，限量排放。堵水注浆的指导方针为“先探水、预注浆、后开挖、补注浆、再衬砌”，并在隧道建成后进行长期监测。隧道堵水的目的：不因为隧道施工失水而影响地表水环境，保护生态环境。隧道建成后地下水排放量平均 $\leqslant 1m^3/(m\cdot d)$。

施工中主要采用超前帷幕注浆措施，所选取的主要参数如下。

(1) 帷幕注浆条件：掌子面总涌水量大于 $10m^3/h$ 时，进行全断面帷幕注浆；掌子面总涌水量虽小于 $10m^3/h$，但个别探水孔出水量大于 $2m^3/h$ 时，则需对这些孔眼进行局部注浆。

(2) 加固范围：根据水量、水压的不同，正洞帷幕注浆加固厚度分别为 3m、4m、5m、6m，平导帷幕注浆加固厚度分别为 3m、4m、5m。

(3) 浆液扩散半径：单孔浆液扩散半径按 2.5m 考虑，为保证堵水帷幕的形成，注浆终孔间距应≤3m。

(4)注浆压力：注浆过程中的注浆压力为实测水压力加 1.0MPa，注浆终压为 2～3 倍的实测水压力。

(5)止浆岩盘：如掌子面围岩较好，或处于连续的帷幕注浆过程中，一般不施作专门的混凝土止浆墙，而是通过加固岩体作为止浆岩盘；如掌子面节理发育，裂隙连通性较好，或超前探孔没有探测到水，施工中揭示出水，掌子面岩盘厚度不能满足帷幕注浆安全岩盘厚度，则施作一定厚度的混凝土止浆墙。

(6)注浆结束标准：单孔注浆压力上升至设计终压，并持续注浆 10min 以上；单孔注浆结束时进浆量小于 20L/min；全段注浆结束后，所有注浆孔均符合单孔注浆结束条件；全段注浆结束后检查孔出水量小于 0.2L/min。

注浆孔的布置如图 5-54 所示。

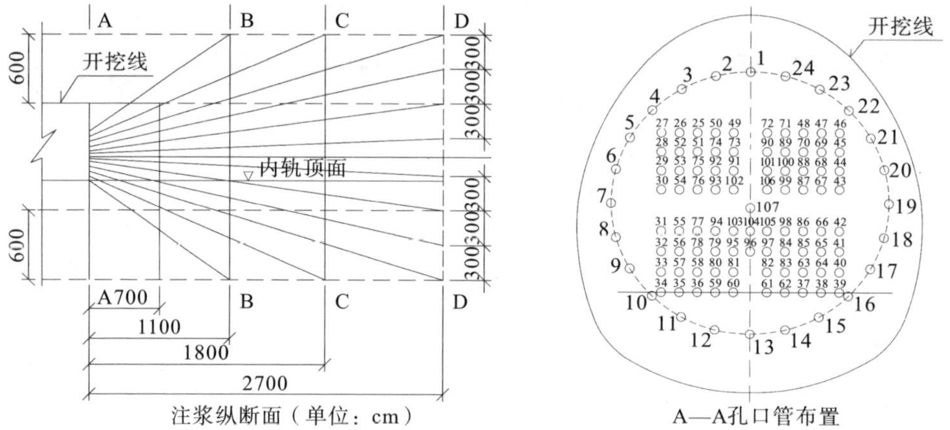

图 5-54　注浆孔布置图

对隧道开挖后，围岩较差，节理较发育，洞室周边漏水、渗水点较多，但水压力较小或无水压，采用系统的径向注浆措施对围岩予以加固并堵水；同时径向注浆是采用超前帷幕注浆开挖后局部出水的一种补充注浆方式。

通过对地表主要水源(如井、泉、暗河、水库等)的实时监测资料分析，在隧道施工期间，地下水的流失，曾在短时间内造成地表水位的下降，但在隧道堵水完成并经过一个雨季后，地表水源均恢复正常。洞内总涌水量约 4000m^3/d，其中大部分为非可溶岩段出水，达到了设计制定的隧道建成后地下水排放量平均≤1m^3/(m·d)的目标，保护了地表水环境。

3. 强岩溶化洞段围岩成套加固

强岩溶化洞段加固处理技术主要有隧底钢管群桩、微型桩或旋喷桩等加固，围岩注浆加固和溶洞回填加固。

(1)隧底加固。对隧道施工开挖中遇到的大型充填溶洞、干溶洞，可采取圬工回填、钢管群桩、微型桩、旋喷桩进行地基加固，确保隧道底板地基稳定。

(2) 围岩注浆加固。对小型充填、半充填溶洞、空腔，可采用灌注水泥砂浆加固措施进行封闭。

(3) 溶洞回填加固。对隧道施工开挖中遇到的小型干溶洞、溶隙，可采用砂浆、混凝土回填封闭。

云桂铁路幸福隧道大型充填溶洞微型桩、钢管桩加固工程实践具体如下。

幸福隧道地处高原岩溶区，属高原低中山地貌。隧道通过上二叠统吴家坪组(P_2w)灰岩夹碳质页岩，局部夹煤线。地表岩溶强烈发育，以溶蚀洼地、落水洞、溶穴(隙)、溶槽为主；地下岩溶以层间溶隙为主。隧道多处于岩溶垂直渗流带，部分处于水平流动带。

隧道 DK537+640～DK537+755 段施工揭示为充填型溶洞，经钎探及钻探查明基底下溶洞充填物厚 0～20m，物质为黏土及角砾碎石土(图 5-55 和图 5-56)，黏土呈软塑-硬塑状，夹 20%～30%碎石角砾，局部含量达 50%，局部夹块石。溶洞充填物软硬不均，物质成分不均，可能引起基底不均匀沉降，对工程影响大。本段充填溶洞平面示意如图 5-57 所示。

图 5-55　DK537+653 掌子面溶洞充填物

图 5-56　DK537+680 掌子面溶洞充填物

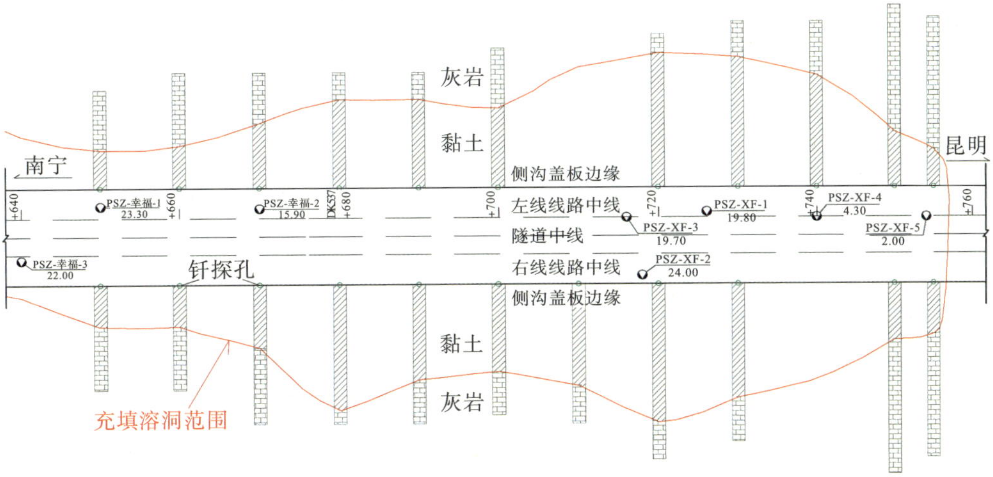

图 5-57　幸福隧道 DK537+640～DK537+755 段充填溶洞平面示意图

经过经济技术比选，该段隧底采用微型桩支撑道床板与钢花管注浆改良地层方案，动荷载由道床支撑结构承担，静荷载由钢花管注浆改良地层承担。

1）道床支撑结构

桩基采用微型桩，纵向间距2.4m，横向每块板底设置2根，桩长11～19.5m，桩径300mm，采用C30细石混凝土桩，桩内设置钢筋笼。支撑板与微型桩桩顶连接，支撑板纵向长度12m，横向宽度与道床板宽度都为2.8m，厚0.4m，采用C30钢筋混凝土(见图5-58)。

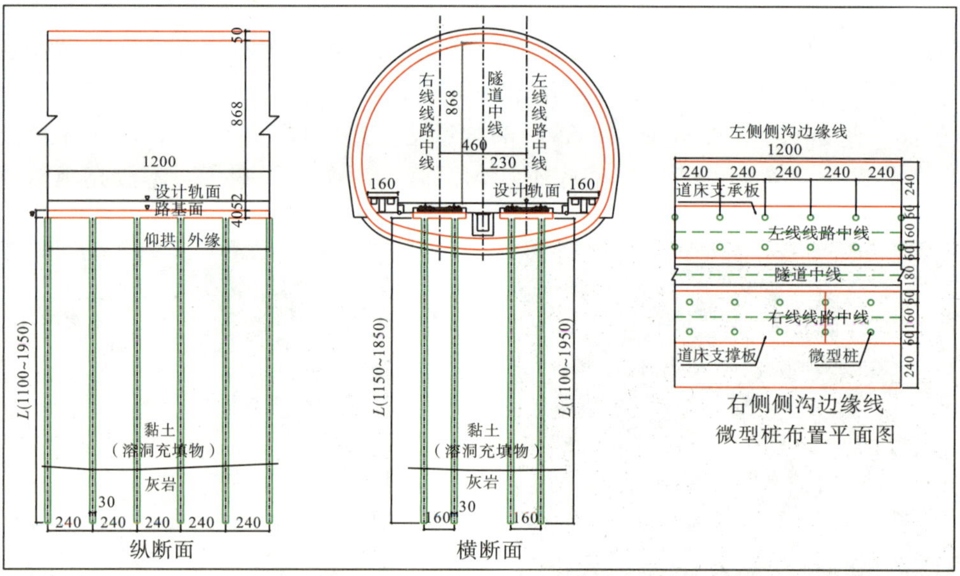

图5-58 幸福隧道DK537+640～DK537+755段充填溶洞微型桩加固示意图(单位：cm)

2）钢花管注浆改良隧底地层

钢花管直径75mm，间距0.8m×0.8m，交错布置；同时结合微型桩的布置，钢花管与微型桩位置重叠处，不再设置钢花管。隧底充填物厚度小于5m时，加固至溶蚀破碎带顶面，隧底充填物厚度大于5m时，加固至隧底以下5m，注浆采用水泥砂浆，注浆终压3MPa。

4. 隧底大型溶洞跨越

对于大型充填、干溶洞，地基加固处理措施困难，或难以满足沉降要求时，可采用大体积空心柱混凝土结构、桥梁跨越、桩基框架结构或桩筏结构等。

1) 沪昆高速铁路朱砂堡 2 号隧道内大体积空心混凝土结构处理巨型溶洞工程实践

朱砂堡 2 号隧道位于过渡带岩溶区，玉屏东—三穗东车站区间，隧道进口里程 D2K473 + 452，出口里程 D2K473+957，全长 505m，最大埋深约 49m。

隧道进口工区进洞施工至 D2K473+530 时，上台阶开挖揭示一巨型溶腔，岩溶大厅底部纵向长约 90m，横向宽约 53m，溶洞呈“梨”状，向上收窄变小，高约 58m，隧道靠近该溶洞边顶部通过，隧底距溶洞底部约 45m，溶腔内无水。施工揭示的岩溶现场情况如图 5-59 和图 5-60 所示。溶腔以下 40m 发育暗河，暗河与隧道正洞在 D2K473+780 处相交，预测暗河最大涌水量为 $233\times10^4 m^3/d$，经克麻塘暗河出口流出。暗河与隧道平面关系如图 5-61 所示。

图 5-59　掌子面揭示的溶腔

图 5-60　溶洞底岩溶形态图

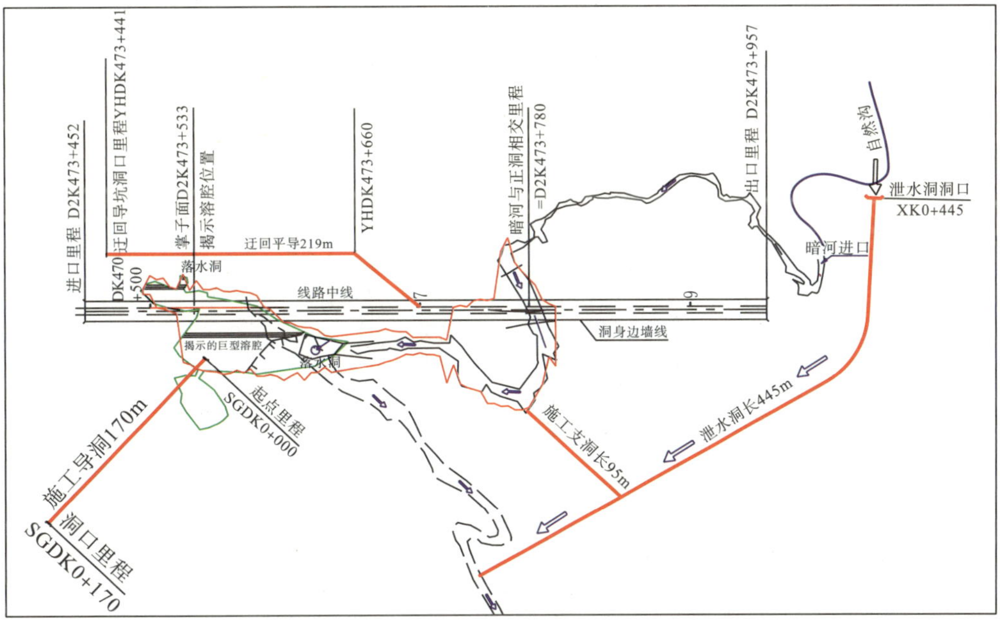

图 5-61　迂回平导、施工导洞、泄水洞与线路及溶洞的平面关系图

处理措施具体如下。

(1)增设迂回导坑：为加快施工进度，利于对岩溶形态的勘测及岩溶处理的施工，并满足全线铺架工期要求，于左线线路中线左侧 40m 处设置一迂回平导，迂回平导与正洞之间设置 1 处横通道。

(2)暗河改道增设泄水洞：溶腔及暗河洞壁为薄层灰岩，且溶腔底部钻探揭示有 15m 左右的碎石土充填，另外在溶腔形态测量及钻探过程中，洞壁不时有块石掉落，综合分析溶腔、暗河洞壁稳定性差。为保障岩溶处理施工，尤其是将来营运期间的行车安全，确定对原暗河进行改移，增设泄水洞，并对影响正洞安全的暗河段进行回填处理。

(3)岩溶空腔处理：经过对岩溶暗河进行改道后，对岩溶空腔采用全圬工回填，同时为减少回填混凝土体积及大体积混凝土水化热对施工的影响，在 C20 混凝土回填体中设置宽度为 1.8m、长度为 2.2m 矩形孔洞，孔洞周边距离岩壁约 3m，孔洞横、纵向间距 5m，孔洞采用洞碴回填(硬质岩填料)密实。此外为增加混凝土结构的整体稳定性，空洞竖向每隔 8m 设置一 2m 高的混凝土横联(图 5-62)。

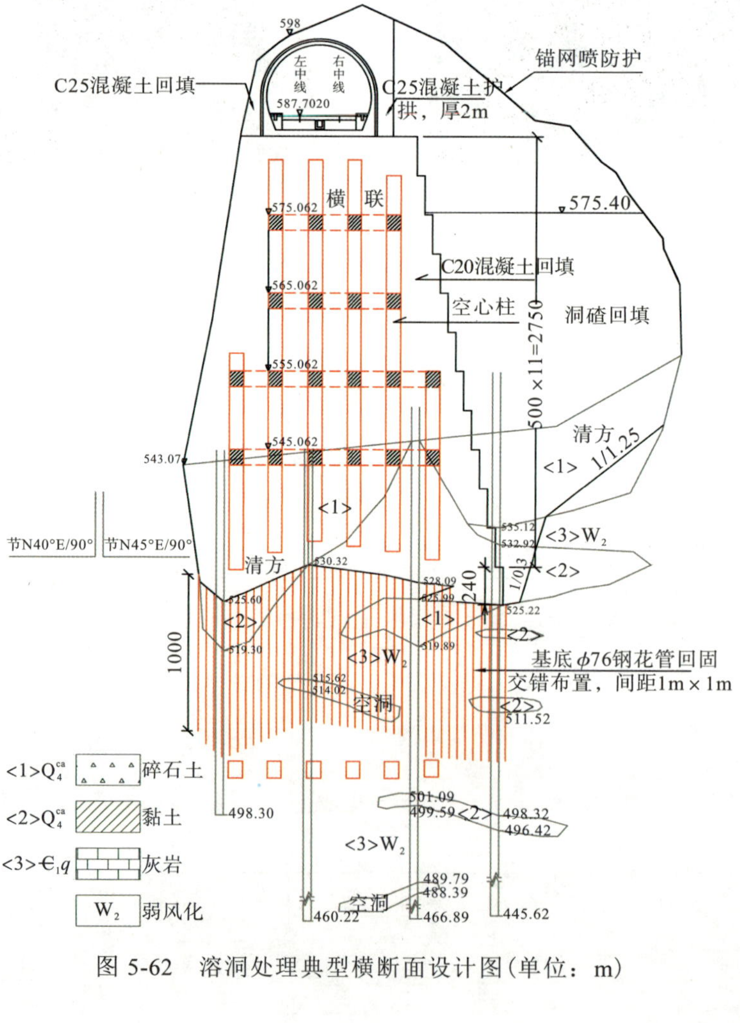

图 5-62　溶洞处理典型横断面设计图(单位：m)

2) 贵广高速铁路油竹山隧道内桥梁跨越暗河工程实践

油竹山隧道位于过渡带岩溶区，隧道出口开挖到 D3K90+492，掌子面爆破后，在左侧底板处出现溶洞，暗河水面位于开挖底板线下约 10m，顶部位于开挖底板线上约 5m，暗河整体上窄下宽，水深达 10.3m，水面宽度 11m，可见长度约 50m，洞壁有滴水。线路附近暗河情况如图 5-63 和图 5-64 所示，暗河平面示意如图 5-65 所示。

图 5-63　线路右侧暗河情况

图 5-64　线路左侧暗河情况

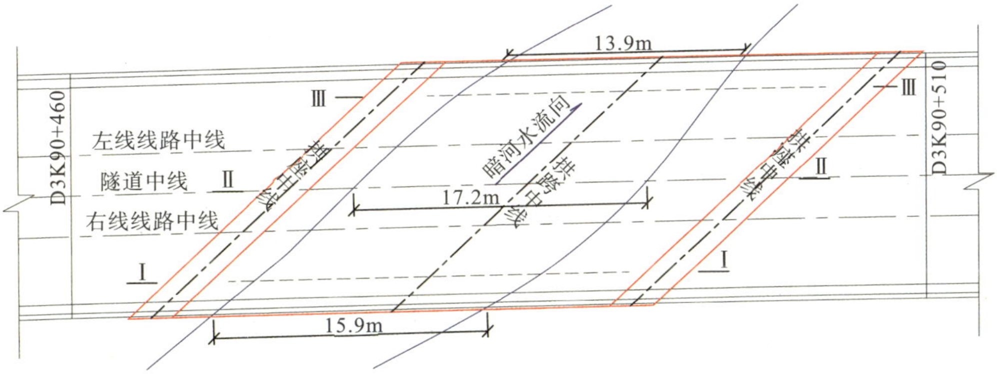

图 5-65　暗河平面示意图

处理措施具体如下。

采用拱桥跨越结构方案(图 5-66)。隧道 D3K90+460～D3K90+510 段左、右侧边墙下施作拱跨，拱跨度 23m、矢高 4.14m，拱截面尺寸 2.0m×1.2m(宽×高)；底板下施作四片拱跨，拱跨度 23m、矢高 4.14m，拱截面尺寸 2.65m×1.2m(宽×高)，拱跨采用 C35 钢筋混凝土结构。两端设 C35 干硬性微膨胀早强混凝土拱座，拱顶与隧道边墙底齐平，拱跨与底板间采用 C25 混凝土回填。其中，拱跨结构分六个单元进行钢筋绑扎，钢筋绑扎完后拱座及拱跨整体浇筑。

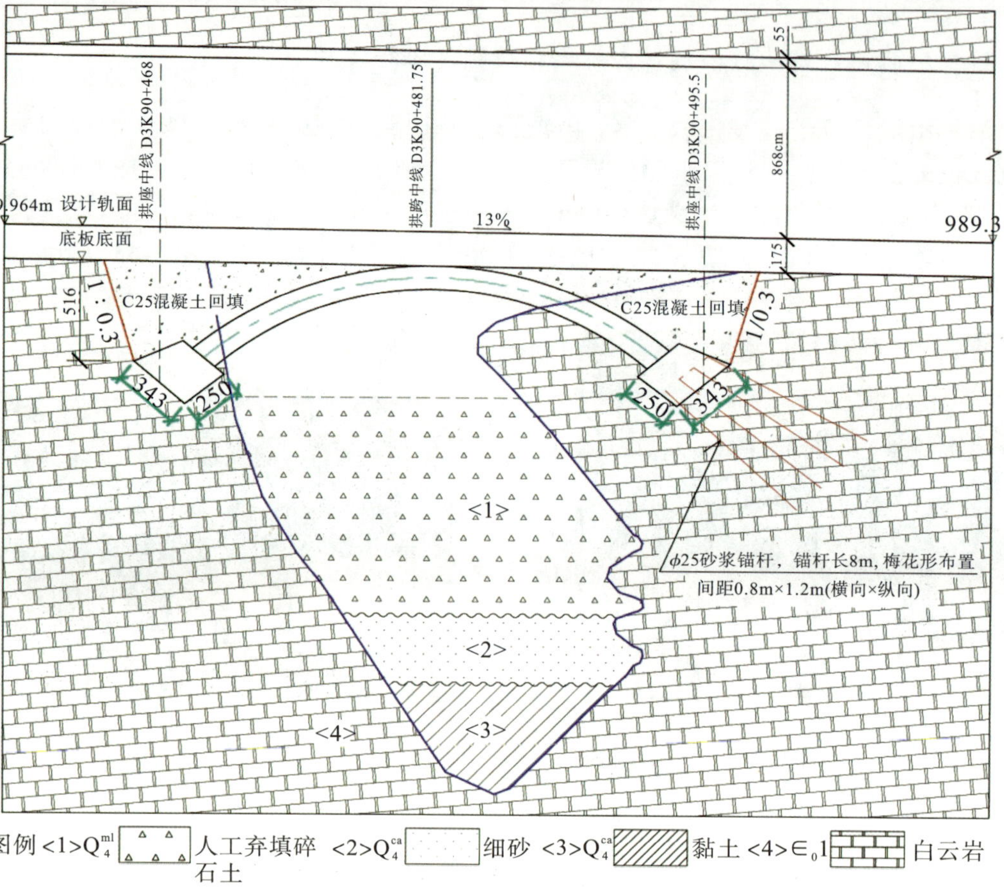

图 5-66 岩溶暗河拱桥跨越纵断面示意图

3）成贵高速铁路玉京山隧道内桥梁跨越巨型溶洞工程实践

玉京山隧道地处斜坡过渡带岩溶区，全长 6306m，D3K279+515～D3K280+310 段（长 795m）穿越下二叠统栖霞-茅口组（P_1q+m）灰岩，岩溶强烈发育。前期勘察资料预测 D3K279+990 附近可能揭示大型暗河及岩溶大厅。

横洞工区正洞大里程端 D3K279+948 开挖揭示一巨型溶洞，隧道靠近该岩溶大厅顶部通过。岩溶大厅底部纵向长约 93m，横向宽约 230m，溶洞呈“蜂巢”状，高 50～90m，底部呈 15°缓坡接 35°陡斜坡向下发育（图 5-67 和图 5-68）。岩溶大厅底部为溶洞垮塌及充填物，表层为软塑状黏土及大型孤石（直径 1～15m），下部为中密-密实状碎块石土，局部夹软黏土透镜体，总厚度 30～97m。在线路左侧岩溶大厅斜坡底部发育暗河，与线路在 D3K280+020 处呈约 70°斜交，由线路右侧向左侧排泄，暗河水面距隧道轨面高差约 120m。暗河沿岩层走向发育，形态呈 S 形，存在分支及多处高位干溶洞，岩溶大厅内暗河流量 5～21m^3/s，暗河出口总流量 50～70m^3/s。巨型岩溶洞穴及暗河与隧道平面位置关系如图 5-69 所示。

图 5-67　岩溶大厅中上部情况

图 5-68　岩溶大厅下部情况

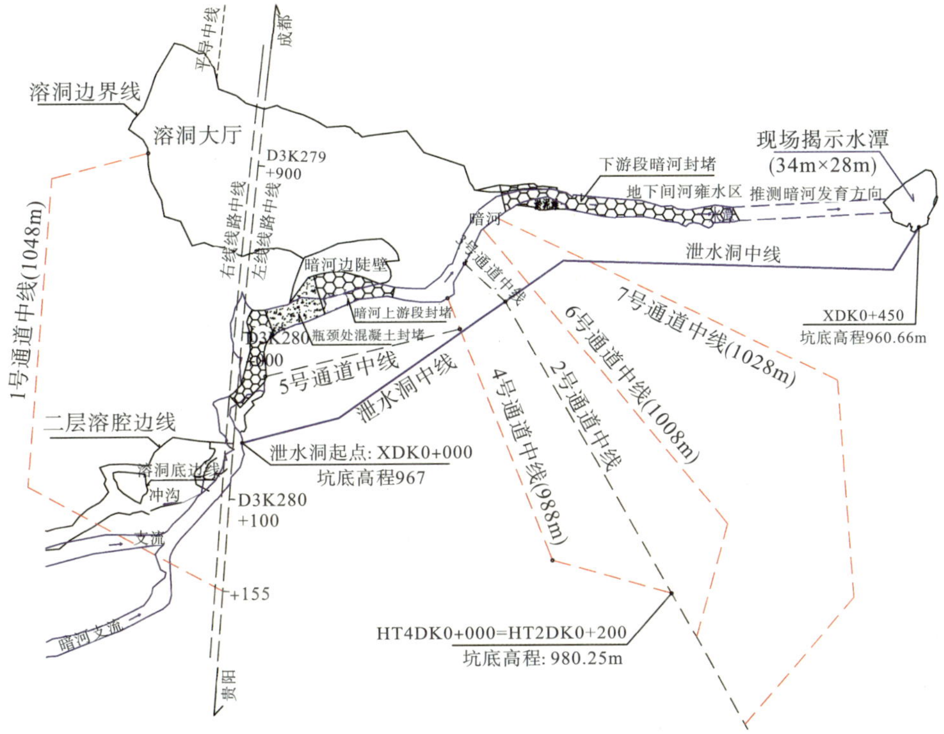

图 5-69　泄水洞及施工通道平面布置示意图

处理措施：巨型溶洞处理方案拟采用暗河改道(泄水洞)、溶洞大厅回填、溶洞大厅顶板及洞壁防护、桥梁跨越的总体方案。

(1)暗河改道(泄水洞)：于距暗河水流方向右侧，距暗河洞壁不小于 30m 设迂回泄水洞，将溶洞大厅范围暗河段进行改道(图 5-69)。泄水洞全长 450m，坑底综合坡度为 1.41%。暗河水面距隧道轨面高差约 120m，为施工泄水洞，于隧道横洞内增设 2 号通道，全长 1325m。泄水洞施工完成后，对暗河上游溶洞大厅入水口首先进行封堵，将暗河上游水截排到泄水洞内，引至暗河下游排出。

(2)溶洞大厅回填：在将溶洞大厅线路左侧坡脚暗河改道完成后，进行溶洞大厅分层回填。考虑 1008m 高程以下范围主要位于溶洞大厅暗河段，目前可见溶洞底部 990m 高程近期曾出现有暗河水上涨浸漫痕迹，且大厅内发育有裂隙水、岩溶管道水，为保证溶洞大厅底部排水通畅，1008m 高程以下范围采用块石回填，块径不小于 30cm。

(3)溶洞大厅顶板及洞壁防护：考虑溶洞大厅洞壁整体稳定，局部存在不稳定楔形掉块，掉块最大径向深度为 15m，对未回填范围洞壁永久防护采用锚网喷+锚索措施，以达到加强洞壁整体稳定性，防止产生松弛掉块。

(4)桥梁跨越：隧道通过岩溶大厅段拟采用(38+108+38)m 短边跨预应力混凝土连续梁通过(图 5-70)；隧道在结合桥梁施工、检修需要的基础上，采用直边墙衬砌的隧道结构。

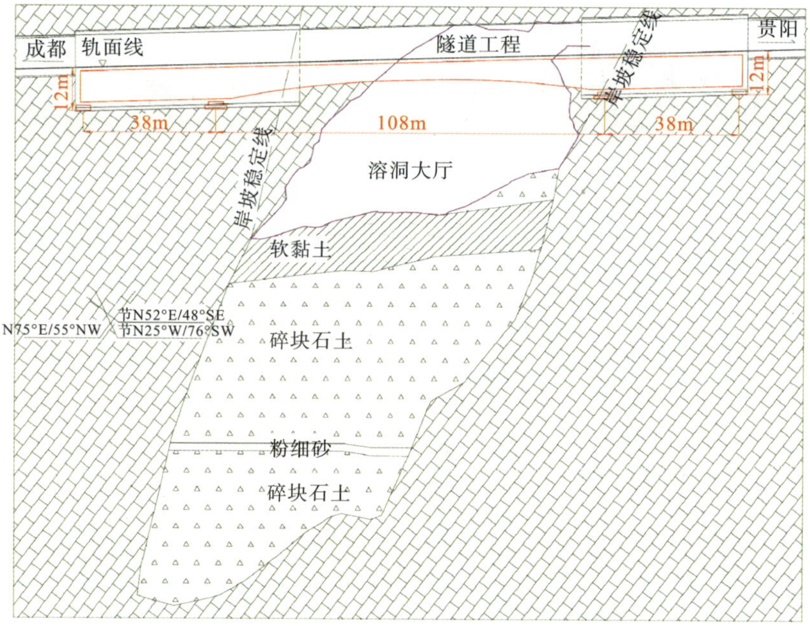

图 5-70 超短边跨连续梁跨越岩溶大厅纵断面图

4) 云桂铁路六郎隧道内桩基框架结构处理溶洞工程实践

六郎隧道地处高原岩溶区，DK575+270～DK575+320 段通过中三叠统个旧组(T_2g)灰岩、白云岩，岩溶强烈发育，隧道埋深 80～85m，该段处于岩溶水垂直渗流带内。施工揭示 DK575+296～DK575+317 段右拱部至拱腰发育有充填型溶洞，充填物为砂夹角砾，未见地下水。

隧道 DK575+270～DK575+320 段二衬施作完成，进口工区所在地区突降暴雨(降雨量 43.7mm)后，现场施工人员发现正洞 DK575+100～DK575+350 段堆积大量泥沙，局部夹碎石及块石，涌泥堆积物中心区域位于 DK575+270～DK575+320 段，最大高度约 2m，本段仍有 2 处涌水孔持续涌出泥水混合物。第二天，现场涌水突泥基本停止，涌泥堆积体长约 300m，涌出物颗粒不均匀，以砾砂为主，夹中细砂、碎石及块石，最大块径约 3m，估算涌水量约 2 万 m^3，涌出物体积约 $2400m^3$(图 5-71)。

DK575+275～DK575+288 段仰拱及仰拱充填断裂隆起(图 5-72)，DK575+267～DK575+317 段拱墙衬砌明显开裂，其裂纹呈不规则状，纵、环向为主，裂纹长 2～5m，宽 1～2mm，裂纹及施工缝出现较明显错台，裂纹、施工缝有黄色渗水痕迹，并延伸至拱腰位置。

图 5-71　隧底涌出的泥沙

图 5-72　仰拱断裂隆起

补勘揭示 DK575+270～DK575+320 段基底下发育有充填型溶洞，主要发育在右侧，溶洞最大高度 22.8m，顶板厚 0～12m(图 5-73)，充填物以砾砂为主，夹中细砂、碎石及块石，松散，潮湿-饱和。补勘钻孔未见地下水。

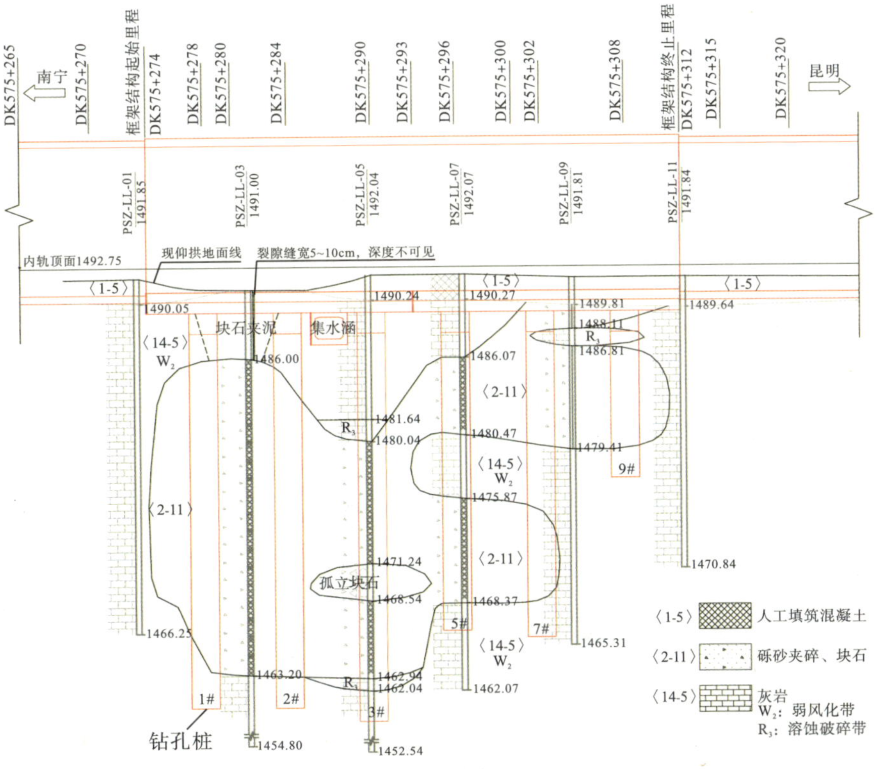

图 5-73　右中线隧底岩溶形态示意图

注：钻孔右侧的数字为标高，单位均是 m。

整治措施主要包括岩溶水引排、隧底处理及衬砌拆除并补强重筑。

(1)岩溶水引排。

对正洞 DK575+270～DK575+320 段岩溶水利用线路左侧平导进行引排。一是在 DK575+287 处隧底设置集水涵洞，涵洞高 1.6m，宽 2m，长 14.42m，于线路右侧集水涵洞端头及涵洞洞身设 Φ89mm 集水钻孔，涵洞左侧端头通过增设横通道与平导相连，横通道底部标高与涵洞底面齐平。二是在 DK575+305 处设置一处集水横通道，于横通道端头向正洞开挖轮廓线外设置 Φ89mm 集水钻孔。

(2)隧底处理。

对 DK575+274～DK575+312 段隧底溶洞采取桩基框架结构(图 5-74)跨越的措施，具体如下。

①钻孔桩布置及参数：钻孔桩桩径 2m，桩长 4～28m，桩间距纵向 6m，横向 7m，共布置 6 排 9 根钻孔桩，采用 C35 钢筋混凝土。桩底嵌入基岩深度不小于 2m，桩顶钢筋伸入横向梁 1m。

②整体筏板布置及参数：梁顶施作 C35 钢筋混凝土现浇筏板，板厚 1.5m，宽 14.42m，长 38m，筏板兼作衬砌结构底板。

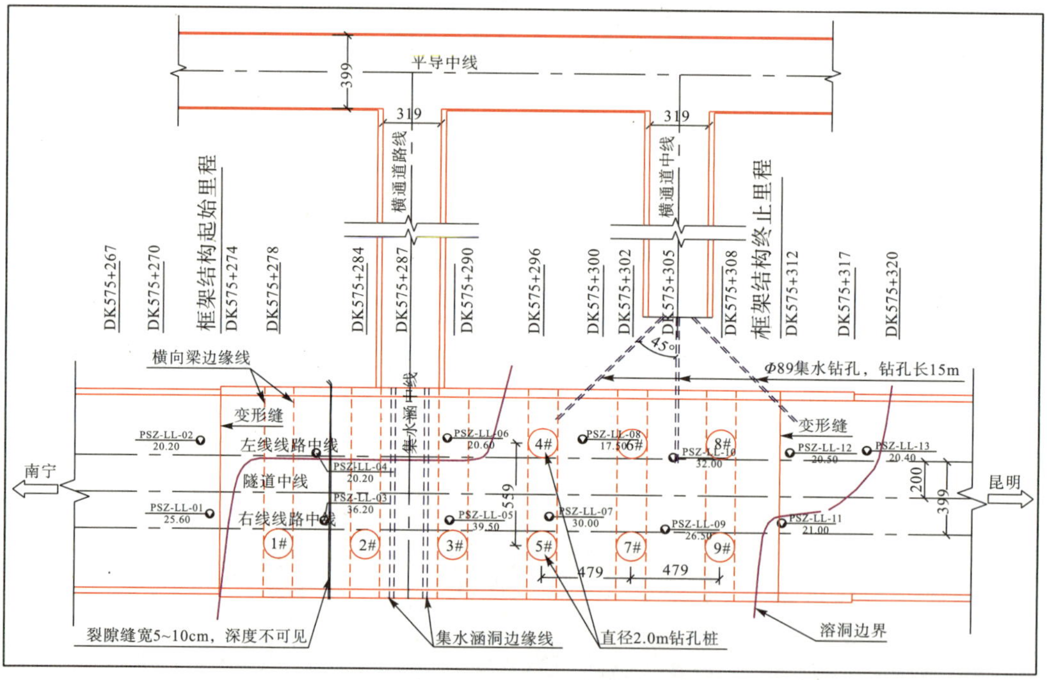

图 5-74 隧底桩基框架结构平面示意图

(3)衬砌拆除并补强重筑。

对 DK575+267～DK575+320 段衬砌进行拆除及补强，增加拱墙及仰拱厚度。

5) 沪昆高速铁路光照隧道内桩筏结构处理溶洞工程实践

光照隧道地处过渡带岩溶区，位于关岭—普安区间，进口里程 D1K882+327，出口里程 D1K887+850，全长 5523m。洞身主要穿越白云岩、角砾状白云岩、泥质灰岩、泥岩、泥质白云岩、砂泥(页)岩互层。洞身分别通过坡头上向斜、燕子岩断层及黄龙沟断层。

隧道进口 D1K882+838～D1K882+920 段为一大型半充填溶洞，位于北盘江岩溶发育期第三个垂向高度带，洞内岩溶堆积地貌形态广布，石钟乳、石笋、石柱遍布(图 5-75 和图 5-76)。该溶洞主要为顺岩层走向及裂隙面发育，主要发育方向为往右侧线路下方发展，其平面形态呈一长条带状，轴向长约 80m，宽约 35m，溶洞上部空腔净空高 5～17m，中下部为黏土及碎块石土充填，厚 5～35m。溶洞形态与线路的平面关系如图 5-77 所示。

图 5-75　掌子面揭示的溶腔口

图 5-76　溶洞内全景

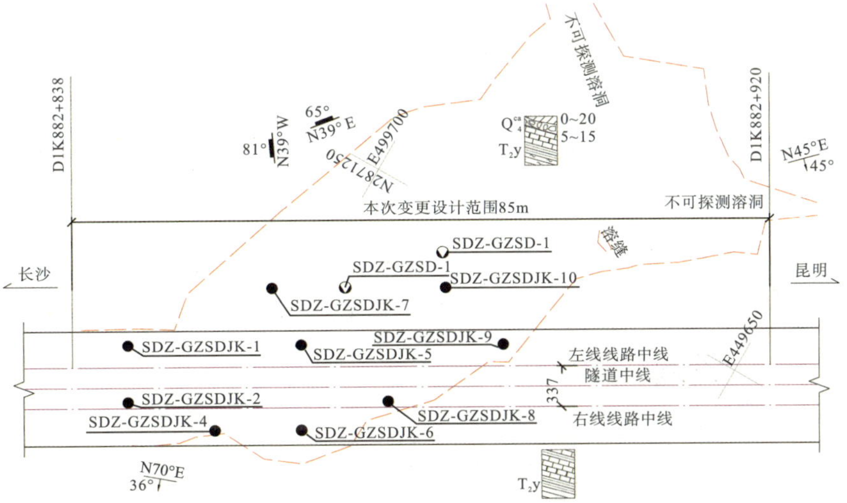

图 5-77　溶洞形态与线路的平面关系图

处理措施具体如下。

(1) 增设迂回导坑：为尽量减小溶洞处理对隧道施工的影响，满足工期要求，于左线线路中线右侧 30m 处设置一迂回导坑。

(2) 根据溶洞形态与隧道关系，于 D1K882+835～D1K882+905 段共 70m 隧底采用桩筏结构基础通过溶洞(图 5-78)。

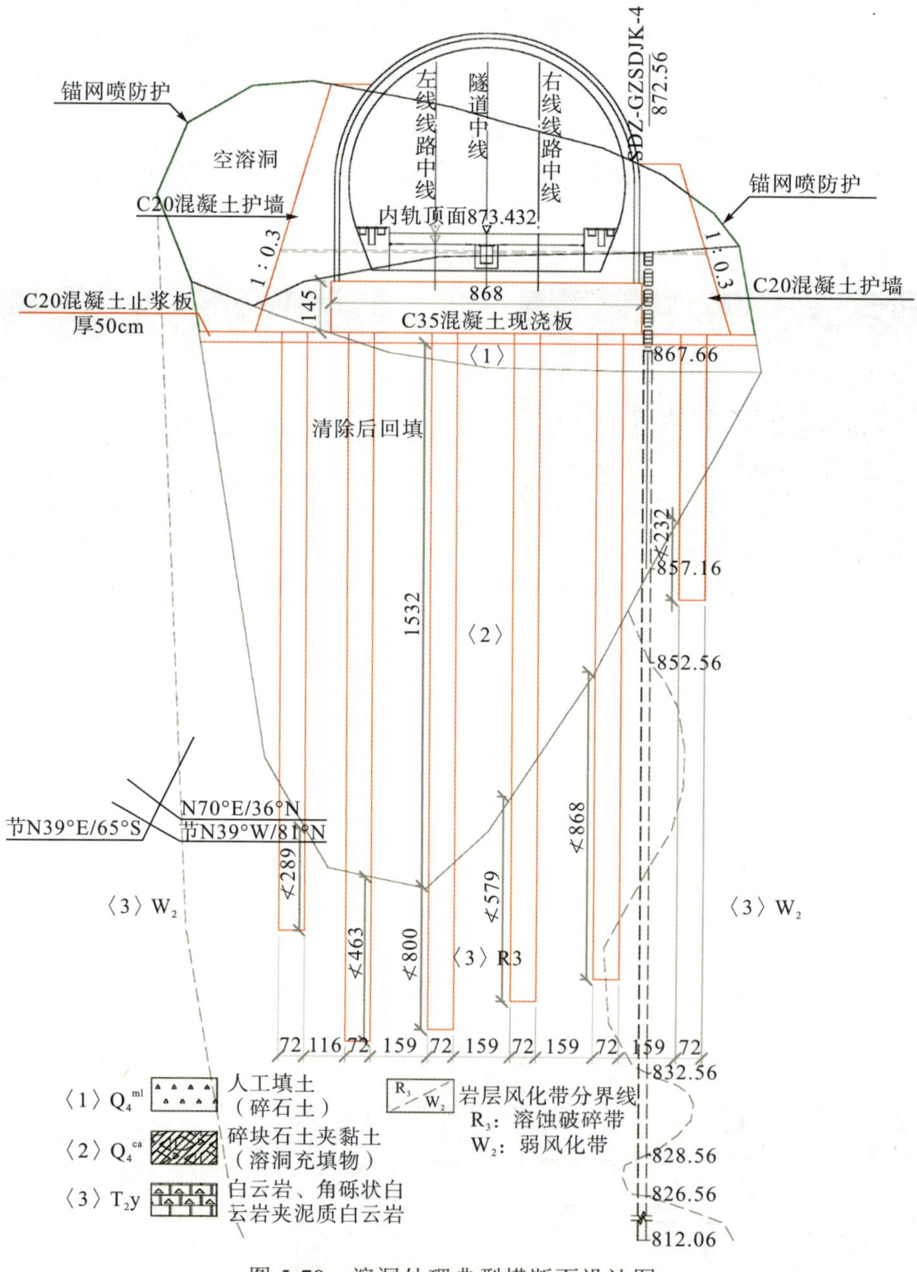

图 5-78 溶洞处理典型横断面设计图

注：钻孔右侧的数字为标高，单位均是 m。

桩筏结构由下部钢筋混凝土钻孔灌注桩、上部钢筋混凝土筏板组成，桩与板采用钢筋连接。钻孔灌注桩桩径 1.25m，桩长 9～63m，桩间距纵向 3.5m，横向 4m，采用 C35 钢筋混凝土。桩顶 C35 钢筋混凝土现浇板，板厚 2.5m，宽 15m，长 70m，在板中部设置一道变形缝。

5.3 小 结

高速铁路岩溶防灾减灾包括前期宏观层面上的减灾选线和后期针对具体工程的灾害防治。

1) 运用减灾选线理论与方法，成功地开展了多条岩溶区高速铁路减灾选线实践

在武广、渝利、贵广、沪昆、云桂、成贵、郑万等多条高速铁路勘察设计中，应用复杂岩溶区高速铁路减灾选线理论将铁路建设中的岩溶极高或高度风险降低到中低度，规避了大范围大规模的岩溶涌水突泥、岩溶地面塌陷、危岩落石等系列岩溶灾害，降低了工程造价，确保了铁路运营安全，产生了很好的经济和社会效益。

2) 复杂岩溶区高速铁路建设遇到的工程地质问题复杂多样，处理不当将诱发岩溶灾害，危害严重。通过武广、贵广、沪昆、云桂等高速铁路路基、桥梁、隧道典型岩溶灾害防治工程实践，集成创新了复杂岩溶区高速铁路灾害防治关键技术

(1) 针对路基岩溶地面塌陷灾害，通过长期研究、总结和实践，首次提出了岩溶地面塌陷防治分序（Ⅰ序、Ⅱ序、Ⅲ序）钻孔注浆的探灌结合地基防塌加固技术[已纳入《铁路工程地基处理技术规程》(TB 10106—2010)]，在岩溶塌陷风险动态评估基础上，细化塌陷危险性分(亚)区，实施分序钻孔注浆。

①对勘察阶段判定的路基岩溶塌陷高风险区、极高风险区进行钻孔注浆整治，采用探灌结合、分序施工的动态设计原则，分别实行两序（Ⅰ序、Ⅱ序）、三序（Ⅰ序、Ⅱ序、Ⅲ序）钻孔注浆。

②施工整治岩溶塌陷风险动态评估。在综合分析和利用地质调绘、物探及钻探资料的基础上，首先实施Ⅰ序先导探灌孔，再以地下水、覆盖层、岩溶三个基本条件作为判别依据(表 5-11)，对先导钻孔进行岩溶地面塌陷评分，划分塌陷分区(A-岩溶塌陷极高风险亚区，B-岩溶塌陷高风险亚区，C-岩溶塌陷低风险亚区)。

③岩溶塌陷高风险亚区、极高风险亚区注浆孔实施要求如下。岩溶塌陷高风险亚区：Ⅰ序孔注浆实施中，在有溶洞、破碎带、溶缝等，或注浆出现明显漏浆的岩溶异常区域，实施Ⅱ序钻孔注浆。岩溶塌陷极高风险亚区：连续实施Ⅰ序和Ⅱ序钻孔注浆，在有溶洞、破碎带、溶缝等岩溶密集发育区域，实施Ⅲ序加密钻孔注浆。

(2) 研发了适用于对较大规模的溶洞和溶蚀破碎带路基地段的地基进行加固的桩

板控沉防塌技术，解决岩溶地区高速铁路路基的沉降和稳定性问题。岩溶区轻型框架路基桩板结构包括基础桩、托梁、承台板、横系梁和纵系梁。通过基础桩承受路基填筑土、列车及轨道结构产生的竖向重力，通过基础桩、横系梁和纵系梁组成空间框架体系，承受列车水平荷载和温度荷载，避免了路基填土压力对岩溶地基的影响，横系梁、纵系梁与基础桩刚性连接，增大了基础桩横向和纵向的刚度，可有效减轻岩溶地基塌陷对基础桩稳定性的影响。

(3)研发了适用于对岩溶塌陷高风险-极高风险区且上覆中厚层软土的地基进行加固的桩网控沉防塌技术，解决岩溶地区高速铁路路基的沉降和稳定性问题。桩网结构包括钢筋混凝土桩(群)、桩帽和加筋垫层。通过钢筋混凝土桩(群)承受路基填筑土、列车及轨道结构产生的竖向重力，通过加筋垫层承受列车水平荷载和温度荷载，可有效减轻岩溶软土地基塌陷及沉降的影响。

(4)对复杂岩溶区的桥梁工程，总结出防止坍孔、漏浆、串浆的全孔钢护筒护壁成桩技术，采用岩溶注浆及打入工字钢防护的岩溶塌陷区防塌技术，采取合理桩基类型、合理桩长设计的防止基础下沉及倾斜技术。

①岩溶地区桩基穿越串珠状溶洞时，容易产生掉钻、斜孔、坍孔及漏浆、串浆等现象，造成桩基成桩困难，可采用回填片石、黏性土、灌混凝土和注浆等工程措施处理，对于较大的溶洞采用钢护筒跟进措施穿过。

②对于地下水活动强烈，覆盖土层中发育土洞，桩基施工过程中振动及地下水位的变化可能引起地面塌陷的区域，应在桩基施工前对覆盖土层和基岩影响范围进行注水泥浆，桩基影响范围内尽量减小地下水的抽排，减小水位波动。

③在岩溶发育地区，尽量采用桩基础。根据钻探揭示的溶洞情况，采取合理桩基类型，选取合理桩长，满足高速铁路对桥梁桩基础的沉降及变形要求。

(5)岩溶地质条件复杂，存在隧道涌水突泥高风险的段落，采用综合超前地质预报方法是预防涌水突泥灾害发生的最有效手段。

①超前地质预报应以钻探法为主，采用地质调查法、TSP法、地质雷达、瞬变电磁、激发极化法等综合超前地质预报方法，预报掌子面前方岩溶发育情况、充填情况及充填物性质，围岩完整程度，地下水情况。

②岩溶隧道超前地质预报应根据岩溶及岩溶水发育程度，合理选择预报方法，各种方法应相互验证，并对各种预报成果进行地质综合分析，提高预报的准确率。

③岩溶地区超前地质预报采取长距离指导短距离预报，短距离预报验证长距离预报的指导思路，实施过程中，应根据预报情况及地质条件动态调整预报方法。

(6)隧道岩溶涌水突泥会危及施工安全，甚至造成灾害。隧道岩溶水的处治一般宜以疏导为主，对于隧道水环境敏感或反坡施工地段，宜采取以堵为主、限量排放的原则。堵水注浆的指导方针为“先探水、预注浆、后开挖、补注浆、再衬砌”，并在隧道建成后进行长期监测。通过研究、总结和实践，确立了“涌水量、加固范围、浆液扩散半径、注浆压力、止浆岩盘、注浆结束标准”六个主要参数，构建了环境敏感区隧道超前帷幕注浆堵水的高水压富水区综合防控技术。

(7)对强岩溶化洞段围岩，形成了圬工回填、钢管群桩、微型桩、旋喷桩等成套